亚当·斯密财富论丛
晏智杰 ◎ 主编

亚当·斯密的思想之旅

【英】尼古拉斯·菲利普森 ◎ 著
（Nicholas Phillipson）

于海生 ◎ 译

Adam Smith:
An Enlightened Life

华夏出版社

《亚当·斯密财富论丛》总序

1759年，亚当·斯密以《道德情操论》跻身于苏格兰一流伦理学家之列，他的这部著作成为18世纪苏格兰启蒙运动在伦理学领域取得的一项重要成果；1776年，亚当·斯密又以《国民财富的性质和原因的研究》（简称《国富论》）扬名天下，为苏格兰启蒙运动在政治经济学领域增添了夺目的光彩。他由此被世人誉为"英国古典政治经济学的奠基人"和"现代经济学的开山祖师"。尽管斯密本人似乎更倾心于他在伦理学领域取得的成就，然而他作为经济学家的名声更为响亮，《国富论》的影响似乎远远超过了《道德情操论》。这不是不可理解的：《国富论》彻底清算了支配西欧各国长达两个多世纪的重商主义，为此后一个半世纪之久的经济自由主义奠定了理论基础。尽管20世纪30年代的世界性经济危机宣告了"自由放任"资本主义的破产，终结了斯密经济学的支配地位，并被凯恩斯主义的国家干预主义所取代，但凯恩斯主义与其说是对斯密经济学的否定，不如说是对斯密市场经济理论的核心原理的继承和发展，在可以预见的将来，亚当·斯密经济学的影响也不会终结。

然而，国情以及发展阶段的差异，注定了斯密学说在中国的命运不能不是另外一番景象。《国富论》在欧美各国独领风骚之时，它在我们这个东方封建国度还不为人所知，直到20世纪初才有幸被中国近代启蒙思想家严复以《原富》之名译介国内，算是开启了迈入中国之门的漫长历程。然而，来自西方的这个"舶来品"在当时的中国完全不可能落地生根，更谈不上被视为准星之作了。20世纪30年代，中国民主革命勃兴、资本主义有望发展之时，为资本立论的《国富论》似乎有了引领时代潮流的机会。可是，在中国特定的历史条件下，如同其他代表资本主义发展取向的思想学说的命运一样，在长达半个多世纪的思想激荡和较量中,它只能被代表中国前进新取向的社会主义和共产主义思潮视为批判和继承的对象。始自20世纪80年代的改革开放展现了中国社会发展的新道路和新前景,也使《国富论》在中国的命运有了转机。亚当·斯密著作热在中华大地悄然兴起,《国富论》首当其冲,且经久不衰。《道德情操论》过去很少引起中国学者的关注,现在也开始进入了人们的视野,20世纪90年代末该书中译本首次面世,为我国读者打开了探其究竟之门。读者们不久就发现,《道德情操论》同《国富论》一样精彩。

与"原始未开化社会"相对照的"现代文明社会"是亚当·斯密研究和著述的现实对象及历史前提,其基本特征是土地私有和资本积累,并以工场手工业为基本经济形态。《道德情操论》旨在为这个社会的"公民的幸福生活"确立道德规范,《国富论》则致力于为之构建一个"富国裕民"的经济体系。历史业已证明,亚当·斯密取得了巨大的成功。当今的世界和中国,与斯密时代相比,已经发生了翻天覆地的变化,断不可同日而语,然而,毋庸讳言,斯密当年所关注的发展经济和确立道德规范两大主题,仍是当今世界和中国面临的现实课题,何况现代社会从过去社会发展演变而来,两者之间既有巨大差距,也存在千丝万缕联系,这就使得重温亚当·斯密之学说并力求从中汲取思想营养,对我们来说既十分必要也非常现实。

现在华夏出版社重新组译并联袂推出亚当·斯密的这两部名著,可以说正当其时。所据埃德温·坎南编辑的《国富论》英文版,问世愈百年,早已传遍全世界,至今仍被公认为是一部具有权威性的优秀版本。在华夏出版社同仁和译者的共同努力下,我相信这个新译本定会受到专家学者和广大读者的重视和欢迎。

晏智杰

2016年12月15日于北京大学

对《亚当·斯密的思想之旅》的评价

  一部非凡而睿智的思想传记……菲利普森对亚当·斯密的人生探索旅程作了无与伦比的阐述。

——《泰晤士报》

  尼古拉斯·菲利普森以其精妙的文笔和渊博的学识，重现了亚当·斯密时代的思想和商业世界，展示了它如何塑造了亚当·斯密的两部杰作：《道德情操论》和《国富论》。他在分析亚当·斯密经济学的过程中，深入结合了苏格兰启蒙运动时期的哲学体系（尤其是他的朋友大卫·休谟的哲学），并且极具说服力地指出，亚当·斯密所描述的物质进步并不是这种进步本身的终结，而是让人类变得高尚的一个必备条件，这也是亚当·斯密用一生时间所撰写的鸿篇巨制的伟大目标。这是一部出色的、可以启发人们思考的佳作。

——著名传记作家罗伯特·斯基德尔斯基

  尼古拉斯·菲利普森是研究苏格兰启蒙运动的杰出专家……这是一本极好的书。

——苏格兰小说家和历史学家詹姆斯·巴肯，《卫报》

  这本令人爱不释手的传记，描述了一个对于思想探索充满野心但私下里却是一个谦逊的人的一生。他的故事在这本书中得到了最好的叙述；本书也是对于他生活过的苏格兰、英国和欧洲其他国家的最完美的刻画。

——约翰·霍普金斯大学历史学教授 J. G. A. 波科克

这本书表明，亚当·斯密绝不是他常被误认为的那种热衷于追求私利的人……菲利普森描述了一个我们这个时代所需要的亚当·斯密。

——经济学家迪安妮·科伊尔，《新政治家》周刊

这部著作能让我们踏上一次令人兴奋的思想之旅……菲利普森先生深入细致的研究，使这部传记变得格外迷人。

——《经济学人》杂志

尼古拉斯·菲利普森撰写的开拓性传记，让我们从另外的角度了解了这个经常遭到误解的思想者的复杂的人生历程……这是一幅栩栩如生的精神画卷……菲利普森以过去不曾有过的全新方式，引导我们重温了亚当·斯密非凡的人格特征。与此同时，他生动地描述了在苏格兰启蒙运动的精神和智力背景下，亚当·斯密思想的孕育和发展过程，揭示了他的终身朋友大卫·休谟带给他的至关重要的影响。

——英国政治经济学家约翰·格雷，《独立者》杂志

目　录

鸣　谢 ………………………………………………………………… 1

序　言 ………………………………………………………………… 3

第1章　柯卡狄的教育经历 ………………………………………… 13

第2章　格拉斯哥大学和弗兰西斯·哈奇森的启蒙 ……………… 31

第3章　学习经历（1740—1746）：牛津和大卫·休谟 ………… 63

第4章　爱丁堡的早期教育 ………………………………………… 81

第5章　亚当·斯密在爱丁堡大学的授课 ………………………… 99

第6章　格拉斯哥大学道德哲学教授（1751—1759）…………… 129

第7章　《道德情操论》和商业文明 ……………………………… 149

第8章　格拉斯哥大学道德哲学教授（1759—1763）…………… 167

第9章　亚当·斯密和巴克卢公爵（1764—1766）……………… 189

第10章　伦敦、柯卡狄和《国富论》的创作（1766—1776）… 211

第11章　《国富论》和亚当·斯密对英国商业体系的抨击 …… 225

第12章　休谟之死 ………………………………………………… 247

第13章　在爱丁堡的最后岁月（1778—1790）………………… 265

结　语 ……………………………………………………………… 289

英文参考书目 ……………………………………………………… 295

英文索引 …………………………………………………………… 305

译后记 ……………………………………………………………… 329

鸣　谢

　　这本书酝酿已久，也产生了比我预料得更多的"债务"。是已过世的邓肯·福布斯在剑桥大学开设的一门富有传奇色彩的专题课程（很少有哪个有幸选了那门课的学生会忘记它），让我第一次接触到亚当·斯密、苏格兰启蒙运动和思想发展史。我自己的学生和研究生可能会识别出本书所涉及的一些特殊主题（我曾在爱丁堡大学的专题课上讲述过它们），我希望他们还记得那些总是令人愉悦的（有时使人印象深刻）并在很大程度上推动我进一步思考的讨论。他们的反馈也让我逐渐意识到，对于许多聪明的学生而言，亚当·斯密的第一部著作《道德情操论》是比《国富论》更有活力的文本，也是他们帮助我进一步了解到，为什么人们偏爱前者的程度超过了后者。

　　在构思本书的过程中，我力图通过描述亚当·斯密的生活和工作部分，揭示在苏格兰及其启蒙运动的一个重要历史时期，一种非凡的思想和一种通俗而实用的哲学的发展过程。让我感到颇为幸运的是，当我和苏珊·曼宁、托马斯·安内特在苏格兰组织一个得到利华－休姆信托基金会资助的人性科学研讨班时，这本书开始逐步有了轮廓。我们几个人彼此间的讨论和我们的研究小组的讨论，对于推动我的思想在其重要发展时期趋于成熟极为宝贵。与此同时，我对于亚当·斯密、苏格兰启蒙运动以及其他多个主题的思考也在不断深化，正如它在过去二十多年里从约翰·波科克和艾斯特凡·亨特那里获得的启迪一样。我对以上人等所负有的这些"债务"，显然并不容易偿还。

　　本书的不同部分都曾在爱丁堡大学、格拉斯哥大学、圣安德鲁斯大学、牛津大学、剑桥大学、伦敦大学、苏塞克斯大学、布达佩斯大学、菲耶索莱大学、慕尼黑大学、北卡罗来纳州大学教堂山分校和哥伦比亚大学的会议、座谈会和研讨班上讨论过，我要对所有参与者给予的批评和鼓励表示感谢。

艾玛·罗切尔德、托尼·拉沃普、理查德·布克和戴维·雷纳阅读了本书草稿，他们给予的支持和建议，他们慷慨付出的时间和精力，都超出了我的预期。

我要特别感谢柯卡狄博物馆和艺术画廊的简·弗里尔、亨特博物馆的安·杜劳、格拉斯哥大学图书馆的罗伯特·麦克莱恩，以及爱丁堡大学图书馆善本部、苏格兰皇家古代史委员会和布里奇曼艺术图书馆在资料查询方面为我提供帮助的工作人员，还有为我绘制亚当·斯密时代柯卡狄市市貌的安·瓦特尔斯。

与企鹅出版社那些超一流的专业人员的合作带给了我极大的喜悦，他们包括：菲利普·波奇、理查德·杜奎德、夏洛特·莱丁斯、帕涅卢普·沃格勒和萨拉·哈特·库克。我还要感谢我的代理人布鲁斯·汉特。我尤其要感谢委托我撰写本书的斯图尔特·普罗菲特，他见证并陪伴了这本书的整个诞生过程，他在编辑过程中所体现的令人钦佩的悟性和睿智、他的支持和友善，始终是我的力量之源，没有他，这本书或许根本不可能问世。

尼古拉斯·菲利普森
于爱丁堡
2010 年 5 月

序 言

在静止状态下，一个人的性格永远都不会引人注目，也不会给人留下任何深刻的印象；就其本身而言，它实在是一种单调乏味之物，只有它被召唤而付诸行动时，才会显现出其美轮美奂的姿态。

——亚当·斯密，修辞与纯文学讲座
1763 年 1 月 17 日

亚当·斯密的《国富论》出版于 1776 年 3 月 9 日。尽管大卫·休谟*认为"需要花太多心思"才能使一部作品拥有广泛的读者，但在爱丁堡、伦敦和巴黎的政界和知识界，它立即获得了众多读者的青睐。① 就连亚当·斯密作品的最睿智的批评家、前马萨诸塞州州长托马斯·鲍内尔都承认，与其他矢败的人不同，亚当·斯密成功地创建了"一个体系，它或许能够解决主要科学领域和人类社会知识及其运行过程中的一些首要问题，它可能会成为政治行动计划的原则……正如数学对于机械学、天文学和其他科学的意义一样"。② 《国富论》的成功改变了亚当·斯密的生活，这使他顺利入职可以带来丰厚收入的苏格兰海关局，他非常认真地对待那份半闲职的工作，尽可能地出席董事会会议；当他无法参加会议时，也会及时表示歉意。他成为苏格兰开明文人中最知名的一个，他是那些到爱丁堡朝圣的文化观光者笃定要

---

* 大卫·休谟（1711—1776），英国哲学家、经济学家和历史学家，主要代表作有《英格兰史》、《人性论》、《道德原则研究》、《人类理解研究》和《宗教自然史》等。——译者注
① 请参阅：《大卫·休谟通信集》，第 2 卷，第 314 页。
② 请参阅：《亚当·斯密通信集》（1987）（E. C. 莫斯纳和 I. S. 罗斯主编），第 337 页。

拜访的人，也是一个餐桌谈话和各种怪癖都会被当地人津津乐道的人。但是，在 18 世纪 80 年代，亚当·斯密本就每况愈下的健康状况变得格外糟糕，这缘于多种因素：他本身的疑病症*，与他几乎相伴一生的母亲的去世，以及这个友善但又非常重视个人生活的人所置身的那个狭小而又紧密的终生朋友圈的缩小。这些因素削弱了他的斗志和知识的能量，并且让一种事实变得越来越明显，那就是，他用生命去创造的那个浩大的知识工程（《国富论》仅是其中的一部分），将永远无法完成。就像培根** 和霍布斯*** 一样，像 17 世纪伟大的自然法学家格劳修斯**** 和普芬道夫***** 一样，像他的两个导师弗兰西斯·哈奇森****** 和大卫·休谟一样，也像他极为钦佩的达朗贝尔******* 和其他 18 世纪编纂《大百科全书》的法国学者一样，亚当·斯密相信，基于对人的本性和人类历史的观察而建立起一个真正的"人性科学"是可能的；这种科学不但可以解释在不同类型的社会所创建的社会和政治组织原则，而且还可以解释作为开明的统治者扩展其臣民的自由和幸福、追求其统治区域的财富和权力的管理与立法原则。

这个伟大的学术项目塑造了亚当·斯密的整个知识生涯。他是在 18 世纪 30—40 年代从哈奇森和休谟那里第一次了解到这一点的，当时，他还是格拉斯哥大学和牛津贝利奥尔学院******** 的学生。他于 1748—1951 年期间在爱

---

* 疑病症，又称疑病性神经症，主要指患者担心或相信自己患有一种或多种严重的身体疾病。——译者注

** 即弗兰西斯·培根（1561—1626），英国文艺复兴时期最重要的散文家、哲学家，在文学、哲学和自然科学领域都取得了重大成就。——译者注

*** 即托马斯·霍布斯（1588—1679），英国政治家、哲学家，他创建了机械唯物主义的完整体系，提出了"自然状态"和"国家起源"说，主张利用"国教"来管束人民、维护"秩序"。——译者注

**** 即胡果·格劳修斯（1583—1645），出生于荷兰，世界近代国际法学的奠基人，同时也是近代折中法学派的创始人之一。——译者注

***** 即塞缪尔·普芬道夫（1632—1694），德国法学家和史学家，是 17 世纪德国法哲学的开创者，也是近代世界范围内最杰出的自然法学思想家。——译者注

****** 即弗兰西斯·哈奇森（1694—1746），18 世纪苏格兰启蒙运动的奠基人，苏格兰哲学之父，其著作涉及伦理学、形而上学、逻辑学和美学。——译者注

******* 即让·勒朗·达朗贝尔（1717—1783），法国数学家、物理学家、哲学家和音乐理论家。——译者注

******** 贝利奥尔学院是牛津大学最著名、最古老的学院之一，由英王亨利三世时期的贵族约翰·贝利奥尔在 1263 年前后创办。该学院以活跃的政治氛围著称，曾培养出多位重要的学者以及政治家。——译者注

丁堡所发表的、于1751—1764年期间作为格拉斯哥大学逻辑和形而上学教授（后来是道德哲学教授）予以完善的授课笔记和论文，逐步奠定了他自己的思想体系的基础。他在这期间的著作的主题范围是极为广泛的，涉及语言、修辞、道德、法学、政府、美术和天文学的原理。他的朋友和传记作家杜格尔德·斯图尔特指出，他总是通过追溯人性的起源而对这些主题加以分析。亚当·斯密在1759年出版了有关人性科学上层结构理论的第一部分——《道德情操论》。该理论解释了男人和女人如何寻求满足自身的道德需要，并学会与他们自己以及周围的世界和谐相处。这既是一种社交性理论，也是一种伦理学理论，实际上是就一个现代公民社会的道德经济提供了解释。《国富论》则构成了那个上层结构的第二部分，它描述了历史上不同类型的公民社会的政治经济，并集中分析了在一个国际秩序因帝国扩张和商业发展而改变的时代，现代政府在推进公民的财富、自由和幸福的过程中所面临的问题。但是，这个研究项目的最后两部分——"涉及文学、哲学、诗歌和雄辩术所有分支的哲学史"，以及"一种法律与政府的理论和历史"——未能完成。"这两方面的材料在很大程度上已经收集齐全，它们的部分框架内容也已基本成形，"亚当·斯密在1785年写道："由于年老乏力，尽管我极力对抗这种局面，可还是觉得越来越力不从心，因此我能否完成它们当中的任何一个，目前都还是个未知数。"① 那时他62岁，却感觉自己已是耄耋老人。

亚当·斯密的健康状况与日俱下。1787年春天，在最后一次出发去伦敦之前，他让他的两个遗嘱执行人来探望他。这两个人分别是他的老朋友、化学家约瑟夫·布莱克和地质学家詹姆斯·赫顿。就像他本人一样，这两个杰出的科学家都瞥见过那个宏大而未完成的学术计划。亚当·斯密让他们毁掉他所有的授课和讲座笔记。两年之后，在他去世几周前，他提醒他们务必做完该做的事。"处理掉他们所喜欢的他的其余手稿。"杜格尔德·斯图尔特说赫顿告诉他。

> 他们恳请他放松下来，因为他们会履行他的愿望。他当时好像对此很满意。但是几天以后，他发现自己还是无法完全摆脱焦虑感

---

① 请参阅：《亚当·斯密通信集》，第286—287页。

的袭扰,就恳求他们中的一个人立刻毁掉那些东西,于是对方按他说的做了。①

所有剩下的作品,包括7篇未发表的哲学主题的文章,亚当·斯密似乎在大部分职业生涯里,一直都在断断续续地对它们进行补充和润色。这些文章都是在他去世后才由遗嘱执行人发表的,并且在很大程度上被人们所忽略乃至遗忘。正如斯图尔特点评的那样,"他似乎不希望让任何材料留在他的传记作者那里,除了那些能够表现他的天才的持久纪念物,以及他的私生活中具有示范价值的东西"。②他于1790年7月17日去世,生前尽可能地守卫他作为一个学者的隐私。

斯图尔特将这种"档案篝火"归咎于亚当·斯密对于必然会被误解的未完善的理论的极端厌恶,因为这会"阻碍真理的进步",也会玷污他死后的名声。③亚当·斯密对于知识体系的完整和优雅的确拥有一种特殊的审美情趣,在完成了《国富论》(并且相继出了三个修订本)之后,他再次着手修改《道德情操论》,以便发展和完善他的社交性理论的伦理意蕴。除此之外,凭借对于知识系统和精神系统的一种终身之爱,他不仅将真正的哲学思维与这两种系统联系起来,而且当他在格拉斯哥大学学习数学、自然科学和斯多葛学派理论时,就学会了欣赏它们。对于这样的终身之爱,他认为这是法国人所特有的而英国人所缺少的禀赋。正如在1755—1756年期间,他向文化期刊《爱丁堡评论》提供的两篇稿件中的一篇所写的那样:

> 以那种自然和简单的顺序安排每个学科并毫不费力地使之吸引人们的关注,这似乎是法兰西民族特有的才能。英国人似乎完全将自己的能力用于发明创造方面,并且轻视一种看似更不光彩但其实同样具有价值的劳动:归纳和梳理他们的发明过程,并以最为简单和自然的方式将它们表达出来。④

---

① 请参阅:杜格尔德·斯图尔特,《亚当·斯密的生平与著作》,第327页。
② 同①,第303页。
③ 同①,第327页。
④ 请参阅:《哲学主题论文》,第245页。

正是本着这种将发现、发明和实验与条理化系统结合起来的英国—法匡精神,亚当·斯密开始着手创建自己的人性科学,发展和完善他在格拉斯哥大学有关法学、艺术和科学的授课内容,将它们吸收到《道德情操论》和《国富论》所形成的知识体系当中。根据后期著作的最新成果而再次回顾早期著作涉及的理论,在具有完美主义气质的亚当·斯密那里,无疑将是一项艰巨的学术工程,而其工作效率显著放缓这一事实,又让这一工程的规模变得更加庞大。这当然不是一个过分关心个人健康且又疾病缠身的人应当承担的任务。

对于一个传记作家而言,传主个人档案的自我隐藏带来了显著的麻烦。没有哪个传记作家愿意就传主那种本就记录得残缺不全的人生盖棺定论。亚当·斯密在柯卡狄的童年状况,他在格拉斯哥和牛津的学生时代,以及在1745年以血腥方式结束詹姆斯党人*发动叛乱的卡洛登战役**之后,他开启哲学生涯的那些成长年代,所有这一切几乎无从知晓。从1751年到1764年,他作为格拉斯哥大学一个积极而又有影响力的教授的职业生涯(当时他所在的这所大学致力于成为开明学府的典范),以及他后来作为海关专员的职业生涯,都没有多少像样的记录。假如亚当·斯密是一个能够更好地对待自己信件的人,那么这种缺少基本信息的状况就不会那么关系重大。事实上,只有193封写给他的信和129封他收到的信函最终得以保存,并且其中有一半是在《国富论》出版之后的人生后期写就的。毫无疑问,这部分是因为他为保护自己的隐私,像毁掉他的笔记那样毁掉了他的信件。他在1776年告诉大卫·休谟的出版商说,他不赞成出版他的老朋友的部分通信内容的计划,因为这将鼓励经销商"开始翻找所有那些从他那里收到过只言片语的人的文件柜。许多不适合曝光的东西都将被发表,这对于所有希望尊重他人隐私的人而言,都不啻是一种耻辱"。①

---

* 詹姆斯党人,指支持斯图亚特王朝君主詹姆斯二世及其后代夺回英国王位的一个政治、军事团体(活跃年代为1688—1788年),多为天主教教徒组成。——译者注
** 卡洛登战役又称德拉莫西沼地之战。1746年,发动叛乱的詹姆斯党人最后的决定性一战,地点在苏格兰因弗内斯郡的卡洛登。战役仅持续40分钟,詹姆斯党人方面即约1000人阵亡、1000人被俘。此次战斗的结果,就是彻底结束了斯图亚特王朝试图复辟的梦想。——译者注
① 请参阅:《亚当·斯密通信集》,第223—224页。

亚当·斯密并不需要过多地担心在自己死后出版商会出版那些不受欢迎的通信内容。他自己就不是一个多么喜欢写信的人，只有涉及公事或者被他的朋友催促，他才会动笔写信。不过即使是这样，并且虽然他的信写得足够好，但它们也不是某个休谟或鲍斯韦尔*、伏尔泰或狄德罗**式的文字作品，而是一个正常人的作品。换句话说，写信者只是为了写信而写信，并把它作为一种类似于与朋友之间谈话的方式。亚当·斯密的生活总体上"曝光度"不高。和休谟不同，他对于城市生活、沙龙文化乃至于（人们会这样认为）朋友陪伴的兴趣相当有限，只是在1776年《国富论》出版之后，53岁的他才开始产生出那些持续影响我们对其性格的理解的日常闲言和餐桌谈话。事实上，直到1787年，当詹姆斯·塔西亚***给他制作两个纪念性的微型头像时，我们才对其个性的真实特征有了一个概念。要想更多地了解亚当·斯密的人生，我们就必须接受如下事实：他是一个注重个人生活而且能够自我满足的人，曾长期远离社交界和政治界；他在不同时期分别生活在柯卡狄和格拉斯哥，满足于与他所在乎的唯一的女性——他的母亲——共度人生。

那么，亚当·斯密的传记将如何写成呢？也许有人会说，不要在这方面去做什么尝试，因为任何写传记的努力，都只会就其思想和生活的世界产生一种支离破碎的描述。但这种说法实际上没有任何意义，无论过去还是将来，传记都不是一种精确描述的科学。所有传记作家能够做的，就是使用他可以自行支配的材料去构建一个基本可信、有助于展示传主生活和工作的人生故事。考虑到只有当读者听到传主开口说话时传记才具有生命力，而且关于亚当·斯密的大部分重要信息都要从他已发表和未发表的文本中找到，因此这就意味着他的传记首先必然是一本思想传记，它会通过这些文本内容追踪他的思想和品格的发展。另外，它也是一本以一个进入启蒙运动时期的国家为背景的传记。就此而言，传记作者甚至是幸运的，因为亚当·斯密自我隐藏

---

* 即詹姆斯·鲍斯韦尔（1740—1795），英国文学大师和传记作家，现代传记文学的开创者，代表作品为《游赫布里底诸岛日记》和《约翰逊传》。——译者注

** 即德尼·狄德罗（1713—1784），法国启蒙思想家、唯物主义哲学家和作家，第一部法国《百科全书》的主编，著有《对自然的解释》《达朗贝尔和狄德罗的谈话》和《关于物质和运动的原理》等。——译者注

*** 詹姆斯·塔西亚（1735—1799），苏格兰知名宝石雕刻师和造型师，曾为英国的一些社会名流制作过精美的微型头像。——译者注

的尝试并不像他预期的那样成功。当他在1764年辞去格拉斯哥大学道德哲学教授一职时，他的重要的授课（以及部分公开讲座）内容便开始吸引全世界的目光，因此大量的学生笔记开始面世，这也是必然的事情。到目前为止，在这方面有两个主要的发现，时间分别是在1895年和1958年。第一个发现是一套涉及部分法学授课内容的笔记，其授课时间可能是在1763年末到1764年（他担任教授的最后一段时期，当时他46岁左右）。第二个发现是他在1762年到1763年期间的修辞和法学授课的几套笔记，它们都不是很完整，虽然内容的篇幅都很可观，但似乎是听课学生急于尽可能地全面记录亚当·斯密授课内容的笔记。换句话说，它们很可能代表着亚当·斯密在即将着手完成两篇早有规划但从未完成的著述的那个阶段所展开的思考。

这些课堂笔记正在改变我们对于亚当·斯密的哲学的理解。它们将《道德情操论》的社会理论和伦理观与《国富论》的政治经济学置于他未实现的人文科学这一背景之下，并帮助我们将二者有机地联系起来。它们提醒我们注意亚当·斯密关于人的个性形成和社会进步的思考的深度与广度。它们详细地阐述了亚当·斯密对于财产的分配，以及旨在保护财产的法律和政府体制如何塑造个人自我与社会的过程的思考。它们使我们开始关注那些跟随亚当·斯密学习政治经济学的学生经常忽略的一个事实，那就是，生活于他提到的那些社会类型中的人，都要受道德、思想、审美和物质需求的驱动。除此以外，这些笔记对于了解亚当·斯密的思想发展也具有极大的参考价值，因为尽管它们记录的是他在职业生涯末期的授课内容，但显而易见，它们更深刻地根植于他的过去，并且几乎肯定是在18世纪40年代后期——他当时还不到30岁，正在爱丁堡以同样主题的课程开始他的哲学职业生涯。虽然没有任何有关爱丁堡这些课程的笔记幸存下来，但我们似乎有理由假定，它们必然包含亚当·斯密对于那些已完成的著述的最初想法，它们也可被作为一个雄心勃勃的年轻思想家的作品而加以阅读，毕竟，他当时早已准备好了吸收苏格兰和法国的主要道德哲学家的思想，准备好了对苏格兰两所一流大学的道德教学进行一种友善但却激进的批判，并有足够的信心将自己视为格劳修斯、霍布斯和普芬道夫的继承人，因为这三个人已就对于现代欧洲统治者有价值的法律和政府原则形成了自成体系的哲学解释。所以，对于那些研究亚当·斯密思想和品格的历史学家而言，如今仍有需要做传记性的工作。

更为重要的是，这是那种必然会得到亚当·斯密认可的工作。尽管他厌烦那些过于关注被他视为日常生活琐事（值得一提同时也让人好奇的是，他会如何看待他的弟子詹姆斯·鲍斯韦尔正是善于利用这类琐事从而写出了广为人知的《约翰逊传》呢？）的传记作家，但有一点很清楚，那就是研究者需从通过传主的修辞风格和语言运用了解他的性格。在有关修辞学的授课中，他曾提醒他的学生：文本是有助于研究作者的说服方法和他希望向读者呈现的个性的修辞学表现；事实上，他希望将其称为他个人的修辞学体系的一个组成部分，即对传统的修辞学箴言"le style, c'est l'homme même（风格即人）"采取一种复杂的解释形式。这等于是在邀请他的学生和那些对其性格感兴趣的人关注他的修辞和他的思想，以及它们最初被呈现时的背景和社会环境。

因此，这是一个意志坚强、富有抱负的年轻哲学家的故事，也是一个有关他如何在思想界中找到自我的故事。这是一个在他所属的民族和阶级进入一个非凡的历史时刻，出生于苏格兰社会中等阶层的伟大学者的故事；他将以一个既形单影只又谙熟社交而且多少有一点点古怪的形象而为当代人所知，并以他的惊人才华唤起人们对他的喜爱和尊重。这是一个哲学家借助于他的博学多才、出色的记忆和系统推理的特长，构建出一系列有助于让复杂的现代世界变得容易理解和操控的文本的故事。这也是为什么这个故事应被称为一部思想传记的原因。

附：资料来源说明

有关亚当·斯密的第一本严肃的传记式论文作品，即杜格尔德·斯图尔特所著的《亚当·斯密的生平与著作》，当时系为爱丁堡皇家学会所撰写，发表于1794年，至今仍是研究亚当·斯密不可缺少的重要资料。斯图尔特非常熟悉亚当·斯密的晚年生活和他的朋友圈子，并且了解他所置身的那个思想和政治环境。他的这一长篇论文式作品曾多次与亚当·斯密作品的最新版本同时发行，并展示了其已经成为其传主的经典肖像。雷伊的《亚当·斯密传》写于人们对18世纪的伦敦和爱丁堡文学世界重新感兴趣的时期，它也是将亚当·斯密的生平置于更广泛的社会和政治背景下的首次严肃的尝试。虽然它在相关调查研究方面并非无懈可击，但其文笔生动有趣。斯科特在广泛使用格拉斯哥大学档案基础上所著的《亚当·斯密：从学生到教授》，有助于我们详细了解亚当·斯密在柯卡狄和格拉斯哥的早期岁月以及他的教授生涯。罗斯的《亚当·斯密传》，是将亚当·斯密的生平和著作在现代语境下进行深入研究的一次尝试，它为每一个现代亚当·斯密学者带来了持久的帮助，我当然也是其中之一。

有关传主各种短小的生活片段，坎贝尔和斯金纳简短的《亚当·斯密》理应得到更多的关注。D. D. 拉斐尔的《亚当·斯密》，是亚当·斯密学者中的元老及其著作的格拉斯哥版本的主编的作品。J. Z. 穆勒的《亚当·斯密在他的时代和我们的时代》内容活泼但却不乏成见。詹姆斯·巴肯的《亚当·斯密与追求完美自由》信息量大而又富有洞察力，也是迄今了解亚当·斯密的生活和著作的最佳资料之一。

第1章　柯卡狄的教育经历

亚当·斯密在1723年6月5日出生或者受洗于柯卡狄（Kirkcaldy）。就跟现在一样，那是位于福斯湾*的一个很有经济实力但并不起眼的小港口。就像许多苏格兰知识阶层的成员一样，亚当·斯密的家庭属于苏格兰社会中等行列。他的父母都出身于小绅士阶层，与苏格兰公共生活和政治议程所依赖的法律、军队和企业界均有联系。亚当·斯密的父亲老亚当·斯密，显然是个有某种能力和抱负的人。出生于1679年的他属于苏格兰东北部长老会**的绅士阶层，他在阿伯丁***和爱丁堡接受过法学教育，并成长于1688年"光荣革命"****和1707年《联合法案》*****之间动荡的苏格兰政治社会。当时，苏格兰王室和贵族卷入了一场为控制政府机器的两败俱伤的斗争中，教会充满了教条主义和内部纷争，苏格兰贸易因为国际战争以及与英国的竞争而变

---

*　福斯湾在苏格兰东岸，福斯河的入海口。——译者注

**　即长老宗，基督更正教（新教主要宗派）的一派，亦称归正宗，以加尔文（1509—1564）的宗教思想为依据，亦称加尔文宗，"归正"为"经过改革复归正确"之意。长老会是苏格兰的一个权力极大的最高宗教裁判会议，地位有些类似于英格兰的议会。——译者注

***　阿伯丁属苏格兰第三大城市，位于苏格兰东北部，城内至今仍有众多百年以上的花岗岩建筑，因此也有"花岗岩城"之称。——译者注

****　"光荣革命"，指在1688年英国资产阶级和新贵族发动的推翻詹姆斯二世统治、防止天主教复辟的非暴力政变，这场革命未有流血，因此历史学家将其称为"光荣革命"。1689年威廉和玛丽即位，议会通过权利法案，英国议会与国王近半个世纪的斗争以前者的胜利而告终。——译者注

*****　《联合法案》，亦称《合并法案》，1707年，英格兰和苏格兰根据该法案组成了大不列颠联合王国。——译者注

得混乱，而且在当时，苏格兰政治生活的整个结构受扰于一种快速恶化的英苏关系模式，以及一种绝非无缘由的长期的恐惧：苏格兰的政治独立性正在受到英国的干扰。1705年，26岁的他成为新国务卿劳登伯爵（长老会贵族的一个主要成员）的秘书。两年后，他被任命为苏格兰军事法庭的书记员，在詹姆斯党运动*兴盛而"革命调解"**和新教继承者地位悬而未决的这一时期，作为这一具有高度责任性机构的成员，他必然可以密切洞察这个国家的安全事项和政治状况。1714年，他被任命为柯卡狄的海关专员。柯卡狄是法夫郡***最重要的港口和主要的海关收入来源之一。到1723年，他的年薪大约是300英镑左右（按照当时的社会收入标准，这是一笔相当可观的收入），并且积极地争取晋升，以便有机会回到苏格兰的政治心脏爱丁堡。他显然是一个雄心勃勃而且前途看好的人。

在1710年，老亚当·斯密迎娶了莉莉亚斯·德拉蒙德——乔治·德拉蒙德爵士（一位富有而知名的爱丁堡政治家，参与《联合法案》谈判的苏格兰委员之一）的女儿。他们有一个儿子修——一个体弱多病的孩子。老亚当·斯密于1749年（或者1750年）去世之前，似乎一直都在柯卡狄海关工作。莉莉亚斯·斯密在1716年和1718年之间的某个时间去世。1720年，老亚当·斯密再婚而且婚姻圆满。他的第二任妻子玛格丽特·道格拉斯，是曾任职于苏格兰议会的一个颇为富有而且人脉广泛的法夫郡地主的女儿。这又是一桩短暂的婚姻。老亚当·斯密死于1723年1月，在他的次子亚当出生半年之前。玛格丽特·斯密没有再婚。她的丈夫留给她一笔丰厚的遗产，她是一个长寿的人，一生大部分时光都与柯卡狄的家人和朋友共处，也把大部分时间都用于照顾和培养她的儿子。亚当·斯密长期居住在柯卡狄的家中，他曾在那里上学，后来作为格拉斯哥大学的学生和教授，他在许多个漫长的假期都会返回那里；同样是在那里，在1767年到1773年期间，他写出了《国富论》

---

* 詹姆斯党运动，指17世纪后期詹姆斯党人试图推动斯图亚特王朝复辟的政治运动。——译者注

** "革命调解"，一种旨在解决17世纪英国王室、基督教会与苏格兰长老会之间冲突的政治调解过程。1660年英国王权复兴之后，查理二世迫使苏格兰教会再度被置于皇室的管制之下，于是苏格兰人开始反抗。1688年，雅各布七世外逃，革命调解再度恢复长老会的地位，苏格兰教会才恢复平静。——译者注

*** 法夫郡，苏格兰地名，位于泰湾和福斯湾之间，濒临北海。——译者注

的部分内容。这部划时代的巨著出版以后，他在1778年成为海关专员后不得不搬回爱丁堡，在苏格兰教会门*的班缪尔楼**定居下来，他84岁的母亲与他一起居住。他与母亲的关系十分亲密，据杜格尔德·斯图尔特回忆说，她对他"无限放任，但这对于他的脾气或者性格没有产生任何不利的影响；而且在漫长的60年当中，他以毫无保留的孝举回馈母亲对他的挚爱，并由此体验到难得的满足感"。①他的朋友巴肯伯爵评价说："了解亚当·斯密的三个关键途径，就是他的母亲、他的作品和他的政治观点。通过这三个途径中的任何一个，你都可以很容易地进入他的人生。"②当亚当·斯密的母亲在1784年去世时，他曾对他的出版商威廉·斯特拉恩说：

> 虽然一个人活到90岁高龄去世，无疑是最符合自然规律的，我也可以有所预见并为此做好准备，但我必须对您说（就像我对其他人说过的那样），即便是在这个时候，我也不禁感觉到，与一个在任何时候都肯定比其他人更加爱我、我在任何时候对她的爱和尊敬都要超过其他人的人的分离，对我是一种无比沉重的打击。③

玛格丽特·斯密的挚爱得到了充分的回报。

柯卡狄位于爱丁堡北部10英里的地方。它的第一位也是最好的历史学家托马斯·弗莱明牧师在1791年写道："它的主体部分其实是一条很长的街道，街道两侧向外延伸出数条面积不大的巷道。"④这个有着超过2英里长的蜿蜒而狭长的街道以及一些排列混乱的小巷和死胡同的市镇，是那种相当典型的古老的苏格兰沿海市镇。柯卡狄的奇特之处是主街的长度，这为它赢得了至今仍在使用的绰号——"朗镇"***。在地理形态上，18世纪的柯卡狄最南边

---

* 教会门，苏格兰首都城市爱丁堡的一个城区，历史上曾是该市的一个贵族郊区。——译者注

** 班缪尔楼，由苏格兰的班缪尔子爵在1691年所建，共三层，楼面实用面积3950平方尺。——译者注

① 请参阅：杜格尔德·斯图尔特，《亚当·斯密的生平与著作》，第269页。
② 请参阅：《文学周刊情报》，第3卷，1791年，第164—167页。
③ 请参阅：《亚当·斯密通信集》，第275页。
④ 请参阅：维林顿和格兰特主编，《约翰·辛克莱爵士：苏格兰纪事》，第505—565页。

*** "朗镇（Lang Town）"的原意是"狭长的小镇"。——译者注

是长长的福斯湾沙滩,弗莱明将其称为"一条安全而舒适的步行道,它通常可以让游客免受经过一条长而崎岖的人行道的颠簸之苦";它的最北边是一块块地势急剧上升的梯田,梯田紧挨着一些亚当·斯密与其关系密切的地主家的田。

柯卡狄很早就有人居住,①这个地名据说来源于凯尔特族的库迪派(Culdee)*,这里有古罗马和早期基督教殖民的证据。到14世纪,柯卡狄就已经成了苏格兰的一个重要市镇,并获得了享有某些特权以及在苏格兰国内外从事自由贸易的权利。到16世纪初,这里出现了一个小港口,于是这里便逐渐发展成为一个贸易中心,大量从英国、爱尔兰和低地国家**进口的货物,用于交换当地产的粗布、钉子和盐,以及皮革、羊毛、鲱鱼、鲑鱼、煤和木材等原材料。一个世纪以后,这里的商人们将生意扩展到了法国和波罗的海沿岸国家。到1644年,该镇拥有大约4 500人的人口规模,并拥有一支由一百多艘船舶构成的船队,以及一个复杂的行会制度和一个市镇委员会。被弗莱明恰如其分形容的"一个丑陋的堆砌物"的古老的圣布莱斯教堂,增加了一系列厢房,用以容纳该镇更多的教徒。市镇的主要建筑在1867年都得到了扩大,用以容纳监狱、市镇守卫、粮食市场等。数量不多但显然很富有的精英阶层,在该镇最西端修建了许多房屋。到1688年,该镇的纳税申报情况表明,它已经成为苏格兰第六大或者第七大自治市镇,作为一个贸易港口,它的实力也达到了顶峰。

但是该镇的经济开始面临困难,这是由正在改变英国面貌的多个历史事件导致的。在内战时期,它被保皇党人及其雇佣军占领并课以重税,其贸易也因战争遭受重创,而威廉三世夫妇和后来的安妮女王***统治时期的战争,又使这里的贸易雪上加霜。更加糟糕的是,该镇因来自英国的激烈竞争——

---

① 请参阅:丹尼森和科尔曼,《柯卡狄历史》。
* 库迪派,是中世纪苏格兰、英格兰和爱尔兰奉行禁欲主义的基督教僧侣和隐士群落的统称。凯尔特族是自公元前2000年中叶起便活跃于欧洲的一支族群,主要分布于北欧、苏格兰南部、非洲和美洲。——译者注
** "低地国家"是对欧洲西北沿海地区的传统称呼,广义上包括荷兰、比利时、卢森堡以及法国北部与德国西部,狭义上则仅指荷兰、比利时、卢森堡三国。——译者注
*** 安妮女王(1665—1714),詹姆斯二世的女儿,于1702—1714年期间统治英国和爱尔兰(她的姐姐玛丽在"光荣革命"后与其丈夫威廉三世成为英国的统治者)。——译者注

英国开始侧重同美洲和加勒比海国家发展贸易关系而结成联盟——而受到严重损失。为了让本国税制与英国税制保持一致，对苏格兰人征收极高海关关税和消费税的举措，使亚当·斯密的父亲深深卷入了其中的纷争。这些历史事件对于柯卡狄的商品经济的影响是灾难性的。港口的注册船只数从1673年的24艘左右，下降到1760年的3艘。到1755年，该镇的人口为2 296人，仅略超过一个世纪前人口数量的一半。总而言之，它作为一个商业贸易中心的地位已经不复存在。

然而，要是认为亚当·斯密成长于一个经济不断下滑乃至接近崩溃的市镇，那就错了。他在18世纪30年代的学生时代，恰逢柯卡狄的经济第一次真正出现朝着全新方向发展的迹象。这是亚麻产业发展的一个直接结果，而这一产业也将促成改变英苏联盟早期阶段苏格兰东部的经济。①它也让与英国和殖民地开展贸易的商人、关注农村失业和低租金的地主，以及那些希望看到后联盟时期苏格兰经济复苏的爱国者产生兴趣。这吸引了知名的贵族机构——农业技能改良协会（1723—约1745年）——的关注，并得到了渔业和制造业委员会的支持和资助；后者是成立于1727年的一个半官方机构，负责安排苏格兰人获得用于补偿"达连计划"*（苏格兰对外殖民时期的第一项也是唯一一项投资举措）失败对其造成损失的基金。事实上，该委员会将其大部分时间和资源都应用于亚麻产业，正如法夫郡的世袭地产保有者告诉苏格兰皇家自治市镇大会**的那样："没有能比公众拥有将其（基金）用于上述目的的更大的权利了，因为它属于苏格兰。"②

亚麻生产基本上属于农村化的家庭产业，要依赖可被鼓励学习纺织业的佃农，以及为他们提供原材料和商品市场的企业主。在18世纪初，法夫郡的

---

① 请参阅：杜里，《苏格兰在18世纪的亚麻业》，第16—17页。另见杜里《18世纪苏格兰的地主、银行业和工业》一文。

* 苏格兰"光荣革命"后，詹姆斯党人遭到镇压，之后又遭遇连年灾荒。17世纪90年代后期，苏格兰政府资助在巴拿马地峡达连湾地区建立殖民地，旨在促进同亚洲国家通商的所谓的"达连计划"。该计划的实施费用了苏格兰国内约三分之一的流动资金，但却由于规划不周等原因而遭到失败，资金全部付之东流。——译者注

** 苏格兰皇家自治市镇大会，即从16世纪中期到20世纪后半段，保护苏格兰主要贸易城镇的特权并维护其利益的一个代表大会。——译者注

② 请参阅：杜里，《苏格兰在18世纪的亚麻业》，第16页。

地主在发展当地这一产业过程中发挥了至关重要的作用。一些重要家族，比如杜尼吉尔的奥斯瓦德家族、梅博尔的亚当斯家族和戴萨特的圣克莱尔家族，都是以爱丁堡为基础从而从各个行业乃至军队里赚钱的家族，他们在法夫郡看到了一个值得投资、价格合理而且前景看好的土地市场。到 18 世纪 30 年代，这些地主已经摇身一变成为当地重要的实业阶层。他们从荷兰、里加*和圣彼得堡进口亚麻，鼓励他们的佃户从事纺织业，有时还出钱为他们配备纺车和织机。他们果断开展了一项旨在为高度竞争的出口市场生产布匹的运动，鼓励从国外招聘熟练亚麻工人，并游说渔业和制造业委员会提供更多、更好的印花专家，以确保当地布匹的质量。到 18 世纪 40 年代，他们把方格布、做被褥套和枕芯套的密实布料以及餐巾出口到英国和他们的殖民地。庄园紧靠市镇的奥斯瓦德家族在这个行业中的表现非常突出，他们把自己邻近杜尼吉尔村庄的大部分土地都租借给从事亚麻、羊毛和制钉行业的商人。在不远的戴萨特自治市镇，圣克莱尔将军确保该镇"积极勤奋的人"都在为国内和英国市场生产亚麻制品。[1] 无论是作为一个生产中心还是作为一个市场，柯卡狄都已成为这一活动的焦点区域。在 1739 年，无疑是受到了当地地主压力的市镇委员会，为羊毛布销售商建立了一个时间为每年 7 月份第一个星期三的年度市场，以鼓励当地亚麻产业的发展。[2] 在 1733 年，该镇每年为英国和国内市场生产 17.7740 万码**印花亚麻布；到 1743 年，产量增加了将近一倍，及至亚当·斯密 1790 年去世时，产量达到大约 90 万码，价值约为 4.5 万英镑。这进一步刺激了该镇的经济活动。袜子制造业始于 1773 年，棉花生产始于 18 世纪 80 年代，而造船业则始于 1788 年。[3] 在那一时期，该镇人口快速增长，其住房存量也迅速增加。简而言之，它正在变成一个具有不断扩张的商业体系的小而繁荣的市镇，已经为在工业革命期间发生更大规模的转变做好了准备。我们的主人公亚当·斯密就成长于苏格兰的这一市镇。这个地方显

---

* 里加，拉脱维亚的首都。——译者注
[1] 请参阅：洛赫，《苏格兰贸易城乡之旅》。
[2] 请参阅：沃尔登，《古代和现代的亚麻贸易》，第 561 页。
** "码"是长度单位，等于 3 英尺或 0.9144 米。——译者注
[3] 请参阅：维林顿和格兰特主编，《约翰·辛克莱爵士：苏格兰纪事》，第 505—565 页。

然正在经历一场深刻的革命，这是英苏联盟的建立和正在改变当代欧洲政治和经济的变革的结果。我们需要将亚当·斯密家族作为决心重建（或者就像同时代人喜欢说的那样"改良"）他们的庄园地产，从而推动整个当地经济的地主和社会精英的组成部分而加以考虑。

在孩童时代，亚当·斯密的生活牢牢扎根于柯卡狄和法夫郡南部的社会经济和政治领域。他的几个父辈成员都在海关工作。他同父异母的哥哥修在柯卡狄海关上班。他的堂兄赫库勒斯·斯密（在亚当·斯密父亲的遗嘱中被指定为他的监护人之一）是柯卡狄海关收税员，在1740年晋升为苏格兰僻地港*监察主任，负责管理征收苏格兰所有小港口的关税收入。曾是他父亲的职员而且也叫作亚当·斯密的另一个堂兄，先是成为柯卡狄的审计员，后来担任海关收税员。他母亲所属的道格拉斯家族更加贵族化。法夫郡道格拉斯·斯特拉森德利家族在市镇郊区拥有大型庄园，玛格丽特·斯密的两个姐姐也嫁入法夫郡当地的绅士阶层。道格拉斯家族一直与强大、富有和睿智的圣克莱尔将军保持密切接触，后者是大卫·休谟的朋友和赞助人之一，与霍斯地区的弗格森家族（他们那优美而且经过改良的庄园地产毗邻戴萨特自治镇）一道控制着戴萨特自治镇和法夫郡南部的大部分政治选区。他们都是在18世纪初搬到该地区的那个知名的新家族——梅博尔的亚当家族——的关系亲密的近邻。威廉·亚当赚取了相当可观的财富，他是一位时尚设计师，有着源源不断而且利润丰厚的业务，同时还拥有苏格兰皇家设备工厂和军械所主要雇员这样的肥差。他于1711年在柯卡狄建造了葛来登庄园，并于18世纪30年代开始在金卡丁郡大量收购地产。他的两个儿子罗伯特和约翰后来不仅成为苏格兰最出色的建筑师之一，而且还是亚当·斯密终生的朋友。

但是，对于这个市镇以及对于亚当·斯密本人而言，最重要的当地地主家庭要属杜尼吉尔庄园的奥斯瓦德家族。就像威廉·亚当一样，詹姆斯·奥斯瓦德上尉也是该地区的新居民。他在1703年购买了杜尼吉尔庄园，在那里建造了属于自己的房子，并由此取得了该镇的公民身份以及广泛的就业和参政权利，并于1717年当选为镇长，成为镇上最大的地主和最有实力的政治家。鉴于这个家族的财富、权力以及在经济发展过程中的利益，可以肯定的

---

* 僻地港，指班轮不经常停靠的港口。——译者注

是，奥斯瓦德和他的家族将在该镇经济恢复方面发挥重要作用。他是亚当·斯密父亲亲密的朋友，并在他父亲的遗嘱中被指定为亚当·斯密的导师或者法定监护人。奥斯瓦德的儿子小詹姆斯·奥斯瓦德比亚当·斯密年长八岁，是他最亲近的朋友之一。詹姆斯·奥斯瓦德是一个非凡之人。像亚当·斯密一样，在他年幼时其父亲就去世了，并且也是由一个了不起的母亲带大的（根据他的孙辈们的描述，詹姆斯的母亲"用最勤勉的培养儿子的方式，为他提供了当时苏格兰人能够获得的最好的教育"）。① 从1741年到1768年，他成为一个越来越有影响力的地主，并且也成为一个在法夫郡深受尊敬的议员。事实上，他将逐渐成为亚当·斯密最为尊敬的那种现代政治家——一个聪明的、有学问的和有独立思想的人，他远离党派政治，致力于研究政府业务，他对于海军财物的了解尤其给大卫·休谟留下深刻印象。正如他自己曾经说过的那样，"要想在这里（下议院）脱颖而出，最可靠的方法就是熟悉管理业务，因为任何了解它的人都必然会崭露头角"。② 奥斯瓦德与苏格兰的知识分子阶层保持着密切的联系，并且始终是亚当·斯密的终身朋友。他的儿子这样写道：

> 众所周知，他们之间不间断的交往和友谊，贯穿了他们一生中的大部分时间。我清楚地记得，亚当·斯密先生曾经多么慷慨、热情而又愉快地详细说起过他（奥斯瓦德）的品质和优点；他坦率地承认，在很多方面，他都从那个视野宽阔、知识渊博的出色的政治家那里获取了无比多的信息。他们经常讨论政治经济学，奥斯瓦德将他的实践知识和经验用于亚当·斯密的理论推导，并为他长期从事艰辛的调查研究提供许多宝贵的援助。③

事实上，杜格尔德·斯图尔特认为，奥斯瓦德在说服亚当·斯密发展对于政治经济学的兴趣方面，扮演了一个决定性的角色。①

在《国富论》中，亚当·斯密关注了小市镇在塑造一个商业国家各地区

---

① 请参阅：奥斯瓦德，《詹姆斯·奥斯瓦德传》，前言。
② 请参阅：西奇威克，《议会历史：从1715年到1754年的下议院》。
③ 同①，第122页。

的商业与文化方面的作用。一个小市镇"是一个持续性的集市或者市场",普通公民可以从中学习公平的价格和报酬的意义,并迅速感受到关于自由与秩序的意义的普遍真理。② 但是,亚当·斯密也清楚地知道,谨慎、聪明和独立的乡绅对于推动农村经济发展是如何重要。作为一个重要阶层,他们最不可能被巨大的财富或者贫困所腐蚀,或者被"可悲的垄断气息"(亚当·斯密将其看成是威胁大多数现代国家的经济、政治和道德健康的癌症)所玷污。③ 如果不去思考柯卡狄、法夫等地像奥斯瓦德、圣克莱尔和亚当这些充满活力而又雄心勃勃的移民家族的活动,就很难读懂亚当·斯密对于一个商业国家的社会进步的思考;他明确地采用法夫郡的经验"例证"他的进步理论,而且这种经验是非常适用的。

据说亚当·斯密是一个体弱多病的孩子,而且可能正因如此,关于他的诞生日的轻微的混乱,正是源于他在出生那一天受洗这一事实(对于那种被认为很难活下来的婴儿来说,这是一种常见的做法)。他在他母亲的家族那边长大,据称他当时的住所是在时尚的主街西端的玫瑰巷,距离格拉德尼庄园的亚当家族和杜尼吉尔庄园的奥斯瓦德家族不远,离他的舅舅在斯特拉森德利的住所也只有七英里左右。在斯特拉森德利地区,亚当·斯密第一次和一个栩栩如生的当代传闻联系在一起(如果这是事实,那么它必然有助于为这个体弱多病的孩子与他的守寡母亲之间异常亲密的关系奠定某种基础)。和他同父异母并被送到珀斯*上寄宿学校的哥哥修不同,亚当被送到位于希尔街的那所市镇学校,那里距离他母亲的住所很近,他只需要通过那个当地市场即可回家。可以确定的是,那基本上是一个中世纪的市场,四周用金色围栏围起来,目的是为了保护当地商人对抗来自外地人的不受欢迎的竞争。不过虽然如此,亚当·斯密还是越来越习惯于看到他所说的"市场的讨价还价",在他看来,那是一种和日常对话一样的自然的社交形式,而且也是各种社会

---

① 请参阅:杜格尔德·斯图尔特,《亚当·斯密的生平与著作》,第 300、333 页。
② 请参阅:亚当·斯密,《国富论》,第 376—378、412 页。
③ 同②,第 461 页。
* 珀斯,苏格兰中部城市,有"苏格兰的心脏"之美誉,在公元 13—15 世纪曾是苏格兰首都。——译者注

性活动所依赖的沟通桥梁之一。①

从 1731 年（或者 1732 年）到 1737 年，亚当·斯密是那所市镇学校的学生，这也是该校历史上一个引人注目的时间段。由于一个新校长——戴维·米勒——的任命，该校在 1724 年发生了极大的变化。米勒原本是爱丁堡北部库珀地区的那所市镇学校的非常成功的校长，他最初并不愿意更换工作地点，②我们不清楚是什么让他最终改变了主意，不过那个很强势的奥斯瓦德女士一定与此有关，毕竟她有一个需要接受教育的儿子詹姆斯，还有一个需要长期在本镇维系的家族地位。或许她曾经施压过市镇议会，要求增加他的工资，更有可能的是，她主动提出为米勒提供一笔家教费用，以便让她的儿子从后者那里得到私人授课机会。不论怎样，米勒以他充沛的精力全身心地投入到了重组学校的事务中。市镇委员会同意修建一座新校舍，并将每季度酬金增加到 12 便士，尽管米勒事先被告知"请考虑一下从事这种还不到一半克朗*的工作的必要性"。③市镇委员会还同意了米勒对新课程的建议。学校将提供基于翻译和阐释的经典教育读本，以便"训练（学生的）判断力，教他们逐步学会正确的单词拼写和出色的书法技能，以及良好的观察力和语言能力"。④米勒显然是一个优秀的古典主义者，而伊安·罗斯**的推断也无疑是正确的——深谙主要古典作家及其作品的亚当·斯密在 1737 年就离开了学校；他当然很熟悉拉丁语和希腊语，所以他在格拉斯哥大学的第一年可以免修这两门课程，并主要致力于学习更高级的经典教育课程。他当初使用的那两本米勒要求学生学习的历史教材得以幸存下来：第一本是庞培·特罗古斯***的

---

① 请参阅：亚当·斯密，《国富论》，第 49 页。
② 该故事载于《柯卡狄委员会日志（1716—1742）》（编号 KYD/1/1/3, p. 154, 158, 167, 168 – 170）。我非常感谢该市档案馆允许我使用这些文字记录。
* 英国旧币，等于 5 先令或者 25 便士。——译者注
③ 同②，第 174、217 页。
④ 同②，第 299—300 页。
** 英属哥伦比亚大学荣誉退休英语教授，研究亚当·斯密以及苏格兰启蒙运动的权威学者，《亚当·斯密通信集》主编者之一。——译者注
*** 庞培·特罗古斯，罗马帝国屋大维统治时期的一位历史学家兼博物学家，他所撰写的《腓利史》，是一部长达 44 卷、以记载罗马以外世界的历史为主要内容的通史著作。——译者注

《腓利史》，一部有助于了解古代世界史的知名入门读物，这是研究一些极富智慧的军事家和政治家的必读书；第二本是尤特罗庇乌斯*的《罗马国史大纲》（上面有一行用那只看似动作缓慢但却始终灵巧的大手所题写的"亚当·斯密的书，1733 年 5 月 4 日"的字样），这是一部生活在朱利安皇帝时代的历史学家的著作。有关罗马帝国的崛起与进步的故事，被作为一种战争和征服的史诗而叙述，显示了战争的尊严以及通过牺牲荣誉而达成和平的耻辱。这是一个仅仅适合生活在军国主义时代的男孩子阅读的文本。①

然而，从同时期所描述的米勒如何将戏剧作为一种公民教育手段的过程，可以最清楚地窥见他的教育特色。在苏格兰更具进步性的学校当中，这是一种比较常见的以人为本的技术手段。达尔基思中学在 1734 年将《恺撒大帝》**和伊索的一部喜剧搬上了舞台，甚至更加大胆地表演了艾伦·拉姆齐***迷人的苏格兰田园诗式的作品——《温柔的牧羊人》。珀斯文法学校在大致相同的时期表演了约瑟夫·艾迪生****的《卡托》。米勒在 1734 年创作并上演了自己的剧作《委员会之辩》（当时亚当·斯密还是一个小学生）：它讲述了一个由 12 个议员组成的委员会如何开展业务的故事。这些议员围绕来自一个商人、一个农民、一个乡绅、一个贵族、两个校长，以及"一个称赞和祝贺该委员会的崇高计划和卓越表现的绅士"的请愿而展开辩论。②这样一部戏剧显然是以中层官员而不是国王和贵族为主角的，并着眼于展现政府事务管理而不是高层政治斗争。有趣的是，那些学生似乎可以扮演请愿者以及议员的角色。如果是这样的话，那便是一种令人钦佩的设计，因为它能够让

---

* 尤特罗庇乌斯，公元 4 世纪后期的罗马帝国历史学家，其生平后人知之甚少，只确知他曾随同皇帝朱利安远征波斯，后来又在皇帝瓦伦斯时期任机要秘书。《罗马国史大纲》是他唯一传世的作品，传统上被当作拉丁语学习者的经典阅读教材。——译者注

① 尤特罗庇乌斯，《罗马国史大纲》，序言。

** 《恺撒大帝》，莎士比亚的一部经典戏剧作品。——译者注

*** 艾伦·拉姆齐（1686—1758），苏格兰诗人和剧作家，主要作品《温柔的牧羊人》（1725 年）是一部田园诗式的戏剧。——译者注

**** 约瑟夫·艾迪生（1672—1719），英国散文家、诗人、剧作家和政治家，写有诗篇《远征》、悲剧《卡托》以及文学评论文章等。——译者注

② 请参阅：钱伯斯，《苏格兰国内纪事》，第 3 卷，第 584—585 页。

有事业心的辉格党*绅士的子孙们感受到普通大众的生活。难怪新闻界当时报道说,演出"据说给观众带来了极大的满足感"。

  米勒缜密而又合乎时宜的课程安排有力地显示,他的教学理念有一个坚实的伦理核心;在苏格兰同样具有进步性的古典学校所使用的文本表明,很可能正是他首先引导亚当·斯密接触到了那些古典主义道德家及其现代追随者。标准的古典课程通常会包括爱比克泰德**的《手册》和西塞罗***的《论义务》,而且很可能还有艾迪生和斯蒂尔****合办的杂志《旁观者》当中的文章。①亚当·斯密留有题字但并未注明日期的1670年版的《手册》以及西比斯*****的著作《文论》,通常被认为是其为在大学使用而购置的,但也可能是亚当·斯密在一两年之前就已将其弄到手并在柯卡狄使用的。②即使米勒并没有在课堂上使用《旁观者》杂志上的文章,我们也基本上可以断定,亚当·斯密在自己家里接触过(比如听过别人阅读)其父订阅的这一杂志。③杂志上那些令人难忘和发人深省的道德寓言以及伦理与审美反思文章,是中等

---

* 辉格党,英国和苏格兰历史上的一个政党。"辉格"原意指"强盗",是苏格兰人责骂他人的用语。该党标榜实行"自由的、开明的原则",反对君主制,拥护议会制度,实际上与封建贵族、金融巨头勾结在一起垄断本国政治。辉格党人在宗教观点上多属各种教派的新教徒。19世纪中叶,英国辉格党与其他资产阶级政党合并,改称自由党。——译者注

** 爱比克泰德(约公元55—135年),古罗马著名的斯多葛学派哲学家,对斯多葛派学说有极其重要的发展和突破,是真正集希腊哲学思想之大成者。爱比克泰德本身没有著作,他的学生阿利安记录了他的许多谈话,将其整理为《爱比克泰德谈话录》,以及从中辑选的《手册》,他的思想由此得以流传于世。——译者注

*** 即马库斯·图留斯·西塞罗(前106—43年),古罗马著名政治家、演说家、雄辩家、法学家和哲学家。公元前63年当选为执政官,后被政敌马克·安东尼派人杀害。——译者注

**** 即理查德·斯蒂尔(1672—1729),与约瑟夫·艾迪生齐名的英国散文家。他们幼年一同在卡特公学就读,后来同时进入牛津大学,后又合办思想杂志《旁观者》。——译者注

① 请参阅:穆尔,《启蒙课:18世纪英国学校的自由教育》,第97—116页。

***** 斯蒂尔(约前430—350年),出生于底比斯的古希腊哲学家,苏格拉底的弟子。——译者注

② 请参阅:米舒塔主编,《亚当·斯密藏书目录》,编号574。

③ 请参阅:罗斯,《亚当·斯密传》(牛津大学出版社,1995年),第15页。

阶层家庭主要文学食粮的一部分。所有这些文本均以斯多葛派的视角（尤其是就西塞罗和艾迪生的作品而言）或者准斯多葛学派的哲学出发点看待世界，引导年轻人思考对于自身及其同胞和神祇的责任。它们教诲年轻人如何将其私人利益与公共利益协调一致，指导他们如何理解和享受心灵的平静与自尊感，让他们懂得怎样与自我和他人和谐相处，并且过上一种乐观向上的社会生活。归根结底，它们教授年轻人充分理解哲学对于公共生活的价值，以及公共生活对于哲学的价值。这些都是亚当·斯密在余生充满兴趣的伦理学和社会学问题。如果说米勒果真引导他接触了这些古典文本，那么他必然对后者的思想发展起到了一种开创性的影响作用。

上述文本的作者为亚当·斯密提供了一个看待道德世界的方式，以及一种用于讨论和解决相关问题的语言。《手册》早就被看成是适合头脑敏锐、出身富有的中小学生们的有价值的伦理学启蒙读物，它是斯多葛派伦理学的基础文本之一。爱比克泰德曾经是一个奴隶，他为那些担心自己会成为自己无法控制的个人激情的奴隶和环境牺牲品（这是一种许多中小学生都很容易产生共鸣的情况）的人写作。他教授过几代学生，教他们将自由看成是一种学习自我控制的艺术的过程，这意味着他们要学会在能够控制和不能控制的生活方式之间作出区分。"我们应当超越身体、财产、名誉和金钱带来的束缚，一句话，我们自身的一切行动都需要有更好的向导"，爱比克泰德指出，这些东西都属于"indifferentia"，也就是我们需要忍受和蔑视的东西。另一方面，激情、观点和判断"时刻指导我们自己的行动"，这些都是我们能够控制的东西，是借助于脑力和理性而加以调节和控制的道德能量的来源。事实上，只有当理性能够控制激情时，我们才有可能按照自然和神性所要求的那样过上理性的生活。① 但是，学习自我控制的艺术并不容易，这意味着要从哲学层面与这个世界及其转瞬即逝的浮华，以及各种失望和怨恨的负面情绪保持距离；这意味着要学会超越"indifferentia"，看到道德实践和自然世界被赋予的内在秩序和逻辑的证据。归根结底，这意味着要培养对仁慈的造物主的爱。只有这样，斯多葛派的坚忍和节制才能够萌芽，而那个践行斯多葛理念的人也将开始感觉到与大自然融为一体，以及体验到那种"淡泊"的状态（只有当大

---

① 请参阅：《爱比克泰德文集》，第287页。

脑和理性对于身体及其激情产生足够大的控制力时才会产生的一种状态)。在这种情况下,他将会体验到真正的自由感。正如爱比克泰德所表述的那样:"安尼多和梅利多*可以杀死我,但他们休想伤害我。"①爱比克泰德已经表明,一个上进而善良的年轻人可以演好某一部戏的组织者分配给他的、出现在由别人所撰写或导演的戏剧中的"特定角色"。但是,学会正确地为人处世,意味着要学会成为自然世界这一"伟大作家的作品"的观众或者旁观者。

> 不仅如此,还要成为作品的解释者。因此,如果一个人像非理性的动物那样开始和结束自己的人生,那将是一件无比耻辱的事情。即便他无法选择开始,也应当按照大自然本身的指示选择自己的结局。要做到这一点,他就必须坚持思考和了解自己所不知道的事物,必须掌握一种与自然和谐相处的生活方式。因此,必须注意一点:不要在没有成为这些事物的旁观者的情况下,就毫无价值和庸庸碌碌地死去。②

在学习成为一个旁观者的过程中,斯多葛派的追随者将获得属于自己的自由。

获得这一道德主体的自我意象,意味着要面临一个任务,那就是一个人要学习与日常生活的不确定因素和负面情绪保持距离,学习培养道德技能和知识技能,因为他需要借助于这些技能理性地生活,与他自己和外部世界和谐相处(这一理念深深地吸引了亚当·斯密)。这样的人不只拥有快乐和美德,而且很可能更加善于社交,在工作中也会更有效率。毫无疑问,亚当·斯密曾经发现,爱比克泰德的体系过于苛刻,而且认为他在沉思冥想的伦理价值方面投注了太多的信念,但他把这一点归结为一个事实,那就是,爱比克泰德是在一个半野蛮的奴隶社会中长大的。亚当·斯密欣赏爱比克泰德的

---

* 在古希腊历史上,70 岁的苏格拉底曾被三位雅典公民指控对神灵不够虔敬,他们分别是籍籍无名的年轻诗人梅利多、作为制革匠的政治家安尼多和演说家里冈。苏格拉底在雅典法庭上的辩护词,就是著名的《申辩篇》的基本内容。——译者注

① 请参阅:《爱比克泰德文集》,第 306 页。
② 同①,第 292 页。

伦理学精神，并将其引入社会学和伦理学的目标之中。他后来指出，人们的社交能力最终取决于自己控制失望和怨恨情绪的能力。而且他认为，能够感觉到"不论多么不祥的事情都是外在的，而一切平静与和谐都是内在的"，才是一个真正成熟的参与社交者的标志。①

亚当·斯密必然很早就意识到，伦理体系必须不断适应不同民族和地区的要求。他恐怕是经由别人引导才接触到西塞罗的伦理学的，也极有可能在同一时期学习了爱比克泰德的伦理学，并了解到西塞罗如何让那个希腊奴隶的伦理学适应了罗马共和国自由公民的需要。西塞罗并没有像爱比克泰德那样蔑视世俗世界，也没有分享后者认为美德的唯一路径在于沉思冥想这一信念。他感兴趣的是如何学习巧妙地和诚实地投身于日常的生活与工作，同时关注公共利益的伦理价值。事实上，亚当·斯密后来把培育这些"虽然不够完美但却可以实践的美德"看成是西塞罗思想的核心，以及"斯多葛派实践道德过程"的有价值的核心。②

阅读《旁观者》杂志的文章必然使亚当·斯密意识到古代学者的教义可被如何调整，从而为生活在一个自由的商业社会的现代人所应用，这是后者全然不知的一种文明形式。艾迪生给杂志确定的名称——《旁观者》——是有意识地从爱比克泰德那里借来的，并提醒人们关注他希望读者培育的关键性道德能力：罗伯特·彭斯*将其巧妙地描述为"我们像别人看待我们那样看待我们自己"的能力。就像西塞罗一样，艾迪生为一个自由的公民群体而写作，这里所说的公民群体，是指一个庞大的商业城市比如伦敦的公民群体。事实上，他的持久吸引力的很大一部分，在于他的文章能让各地区的年轻人第一次真正看到英国这座最大的城市——一个凭借其财富、权力和魅力而让人感到炫目的城市。他的散文让读者窥见到人们生活在那座城市的情形，并间接分享它的居民的希望和恐惧。他笔下的伦敦是一座非同寻常的商业城市，一个人生的舞台，正如一些作家所描述的那样，在这座城市里，男人和女

---

① 请参阅：《道德情操论》，第283页。
② 同①，第291—292页。
* 罗伯特·彭斯（1759—1796），苏格兰农民诗人，在英国文学史上占有重要地位。他复活并丰富了苏格兰民歌，他的诗歌富有音乐性并充满激进的民主和自由的思想。——译者注

人会不断地进行商品、服务的交换，以及情绪的交流。但是，它也是因为各种因素的影响而变得支离破碎的城市，这些因素包括：党派分歧，宗派主义，不同的等级、职业、行业、年龄和性别（现代伦理应同时关注男人和女人的需求，这一点对于艾迪生和亚当·斯密而言同样重要）。这是一个由变幻莫测的舆论和时尚统治的世界，在这个世界里，人们都在徒劳地寻找恒久不变的品位、道德、政治和宗教标准。正如在《旁观者》中经常出现的那个很受欢迎的虚拟叙述者罗杰·克维里爵士所说的那样，这是一个人们会发觉自己"是在其中跳跃而不是步行"的世界，他们永远都找不回"最初那些完整和恰当的动作"。①

这个政治、宗教、商业与时尚的世界，就是艾迪生所强调的"indifferentia"世界，一个普通公民对其没有什么控制力的世界，一个如果他们真的渴望拥有美好的人生和平静的心灵就必须与之保持距离的世界，同时也是一个需要道德改革的世界。就像西塞罗一样，艾迪生对于"过于自制和克己"的斯多葛派主义者不以为然，并且认为那些试图培育更具苦行精神和禁欲"美德"的人，最终将会荒谬可笑地变得与社会格格不入。他想证明的是，现代城市生活既能够培养美德，也能够滋生腐败，这取决于公民如何关注和对待日常的生活与工作，以及他们是否会以结交亲信并拉帮结派而取代与来自不同阶层的陌生人之间的友谊。归根结底，这只不过是一个人们如何学会保持良好风度和礼仪的问题，以及一个学习如何同时成为世界舞台上的演员和台下观众的问题。陌生人会教会一个人如何约束自己的偏见，并使之对世界拥有一种更"宽泛"的视角。这个过程会鼓励一个人拥有宽容、高雅和良好的判断力等品质，并且掌握对于保持平凡生活中的礼仪和快乐具有重要作用的分寸感。这种社会化的坚忍克己形式会促使人们产生那种"淡泊"心态，而对于有教养的艾迪生式的公民而言，这种心态将鼓励他们保持宗教和政治稳定，并使基督教世界的公民变得更加乐观和团结。

前述古代和现代经典文本及其诠释，为亚当·斯密提供了一个简单而又复杂的看待社会化世界的方式。它们使他得以将人类看成是其人生幸福取决于他们培育自身道德和知识技能的主观能动者，而且唯有拥有这些技能，他

---

① 请参阅：《旁观者》，第6期，1710年3月7日。

们才能融入社会，与自己和他人以及整个世界和谐相处。这些经典鼓励他将自我控制视为社交、成功和个人幸福所必需的基本技巧。艾迪生所写的一系列迷人而又貌似简单的道德论文具有一种特殊的价值：它们使亚当·斯密第一次看到了作为一个复杂的多元主体，以及既能够提升也能够腐蚀人性的现代商业城市；它们表明了作为一种社会技能的谈话的重要性（它是情感交流以及社会和道德规范建立的基础，是一种可以不断"改良"并以培养良好行为举止的名义而不断提升的技巧）；它们为他提供了一种社会性语言的基本雏形；它们表明在自我完善的过程中，现代公民能够自觉地保护和维系整个社会的福祉。他从柯卡狄（一个处于温和而又稳步发展中的市镇）这个狭窄而又独特的窗口瞥见了这一切。作为格拉斯哥大学的学生，亚当·斯密将清晰地看到，这些斯多葛学派和准斯多葛学派的伦理学，这些有关社会、社交和公共生活的洞见，将如何从哲学上加以发展并应用于古代和现代世界的政治体系分析之中，而最终他将就不同的科学原理形成自己的思想体系。

附：资料来源说明

关于柯卡狄的历史，见《约翰·辛克莱爵士：苏格兰纪事》（维林顿和格兰特主编）中的 T. 弗莱明撰写的那篇出色的"柯卡狄的教区"一文，以及丹尼森和科尔曼的《柯卡狄历史》。在思考有关亚当·斯密在教区学校接受教育方面，穆尔的《启蒙课：18 世纪英国学校的自由教育》价值非凡。有关《旁观者》的讨论可以借鉴我本人的作品（参见《休谟传》第 2 章和相关引用，以及我写的《安妮女王和早期汉诺威王朝时期的政治与礼仪》）。

第 2 章　格拉斯哥大学和弗兰西斯·哈奇森的启蒙

亚当·斯密在 1737 年夏天离开中学，于同年 10 月进入格拉斯哥大学。在 1737 年到 1740 年的 9 年时间里，他是格拉斯哥大学的学生。而从 1740 年到 1746 年，他在牛津大学贝利奥尔学院就读并享受"斯内尔奖学金"*。他在格拉斯哥和牛津的大学生活几乎没有什么记录，不过很明显，这一时期是他思想发展的关键时期。正如我们将要看到的那样，当对牛津感到腻烦的他在 1746 年返回苏格兰并准备找一份工作，以投入在爱丁堡的高层次学术工作时，他自己的哲学观得到了长足的发展，这使他有资格接受修辞与法学的授课邀请。这一过程将提升他在思想界的分量，对于他开启自己的职业生涯也将发挥重要的作用。

倘若没有两所以上不同大学的求学经历，亚当·斯密将很难打下他哲学研究的基础。在 18 世纪 20 年代和 30 年代，格拉斯哥大学成为北欧小型新教大学中最前沿也最有趣的大学之一。相比之下，牛津大学可说是"臭名昭著"，至少对于亚当·斯密所属的辉格党长老会成员的圈子而言，因为它是一个思想僵化、高度宗教化和保守化的学术机构。格拉斯哥大学可以为亚当·斯密提供个性化的哲学课程，以及来自北欧的两个最具人格魅力和创造性思想的大学教授——数学教授罗伯特·辛姆森和道德哲学教授弗兰西斯·哈奇森——的教育。哈奇森引领亚当·斯密接触到了古代和现代世界的道德哲学，以及对于人性的实验性研究过程所涉及的问题。辛姆森使他开始重视和欣赏数学对于作为一种科学基础的道德哲学研究的重要性。无论是整个牛津大学

---

*　斯内尔奖学金是提供给格拉斯哥大学学生的一项年度奖学金，用以支持他们在牛津大学贝利奥尔学院攻读研究生学位。——译者注

还是其贝利奥尔学院，都不可能拓展、修正或者取代亚当·斯密在格拉斯哥大学所受的教育。不过，它毕竟是斯内尔奖学金项目，是专门面向原格拉斯哥大学学生的，获得奖学金的学生可以用 11 年的时间从事私人研究，并且有望进入苏格兰圣公会系统并从事神职事业。对于亚当·斯密是否认真考虑过选择这一路径我们尚不得而知，并且对于斯内尔奖学金学生必须这样做的正式要求，在他的时代已经逐步废止了。不过，无论怎样，斯内尔奖学金项目能够而且显然提供了用于私人研究的大量时间，亚当·斯密似乎充分利用了这一机会，并使自己逐步远离他在格拉斯哥大学所接受的高度结构化的哲学教育。在牛津大学的 6 年期间，给了他一个难得的机会拓宽自己的教育，并且奠定了他日后惊人的博学才能的基础。所有这些，连同他对于哲学体系的热爱，使他的哲学思想具有了一种独特而鲜明的特征。而且，他很可能是在牛津大学期间第一次接触到大卫·休谟的哲学的。换句话说，这个后来作为修辞学和法学讲师、于 1748 年第一次在爱丁堡崭露头角的年轻哲学家，其思想发展受到了格拉斯哥大学和牛津大学这两个高度不同的学术机构的塑造，而且他尤其受到其两位伟大的导师——哈奇森和休谟——的深刻影响。

格拉斯哥必定和柯卡狄形成鲜明的对比。这是在过去一个世纪发生不少改变的相当繁荣的城市，而在 18 世纪 50—60 年代之前，即亚当·斯密在那里担任教授的那些年里，它经历了一次更大的变化：其人口快速增长，海外贸易规模扩大到可以媲美布里斯托尔和利物浦；以前仅仅局限于地方消费品的生产特色，现在取而代之以繁荣的糖厂、格拉斯哥白兰地酒厂、朗姆酒厂，以及用于出口的亚麻布、格子布、肥皂、绳、鼻烟和成品烟为特色。对于在 1724 年到 1725 年期间写下下述文字的丹尼尔·笛福* 看来，这一进步的证据体现在继 1652 年和 1677 年两次灾难性的大火之后的一座经历完全重建的城市外貌。

    格拉斯哥其实是一座相当美丽的城市：四条主要街道宽阔无比，

---

* 丹尼尔·笛福（1660—1731），英国小说家，世界名著《鲁滨逊漂流记》的作者，英国启蒙运动时期现实主义小说的奠基人，被誉为"欧洲小说之父"。——译者注

在我见过的诸多城市中，没有哪座城市在这方面能与其相媲美。房子清一色都是由石头砌成的，而且高度基本一致，楼面风格整齐划一；底层建筑通常都以宽大的方形支柱（而非圆形石柱）作为基座，从拱门可直接进入各个店铺。这样的结构增加了建筑物的审美品位和力量感。一句话，它是除伦敦以外的大英帝国疆域内最整洁、最美丽、最大气的城市。①

笛福一向对格拉斯哥的历史不是很感兴趣，而通常能让他感兴趣的是那种有利于贸易、商业和文明发展的新型的现代化的东西。但是，就像柯卡狄一样，现代的格拉斯哥显然受惠于它在中世纪的发展历程。②大约在 1175 年前后发出的一纸皇家特许状，将格拉斯哥市政府交由大主教和一个寡头性质的市镇委员会管理。尽管 1690 年主教制的废除将该委员会从主教的控制下解放出来，并使之拥有选举管辖这座城市的市长和其他主要官员的权力，但这只是确保了其后市政府将由君主和地方权贵控制的情况。这将格拉斯哥变成了一座以对 1688 年革命＊、汉诺威王朝继承者和《联合法案》绝对忠诚而著称的城市。这也使得艾雷伯爵——未来的阿盖尔公爵＊＊三世、罗伯特·沃波尔爵士＊＊＊最亲密的政治顾问之一——能够在 1725 年到 1761 年期间有效地控制市政府并管理大学，他将对奠定亚当·斯密的教育及其研究生涯的学术文化基础起到至关重要的推动作用。

这座城市的人口规模当时正在迅速扩大。在 17 世纪中叶，它的居民人数约为 1 万，非常接近阿伯丁或者丹迪＊＊＊＊的人口数量。到 17 世纪末，它的人口数量约为 1.4 万（爱丁堡人口数量约为 3 万）。到 18 世纪中叶，其人口增

---

① 请参阅：笛福，《大英帝国游记》，第 2 卷，第 744 页。
② 接下来的部分内容，受益于迪瓦恩和杰克逊主编的《格拉斯哥纪事（第 1 卷）：从开始到 1830 年》。
＊ 指英国资产阶级和新贵族在 1688 年发动的"光荣革命"。——译者注
＊＊ 阿盖尔公爵，苏格兰在 1701 年创设的一个世袭贵族头衔（英国在 1892 年创设）。——译者注
＊＊＊ 罗伯特·沃波尔（1676—1745），英国辉格党政治家，通常被人们认为是英国第一任首相，于 1721 年到 1742 年期间执政。——译者注
＊＊＊＊ 位于苏格兰东部的主要工业城市和港口，被称为"发现之城"，因为该城有过很多著名的发现和发明，比如邮票、无线电报、阿司匹林、X 射线等。——译者注

加到了 3.1 万。到亚当·斯密的生命结束之际，其人口数量接近 8.1 万，并且仍在增加当中。① 在经济上和政治上，它类似于苏格兰的其他皇家自治市。皇家特许状让那些足够富有的人拥有在市镇范围内开展垄断贸易的自治市镇公民权，这是一项可以控制市场和集市以及建立一个裁判机构，以便管理本地基本贸易和产业的权利。这些特权通过 14 个行业工会或者"法人社团"而得以行使，其中商人的法人社团是最重要的组织。在 17 世纪末，格拉斯哥已经拥有了一个多达四五百人的商人团体，其中约有一百多人从事海外贸易。这个小小的"海上冒险家"组织——就像克里斯托弗·斯莫特*所称的那样——是在 17 世纪到 18 世纪这座城市的经济显著扩张期间所产生的组织。早在 14 世纪到 16 世纪期间，格拉斯哥的商品贸易主要局限于苏格兰西部的沿海贸易。而在 17 世纪初，它的商业开始扩张，本地商人与法国商人之间主要开展盐和葡萄酒贸易，与荷兰人开展奢侈品和食品贸易，与挪威人则开展木材贸易。该国西部的小贩沿着英格兰西部海岸（甚至直到伦敦）兜售纱和亚麻制品。在 1656 年甚至有报道说，有的商人试图与巴巴多斯**之间交易糖和烟草，虽然这一尝试最终并未成功。但最重要的是，爱尔兰乌尔斯特***种植园的成功，促使长老会成员开始从苏格兰西部发展种植园事业，并推动这座城市的殖民地化，这也使得格拉斯哥大学迅速成为该市的商业和学术中心。

在 1660 年英王查理二世王朝复辟以后的一个世纪里，格拉斯哥的商人经济进入其决定性的飞跃发展时期，它的扩张速度比苏格兰其他任何自治市镇都要迅速。格拉斯哥商人开始与加那利群岛、亚速尔群岛和马德拉群岛，以及在加勒比海的英国殖民地，还有他们在美国北卡罗来纳州、弗吉尼亚州、新泽西州、纽约州和马萨诸塞州的种植园业主做交易。与此同时，在贸易被 1689 年到 1713 年期间的那些战争所中断并最终扼杀之前，格拉斯哥与挪威和波罗的海沿岸国家之间的贸易也在迅速扩展和强化。这些贸易采取的是初级商品交换形式，例如用牛、皮革、鲱鱼和煤交换葡萄酒、白兰地和精细纺织品等

---

① 请参阅：斯莫特，《苏格兰人民的历史（1560—1830）》，第 258—266 页。
* 克里斯托弗·斯莫特出生于 1933 年，苏格兰历史学家和作家。——译者注
** 巴巴多斯，位于东加勒比海小安的列斯群岛最东端的珊瑚石灰岩海岛，独立于 1966 年 11 月，属英联邦成员。——译者注
*** 乌尔斯特，爱尔兰北部地区的旧称。——译者注

奢侈品，以及糖、亚麻和大麻这样的原材料，所有这些商品都是在本地区无法获取的。但是，烟草业逐步成为该市的龙头行业，也是在18世纪中叶一笔巨大的财富来源。在英苏联盟之前，烟草贸易完全是非法的，后来之所以能够开展起来，是因为很多格拉斯哥商人都是熟练的走私者，他们擅长规避英国《航海法案》（该法案对于进口各类殖民地产品进行严格控制）强加给他们的贸易限制。然而，即便针对苏格兰的这些限制后经由《联合法案》而被解除，但烟草行业还是花了一些时间才逐步壮大起来。在18世纪最初的10年时间里，格拉斯哥人每年合法进口烟草数量的价值仍然只有140万磅，在18世纪20年代也不到300万磅，这和1741年的800万磅以及之后10年的2 100万磅形成了鲜明的对比；大规模且难以测算的非法进口数量，成为伦敦和爱丁堡方面长期抱怨的对象。到1751年，当亚当·斯密以教授身份返回格拉斯哥时，该市烟草大亨进口的烟草数量多于伦敦以及所有英国外港的总和。

格拉斯哥烟草业成功的关键在于一个简单的事实，那就是，本地商人侧重于能够与其直接交易的小农场主，而不是像伦敦和布里斯托尔那样的商人优先与之打交道的大农场主。英国人倾向于承担代理人的角色，将美国烟草转卖给英国和欧洲大陆供应商并获取佣金，这是一个过程很复杂且很耗费时间的业务，这使得烟草种植者需要以长时间等待付款为代价，从而导致了高成本。格拉斯哥商人倾向于从小农场主那里直接购买产品，这使得后者可以为快速拿到付款而提供较低的烟草价格。尤其值得一提的是，除了现金支付以外，格拉斯哥烟草种植者也经常接受大宗商品和奢侈品形式的实物支付。这种交易方法不仅灵活而且有利可图。这意味着格拉斯哥的烟草价格普遍低于英国，并且商人们能够更好地控制烟草种植者，这也刺激了贸易商品的生产以及仓储的扩大。不过虽然如此，但就像所有海外贸易一样，烟草贸易是一种代价很高并且有风险的活动：尽管将一种可获利的时髦消费品进口到英国和欧洲然后将其再出口，往往会赚取巨大的利润，但烟草商人们却经常面临着产品过剩进而导致价格暴跌的问题，从而带来高成本的风险；他们必须购买或者租用于长途运输的船只并配备相应设施；总会出现因货物未售出而必须维持现金流的问题；海关关税也可能会对商人们的资产流动性带来毁灭性的打击。上述风险尤其会促使商人们设法操纵市场。到1737年，主要的烟草大亨们彼此联合，组成了相当有实力的大型辛迪加组织，并制定了相关的规则和协议，确定了应对苏格兰《商品法》特别规定的方案。事实上，到 18 世纪 60 年代，有超过一半进口到格拉斯哥的烟草由亚历山大·斯皮尔斯家族、约翰·格拉斯福德家族和威廉·坎宁安家族主导的三大辛迪加组织所控制。

这种家族式辛迪加组织的发展，不仅让那些烟草大亨成为这个以贸易经济为主的城市的精英，也使之成为该市生产发展的主导力量。在 17 世纪 60 年代和 18 世纪 40 年代之间，像博格莱这样的家族开始从事炼糖、肥皂制造、捕鲸和鞣革，蒙哥马利家族从事炼糖、肥皂制造以及制瓶，丁维迪家族从事鞣革和制绳，等等。他们自身及其亲朋主宰这座城市只是时间问题。① 例如，引人注目的是，在 1740 年和 1790 年之间，几乎历任格拉斯哥市的市长都是烟草大亨，而且那些商人寡头一反常态地坚持确保这座城市与政府主要负责部门保持最友善的关系。换句话说，笛福在 1724 年所赞赏的这座城市，亚当·斯密在 1737 年所关注的这座城市，是一个处于其非凡发展阶段的非凡之地，它的扩张是由一个掌握重要技能并具有强烈事业心的、组织严密的商人寡头策划和操纵的，他们知道怎样利用旧式的中世纪市镇体系、会带来风险的《航海法案》，以及在一个战争和帝国时代大西洋贸易扩张所创造的机会。这是一个新兴资产阶级的创业精神的纪念碑，这种创业精神的出现，在某种程度上是源于对抗那些控制地方经济的大量保护主义条例。当亚当·斯密谈到"商人和生产者那种强烈的贪欲以及各种垄断精神"时，他恰如其分地描述了那些他最了解并细致观察过其商业行为的商人（尤其是格拉斯哥的烟草大亨）的精神。②

格拉斯哥的经济增长规模是如此可观，以致它完全吸引了历史学家们的注意力，乃至使他们无暇顾及长老会派的虔诚主义（这也是该市在 18 世纪另一个值得注意的历史事实）。有学者在 18 世纪中叶充分揭示了这一悖论："占据公民头脑的主要事物是商务和宗教，巩固个人地位的主要手段是财富和虔诚。"③ 这种虔诚有某种极为深刻的而且学术界从未对其进行过一定研究的内

---

① 请参阅：迪瓦恩，《格拉斯哥烟草业和贸易活动研究》，第 171 页；以及《苏格兰商圈（1680—1740）》。
② 请参阅：《国富论》，第 493 页。
③ 请参阅：谢尔，《18 世纪格拉斯哥的商业、贸易和启蒙运动》，第 318 页。

在根源。在宗教改革运动*之前，当时格拉斯哥仅仅是一个区域性的贸易港口，该市在国内的地位完全取决于它的主教地位以及其大学地位。此后，出于目前尚不清楚的某种原因，苏格兰西南部成为一个激进的长老会的温床，这一派别对于原罪、恩典和所谓"拯救上帝的子民"的基本途径持有严格的观念，并以最大程度的不信任看待世俗主义和教会权威，它在17世纪和18世纪兴盛的信仰复兴运动中，给长老会和圣公会教区领袖带来了深深的困扰。同时在17世纪中期的王政复辟时期，它也威胁着政府机构和圣公会的运转，而且继续产生极端的反律法主义教派。这一局面也困扰着在1690年之后全面恢复的基督教长老会。对于亚当·斯密时代的苏格兰人而言，一场最引人注目的运动就是18世纪40年代初肯布斯兰复兴运动**，这是一场相当激进的、一时间似乎足以导致17世纪血腥的教派游击战争卷土重来的运动，它给约翰·克拉克***（他回顾了当时那些激进的非国教教徒的秘密聚会，担心这场新的运动将再次鼓励人们"在那些秘密聚会之后开始变得疯狂和失控"①）这样的温和派长老会成员带来了困扰。

格拉斯哥大学不可避免地成了这种激进的虔诚主义的发端之地。它主办了1638年投票支持废除主教制的苏格兰长老会全体会议。后来，在令人敬畏的校长罗伯特·贝里的领导下，该大学几乎变成了一所著名的神学院。在王政复辟时期，这座城市以作为市镇委员会的所在地以及政府从来未能将其完全根除的各种秘密宗教会议的大本营而著称。在1688年以后，该市持不同政见的居民人口迅速增加，以至于到了18世纪后期，超过40%的人口都是持不同政见者，他们中的大多数是激进的分裂教派成员。在整个18世纪，当地基督教长老会和主教赢得了坚持正统教义的声誉，并坚决反对任何旨在发展一种对人的本性、公民社会和上帝救赎的可能性不再持悲观态度的长老会教义的全新尝试（哪怕这种尝试是"适度"的）。这座城市的文化深受这种虔诚主义的影响，正如笛福所指出的那样，即便是按苏格兰人的标准，格拉斯哥

---

* 指16世纪欧洲一场深刻的宗教变革，它导致了大量新教教堂在欧洲的建立。——译者注

** 肯布斯兰复兴运动是指1742年发生在苏格兰肯布斯兰地区的一场宗教复兴运动。——译者注

*** 约翰·克拉克（1676—1755），苏格兰政治家、牧师、法官和作曲家。——译者注

① 请参阅：格雷主编，《约翰·克拉克爵士传》，第248页。

的"安息日主义"* 也是异常罕见的。① "根据权威部门的要求,人们在主日这一天(星期日)不得四处走动,"该市历史学家约翰·吉布森在 1777 年如是说,"在那天晚上,室外不会点灯,因为在日落后人们都被要求待在家里;很少听说有任何自由放纵的行为,以及无害的娱乐生活,或者说人们几乎没有做过这方面的事情。"②

在塑造格拉斯哥大学的教育特色方面,格拉斯哥长老会的正统教义一直发挥着直接或间接的作用,而且它在下一个世纪继续这样做。就像宗教改革运动之后的其他大学一样,格拉斯哥大学当时的主要职责就是为新教教会培养学生,这一任务的重要性从未被约翰·诺克斯**所低估。"最重要的工作,"1572 年他在长老会全体会议上说,"就是确保教会不受大学的束缚。要说服教会成员学会自我管理,要以基督的名义指挥他们的学校;永远不要让神职人员受到他人判断的左右或影响,永远不要让学校完全脱离教会的管辖权。"③诺克斯的话显然是一种警告。但这也是一个深知大学对于塑造一个敬畏上帝的社区所具有的关键作用的战略大师之言,而且它将同时被牧师和俗人所牢记。

苏格兰教会和王室同时干涉大学事务一直都不是什么新鲜事;和牛津以及剑桥的许多大学不同,苏格兰的那些规模不大的大学在经济上太过窘困,在政治上处于弱势,没有能力抵御政治力量的侵袭。更为重要的是,在宗教改革运动之后的一个半世纪里,这个国家的宗教和政治生活动荡不定,以至于对格拉斯哥大学和其他地方大学进行干预成为一个持续的事实。像其他苏格兰大学一样,在宗教改革期间直至光荣革命以后,格拉斯哥大学的教师队伍均遭到清洗(在 1715 年詹姆斯党人叛乱以后,阿伯丁大学也遭到清洗)。

---

* 指严守星期日为安息日的观念或制度。安息日是犹太教的主要节日之一,该词(Sabbath)源于阿卡德语,本意为"七",希伯来语意为"休息""停止工作"。犹太教谨守安息日为圣日,不许工作,这一教义也影响了其他一些宗教。——译者注

① 请参阅:笛福,《大英帝国游记》,第 235 页。

② 请参阅:约翰·吉布森,《格拉斯哥的历史:从初期到现在》,第 114 页。

** 约翰·诺克斯(1505—1572),苏格兰著名宗教改革领袖,创办了苏格兰长老会,1540 年改信新教。他在信仰之战中历经过多次流亡,曾与苏格兰女王对垒,并带领苏格兰教会进行宗教改革,被誉为"清教主义创始人"。——译者注

③ 请参阅:约翰·诺克斯,《约翰·诺克斯作品集》,第 619—621 页。

确切地说，承担整个教学任务并且拒绝签署表示忠诚以及信仰告解相关书面承诺的大学校长、教授和评议员都被清除了，他们下达过的各种"指令"也经常被审查，以便找到异端邪说的证据。严谨的长老会教友对于这项任务尤为投入和执着。在1638年和1690年长老会制重建以后，在苏格兰的大学中的圣公会教徒都被清除，而且管理者试图重建整个大学教育体系所依赖的哲学课程。五所大学的评议员们奉命编出了一套全新的、具有浓厚教条主义色彩的哲学教科书，并准备在所有大学强制推行使用。不过，17世纪40年代的初次尝试基本上以失败告终。后来由于编者对其内容争论不休，这个项目彻底流产。不过虽然如此，整个事件仍表明，正统长老会成员非常重视大学哲学课程在建立一个敬畏神祇的国家中的重要性。

正如我们将要看到的那样，这一主张从来都不乏对抗者。作为格拉斯哥这个最严谨的长老会城市的主要大学，格拉斯哥大学所发生的最奇特的历史悖论之一，就是它成为长老会教授中的"温和派"人士进行一次相当成功的思想体系尝试（建立一种替代性的长老会学术文化）的动力源，此举将更加符合辉格党政权的需要，也符合一个商业时代所要求的合乎礼仪的行为模式。

重建格拉斯哥大学学术文化的这一非凡举措，有其内在的根源——光荣革命，以及1690年长老会制体系的恢复。从某种程度上说，这所大学没有受到光荣革命太大的影响。在1690年和1720年之间，王室为大学提供了两个很有政治影响力的校长。这两个人——威廉·邓禄普（1690—1701）和约翰·斯特林（1701—1728）——主持建立了教会史，设置了植物学、法律学和医学的教授职位，并从王室那里争取到了资金，用于建设一个更出色的植物园和购进一整套新的科研设备。这两个校长还花了不少时间和付出了诸多努力，成功地改善了这所大学糟糕的财政状况。值得一提的是（也许这可以作为他们取得成功的一个标准），学生数量从17世纪50年代的一百五十人左右增加到1702年的四百人左右，其中有相当数量的学生来自英国和爱尔兰的长老会成员社区。然而，在斯特林任职期间，他的大学与城市之间的关系日益紧张。举例来说，斯特林固执而强硬的管理风格，导致教员以及他本人和学生之间发生了激烈的内讧。这种情形在1717年达到了高潮，当时他鲁莽地试图剥夺学生选举学监的基本权利（在很大程度上，校长要与学监分享管理这所大学的权利），这是一项最终导致校园骚乱、部分学生被开除学籍和法庭审判以及学生向议会提出上诉的措施。更糟糕的是，这些混乱状况逐渐与神职人员阶层中存在的一种根深蒂固的怀疑心理联系起来，那就是，这所大学正在成为异端邪说的温床。王室早就对格拉斯哥大学激进的长老会制文化感到担心，因此鼓励大学聘任能够讲授强调苏格兰教会和公民社会之间和睦关系（而非正统长老会制所支持的对抗关系）以及相对温和的温和派长老会教义的教授。

就不那么正统的教授人选而言，没有谁能和约翰·辛姆森相提并论。他在爱丁堡和莱顿均受过教育，并在1708年被任命为神学教授。但到1715年，他在苏格兰西部地区激进的神职人员当中可谓臭名昭著，因为他大胆地提出了这样的建议：苏格兰教会的基本教义文献《威斯敏斯特的信仰告白》（1646年由威斯敏斯特议会成员组成员编写）当中的原则，可经由理性的立场而获得捍卫。正如他的对手所指出的那样，他"过多地强调自然因素和人性堕落本质的力量"的影响作用，却没有充分关注上帝对真理的启示和"自由的恩典"的价值。在1716年和1726年之间，他成了正统派的眼中钉、肉中刺。他总是利用亚米纽斯主义*、索齐尼主义**和阿里乌斯主义***酝酿"异端"，从而不断地在当地长老会那里惹上麻烦，但格拉斯哥大学方面还是做出了不懈的努力，对抗宗教人士对于大学事务的干涉。在1729年，经过长期的诉讼以及来自王室的压力之后，辛姆森最终被要求停止教授神学课程。值得一提的是，在亚当·斯密的学生时代，他必然深知在正统长老会制学说的这个核心地带，以理性原则为基础教授神学所具有的风险。

这种学术纠纷给了苏格兰那个政界新星——艾雷伯爵——以大显身手的机会。与首相罗伯特·沃波尔爵士的密切关系，确保了他的权力在18世纪

---

* 荷兰神学家亚米纽斯（1560—1609）的神学观点，与路德教以及加尔文教的主要不同之处在于：后者教导在人性堕落之后，人的自由意志已经丧失，但亚米纽斯教义却与之相反，认为上帝会赐给每个人均可得到福音召唤的恩典。——译者注

** 16世纪产生于意大利的一个新教派别，它站在理性主义基础上否定三位一体教义，认为耶稣不过是一个凡人而非神灵。——译者注

*** 公元3世纪亚历山大神学家阿里乌斯的教义，认为耶稣不是神，但其本领比凡人高超。——译者注

20 年代迅速得到强化,以至于他被视为"苏格兰的无冕之王"。他是一个聪明而有教养的人,对实验科学、文学以及苏格兰大学的未来具有真正的兴趣。在 1726 年,他开始安排对苏格兰各所大学的结构和课程进行全面调整。在逻辑与形而上学、道德哲学以及自然哲学这些领域,设置了新的教授职位,每一位大学教授的教学职责都被细化,目的是为了避免在新的教授集体中产生管辖权方面的纷争。从那时起直至他 1761 年去世,艾雷一直都在关注那所大学的发展。大多数教授职位的选择都会征求他的意见,而他的建议一般是决定性的。他在 1729 年对于弗兰西斯·哈奇森被任命为道德哲学教授,以及在 1751 年亚当·斯密被任命为逻辑与形而上学教授的支持,都是至关重要的:他对于继亚当·斯密申请成为道德哲学教授之后,大卫·休谟在 1752 年申请成为逻辑与形而上学教授的反对意见,同样引人注目。他是正统和自命不凡的长老会成员的一个无情的对手(他认为他们都属于利未*的后裔),同时也是温和派的一个坚定的支持者。在 18 世纪 30 年代,艾雷在格拉斯哥大学精心组建了一个学者群体,其中包括弗兰西斯·哈奇森、希腊学教授亚历山大·邓禄普、人文学(以及拉丁语学)教授亚历山大·罗斯、数学教授罗伯特·辛姆森,这些教授都将为亚当·斯密的大部分大学教育负责。①

哈奇森在 1729 年被任命为道德哲学教授,对于塑造这一崭新的学术文化体系而言是最重要的举措之一。这不仅仅因为他是这所大学无可争议的温和派长老会群体的领导者,而且还因为他能够从思想上和意识形态上定义一门新的哲学课程。他的定义代表着一种新的学术哲学声音:在宗教上始终保持宽容的态度,在政治上对于教会、公民社会以及激进的辉格党之间的关系的态度和观点是开放式的,并致力于通过一种全新的方式,解决一个现代基督教国家的世俗平民和神职人员的教育问题。事实上,哈奇森是一流的教授和道德哲学家的典范,他的教育方式对于亚当·斯密而言有着极大的吸引力。哈奇森是在格拉斯哥大学研究神学的诸多北爱尔兰人之一,他的前辈戈尔肖姆·卡迈克尔——一个头脑发达、具有某种独创能力的正统派长老会成员——引导他学习道德哲学并鼓励他学习普芬道夫的自然法学,而约翰·辛

---

* 利未,希伯来语"Leui",以色列利未支派的祖先。——译者注
① 请参阅:艾默生,《格拉斯哥大学教授与政治(1690—1800)》,第 21—39 页。

姆森则引导他学习现代神学，并向他展示试图以自然法而非上帝的启示建立一种基督教的教学*体系的危险和困难。哈奇森在 1717 年回到爱尔兰，在都柏林主持一个很有影响力的对正统教义持异见的学会，并成为一个以莫尔斯华斯子爵为核心的知识团体的领导成员之一。莫尔斯华斯是当时最具影响力的辉格党理论家之一，也是大学改革最主要的倡导者之一。他鼓励哈奇森将其神学兴趣置于更广泛的思想框架中，并且思考在一个自由状态下的大学教育的作用。作为一个激进派辉格党成员，他深切关注维系和完善英国在 1688 年获得的自由问题。"频繁的流血冲突，对于维护我们的宪法必然是不可或缺的吗？"他写道，"外国人讽刺我们说，我们英国国王要么权力太大，要么权力太小，因此我们注定不可能拥有稳定或者持久的和平。难道我们就真的不能通过实际努力，让这种讽刺变得一文不值吗？我们真的要永远保留那种全世界最为多变和最不稳定的国家才会有的全部病态要素吗？"在一个英国正在成为世界上"更加举足轻重的大国"的时代，英国居民需要拓宽他们对于世界的认知，并关注他们的政治领导者的文化和教育情况。这意味着要对这个国家已经成为神学宣传的温床、提供的教育只适合教师和校长口味的大学进行改革。莫尔斯华斯蔑视大多数现代大学教师的教育手段及其政治立场：

> 人们应当时刻从真正的教育中学习更有价值的东西，比如好的原则和道德。事实上，对于理性的推动、对于正义的爱、自由的价值，以及对于国家和法律担负的责任，要么基本上被忽略，要么被漫不经心地一带而过；他们不应经常鼓励学生去践行那种所谓的"至上的美德"，也就是一味地屈从于地位更高者，以及盲目地服从所谓的权威。①

18 世纪 30 年代，莫尔斯华斯的弟子和追随者们在苏格兰多所大学站稳

---

* 基督教神学的一部分，侧重于研究教条的辩证性。——译者注
① 请参阅：罗伯特（即莫尔斯华斯子爵），《1692 年的丹麦》，前言。关于莫尔斯华斯的基本情况，见琼斯的《苏格兰教授与礼仪》，第 89—117 页。

了脚跟：乔治·特恩布尔在阿伯丁的马歇尔学院，威廉·维希特在爱丁堡，哈奇森在格拉斯哥，等等，所有人都立志于在特恩布尔所描述的"这个狭小而偏执的国家"推动自由和美德，并且"提升年轻一代的审美力和判断力"。① 大多数新设置的课程，比如戴维·米勒在柯卡狄的学校的课程，都是以研究古典大师的著作为基础的。莫尔斯华斯认为，那些大师级的人物"理应被看成是这个国家的精神支柱，而他们的成长也完全依赖于这个国家：他们与国家之间没有任何利益冲突，而且致力于推动国家的利益。正因如此，我们才发现，英联邦的好运气是与他们的努力分不开的"。② 这种将教授和哲学家欣然描述成现代英国自由的保护人的观点，与哈奇森的看法如出一辙，同时也深深地吸引了亚当·斯密。哈奇森很快确立了自己作为一个富有想象力和改革精神而且非常勤奋的教授的地位。他抛弃了用拉丁文授课的古老传统，将他的道德哲学讲座变成了著名的修辞学表演，这吸引了来自英国、爱尔兰和爱丁堡的学生，其中修·布莱尔——爱丁堡的第一个修辞学和纯文学教授——是他的学生之一：

> 除了每周五天有关自然宗教、道德、法律和政府的固定授课之外，他每周三天还有其他授课，讲解一些最优秀的希腊语和拉丁语道德作家的作品，在每个星期日的晚上，他还会面向更多的人讲授有关基督教的课程。他喜欢有上进心的青年学生，了解他们所关心的问题，在所有的场合都会鼓励和帮助他们的学习，这使他赢得了学生们的极大的尊重和喜爱。应当承认，他增强了那所大学的学习氛围，提升了学生们对于文学和艺术作品的鉴赏力，尤其恢复了学生们对在很大程度上被忽视的古代史（尤其是古希腊史）研究的兴趣。无论他走到哪里，都会传播这种对于知识的热情、这种探求真理的精神……学生们在日常交谈中，都会表现出对于知识和审美品位的极大兴趣。③

---

①② 莫尔斯华斯，1722年8月3日，《各种收藏的历史手稿》，第8卷（1913）。
③ 请参阅：H. 布莱尔，《哈奇森的道德哲学》，载于《爱丁堡评论》，1755年，第一期，第9—23页。

哈奇森的朋友和同事威廉·利奇曼评论说，这种"对于学习的兴趣，对自由、宗教、道德和人类幸福的理性的热情"，贯穿于哈奇森的整个教学之中。在教授自然神学和道德哲学的过程中，"当他引导学生们从对于外部世界的看法转向对于内部世界——人的灵魂——的思考，并向他们展示神性智慧及其在道德体系中表现出的温和特征这方面的例子时，他们都充满了从未有过的喜悦之情和好奇心，看到了我们的灵魂之源拥有完美能力的越来越多的新证据。"他的政治学授课强调了"民事自由和宗教自由对于人类幸福的意义"，并且着眼于唤醒和塑造他的学生对于公共精神的情感。因为"在他看来，公共精神并不是一种模糊抽象的概念，也不是某种未知或者难以理解的东西，它代表着人类幸福的每一个分支都不可或缺的开明思想和普遍热情，也是促进人类幸福的重要手段"。① 在 1741 年 4 月 7 日（即亚当·斯密离开这里前往牛津大学一年之后）的一次著名的讲道中，利奇曼描述了那种温和派长老会牧师的形象，展示了在格拉斯哥大学的莫尔斯华斯的追随者们致力于向信教学生和不信教学生一并灌输的公民人格要素。利奇曼指出，现代牧师必须通过自身的个人品质、行为举止以及"不偏不倚的心灵"与世俗世界保持距离；必须能够在世俗世界自由而自如地活动，并尽可能保持内心的纯洁，"仿佛是生活在这个世界之外"。必须警惕各种谄媚和哄骗的言语或行为，因为"一个人很容易受各种不良诱惑侵蚀，从而失去辨别正确方向的能力。我们始终应当把真理、美德、忠诚和优雅放在更重要的地位；我们也需要杜绝各种傲慢无礼的言行举止，不要被某些可悲的所谓的正统理论牵着鼻子走"。总而言之，利奇曼使用一种正统长老会成员会将其视为一种诅咒的表达得出结论：他必须通过一种更加合理的方式培养他自己以及他的学生与上帝之间的"友谊"。②

在其繁重的教学计划中，哈奇森成功地将道德哲学课程置于格拉斯哥大学哲学课程最重要的地位之上，因为这门学科将能够帮助和指导他的学生做好进入神职殿堂的准备，或者使他们愿意将非正统基督教牧师作为未来的一种职业选择。这在长老会圈子中是一个非常有争议的计划，正如从他在都柏

---

① 请参阅：哈奇森，《道德哲学体系》，第 26、32、35 页。
② 请参阅：利奇曼，《一位福音牧师的脾性和责任》，第 5、12、17 页。

林作为一个非传统牧师的日子里就已熟知的那样,这是一个必然会挑起对立的计划。① 他的职务任命在正统派成员当中引起了相当程度的怀疑和不安,尽管有的学者——比如罗伯特·伍德罗——愿意假定他是无辜或者正确的,理由是他本质上是一个很好的人,他有可能为一所不守规矩和放任自流的大学引入一点儿秩序和纪律的成分。② 哈奇森特地同他的潜在对手事先探讨他的就职演说的一些内容要点,并在演说过程中谨慎地"尽量保持一种温和的姿态,以便让所有的人更好地理解自己的意图"。③ 这种做法显然是合理的,哈奇森需要为推广他的某些激进的思想铺路。一旦站稳了脚跟,哈奇森就开始进行大胆的尝试,他和神学院的学生们聊天,与他们讨论他们的讲道任务,虽然这通常是神学教授的事情。他开始寻找与他具有相似品位和观点的教授候选人,并在1743年旗开得胜:他成功地将威廉·利奇曼任命为神学教授。"苏格兰的神学领域将迎来一张新面孔,"他兴奋地说,"我们终于有了一位理想的神学教授,唯一适合于苏格兰的神学教授。"④ 在他的协助下,他的两个以前的学生罗伯特和安德鲁·弗里斯,成为格拉斯哥大学印刷厂的负责人。他委托他们出版(采用精装版并具有高度收藏价值)他和他的同事们所欣赏的古代和现代作家的作品(他们还将这些作品用于日常教学);他自己的著作前后出过28个版本,是印刷厂出版清单上印刷次数最多的出版物。⑤ 当他的职业生涯在1746年结束时,他在英国和爱尔兰的学生以及跟随他学习的苏格兰学生当中,建立起了一个人数众多而且相当稳定的门徒圈子,而其中的很多学生后来在英国和美国推动温和的长老会制体系方面发挥了至关重要的作用。事实上,这样的情形是可以预见的:当他遭到一个陷入困境的昔日学生的攻击时(后者不能将他给予的教诲与《威斯敏斯特的信仰告白》的规定协调一致),他的其他一些学生纷纷发表文章对他表示支持。就像在他之后的亚当·斯密一样,在赢得他人的爱和忠诚方面,哈奇森具有一种非凡的能力。

---

① 关于哈奇森在都柏林的职业生涯,见布朗的《弗兰西斯·哈奇森在都柏林(1719—1730)》,以及迈克布莱德的《美德教育:弗兰西斯·哈奇森、爱尔兰长老会制体系和苏格兰启蒙运动》。
② 请参阅:伍德罗,《关于神职的历史文选》,第4卷,第190页。
③ 同②,第186—187页。
④ 请参阅:斯科特,《弗兰西斯·哈奇森》,第93页。
⑤ 请参阅:谢尔,《18世纪格拉斯哥的商业、贸易和启蒙运动》。

哈奇森和艾雷共同提高了格拉斯哥大学的声誉，并通过付出巨大的努力将它变成了北欧最引人瞩目的学府之一。尽管当时它还不具有在爱丁堡最大的竞争对手能够提供的法律和医学教育资源，但它的哲学课程在苏格兰是无与伦比的。玛格丽特·斯密和她的那些既有修养又见多识广的柯卡狄的朋友们，必然很了解这一点，所以她最终断定，格拉斯哥大学是适合她儿子待的地方，这丝毫不令人感到惊奇。亚当·斯密本人也不可能不对这所学校的校园环境、鲜明的精神特质，以及那些非常适合他的课程产生深刻的印象：本校通过一个名叫扎卡里·博伊德的感恩的校友的大笔捐助以及一笔大宗公共捐款，在17世纪中期建成了校园主体建筑，它是苏格兰最大的公共建筑之一。该大学还拥有两个大型庭院、一个公共大厅、一个藏书丰富的图书馆，以及几栋供学生、评议员和教授居住的宿舍，它就像是气象恢宏的牛津院校之一。当亚当·斯密在1737年进入这所大学时，供新一代教授们使用的一排房舍（尤其是牧师们的住宅）刚刚竣工。"整个建筑都是砂石结构，"笛福写道，"既高大又气派。"那座大教堂的存在，更让它"牢牢占据着这座城市的天际线"。①

与此同时，这所大学形成了一种独特的社会化思潮，既强调它与这座城市之间的文化距离，又强调它在这座城市当中的权威地位，并且与它在爱丁堡那个最大竞争对手的学术氛围形成了鲜明的对比。爱丁堡大学缺少格拉斯哥大学那样的宏伟建筑以及人们对这所学府的认同感。它的教授通常都过着双重生活，比如兼任城市的教区牧师，或者从事医生和律师的职业。再者，因为该大学没有宿舍，因此学生们不得不在城里自行解决住宿问题。在亚当·斯密时代，爱丁堡大学的教授和学生把自己看作是一个更大的社会、政治和文化世界的一部分，甚至开始把这样的环境视为鼓励他们学习更有价值的知识以及待人接物的最佳环境之一。相比之下，在格拉斯哥大学，学术氛围倾向于自我封闭，参与教会工作的教授并不是很多。格拉斯哥大学还缺少大规模并迅速发展的医学和法学师资力量，这就难以鼓励对这座城市有职业兴趣的教授的加入。尽管条件优越的学生更愿意在城里居住，不过他们很快就发现，格拉斯哥的清教文化，对于他们在首都这样的城市找到一份通常意

---

① 请参阅：笛福，《大英帝国游记》，第334页。

义上的体面工作，并不是多么有利。亚历山大·卡莱尔*认为，这意味着格拉斯哥的学生比爱丁堡的学生更加努力。但他又补充说，他们缺少"唯有在首都才能获得的世界观、某种风度和气质"。① 他们也缺少旨在培养学生的学识、认知和礼仪（它们塑造了爱丁堡的学术和文化生活，并使首都有可能形成自身独特的启蒙方式）的俱乐部和社团。虽然格拉斯哥拥有自己的知识型商人或政治家，比如市长安德鲁·柯克朗（其开办的政治经济俱乐部在 18 世纪 50 年代兴盛一时，该俱乐部的讨论也使亚当·斯密有机会聆听商人们讨论他们的事业及其对于商业政策的态度），但格拉斯哥大学及其教授们的风格却影响了这座城市的启蒙运动。然而，这种封闭的大学文化非常适合亚当·斯密。在此后的生活中，他的朋友们发现很难让他去造访爱丁堡，而且他有意识地将他在格拉斯哥大学的岁月描述成"迄今为止我生命中最有价值因此也是最幸福和最宝贵的时期"。② 正是在这个经过全新改革的学府当中，他开始安心研究一种具有高度复杂的知识性和思想性的哲学课程。

总体而言，格拉斯哥大学的课程通常是很传统的，而且类似于其他苏格兰大学的课程。每学年从 10 月 10 日延续到次年 6 月中旬，中间几乎没有休息时间。学生前两年学习人文学或者是拉丁语和希腊语，不过精通拉丁语的学生在第一年通常可以不必学习这一科目；第三年要学习逻辑和形而上学（这是学习哲学的传统入门课程）；第四年学习道德哲学；第五年则学习自然哲学。然而，到了亚当·斯密时代，这个课程大纲在很大程度上被加以调整和完善了：学生在第三年可以学习几何学和高级希腊语；第四年可以学习高等几何学和高等人文学；在最后一年，也可能进一步学习数学、自然法学、拉丁语和希腊语。在学习哲学的三年时间里，"教授们经常让学生们进行朗诵和辩论练习，二者都要在几个班级以及在公共大厅里进行：大约在每年的 12 月 10 日前后，所有大学生都要参加公共考试，考试时间会持续两周或三周，每周至少三天"。③

亚当·斯密的拉丁语和希腊语因为足够出色，所以他在前两年可以不必

---

* 亚历山大·卡莱尔（1722—1805），苏格兰教会领袖和自传作家。——译者注
① 请参阅：亚历山大·卡莱尔，《大时代的人物轶事与人格特征》，第 38 页。
② 请参阅：《亚当·斯密通信集》，第 309 页。
③ 请参阅：张伯伦，《大不列颠历史辑录》，第 12—13 页。

学习这两门课程。1737年，14岁的他进入三年级，成为约翰·罗顿的逻辑学和形而上学课堂上的一员，而且可能也学习了亚历山大·邓禄普的专业希腊语课程。与哈奇森几乎互为对手的罗顿，是一个严肃而睿智的正统长老会成员，也是旧式学校的正统学教授之一。他的知识体系是奥古斯丁*教义式的（即提倡苦行），并受到人类正在自然地走向堕落，以及"在尘世和天堂之间，有一条唯有上帝的恩典才可以弥合的鸿沟"这样一种信念的影响。这种知识体系是一个显著不同于亚当·斯密将要栖止的那个世界——他的那个伟大的学生将会提出这样的反驳：到目前为止，世俗的需求并不是道德的敌人，而是道义和美德之母。罗顿认为，他的任务之一，就是引领学生进入不同的思维领域和领略不同的思维艺术。就像大多数正统基督教徒一样，为了做到这一点，他似乎主要依赖与奥古斯丁的教义相一致的现代著作，比如马勒伯朗士**等思想家复杂而高雅的作品，并将阿尔诺和尼克尔的经典的《思考的艺术》当作他的教科书。那些更加前卫的学生觉得他的教学模式过于老派，比如托拜厄斯·斯莫利特***就曾经抱怨，"逻辑艺术已经变成了一种学生能用三段论法应付一切的诡辩术"。①尽管罗顿引导他的学生学习古代和现代世界都使用的形而上学体系，不过他这样做的原因，是为了确保他们能避免去犯各种神学的错误，其依据的一个经典前提就是：归根结底，哲学的真正目的是阐明和巩固基督教教义的基本原理，尤其是长老会成员在《威斯敏斯特的信仰告白》当中所关注的那些原理。

亚当·斯密必然意识到，罗顿的思想观点和他的神学都是有争议的。弗兰西斯·哈奇森的圣灵学课程——一门阐述神性的存在和基本证据的学科——与罗顿的逻辑学和形而上学课程同时进行，并且是基于相当不同的原则而讲授的。哈奇森无疑以其一贯的谨慎方式处理这个容易引起激烈争论的

---

* 奥古斯丁（354—430年），古罗马帝国时期的天主教思想家，欧洲中世纪基督教神学的重要代表人物之一。对于新教教会特别是加尔文主义而言，他的理论是宗教改革的救赎和恩典思想的源头，其代表作品有《忏悔录》和《论三位一体》等。——译者注

** 即尼古拉·马勒伯朗士（1638—1715），法国哲学家和神学家，法兰西科学院院士，17世纪笛卡尔学派的代表人物之一。——译者注

*** 托拜厄斯·斯莫利特（1721—1771），苏格兰诗人和作家。——译者注

① 请参阅：罗斯，《亚当·斯密传》，第42页。关于罗顿，见穆尔《弗兰西斯·哈奇森的两种体系：关于苏格兰启蒙运动的起源》，第43—44页。

学科，尽可能地将他与罗顿之间的分歧降至最低。不过虽然如此，他关于这一学科的真正观点，很快就在他的道德哲学和自然法学课上显露无遗，他与罗顿和正统长老会成员所代表的一切观点都彼此相左。正如威廉·利奇曼所指出的那样："（哈奇森）仍然高度怀疑所有形而上学观点的公正性及其影响力，而许多人恰恰是借助形而上学试图证明神性的存在，以及它的和谐性与完美性的"。他接着说："他的这些尝试并不是为了引领我们接受那种被假定的绝对真理，而是让我们的思维处于一种高度怀疑和不确定的状态，乃至于会导致一种绝对的怀疑主义。"① 哈奇森将研究人性和自然世界看成是神学知识体系赖以存在的唯一确定的基础。

亚当·斯密曾受教于这所大学的许多著名教授。罗伯特·迪克引导他学习牛顿的物理学，并把他变成了一个勤勉的自然哲学学生。伟大的数学家罗伯特·辛姆森，那个持非正统观念的神学教授的侄子，向他介绍了欧氏几何，一门亚当·斯密非常赞赏其优雅、清晰和"严谨的证明过程"的学科。② 亚当·斯密的朋友阿奇博尔德·麦克雷恩曾经告诉杜格尔德·斯图尔特说，亚当·斯密"在那所大学期间最喜欢的科目是数学和自然哲学"，而且他的确一生都很尊重数学解释。斯图尔特还记得自己"听到过我父亲（马修·斯图尔特，爱丁堡大学的数学教授）曾让他（亚当·斯密）计算一道难度极大的几何题，他当时为解那道题花了很长时间，他们也是从那时候起开始相熟的。当初作为一种训练而向我父亲提供这道题的人，是著名的数学家辛普森博士"。③ 正如我们将要看到的那样，欧几里得几何将为亚当·斯密提供重要的、能够用于在实验学基础上研究人性的思路和方法。但是，就亚当·斯密对于自然科学和数学的兴趣而言，他最应当感激的人是弗兰西斯·哈奇森，正是哈奇森引领他步入了古代和现代道德哲学的殿堂，并指导他通过一种独特的思维方式，思考哲学在现代世界中的重要性。哈奇森对于教学工作的无比专注和强大的哲学智慧，让他的课程充满思想魅力，这也使得亚当·斯密用"令人永远无法忘怀的哈奇森先生"这样的称谓来描述后者在他心目中的

---

① 请参阅：哈奇森，《道德哲学体系》第 4—5 页中的"记作者的生活、工作和性格"（由利奇曼撰写）。
② 请参阅：布鲁厄姆，《乔治三世时代的学者和科学家》，第一卷，第 483 页。
③ 请参阅：杜格尔德·斯图尔特，《亚当·斯密的生平与著作》，第 270—271 页。

地位。① 不管怎样，哈奇森是18世纪初期西方世界最有抱负和创新意识同时也是最令人钦佩的哲学教师之一。

在被任命为道德哲学教授之前，哈奇森的哲学名望来自他对人性原则、道德本质和社交意义的洞察力。他在格拉斯哥大学的大部分教学时间，都致力于廓清他的哲学体系的政治含义，而且他所采取的方式，为他在英国以及美洲殖民地激进的辉格党圈子中赢得了巨大的声誉。不过，他在具体工作过程中所使用的更广泛的议程，则是在上一个世纪由塞缪尔·冯·普芬道夫通过17世纪一个极具雄心的哲学项目所奠定的，该项目旨在全面理解和把握政府原则同自然法原则以及人性原则之间的区别，并将前者充分提炼出来。这是自17世纪后期以来相关项目人员向欧洲大多数正规大学的学生们介绍的一个项目，该项目是由戈尔肖姆·卡迈克尔向哈奇森加以介绍的。由于它和政府业务之间的关联性，因此它是具有敏感政治意识的哲学家所欣赏的一个项目；不过，它也是哈奇森有充分理由认为其具有缺陷因而需要彻底重建的一个项目。亚当·斯密在后来将接触到在现代哲学中，本着一种深刻的修正主义精神而推出的一项最为重要的同时也是最具雄心的任务。

人们很容易看到，为什么普芬道夫的观念似乎对于具有抱负和政治头脑的思想家极具吸引力。他深信哲学对于公共生活的重要性，他已经解决了17世纪后期欧洲各国领袖所面临的一些最艰难、最令人不安的政治问题，而且还为他们其中的几个担任过具体职务。他是在16世纪后期的宗教战争和1618年到1648年的"三十年战争"*的阴影下成长起来的，他目睹了内战和致命的宗教冲突是如何破坏几乎所有欧洲国家的政治基础的。事实上，他的脑海里充满了他的出生地萨克森邦国发生的宗教屠杀的早期记忆。② 他深知有可能吞噬宗教改革之后欧洲政治生活的政治无政府主义的危害，并且苦苦地思索着政治社会如何能够在各国公民（不管他们有什么样的信仰）所共享的一种原则基础上进行重建。

---

① 请参阅：《亚当·斯密通信集》，第309页。
* 这场战争是欧洲各国争夺利益和霸权的矛盾以及宗教纠纷激化的产物。战争以波希米亚人民反抗奥国哈布斯堡皇室统治肇始，最后以后者战败并签订《威斯特伐利亚和约》而告终。——译者注
② 请参阅：克里格，《普芬道夫和自然法》，第309页。

这绝不是简单的任务。就像霍布斯一样,他认为,人类是具有天然危险性、不喜社交、"缺少政治意识的动物",他们的驱动力是"对于获得越来越多的物质利益的渴望"、不切实际的野心("所有原罪当中最有害的一种"),以及"在遭到伤害后迅速产生怨恨和强烈的报复欲望"。① 同样像霍布斯一样,他对于哲学、政治和政府业务的兴趣归结为这一任务,那就是,解释这个天然难以控制的物种是如何开始理解道德和正义,以及如何服从于政府的基本需求的。换句话说,这是政治生活和社交生活赖以存在的基本形式。普芬道夫认为,早在人们意识到自己很容易屈服于某种政治主权之前,家庭生活就使他们意识到自己的天然弱点,并教会他们理解合作的必要性。在他看来,公民社会远远不是一种霍布斯式的恐惧的产物,而是由谨慎、精明的各个家族族长致力于"保护自己和家人免受那些弱点伤害"所达成的一系列契约的产物,而且这些族长的行为也是未来社会有效存在的基础。② 因此,他对于公民社会的观念的诠释,是苦行僧式的并具有幻灭意味的,同时也强调了权力主义特征(即主张绝对服从权威,政权利益高于个人自由)。大多数统治者都面临管理国民的问题,因为国民的欲望和追求经常与他们可能获得的基本道义观念不一致。他致力于这一假定的前提:在大多数国家,派系的威胁、煽动性言行和内战,必然是本国所特有的现象。绝对君主制(正如普芬道夫不断指出的那样),是维护和平和确保国民遵纪守法的唯一可行的途径(这一观点得到了像普芬道夫本人那样的有见识的顾问和有教养的地方官群体的支持)。混合型宪法政体(就像国王和公民经常就其权利和自由展开争论的现代英国那样)对稳定构成了一种持久的威胁。视国王为他们的最高元首的路德教会比长老教会更受欢迎,因为后者不信任君主主权。根据普芬道夫的观点,宗教分歧是不可信的,奢侈生活和商业活动是可疑的,因为炫耀性消费倾向于鼓励贪欲和野心。然而,借助于运气、审慎管理和规范的中学及大学的力量,一个主权有望"通过长期的纪律性约束让更多的公民获得训练,从而(在履行自己的民事责任方面)收敛和避免以前不恰当的言行";至于那些"在人类当中占据绝大部分数量的粗俗和野蛮之人",只能通过武力震慑手段

---

① 请参阅:普芬道夫,《自然法与国家:道德、法律和政治的最重要原则》,第 623 页。
② 同①,第 625 页。

加以管理。① 他心目中的市民阶层，对于人性应当具有一种不抱希望的看法，对于将他们束缚在公民社会中的那些必需品应抱有一种冷淡的、斯多葛派的欣赏态度，而且对于神性要充满敬畏。在这种情况下，公民完全有机会学会尊重政治权威以及道德和正义的规则，从而开始把自己看成是公正的化身，并将成为守法公民，同时敬重上帝视为义不容辞的个人责任。而且无论如何，公民都有机会树立一个基本信念，那就是，"为了确保安全，（他们）必须融入社会"。② 当普芬道夫的道德哲学被看成是一个政治哲学家对于确保维持脆弱的国际和平状态（1648 年的《威斯特伐利亚和约》*让这一局面成为可能）所做出的回应时，它的政治意图似乎足够明确了——为了维护国家安定所需的最低程度的和谐局面和广泛的社会交流，仅此而已。

然而到了 18 世纪初，这种悲观的自然法学体系开始变得过时而且令人难以信服。欧洲政府体系的状况已经发生改变，并且仍在进一步改变。人们对于政治崩溃和陷入地区性内战状态的恐惧，正在被对法国帝国主义的恐惧所取代。商业和海外霸权的过程改变了国际关系，并引发了有关经济扩张和奢侈生活对于国家政治和道德结构的影响这种难于解释的问题。另外，也涉及有关普芬道夫式的思想体系所依据的原则问题。苏格兰和英国的哲学家们坚信，相比于绝对君主制，他们凭借光荣革命等手段而获得的混合政体和君主立宪政体，是培养公民社会行为的一种更好的方式，而且许多温和的神学家都对普芬道夫那种认为神灵严厉无情而且具有报复心的路德教观念感到反感。对于亚当·斯密而言，哈奇森的教育的重要性，不仅在于他为这些重要问题提供了一种不可或缺的入门指导，而且也在于他就社交性质本身及其依赖的人性原则提出了更广泛、更具基础性意义的问题。

哈奇森对于普芬道夫的批评是全面而深远的，而且必然会让他的学生感到愉悦。人类的行为会表现出社会性特征，仅仅是因为他们畏惧君主或者神灵。真的可以这么说吗？毫无疑问，相比于普芬道夫所强调的人类的自私、

---

① 请参阅：普芬道夫，《自然法与国家：道德、法律和政治的最重要原则》，第 624 页。
② 请参阅：普芬道夫，《自然法与公民义务》，第 35 页。
* 象征三十年战争结束而在 1648 年签订的一系列和约，签约双方分别是统治西班牙、神圣罗马帝国、奥地利的哈布斯堡王室、法国、瑞典，以及神圣罗马帝国内勃兰登堡、萨克森、巴伐利亚等诸侯邦国。——译者注

审慎和善于投机取巧的本能,真正而持久的社交性必然更多地根植于人类本性的原则当中。另外,普芬道夫声称,我们的父母、主人或者君主的权威,是以一系列契约为基础的。这种说法真的正确吗?这难道不是代表着对于人性和文明进程的一种极其狭隘的并具有选择性的观点吗?而且更糟糕的是,这难道不是一种在每一个层面都被"人性本恶"这类严峻的神学假定所扭曲的人性观吗?在所谓的"科学"时代,难道不存在对于以实证为基础的人类本性和社交性原则的研究(正如普芬道夫的著作最敏锐的主编之一让·巴比拉克所指出的那样),以及一种新的道德科学的需求吗?难道现在不应当开始充分考虑政治社会和政府所依赖的那种最适合超越普芬道夫所描述的不安全世界,而且正被商业所改变的文明世界的实际需求以及相关原则吗?

哈奇森对于普芬道夫针对人性所抱持的冷峻的奥古斯丁式观点的厌恶是根深蒂固的。

> 我们很少(从这样的道德家那里)听到任何有关人性光明一面的东西。他们从来不会谈论任何形式的本能,对于社会交往的天然情感,对于他人陪伴的天然需求,对于他人的爱的渴望和感恩心理,对于为他人以及为我们自己做出贡献者的敬仰和爱慕;他们也从来不会谈论一个人因其善行而得到他人尊敬进而感受到的天然的喜悦之情。这种在人类生活中也许占据主流的情形,还有待他们的进一步观察。①

他需要确立的一个道德理论,将能够解释我们在具有自私的爱与激情的同时也具有本能的慈悲这一事实,而这一理论对于政府的功能和职责的理解也不同于普芬道夫。在这里,他的出发点是沙夫茨伯里伯爵三世*那本颇具个性和影响力的《人、风俗、意见与时代之特征》一书(1711),他试图证明人类本质上是"与人为善的"行为主体,当他们感觉能够听命于自己那宽宏大量的情感的指挥时,他们就会进入最满足、最友善和最善于交际的状态。

---

① 请参阅:哈奇森,《致伦敦杂志作者》,《伦敦杂志》,1724 年 11 月 21 日。
* 即安东尼·艾希礼·库珀(1670—1713),英国政治家、哲学家和作家。——译者注

他认同沙夫茨伯里的观点，那就是，现代生活的纷繁芜杂促使年轻人（他喜欢将他们称为"新青年"）在思考世界和他们的责任时，会忽视"心灵的语言"，并且沉迷于带有自私自利和愤世嫉俗特征的思维中。他对沙夫茨伯里的伦理学颇感兴趣，因为这种伦理学旨在展示年轻人如何能够通过培养一种对美、友谊、美德和人性的爱，以及为了这一过程本身（而不是为了它所带来的庸俗化的物质利益）的缘故，开始学会重视发现友善的自我；而且他认为，这些都是唯有通过与他人打交道才能够掌握的技能。归根到底，哈奇森认同沙夫茨伯里的基本信念，即这些自我完善的修炼过程，将能够使人培养出一种社交能力、公共精神和自由理念。然而，对于哈奇森而言，这些伦理观念的麻烦之处在于，它们具有信仰自然神论和反基督的特征：沙夫茨伯里认为，有组织的宗教会培育宗派主义并破坏人的社会性的天然能力。作为一个哲学家，哈奇森清楚地知道，沙夫茨伯里对于自私的激情和仁慈的激情之间的关系的分析，远远不能令人信服。欧洲启蒙运动时期最出色、最诙谐的哲学讽刺作家之一、《蜜蜂的寓言》的作者伯纳德·曼德维尔*（他的这部作品首次出版于1711年，并于1723年极其高调地再次出版，因此哈奇森必然在都柏林阅读过它）无比清晰地展示了这一分析的弱点。曼德维尔是那种哈奇森既不能忽略也不会认同的哲学怪人，也将是亚当·斯密在一生中密切关注的名人之一。

《蜜蜂的寓言》是一部相当出色的嘲讽人性愚蠢特征的作品，它嘲笑了沙夫茨伯里想要证明的社交情感是基于仁慈本能这一尝试。曼德维尔是葛拉布街**的一个新闻工作者，他以咖啡屋和酒馆式的朴实的语言，去对抗沙夫茨伯里浮夸的散文风格的语言，以普通公民明显粗犷的讥诮言辞，去对抗那个充满理想主义的贵族大家的一厢情愿的念头。"这个高贵的作家（我的意思是，他代表着那个高贵的伯爵）"只是看到了他想看到的人性，于是就天真地认为"人是为社会而生的，所以他一出生就应该带着对整个人类的爱，而且作为社会的一部分，他天生就愿意为社会谋福利"。这样的情感——曼德维尔嘲讽地评论说——"是对人类的一种高度恭维，我们倒是真的希望人类果真

---

*　伯纳德·曼德维尔（1670—1733），荷裔英国哲学家、政治经济学家和讽刺作家。——译者注

**　伦敦的一条旧街，历史上曾是穷苦潦倒的欧洲文人的聚居地。——译者注

具有那样天然的高尚情操,因为它可以让人们为自己了不起的本性感到自豪;然而,遗憾的是,这根本就不是事实"。① 在曼德维尔看来,我们所有的激情,无论是无私的还是自私的,都有一个单一的目的:刺激和满足我们的虚荣心和他后来所称的"自我欣赏",而且正是虚荣心和它的伴侣——羞耻心——解释了人性的终极悖论:人,既是最自私、最任性的动物,同时也是最容易控制并善于社交的动物。② 这要如何解释呢?在曼德维尔看来,这是一个人们如何因为自己的家长、教师、护士、朋友(归根结底是因为"谨慎的政治家")而让自己"破产"的故事,因为那些人使用他们的技巧诱骗我们相信,与沉湎于激情相比,控制我们的激情是一种更好的满足自我骄傲感和自尊心的方式。这是一个有关"奉承的巫术"的故事,一个有关如何利用别人并发现自己也在被别人利用这一无休止的人生喜剧的故事,一个有关人们如何陷入文化和语言那张大网,从而让所有人都被套牢并且变得社会化的故事。沙夫茨伯里声称,年轻人只要沉湎于他们所谓的慈悲的情感,就能够变得社会化,这一说法既是危险的,也是荒谬的,同时在道义上也是可鄙的,因为它提供了"一个尺寸巨大、曾经变为一种习惯的虚伪性的入口。我们不仅不能欺骗别人,而且对自己也会变得一无所知"。③ 所有拥有健全头脑和良好品质的人所能做的(正如曼德维尔似乎可能暗示的那样,因为这并不是他直接探讨的一个主题),就是一边以颇具讽刺意味的超然心态回顾和反思自己的虚伪和自欺的强大能力,一边愉快地屈从于文化和传统所施加的各种不乏善意的(即便可能没有多少教益)限制。

这是一种相当出色的社会性分析。一种高度成熟的有关文明进程的解释表明,在日常生活的每一个节点上,男人和女人(曼德维尔对于男性和女性各自的人性成长过程很感兴趣)都会受到曼德维尔所说的"需求"或者"欲望"的推动。因为他很清楚,他的分析可以用来证明,社会运转所依赖的所有文化体系,所有的审美、道德和政治系统,一切哲学和艺术,所有文化、科学和商业的进步,甚至所有的语言,都会受到人的内在需求以及被社会认可的欲望的推动,同时也会受到那种可悲的幻觉——人的利己主义行为是为

---

① 请参阅:曼德维尔,《蜜蜂的寓言》,第一卷,第 323—324 页。
② 同①,第 343 页。
③ 同①,第 331 页。

了公共利益着想的慈善之举——的推动。

> 我们发现只要经过正义约束，
> 即便是恶德也可能带来益处；
> 一个国家必定不可缺少恶德，
> 如同饥渴定会使人天天吃喝。
> 纯粹的美德无法让各国昌盛，
> 如果想让黄金时代全面复活，
> 就要坚守正直和诚实的原则，
> 还要品尝坚硬和苦涩的橡果。①

亚当·斯密以后将敏锐地意识到这种方法对于人性和人类文明进化本质的研究的历史性意义，但这不是让他的导师受到极大震动的东西。对于哈奇森以及曼德维尔的许多同时代的批评家而言，令人震惊的是曼德维尔的犬儒主义，他不只是表明所有人类行为都是受自尊心驱动的（归根结底，自尊心是正统基督教徒从圣奥古斯丁和他的现代门徒那里获知的东西）。他们甚至忽视了曼德维尔拒绝相信存在那种微弱的理性火花（它会使少数被"上帝"选中并具有献身精神的人去学习如何控制自己的欲望）这一事实。对他们而言，重要的是曼德维尔试图证明，人们相信品位和美德，进而扩展到相信正义和自由的绝对标准的存在，只是一种妄想和幻觉，是人们自欺和虚伪的无穷能力的产物。人们之所以会产生那样的幻觉，乃是为了掩盖自身天然的堕落，同时也是为了让可鄙的人生变得可以忍受。因此，哈奇森看得很清楚，《蜜蜂的寓言》对真正的道德哲学构成了一种致命的威胁，因为它鼓励怀疑自己和他人的动机，由此破坏了信任、自由和秩序所依赖的那些友谊和社交的自然情怀。

这种鲜明的犬儒主义让哈奇森感到惊愕，因此他在创作中（而且据说在每一次授课中）都会不断地回到这个问题上来。他说，曼德维尔是那些哲学家当中最危险的一个，因为他"宁愿把自爱扭曲成一千种形状，也不愿意承

---

① 请参阅：曼德维尔，《蜜蜂的寓言》，第一卷，第 37 页。

认除了利益之外的其他自我认同原则的存在"。① 哈奇森决心找到新方法以证明仁爱对于人类行为的重要性，他要表明一个具有慈悲情怀的社会是有高度自我控制能力的，因此不需要专制君主的关切。这一课题使他仔细思考自私的情感和仁爱的情感之间的关系以及人类社会的文明进程。幸运的是，这个项目也使他有机会反驳沙夫茨伯里声名狼藉的神性论哲学。他在都柏林通过确立自己哲学声誉的《论激情与感情的本性与表现》一文而奠定了这个项目的基础，并在格拉斯哥大学发展了他的理论体系的道德和政治含义。在哲学层面，亚当·斯密将这一过程看成是哈奇森所开展的一种虽然存在缺陷但同时也是他永远不会忘记的思想实践。

哈奇森想利用现代哲学资源完善古人的伦理体系，进而形成一种能够彻底消除现代人犬儒主义错误的社交和美德理论。他感兴趣的是人们会在什么情况或者条件下开始反思自己的激情和利益，并逐步了解自身的社交行为最终所依赖的那些道德、正义和忠诚的理念。这就意味着要思考社会性互动过程，以及当人们陷入道德冲突时，还需要同时扮演旁观者和演员这两种角色的方式。哈奇森把人看成是天生喜欢寻根究底的动物。人们似乎天生对别人的动机感兴趣，而且本能地认同那些似乎是美德的行为，同时本能地厌恶那些似乎是邪恶的行为。诚然人们获得的第一印象可能是错误的，因为他人的动机可能会比人们自身预想的更加模糊。但是，让哈奇森感到震惊的是，人们会异常迅速而且几乎是下意识地调整自身对于新的道德判断证据的反应，并且对于他人的情感也很容易进行调整。哈奇森不厌其烦地进一步证明，人们会根据他人貌似善行的次数来评价对方的道德行为，而且有一个事实让他印象深刻，那就是，人们对于他人的认同和喜爱，似乎会随着人们认为将从其行动中受益的人数的增加而增加。这也使他得出了一个结论，即人们具有一种比现代道德家所认为的更加复杂的对于"仁爱"和"自爱"行为的态度：人们会天然地认同和尊重一个称职的、能够谨慎处理家庭财政事务的丈夫，甚至可能还认为这样做是一种美德；人们同样肯定也会认为，不计后果的慷慨是一种恶劣行径，特别是如果它威胁到人们自身的家庭和朋友的话。这些结论表明，"自爱实际上和仁爱一样，对于整个人类的利益是必要的；显

---

① 请参阅：哈奇森，《审美观与伦理观起源探究》，第93页。

而易见，将各个组成部分凝聚成整体需要一种吸引力，或者就像地心吸引力对于整个地球的有规则状态是必要的一样。没有这些额外的动力，自爱就会与一般意义上的仁爱行为相抵触，与邪恶行为相一致，或者会促使人们从事接近于邪恶的行为"。①

哈奇森这一分析的力量显然在于它那具有决定性的结论：人们的道德行为和塑造其道德人格的社会教育，在很大程度上源于一个理性和利益的计算对其不能施加任何控制的过程。

> 人们理性的弱点，以及来自人们天然的脆弱性和需求的各种偏好是如此突出，以至于很少有人能够具有长期的理性判断能力（这种理性判断能够表明，某些行为总体上有益于人们自身，而与其相悖的行为则是有害的）。和一些道德家设想的不同，自然界的塑造者已经通过一种相当迅速且强大的指令，让人们做好充分准备，使其更有可能采取良性行为（正如人们为保护自身的身体所做的各种准备一样）。②

他能够观察到，在一个真正意义的道德行为主体那里，"心灵的自然感受"是以规范的系统化方式产生和释放的，而且和个人习惯以及教育程度似乎没有多少关联，以至于我们可以得出这样的结论：它是被一种嵌入人性构造本身的内部机制所控制的。③ 这就是他那著名而又富有争议的道德观念，一种其基本特征在今天仍处于争论中的人性资源。他利用牛顿的哲学原理解释了人类世界的道德秩序原理，就如同利用重力原理解释自然秩序原理一样。借助此，他声称，"一切社会关系都能够变得和谐、顺畅"。④

这些结论注定将为各种斯多葛派箴言或警句注入新的哲学力量，不过与此同时，它们也凸显了将对哈奇森有关政治生活思考具有重要影响的一些问题（因为他充分意识到了人的思维的主体性特征）。确切地说，人们如何能够

---

① 请参阅：哈奇森，《审美观与伦理观起源探究》，第 186 页。
② 同①，第 9 页。
③ 同①，第 114—115 页。
④ 请参阅：哈奇森，《道德哲学体系》，第一卷，第 14 页。

确定自己的确是客观地、正确地解释了一个人的动机的呢？人们又如何能够确定自己的道德观念必然是正确的呢？即便它能够帮助人们认同那种看上去似乎是良好的行为，但这又有多大的现实意义呢？在某些情况下，美德和邪恶是否真的没有绝对标准呢？还有，各种社交活动（正如曼德维尔所指出的那样）只是一种惯例或者约定俗成而非出自人的真实需求？是否应当完全遵循曼德维尔的提议而克制主动评判他人行为的欲望？在哈奇森看来，这意味着要抑制所有人性本能当中最自然的一种本能，以及人们对于人性的理解能力。最重要的是，要让人们感觉到可以自由地满足自己的好奇感，并且运用自身的天然鉴赏力去评价他人的行为。虽然每个人的道德观可能有所不同，但所有人都能同意这一结论：判断他人道德行为好坏与否的最佳途径，就是依据其行为所提供的一种未被玷污的仁爱的证据。在一个建立在宽容和仁爱基础之上的国家，道德感将占据主导地位。这就是促使哈奇森为人们的仁爱唱赞歌的驱动力。

> 我们努力消除来自自爱的障碍，天性就会使我们倾向于仁爱。我们努力了解过度自私的情感的可悲之处，自爱可能就会停止抵消仁爱的天然倾向，而且这种高贵的倾向一旦摆脱无知的束缚和虚假的利益认知，它甚至能够得到自爱的辅助，从而变得足够强大，并铸就一个人的高贵的品格。然后，我们就会反思人类事务，探寻采取什么样的行动才能够最有效地促进普遍的良善；我们就会反思应当关注什么样的基本原理或者准则，以及在什么情况下使用它们的理由会发生改变，从而及时地承认和正视各种例外情况。因此，我们的善意应当受到理性的引领，以及对于人类利益的正确认识的指导。①

在格拉斯哥大学，哈奇森通过他似乎一直为之付出努力的两个文本，形成了对于政治社会的这种极为独特的认识（当时亚当·斯密正在选修他的课程）：第一个文本出版于1742年，题目是《道德哲学简论》；第二个文本在他死后才由他的儿子于1755年出版，书名是《道德哲学体系》。他认为，这是

---

① 请参阅：哈奇森，《审美观与伦理观起源探究》，第178页。

"一本内容杂乱的书……是一个大杂烩"。①他的政治社会观当然是与众不同而且令人好奇的,他试图使用现代哲学资源重新"激活"有点儿过时的激进派辉格党的政治思维。他表明公民怎样从道德层面了解他们的权利和政治义务,并且恰如其分地宣称,这一认知使得他相比于普芬道夫所创立的著名的人性契约体系,能够就政治社会所依赖的原则形成一个更自然、更有力的叙述体系。这不仅仅是一个借助于某种新的理论重新恢复旧的意识形态的问题。那些配备具有独裁性质的宪法并充满派系争斗的恐惧,同时受困于人性的犬儒主义特征的国家,将不可避免地鼓励公民以狭隘的视角看待他们的权利,而这也将不可避免地导致论战和派系问题。相比较而言,提倡自由精神的哈奇森式的思想体系,将支持这样一个公民社会的发展——其公民的行为会受到基本道德观以及他们对于同胞和上帝的爱的约束。这将是一个权力有限的君主政体,它承认公民有权抵制不受欢迎的君主,它能够保证宗教宽容,保护小地主和佃农的利益不被贪婪且强大的领主所侵犯。在这样一个社会中,商人可以赚取适度的利润(他们的一个重要而又合理的动机,就是增加产业规模并推动更广泛的就业)。这样的社会将能够增强公民践行美德的能力,它所采取的方式就是鼓励一个完善的社会所依赖的善行的传播,以及增强慈善机构的性能。这样一来,它将有助于让所有的人更深入、更广泛地体察到上帝的仁爱和关切。是神祇充满善意和具有鉴别能力的爱(而不是令人生畏的普芬道夫式的良心和是非感),构成了所有社会美德所依赖的权威的基础。

哈奇森的很多政治思想都受到上一个世纪的辉格党原则(以及实践)的启发,而且相比于他的许多格拉斯哥大学的学生,看上去必然显得过时。他关于对抗不受欢迎的君主权力这一相当激进的思想,会让人联想起阿尔杰农·西德尼*的共和主义观念和乔治·布坎南**的令人颇为惊骇的观点,即国民有权根据自己的意愿随时更换他们的统治者。就像上一代的激进主义者一样,他谈到土地法律的必要性、定期选举和限制寡头威胁的各种商业手段。他也认为,自由主义的未来离不开中等阶层尤其是士绅的支持,因为他们的

---

① 引自穆尔的《弗兰西斯·哈奇森的两种体系》,第 59 页。
* 阿尔杰农·西德尼(1623—1683),英国哲学家和政治家。——译者注
** 乔治·布坎南(1506 年—1582),诗人,文艺复兴时期欧洲苏格兰人文主义者。——译者注

思想并未受到过度富有或者过度贫穷的思想或观念的侵蚀，他们也有能力理解和接受他所致力提倡的基督教斯多葛派启蒙主义的价值观。

亚当·斯密在哲学以及在思考的灵感方面都曾受益于哈奇森。哈奇森的道德哲学思想，促使他开始研究对于自己的哲学体系至关重要的问题。就像霍布斯、普芬道夫和哈奇森一样，亚当·斯密对于修辞学、法学、伦理学和政治经济学的兴趣，将不断地回归有关情感交流和商品交换过程的问题，而这些都是社会文明进程以及政府在培育社会文明进程方面的作用所不可或缺的。哈奇森对于人的道德观念运作过程细致入微的分析让亚当·斯密意识到，对于人的社交性和社会本身的研究，必须从反映于日常生活的人的社会互动过程开始，而且应当不断地回顾有关公正性、政治义务和道德观念的问题。它们是公民社会生活能力所不可或缺的。他对于自身的道德观念是正确的和恰当的，因此足以满足公民的需求这一结论的兴趣，以及他对于政府在推动有道德的良性社会发展方面的确切作用的兴趣，将引发他进一步研究如何满足人的道德和思想需求，以及如何同时满足他们增强社会运转的物质需求的深刻问题的兴趣。亚当·斯密将用余生时间来探究这些问题的答案。

不过，亚当·斯密从来都不认同哈奇森对于道德的现实性信念——这种道德观来自后者坚信人性和神性的仁爱本质，他认为，这二者都是非哲学的。他发现哈奇森所描述的善良而仁爱的公民形象过于神秘而又晦涩难解，因此不能够为他提供有关人的社交性的一般理论的依据。而且，也许最重要的是，当他回顾17世纪后期普芬道夫和激进的辉格党的世界，以及那些开始显得多余的有关人的仁爱和自爱的争论时，他发现哈奇森的思维缺乏历史性。不同于更具历史意识的爱丁堡知识分子，哈奇森相对而言似乎没有意识到在欧洲发生的超越国家制度的变革，以及曼德维尔十分出色地讽刺过的商业变革的力量。这一弱点表明，尽管他非常关注有良好职位和社会地位的公民的道德生活，但他对于政治权力的变化性本质和现代世界的政府问题缺乏敏感性令人吃惊。这些恰恰是让普芬道夫感到忧心的方面，同时也是亚当·斯密将再次认真面对的问题。

附：资料来源说明

关于亚当·斯密的学生生活，见斯科特和罗斯的《亚当·斯密传》。

格拉斯哥大学的历史被严重忽略，但可以参考迪瓦恩和杰克逊主编的《格拉斯哥纪事（第 1 卷）：从开始到 1830 年》当中具有开创性的论文。迪瓦恩的《格拉斯哥烟草业和贸易活动研究》对于烟草贸易进行了权威性研究。格拉斯哥大学的历史亟须作进一步研究，不过也可参见斯科特、J. D. 麦基稍嫌过时的《格拉斯哥大学：从 1451 年到 1951 年》和 R. L. 艾默生在《格拉斯哥启蒙运动》（胡克和谢尔主编）中的"格拉斯哥大学教授与政治（1690—1800）"一章。

关于普芬道夫，见《论公民的义务》（J. 塔利主编）、R. 塔克的《哲学和政府（1752—1651）》，以及 I. 亨特在其《贸易嫉妒：从历史角度看国际竞争》中的"社交和商业语言：塞缪尔·普芬道夫和'四个阶段'理论的基础"一章。关于曼德维尔，见《蜜蜂的寓言》（F. B. 凯耶主编），以及 E. J. 胡恩德特的《启蒙运动的寓言：伯纳德·曼德维尔和社会探索》。

哈奇森已被广泛研究，这在很大程度上是由于他被误以为是"苏格兰启蒙运动之父"。W. R. 斯科特的《弗兰西斯·哈奇森：在哲学上的经历、教育和地位》这部传统传记正在变得过时，但仍有参考价值。另见 T. D. 坎贝尔在《苏格兰启蒙运动的起源和性质》（坎贝尔和斯金纳主编）中的"弗兰西斯·哈奇森：'苏格兰启蒙运动之父'"一章。关于他在都柏林的职业生涯，见 M. 布朗的《弗兰西斯·哈奇森在都柏林（1719—1730）》和伊安·迈克布莱德出色的《美德教育：弗兰西斯·哈奇森、爱尔兰长老教成员和苏格兰启蒙运动》。关于他的道德和政治思考之间难以捉摸的相互关系，见詹姆斯·米尔的《弗兰西斯·哈奇森的两种体系：关于苏格兰启蒙运动的起源》和 K. 哈孔森的《自然法和道德现实主义》。

第3章 学习经历（1740—1746）：牛津和大卫·休谟

在学年结束前不久，亚当·斯密于1740年5月离开了格拉斯哥。他当时显然"具有一种病态的气质：他外表邋遢，不修边幅；他经常性地心不在焉，给人一种头脑空虚甚至近乎愚蠢的印象"，但是他深受好评，而且在他的希腊语教授看来，他"是我教过的一个很出色的男学生"。① 他回到柯卡狄的家中并与母亲团聚，同时为不久的将来长期居留牛津作相应的准备。他已经得到了一笔每年40英镑的斯内尔奖学金，这将可以使他在贝利奥尔学院度过长达十一年的时光。②

亚当·斯密对于去牛津大学深造不可能抱有极高的期望。他在柯卡狄和格拉斯哥所加入的辉格党改革派圈子，早就将牛津大学看成是一个派系横行、由英王詹姆斯二世的追随者和狂热的圣公会教徒组成的"污水坑"和"学术无能"的代名词。"我们看到的是辉格党鼓动对抗辉格党，保守党对抗保守党，硕士生对抗博士生和大学校长，高级研究员对抗初级研究员，一所学院对抗另一所学院，还有一些学院对抗它们自身。"尼古拉斯·阿默斯特——英国牛津市最敏锐的批评家之一——在1721年写道。③ 更糟糕的是，在这一时期，牛津大学在教学和研究方面较低的声誉（在辉格党的媒体上尤其被幸灾

---

① 请参阅：罗斯，《亚当·斯密传》，第58页；《圣詹姆斯编年史》，1790年7月31日，星期六。
② 他由格拉斯哥大学理事会提名，但戴维·雷诺提醒我说，他的监护人威廉·斯密，即阿盖尔公爵的秘书，可能对这一过程产生过影响。亚当·斯密本人当然很清楚他的监护人在这类事情上的价值。后者在1742年告诉他的母亲，要提醒亚当·斯密关注这一情况：不久就会有另一个斯内尔奖学金的空缺（《亚当·斯密通信集》，第2页）。
③ 请参阅：尼古拉斯·阿默斯特，《牛津秘史档案》，编号7、43。

乐祸地夸大），成了一种全国性的丑闻。那些懒惰、无知、堕落、"过着醉生梦死般的日子并且欺骗低年级学生"的教师，成为国人经常揶揄的对象。根据历史学教授戴维·格雷戈里的看法，课程安排"在某种程度上是有缺陷的，因为我们不得不遵守我们的前辈们制定的规则"，并且在很大程度上仍未摆脱老学究式的教学模式，"因为还没有任何方式可以取代它"。①

在这一世纪的最初几十年，牛津面临着遭受皇室调查的威胁，而且苏格兰的大学也面临着同样的威胁。不过，牛津成功地避免了政府干预和不光彩的学术声誉带来的更大的负面影响，这也激怒了更激进的辉格党人，其中包括埃格蒙特勋爵。他认为现行体系"使师生变得懒惰，他们受困于现状，看不到前景，当他们进入外面的世界时，变得举步维艰"。② 在贝利奥尔学院度过六年时光的亚当·斯密也认同这一看法。在《国富论》中，他用同样的辉格党式的措辞表明，这些弱点或表症是他越来越鄙视的这所大学（它的能力和苏格兰的大学形成了鲜明对比）所出现的系统故障。他指出，靠大学工资而非学生的学费生活的牛津大学教授的兴趣，

> 与其应当履行的职责直接对立。每个人都会本能地希望尽可能生活得舒适。如果不管他（大学教授）做什么，或者即便他没有履行某种艰苦的职责，但他的薪酬却始终是同样的，那么他当然愿意接受现状（不管这在外人看起来有多么庸俗），并宁可完全忽略自己的职责；即使他不得不服从于某种权威而必须履行个人职责，他也会在权威许可的范围内，尽可能地采取马虎粗略和敷衍塞责的态度。从另一方面说，如果他天生就是一个热爱自己本职工作的人，那么他就会利用那种工作满足自己的兴趣，并且可以取得更大的成绩，这显然不同于被动地履行职责，因为他很难从这个过程中得到任何像样的回报……在牛津大学，大部分公共课程教授多年来甚至完全丢掉了最基本的教学标准。③

---

① 引自沃尔德的《乔治王朝的牛津大学》，第 132 页。
② 请参阅：萨瑟兰和米切尔主编的《牛津大学历史》（第 5 卷：18 世纪），第 115—116 页。
③ 请参阅：亚当·斯密，《国富论》，第 760—761 页。

牛津大学的历史学家抱怨说,这种党派化的政治语言夸大了该大学的弱点,而且忽略了那些尝试讲授那种过时而又吃力不讨好的课程的有识之士的努力。然而,很难想象这所大学——或者就这方面的例子而言的贝利奥尔学院——能够在教学中为亚当·斯密提供更多的东西。后者的学术研究内容杂乱无序而又近乎平庸。尽管亚当·斯密的一位朋友喜欢他的导师,"因为他对于我的研究的督查让我受益匪浅",但他的另一位朋友却不得不忍受他的导师的不称职之举——他因为挪用学费和疏于教学工作而臭名昭著;而亚当·斯密的第三位朋友马修·比蒂虽然也喜欢他的导师,但他却承认,他的教育在很大程度上是自给自足式的,而非来自对方负责任的传道和授业。① 这所由詹姆斯党人占主体的大学对于勤奋好学的长老会派辉格党的弟子们而言,也并非一个理想之地。职业捆绑式的奖学金和当地的忠诚要求,将贝利奥尔学院与英国保守党性质的詹姆斯党人为主的西南部各郡联系在一起。在1688年,它的五名学生因作为"拒绝宣誓者"而被开除;1745年,学院院长拒绝加入"牛津联合会",这是为了证明该郡对于汉诺威王朝支持者的忠诚。更糟糕的是,贝利奥尔学院并没有让斯内尔奖学金的获得者感觉到自己特别受欢迎。斯内尔奖学金本身一直是格拉斯哥大学和贝利奥尔学院之间长期争夺的一个奖项,它是1677年在英国政治家兼军事家约翰·斯内尔爵士的遗产的基础上建立的,这笔遗产所捐赠的十二项奖学金,允许来自苏格兰的大学的学生在该学院进行长达十一年的研究。然而,斯内尔的遗愿充满歧义,其中最大的问题是要求奖学金授予那些准备通过读书成为英国教会神职人员并将加入苏格兰圣公会教堂的人。不过,这项规定在1738年(亚当·斯密获得该项奖学金的两年前)被取消了。贝利奥尔学院常因这些奖学金长期缺项甚至被挪用而遭受批评。奖学金的获得者经常抱怨说,他们受到了糟糕的对待。事实上,在1744年,当他们向格拉斯哥参议院投诉校方对他们态度粗暴并且只给他们分配最糟糕的住房时,贝利奥尔学院院长回击说,既然那些苏格兰人"对本学院深恶痛绝",那他们最好另谋高就。②

那么,亚当·斯密想从牛津大学的学习中获得什么结果呢?杜格尔德·斯

---

① 请参阅:琼斯,《贝利奥尔学院的历史》,第162、165页。
② 请参阅:戴维斯,《贝利奥尔学院》,第141页。

图尔特认为，他当时准备将来在英国教会谋一份职。不过，他的一个同时代人的看法——"在宗教问题方面，他很早就成了伏尔泰*的一个追随者"——如果是可信的话，那么这种可能性就可以被排除了。① 当时，玛格丽特·斯密必然听取了她的儿子的合法监护人、阿盖尔公爵的秘书威廉·斯密，以及詹姆斯·奥斯瓦德上尉的建议，而且很可能了解到斯内尔奖学金将能够使亚当·斯密有时间独立工作，直到出现某个新的契机（比如在一个贵族家庭当一个家庭教师，或者有可能在某所苏格兰大学谋得一个教授职位）。另外，因为威廉·斯密住在阿盖尔公爵在阿德伯里**的居所，这使得他不但能够照顾亚当·斯密，而且有机会把后者介绍给那位公爵。无论如何，我们目前已知的亚当·斯密在到达牛津之后不久写给他的监护人的第一封信表明，他对于即将面对的一切并未抱有多少幻想。

亲爱的先生：
　　我收到了您的来信，以及随信附寄的一张16英镑的支票，我对此表示感谢，而更让我心怀感激的是您的很好的建议。我的确很担心，我今年所需的费用必然会比以后任何时候都要多；我们必须在入学时向学院和大学缴纳高昂的学费，以及其他各种数额惊人的费用。如果有人因为在牛津大学学业过度操劳而危及自身的健康，那肯定是他自己的错误。我们在这里唯一要做的事情，就是每天两次去做祷告以及每周上两次课。
　　向您致以诚挚的问候！

您最敬业的仆人
亚当·斯密②
1740年8月24日于牛津

---

* 伏尔泰是18世纪法国资产阶级启蒙运动的旗手，被誉为"法兰西思想之王"。他崇尚理性主义，否定上帝在人类历史领域中的主宰地位。在他的两部史著《路易十四时代》和《风俗论》中，他不遗余力地揭露和批判宗教的虚伪、教士的凶残贪婪，以及信徒的宗教狂热和偏执造成的荒诞悲剧。——译者注

① 请参阅：《圣詹姆斯编年史》，1790年7月31日，星期六。

** 阿德伯里是位于英国牛津郡北部班伯里区以南3英里左右的一个乡村和民间教区。——译者注

② 请参阅：《亚当·斯密通信集》，第1页。

对于他在牛津大学的生活，亚当·斯密一如既往地语焉不详。在这一时期，只有三封措辞简洁的信保存至今，在其中的一封信里，他因为自己没有经常写信而向他的母亲表示歉意，正如他以后也将不时为此道歉一样。"我没有更多地给您写信，这是不可原谅的。"他在1744年7月写道，"我每天都在想念您，却总是推迟写信。有时候是因为有事情要做，或者需要陪朋友外出，但更多的时候是因为懒惰才没有动笔。"①贝利奥尔学院的学生情况记录提供的信息表明，他基本上长期住校，依靠他的斯内尔奖学金过着朴素但却相对舒适的生活，而且从1742年起，他还额外获得了一笔每年85英镑的沃纳基金会奖学金，还有来自家人的定期资助。他经常去听什么课程，甚至包括他的导师的名字，我们都无从知晓。我们也不知道他如何获取书籍以及去图书馆的情况。作为未来的一个书迷，他大概拿出过不少钱用于购书，这恐怕主要是因为爱丁堡的书商经常提供给他的图书邮购清单以及牛津市的图书贸易。事实上，图书馆确实是一个问题。贝利奥尔学院的本科生图书馆的藏书难以满足他的需求，学院图书馆和博德利图书馆*只对文学硕士开放，不过一些友善的教士可能会帮他借书。更有可能的情况是，威廉·斯密会安排他使用距离牛津大学18英里的位于阿德伯里的那家不错的地区图书馆。

但是，亚当·斯密到牛津大学不是为了受教于人，他最需要并且最终得到的东西，是让自己远离昔日的格拉斯哥大学教育，以及发展自己兴趣的时间和空间。根据杜格尔德·斯图尔特的说法，这意味着发展他对于政治学、纯文学以及思想和"社会进步"问题的持久兴趣。

> 对于人类本性所有分支的研究，特别是对于人类政治史的研究，为他的抱负和好奇心开辟了一个无限广阔的领域。这种研究在为他的多样化和综合性的才能方面提供各种力量的同时，也满足了他对于为社会的幸福和进步做贡献的激情。在他回到牛津以后，他似乎将所有时间都用于这种研究，只是在闲暇时间研究纯文学；但即

---

① 请参阅：《亚当·斯密通信集》，第3页。
* 牛津大学最重要的图书馆，藏有英国许多古老而又著名的书籍和论文。——译者注

便在他步入晚年之后，他也仍然保留着对于早年学到的知识的记忆，这些知识不仅增添了他与他人谈话的风采，而且也使得他能够通过那些最具说服力的各种科学发现的历史，充分例证他所钟爱的某些理论，尤其是涉及思想与真理关系的自然演进理论。①

他一定是在牛津大学才开始获得近乎百科全书式的、有关古代和现代世界政治的当代文献知识的，并且发展了他对于研究不同时代、不同年龄段的人的礼仪和习俗内在机制的终身兴趣。更重要的是，他必然是在这个阶段开始接触到大量有关人性原则（它们在上一个世纪的法国逐步形成和发展）的高级文献的。他后来回忆起他为了自学法语，曾经使用了戴维·米勒在柯卡狄教授他学习拉丁语和希腊语的同样的方法——从法语翻译到英语，再从英语翻译回法语。②对于一个严肃的年轻哲学家而言，皮埃尔·贝尔*的《历史批判词典》（1696）是一个重要的研究资源，它就古代和现代哲学提供了一种极具怀疑性的分析和评论。笛卡尔**、马勒伯朗士、帕斯卡***、拉罗什富科****、拉辛*****和马里沃******将会指引他了解有关人性的黑暗而又复杂的奥古斯丁教义式的观点（当时的法国文学和哲学在很大程度上都是以这一观点为基础的，普芬道夫和曼德维尔也对其有所借鉴）。这种观点强调"人性的弱点"，即理性的脆弱、想象的虚幻、激情的混乱，以及人们在缺乏宗教慰藉的情况下，诚实地生活在一个腐败世界上的艰难之处。就像哈奇森一样，

---

① 请参阅：杜格尔德·斯图尔特，《亚当·斯密的生平与著作》，第 271 页。
② 同①，第 271—272 页。
* 皮埃尔·贝尔（1647—1706），法国早期启蒙思想家、怀疑主义哲学家和历史学家。——译者注
** 即勒内·笛卡尔（1596—1650），著名的法国哲学家、科学家和数学家。——译者注
*** 即布莱士·帕斯卡（1623—1662），法国数学家、物理学家、哲学家和散文家。——译者注
**** 即弗朗索瓦·德·拉罗什富科（1613—1680），17 世纪法国古典作家。他把法国沙龙游戏中的机智问答作为箴言记录了下来，成为一部内容庞杂、主要表现出其愤世嫉俗思想的著名作品《箴言集》。——译者注
***** 即让·拉辛（1639—1699），法国剧作家，代表作品是《德巴依特》。——译者注
****** 即皮埃尔·德·马里沃（1688—1763），法国 18 世纪著名的古典喜剧作家，一生共创作悲剧和喜剧三十余部，此外还有七部小说和大量散文。——译者注

亚当·斯密将会发现，这种有关人性的看法不仅有失偏颇，而且还是愚蠢的。在《道德情操论》中，他将拉罗什富科对于道德区分的现实情形的全面否认描述为"貌似高雅和有理"，但实际上却是非常有害的（为了表示对他十分了解而且喜欢的拉罗什富科本人所发出的抗议的尊重，他后来收回了这一说法）。①他认为，帕斯卡对于人类苦难本性的感人分析，是一个"发牢骚的道德家"的作品。②但是，这类分析的有价值之处在于，这些哲学家为人性研究引入了一种微妙的心理学研究方法，他们对于心理需求的微妙性的洞见也值得关注。

这些作家主要为一些聪明而且受过正规教育、通常出身较好的精英阶层人士写作，他们只是偶尔超越他们狭窄的个人世界去打量那些忙于追求财富、权力和自尊，却似乎没有意识到个人苦难的普通人的世界。在曼德维尔和亚当·斯密必然了解的一篇论文中，皮埃尔·尼克尔*惊讶地发现，甚至就连像贪婪这样的最可鄙的情感都能够激活人们的自尊意识，而且相比于随机性的慈善行为，这样的情感能够在无意识间为公众提供更好的服务。

> 例如，我们会发现，几乎无论我们去哪里旅行，那些能够为路过者以及有固定住所者提供服务的人，总是乐于为我们效劳。我们会根据自己的心愿处置他们的服务：我们可以命令他们，而他们也会服从我们，并且使我们相信，为我们服务会让他们感到愉悦。他们从不允许自己轻易放弃他们所得到的服务机会。如果这种行为是由慈善精神本身所推动的，那么它还可能这样令人钦佩吗？是贪婪促使他们这样做的，而且他们在此过程中总是表现得那样认真而虔诚，以至于会使我们认为，花钱雇用他们为我们服务，等于是在为他们提供一种恩惠。
>
> 考虑一下，让一个人为另一个人建造一幢像样的房子，再帮助他完全装修好，然后把钥匙交给他，这将需要多少慈善投入？然而，贪婪之心却会让前者在自主地实现这一目标的过程中感到快乐。让印度的穷人有钱购买他们急需的药品，让那些无业者有机会去从事

---

① 请参阅：《道德情操论》，第308—309页。另见《哲学主题论文》，第303页。
② 请参阅：《道德情操论》，第139页。
* 皮埃尔·尼克尔（1625—1695），法国道德学家和神学家。——译者注

哪怕是最低贱的工作，以便使其借此早日摆脱最痛苦的生活处境，需要什么样的慈善行为？贪婪可以使当事者心甘情愿地去做所有这些事。①

　　正如我们将要看到的那样，虽然亚当·斯密从不怀疑慈善行为也许会受到最卑劣的情感的驱使，但他更感兴趣的是看到别人赞同他人的行为的愿望以及自我认同的愿望。亚当·斯密对人类这个物种在不同发展阶段的物质、道德和精神需求的兴趣，以及人类对于自我尊重的渴望的兴趣，对于塑造他自身的道德哲学极为重要。关于这个主题，从当代法国文学中就可以了解很多。亚当·斯密非常钦佩拉辛，他认为《菲德拉》"可能是现存的最好的悲剧作品"。②他注意到，拉辛有效地模仿了欧里庇得斯*的写作手法，即使用平铺直叙的方法解释情节，这样一来，"我们就可以自如地描述每个场景的情感和行动"，③从而为展示主要角色"如何极力控制那些足以摧毁其人生和荣誉的激情"这一核心戏剧目标铺平道路。但是，菲德拉绝不是将社交礼仪和荣誉观念看得无比重要的欧里庇得斯悲剧式的女主角**。在《道德情操论》中，菲德拉让亚当·斯密感兴趣的原因在于，她是一个能够向普通旁观者表达自己心声的女人，并能使他们同情她对她儿子的不伦之爱，甚至能够使他们喜欢上她，"虽然这当中涉及滥情和罪过。但在某种程度上，正是那种滥情和罪过让我们感受到了更多的东西，"亚当·斯密指出，"因此，她的恐惧，她的耻辱，她的悔恨，她的绝望，变得更加自然而有趣。所有来自爱怜之情的次要激情（如果我可以这样称谓它们的话），必然会变得越发激烈并具有暴力性，而且正因为具有这些次要激情，所以我们才可以被恰当地看成是能够对别人产生同情心的物种。"④

---

① 请参阅："理想世界"，出自 P. 尼克尔的《作品中的道德哲学》，N. 基欧汉翻译，被引用于《法国哲学与启蒙运动》，第 296—297 页。
② 请参阅：《道德情操论》，第 123 页。
* 欧里庇得斯（前 485 或 480 年—前 406 年），古希腊哲学家、文学家和诗人，与埃斯库罗斯和索福克勒斯并称为古希腊三大悲剧大师。——译者注
③ 请参阅：《修辞学和纯文学讲座》，第 97 页。
** 这里是指欧里庇得斯与拉辛的同主题作品之间的传承关系。拉辛所著的《菲德拉》，讲述了雅典王后菲德拉爱上国王岱赛前妻之子希波吕托斯的悲剧故事，而欧里庇得斯曾将其创作成悲剧《希波吕托斯》，不过在情节上与前者略有不同。——译者注
④ 同②，第 33 页。

亚当·斯密试图根据一种相当不同的心理学途径，去了解一种极为生动而复杂同时也让法国道德家深感兴趣的心理困境。在这方面，他效法了剧作家和小说家马里沃——一个他非常钦佩并且必然在牛津就读过其作品的著名作家。马里沃对于尼克尔所描述的普通公民的道德困境一向很感兴趣，因为这些困境似乎和帕斯卡及其追随者所揭示的道德困境一样严峻而复杂。马里沃欣赏艾迪生的《旁观者》，并在1721年和1724年之间刊行了他自己的同类杂志《法国旁观者》。他热衷于研究风度礼仪，因为它们提供了一个道德家奠定"心灵的科学"（une science du Coeur）（可通过"反思人类事务"而对这一学科加以研究）的基础所需的所有材料。① 就像哈奇森一样，他热衷于探索"认知和感觉的无意识问题"，而且亚当·斯密将在某种程度上发现，根据小说的自身价值获得有关这一学科的研究材料，是一种非常恰当的做法。② 归根结底，

> 小说是社会、是全人类，甚至代表着唯一可被接受的学校——唯一一所永远开放的学校。在那里，每个人都可以研究别人，同时也相应地被对方所研究；在那里，每个人既是学生又是老师。这是一种我们在彼此打交道的现实商业世界中必然可以发现的知识源泉。③

虽然马里沃非常欣赏艾迪生，不过他对于心灵科学的态度却具有深刻的法国印记。他不是为艾迪生所针对的那种开朗而合群、经常光顾咖啡屋的公众所写作的，而是将目光锁定在巴黎的沙龙精英和小知识分子阶层，而且相比于艾迪生所强调的诚实地生活在这个世界上的"舒适性"，马里沃则强调艰难之处。这也是他有关风度礼仪的宏大而又精致、出版于1730年和1732年之间的小说《玛丽安娜的生活》的主题。该小说讲述了一个孤儿的故事，这

---

① 请参阅：马里沃，《论文集》，第475页。
② 同①，第475—476页。
③ 原文为"C'est la société, c'est toute l'humanité même qui en tient la seule école qui soit convenable, école toujours ouverte, où tout l'homme étudie les autres, et en est étudié à son tour, où tout l'homme est tour à tour écolier et maître. Cette science reside dans la commerce qui nous avons tous, et sans exception, ensemble"，请参阅马里沃《论文集》，第475—476页。

个孤儿不知道她的父母是谁，她的家乡在哪里，而且除了一种自我高贵感和荣誉感以外，她别无长物。她的故事反映了她与那些照顾她同时又虐待她的人打交道的经历。那些困扰她的问题也困扰了她的同时代的许多人——如何解读他人的行为，以及如何知道我们自身的解读是否正确。她的生活是"一张由各种事件构成的网络，它们让她对人们的生活和性格有所了解"，但这些却永远不足以让她了解自己。事实上，这部篇幅很长的小说并未真正完成。①在马里沃那里，亚当·斯密看到了一个对普通公民的心理需求感兴趣的道德家，一个意识到这些需求比大多数英国道德家所认为的更加苛刻和复杂的道德家。正是因为这个原因，他在《道德情操论》中评论说："在这种情况下，作为诗人和言情小说作家，充分刻画了爱与友谊，刻画了其他所有对私人情感和家庭情感描述得更精妙和细微的作家如拉辛、伏尔泰、理查德森*、马里沃和里科博尼**等，认为他们是比芝诺***、克利西波斯****和爱比克泰德更出色的导师。"②

如果说牛津大学给了亚当·斯密时间和资源去扩展他的古代和现代哲学知识，并加深了他对于激情的运作方式的理解的话，那么他与大卫·休谟在哲学上以及在现实生活中的相遇，将成为他的思想发展过程中的决定性事件，他由此获得了一种更强大的资源，并将其用来奠定一种伟大的哲学体系以及一种更加深厚而持久的友谊的基础。休谟出生于1711年，比亚当·斯密大12岁，但他们的家庭和教育背景有某些共同之处。他们都来自中产阶级家庭，休谟是贝里克郡一家地主家庭的幼子，他的家庭与法律界、军界和当地政府

---

① 原文为"… une tissue d'évenements qui lui ont donné une certaine connaissance de la vie et du caractère des homes"，请参阅马里沃《玛丽安娜的生活》，第85页。
* 塞缪尔·理查德森（1689—1761），英国作家。1741年发表的第一部小说《帕米拉》（又名《美德的报偿》）是其代表作。——译者注
** 玛丽-让娜·里科博尼（1713—1792），法国女演员和小说家。——译者注
*** 芝诺（前490年—前425年），古希腊哲学家和数学家，以"芝诺悖论"著称，他提出了一系列关于运动不可分性的哲学悖论，被亚里士多德誉为"辩证法的发明人"。——译者注
**** 克利西波斯（前280—前207），古希腊哲学家，斯多葛派哲学体系的创立者。——译者注
② 请参阅：《道德情操论》，第143页。

都有联系。他们都是由信奉长老会教的单亲母亲带大的。事实上,休谟曾向詹姆斯·鲍斯韦尔承认,他小时候曾经笃信宗教。① 休谟于 1723 年进入爱丁堡大学,开始为以后从事法律职业做准备。但和其他许多人一样,发觉法律枯燥无味,于是便转向了哲学和文学。到 18 世纪 20 年代后期,他似乎失去了所有残存的基督教信仰,并且可能奠定了他所谓的"人性科学"的哲学论的基础。在接下来的十年时间里,他先是在贝里克郡独立从事研究,后来到了法国,在那里撰写了《人性论》第一卷,该书出版于 1739 年 1 月,当时恰逢亚当·斯密在格拉斯哥的职业生涯的最后阶段。第二卷《论道德》在 1740 年 11 月问世,也就是亚当·斯密搬到牛津三个月之后。

《人性论》的出版最初在苏格兰启蒙运动中并没有产生什么影响,就像休谟所说的那样,"对于媒体而言,它就像是一个死胎,甚至在那些一向狂热的读者中并没有引起多少喧哗"。② 第一卷当然会为哈奇森所知晓,因为休谟的导师、身为律师和哲学家的亨利·霍姆给他寄了一本用于评论。但是,哈奇森对于休谟公然的宗教怀疑论感到惊骇,以至于他动用了他全部的影响力阻止休谟在 1745 年申请爱丁堡大学道德哲学教授职位,因此他似乎不大可能将这部著作推荐给他的像亚当·斯密这样的"明星学生"。亚当·斯密更有可能是通过休谟分别在 1741 年和 1742 年出版的《论道德、政治和文学》前两卷(在这两卷本著作中,休谟将他的人性论原则运用于有关道德和政治的热点问题)了解到休谟的作品的。相比于《人性论》,这一两卷本的著作吸引了更多人的关注,尤其是因为它们是以艾迪生的风格写成的,面对的读者群是休谟所说的"谈得来"的而非"有学问"的知识分子。而且,它们得到了休谟的朋友们的高度吹捧,其中包括詹姆斯·奥斯瓦德。"没有什么能比推荐我的朋友休谟或者他的书更让人感到愉快的了,"他对亨利·霍姆说,"在我看来,推荐者也可以让自己获得一份殊荣,因为他将会造福更多的人。"他得出的结论是:"我深信休谟先生的著作将会变得更有影响力,我也会不遗余力地让它们为世人所知。"③ 很难想象,像奥斯瓦德这样亲密的朋友会不告诉亚当·斯密有关《论道德、政治和文学》的出版一事,同样也很难想象的是亚当·斯

---

① 请参阅:《鲍斯韦尔的特殊经历:1776—1778》,第 11 页。
② 请参阅:休谟,《我的人生》,引自《政论集》,第 34 页。
③ 请参阅:莫斯纳,《大卫·休谟传》,第 144—145 页。

密不会在同一时间由《论道德、政治和文学》自行顺藤摸瓜地发现《人性论》。而且,当时有人的确发现他曾在贝利奥尔学院自己的房间里阅读过《人性论》。"学监知道这件事以后,认为应当去他的房间搜查一下,果然在那里发现了当时刚出版的休谟的《人性论》。那个笃信宗教的调查者抓起那本被视为异端的书,严厉斥责了那个年轻的哲学家。"①

　　无论精确的时间点究竟是什么,显而易见,当亚当·斯密和休谟于1749年到1750年之间相遇时,亚当·斯密是一个虔诚的休谟追随者,他以一种相当独特的方式使用休谟的《人性论》,并为他自己的哲学体系奠定基础。而且对于亚当·斯密而言,《人性论》出现的时机可以说是再好不过了。曼德维尔、那些笃信宗教的法国人以及皮埃尔·贝尔,都展示了激情的力量和复杂性、理性的脆弱,以及想象力在塑造人的行为过程中无所不在的力量,而这也为哈奇森的一种假定铺平了道路,即人的道德行为是由这些哲学家对其存在全然无知的某种道德意识所推动和塑造的。休谟必然会提供给亚当·斯密一种研究人性的方法,这种方法将不同线索连接在一起,并为观察人们如何产生道德、正义、政治义务以及宗教情感(它们有可能让人们在公民社会中更好地生存和发展)提供新的途径。休谟声称,这是一种"全新的"方法,它能够形成一种真正建立在实验原则之上的"人性科学"的基础。②

　　休谟哲学的核心,是他相当令人信服地阐述了这样的结论:所有有关理性能为人们提供有关世界的知识,以及能够规范人们思想和行为的说法,都是基于理性具有特殊力量这一本质上具有神学特征的主张,因此它们是"非哲学的"。所谓的"知识"都根植于人的想象和激情之中,以及人通过习惯、教育和日常生活经验所获得的智力的运用之中。休谟以某种打破传统观念的姿态强调(这显然是在颠覆某些传统智慧),"理性不仅是而且也应该成为激情的奴隶"。③ 这一结论具有深刻的怀疑论特征,是对于所有已知基督教神学

---

① 请参阅:《每月评论集》第22卷,1797年,第57页。麦卡洛克的《亚当·斯密的生活和创作》(第8页)对于这件事的重述稍有不同。这个故事来自约翰·莱斯利(1766—1832)——爱丁堡大学未来的数学教授和虔诚的休谟主义者。他在1787年到1788年期间,是亚当·斯密的侄子和继承人戴维·道格拉斯的家庭教师。我非常感谢戴维·雷诺提供这一信息。

② 请参阅:休谟,《人性论》,第16页。

③ 同②,第415页。

形式的权威的攻击，事实上，也是对所有的思想体系（不管是过去的、当下的还是未来的）的攻击。因为归根结底，所有的哲学和所有的科学（甚至是数学本身），都可以被证明是想象乃至虚构之物。思想——休谟洋洋洒洒地得出结论（他很少能抵抗细致描述想象的虚妄力量和被推翻的哲学权威的诱惑）——是想象的"帝国"甚至"宇宙"。

在接下来的半个世纪中，苏格兰知识界，包括基督徒和非基督徒，都对理性进行了毁灭性的攻击，尽管对于了解人性以及对于恢复基督教对于人、社会和自然的认识这一任务而言，理性具有基础性和决定性的重要意义。事实上，正是对于休谟的挑战的回应模式，赋予了苏格兰启蒙运动以独特的哲学特色。亚当·斯密也不例外，只不过他的任务将是揭示休谟哲学的含义，并将其延伸到他自己的哲学领域。因为尽管他不是一个反传统的人，而且刻意抵制嘲笑宗教的诱惑，但他从未忘记基本的休谟原则：就像其他任何知识体系一样，神学是一个想象的产物，而且能够产生对社会造成特有的破坏力的妄想。

阅读亚当·斯密因认同《人性论》而撰写的相关评论作品，是一种很有趣的体验。我们会发现，他其实很快就接纳了休谟的一个观点，那就是，那种传统上被视为知识的东西，更应当被描述为一种理解方式，或者应被视为人们在日常生活过程中产生的思想和情感。有两点尤其会让人产生兴趣：首先，是这些思想和情感的性质以及普通人获取它们的过程；其次，是这些有助于塑造社会道德、政治和知识进程的复杂的哲学、科学、文学和艺术体系的性质和目的。休谟对理性权威的攻击所依赖的精心设计的思想实验表明，那些塑造人们对于世界的认识的思想和情感，深深地扎根于人们的心灵之中，以至于"人们不可能形成任何脱离于社会之外的愿望"。① 这些实验准确地显示出人们的激情如何被社会化的过程，同时也为奠定休谟的社会理论基础（并将成为亚当·斯密自己的社会理论基础）的原则准备了条件。在休谟看来，所有的人都天生具有"同情他人并与他人沟通的特质"，而这也是他们的社交能力最终所依赖的基础。②

---

① 请参阅：休谟，《人性论》，第363页。
② 同①，第427页。

没有哪一种人性特质（不论是就其本身还是就其影响而言），会比我们同情他人并通过沟通感受他们的愿望和情感（无论它们与我们自己的愿望和情感有多么不同，乃至截然相反）的倾向更值得关注了。这种情况不只是在孩子当中很明显（他们绝对会接受抛给他们的每一种观点），而且在具有最大程度判断力和理解力的成人当中也很明显（他们会发现很难违抗他们的朋友或者生活伴侣的想法，并遵从对方的理性或者意愿）。我们应把同一国家的民众在情绪和思维方式方面相当大的一致性归因于这一原则；这种相似性更有可能是产生于意气相投，而不是土壤和气候的影响（尽管后者长期保持不变，但却无法在长达一个世纪的时间里，让一个民族的基本特征保持不变）。①

实际上，休谟一直在为一种完全不同于哈奇森的主张的理论体系做准备。他的理论表明人们如何产生不同的情感，这些情感可以统称为（虽然这不是休谟本人所惯常的一种表达）道德情感。但是，这绝不是由上天所赐予的并成为人性结构一部分的哈奇森式的道德观念，它是由一系列后天所产生的情感组成的，这些情感从总体上塑造了一个人的认知程度和人性，并促使他（她）在参与社交时会顾及道德、正义和政治原则。尽管哈奇森认为人们对于正义、政治和自然宗教的理解均来源于道德意识，但休谟明确指出，所有这些情感都是建立在每个人想要参与社会生活就必须具有的正义感的基础之上的。一个社会的公民如果没有理解正义的必要性和政府为支持正义而承担责任的必要性，那么，这样的社会就不能形成对于道德原则的正确认知；事实上，这样的社会也就不能被称之为社会。正如他在生命最后阶段的最后一篇文章中所表述的那样：

出生于一个家庭中的人，将出于必要性、自然倾向以及习惯而被迫维护社会。在更进一步的发展过程中，同样一个人将会为了维护正义而致力于建立一个政治社会；没有这一过程，就没有人与人

---

① 请参阅：休谟，《人性论》，第316—317页。

之间的和平、安全感和彼此的交流。因此，我们将把我们巨大的政府机器的最终目标（或者目的）仅仅看成是主持正义，或者换句话说，是为了支持12个陪审员。国王和议会，海军和陆军，法官和税务官，大使、内阁部长以及枢密院顾问，都将致力于服务这一目标。甚至就连神职人员也可能会被恰如其分地认为，他们在这个世界上唯一和有价值的职责所在，就是向人们灌输恰当的道德观念。[①]

休谟的正义和政治学理论对于亚当·斯密极为重要。他毫不犹豫地更倾向于认同休谟的情感研究方式，而不是哈奇森有关道德观念的理论，并对研究在日常生活过程中产生这些情感的过程表现出真正的"实验性"兴趣。他也毫不犹豫地接受了休谟而非哈奇森的政府和政治理论。哈奇森的理论所设想的宪法体系，是允许臣民们可以随意罢黜他们的君主，并且认为必须通过规范财产积累的法律消除人们奢侈的行为和提升美德。相比较而言，休谟认为政府的主要职责是主持正义并保护臣民的生命和财产；所有重新分配财产的企图（不管出于什么原因），都将削弱政府的能力、降低社会的稳定性以及阻碍社会物质的发展和道德进步。这样的发展和进步，只有在稳定的政策中才有可能实现，这也意味着政府权威需要受到尊重，公民的生命和财产需要有安全保障；只有这样，一个人对于社会物质发展和道德进步的好奇心以及兴趣，才能长期得以维系。这种理论是建立在一种信仰的基础之上的，那就是，社会进步取决于个人和政府改善自身命运的努力，而不是取决于政治派系的激进运动。因此，休谟提供了探究一种进步文化原则的哲学基础。这一进步文化原则深深地根植于亚当·斯密的家庭价值观当中，而且是他理解人性以及社会进步的内在组成部分。

尽管《人性论》为亚当·斯密提供了奠定其哲学思维的基础，但还有许多工作要做。在形成对于知识的怀疑论的过程中，休谟承认语言在这两方面的重要性：塑造人的思想和情感，以及解释人的同情心理的运行机制——像"对话"和"演讲"这样的措辞，经常被用来诠释他所理解的语言交流过程。但是，他没有形成任何语言理论，也没有表现出对形成某种语言理论的兴趣。

---

① 请参阅：休谟，《论道德、政治和文学》，第37—38页。

亚当·斯密给自己设定的首要哲学任务之一，就是建立有关语言起源的一种推测性理论，它将表明有可能通过探究想象的力量和对于改良主义的激情，系统性地阐述人的语言能力的起源。他为这一理论赋予了某种重要地位，因为这将是他的修辞学、道德和政治经济学理论的基础。事实上，这是他全面理解社会交换原则的核心部分。另外，也需要就休谟的正义和政治学理论开展相关研究。休谟出色而又缜密的理论，强调了私有财产的稀缺性和观念的重要性，因为它有助于解释人们对于公正的必要性的信念的起源。他的理论表明，存在于一个缺乏私有财产制度的原始社会中的公正观念，将显著不同于那种存在于一个以财产为基础的社会中的公正观念，而且他非常清楚地知道，历史上已知的不同财产制度——原始社会分配制度、封建制度和商业制度——分别产生出了不同的公正观念，因此也需要显著不同的政府制度来支持它们。显而易见，需要有关正义的一般理论来解释这些差异性，但休谟对于形成这方面的理论没有表现出什么兴趣。不过引人注目的是，亚当·斯密的另一项早期任务就是发展这样一种理论，这也将是他阐述自己的法学、政治和政治经济原则的基础。

所有这些都突出了两个哲学家最大的差异性之一：休谟不愿使用他那出色的、对那种原本可使人顺利投身于社会活动的认知过程的洞察力，形成他在《人性论》中所承诺确立的人性科学。这也许和一个怀疑论者对于知识体系的不信任有关。也许他开始相信，亚当·斯密在气质上比他本人更适合建立理论体系这一任务。他透露给他的一个朋友的理由或许最清楚地表明了他的想法："原谅我，我曾试图建立一套完整的人性理论，但它从一开始就是那样不受欢迎，以至于我决定不再苦于在这方面建立体系。"① 不过不管怎样，在他余生的研究生涯中，将充分使用他对于"人性原则"（它是能够用来分析他自己国家的政治、道德文化的哲学和历史根源的关键工具）的洞察力。这是一项更加适合他的任务，他在这方面的研究工作十分出色，而且最终撰写了一部有关英格兰的大部头的历史著作*。这也将使他成为一个非常富有的人。

---

① 请参阅：亚当·弗格森，《大卫·休谟、罗伯特·克拉克和亚当·斯密论文分析》，引自《亚当·弗格森手稿》，第 207 页。

* 指休谟的历史学巨著《大不列颠史》（又译称《英格兰史》或《英国史》）。——译者注从亚当·斯密这方面来说，他发现在休谟原则的基础上建立一种人性科学这一任务非常适合他，而且当他于18世纪40年代后期在爱丁堡崭露头角时，他将会发表他最初的研究成果。正是从那时起，他形成了以语言和财产的显著理论为基础的有关修辞学和法学的理论，这些理论也将为他后来的道德和政治思考打下基础。他将在这些理论中加入自己对休谟的全部哲学所依赖的前提的推测性讨论，这一前提是，有必要把人类看成是这样一个物种：贫穷、脆弱和需求在很大程度上决定了人类的本性以及塑造的历史。与此同时，他也将着手解决休谟如此明显地力图避免的问题，即那些科学和哲学体系以及那些想象的产物的意义和性质。历史表明，这些研究对象具有完善或者破坏人类认知的力量。他将在他早期的著作中着手解决这些问题，同时在自己的哲学实践中，也将时刻留意寻找这些问题的答案。总而言之，在牛津大学阶段的亚当·斯密，逐渐成了完美的休谟主义者，同时他也将成为休谟最亲密的朋友。

附：资料来源说明

关于亚当·斯密在牛津的职业生涯，见杜格尔德·斯图尔特的《亚当·斯密的生平与著作》和罗斯的《亚当·斯密传》。

关于牛津大学，见萨瑟兰和米切尔的《牛津大学历史（第5卷：18世纪）》、J. 琼斯的《贝利奥尔学院的历史》和 H. W. C. 戴维斯的《贝利奥尔学院》。

尽管关于休谟的《人性论》的文献规模庞大而且种类繁多，但令人惊奇的是，学者们很少关注休谟建立人性科学体系的雄心，以及它对于亚当·斯密创立自身哲学体系的意义。不过，以下文献是有价值的：R. 波普金经典的《大卫·休谟的皮罗主义和他对皮罗主义的批判》一文（出自查普尔的《休谟传》）；D. W. 利文斯顿的《休谟的共同生活哲学》；D. D. 拉斐尔的《休谟哲学的本质及其对亚当·斯密的影响》一文（出自《大卫·休谟：两百周年纪念论文》，G. P. 莫里斯主编）；以及 D. 费特·诺顿的《大卫·休谟：常识性道德学家和怀疑论形而上学家》。我在我自己的《休谟传》中比较充分地阐述了休谟在人性研究方面的历史方法。

第 4 章　爱丁堡的早期教育

亚当·斯密在 1746 年 8 月下旬离开牛津回到苏格兰，他的最后一个学年因 1745 年詹姆斯党人的叛乱和 1746 年 4 月 17 日发生在卡洛登的大屠杀*而蒙上阴影。贝利奥尔学院不再是一个适合苏格兰那些信仰长老会教的辉格党成员的地方，亚当·斯密曾经评论说，他是"带着厌恶感"离开那里的。① 但是，他的确到了该离开的时间了。亚当·斯密当时 23 岁，他需要一个赞助人、一份工作和一些能与之交谈的人，而苏格兰能够提供这三样东西。他的老朋友詹姆斯·奥斯瓦德认识大卫·休谟和爱丁堡首屈一指的文化企业家亨利·霍姆，也就是后来的凯姆斯勋爵（休谟的表兄）。亨利·霍姆在 1748 年为亚当·斯密的职业生涯的起步提供了帮助：向他发出在首都主持两个系列讲座（修辞学和法学）的邀请。这是一个相当开明的支持性的举动。这意味着让一个出身名门而且前途看好的年轻哲学家直接面对一些苛刻的听众，他可以就那些具有哲学意义同时也是爱丁堡文人所感兴趣的主题开展学术讲座。亚当·斯密毫不犹豫地抓住了这个机会。他的讲座确立了他的学术声望，也为他在格拉斯哥开始学术生涯铺平了道路，而且听众数量之多使他可以赚取超过 100 英镑的报酬——这是一个教授的工资水平，因为休谟曾经相当羡慕地说"虽然你还不是一个教授"。② 尽管亚当·斯密更喜欢格拉斯哥的大学文化以及柯卡狄宁静的氛围，而不是首都地区更加动荡的生活，但爱丁堡作为他所欣赏的一个以思想活动和文化政治为特征的城市，将成为他在余生密切

---

*　指苏格兰历史上最惨烈的卡洛登战役（见前文相关注释）。——译者注
①　请参阅：《亚当·斯密个人资料（1723—1790）》，爱丁堡大学图书馆存储系统文件，第 429—434 页。
②　请参阅：《亚当·斯密通信集》，第 24—25 页。

关注和难以脱离的地方。而且，到1746年时，这座城市已经进入它的一个历史分水岭时期。

在亚当·斯密生活的时代，爱丁堡的历史发展进程因1707年的《联合法案》而受到不小影响。这一协议有效地牺牲了苏格兰议会和枢密院用以换取苏格兰人可以自由地进入英国市场的权利。爱丁堡市民曾担心在损失了当地政治机构所拥有的一切以后，随之而来的结果将是贵族、绅士和有追求的精英群体迁移到在伦敦的新的权力中心。这座城市的社会和消费经济将会被摧毁，爱丁堡将成为一个"寡妇大都市"，就像后来的一位作家所写的那样。① 事实上，这种情形并未发生。英苏联盟协议并未损害苏格兰教会的地位，以及法律制度、银行体系、选举制度和地方政府体制，而这足以确保爱丁堡仍将是这个国家的一个独特的公民社会的代表。在整个18世纪，英国大臣都以务实的态度努力践行对爱丁堡的承诺，他们尽可能地选择远距离监督苏格兰政府及其选举制度，将苏格兰政府的实际业务交给他们可以信任的代理人或者"大管家"。事实上，18世纪两位最出色的"大管家"——将在1742年接替其兄长阿盖尔公爵并于1725—1761年期间在任的艾雷伯爵，以及在1775—1801年期间在任的亨利·邓达斯*——相当出色地行使了这一权力，并成为众所周知的苏格兰的"无冕之王"。这种局面意味着在亚当·斯密的一生中，爱丁堡就像波士顿、查尔斯顿以及都柏林一样，成为英国皇室所管辖的这个国家的最有成效的公共生活中心之一。

出现这一结果的其中一个原因是，在18世纪的大部分时间里，这座城市都支持苏格兰地位较高的绅士阶层和一些小贵族。对于这个阶层而言，以昂贵的消费方式和经常排斥苏格兰人的氛围为特征的伦敦，只具有有限的吸引力。与此同时，这个阶层对于苏格兰的公共生活和英苏联盟的未来却具有重要意义：它能为规模相对较小的苏格兰选区提供一个相当大的选民比例；它能为各县提供其所需要的治安法官，这可以解决当地政府的很多负担；它还能为苏格兰的最高法院和其他各级法院提供其所需要的法官和律师，以及为苏格兰律师公会提供大多数成员。1712年苏格兰教会对世俗赞助的恢复，意

---

① 请参阅：穆迪埃，《现代雅典》，第162页。
* 亨利·邓达斯（1742—1811），苏格兰律师和保守党政治家。——译者注

味着该市的地主可以严密控制本国教区和作为教会管辖主体的全体选民大会。到了18世纪20年代，他们期待爱丁堡能够建立一所适合他们孩子上的大学，以及一个适合他们妻儿生活的社会。尽管他们当中只有几个人在伦敦从政，但他们还是为联盟时期的苏格兰的公共生活提供了基本的管理机制，这一机制将负责维护司法制度（亚当·斯密很可能会这样评价），管理一个其政治生活正在被一种议会式共同联盟所改变的国家的秩序。

这就是亚当·斯密生活的世界。这个世界的臣民们的公共生活理念，在各个方面都受到英苏联盟遗产的影响。长老会成员们非常清楚地知道，苏格兰教会内部的一些最深的裂痕，源于在1713年以后逐步恢复的对于苏格兰教会的世俗赞助，以及支持信仰自由的立法。一些律师和诉讼当事人也都清楚地意识到，保持苏格兰司法的完整性，以及在一个上议院仍是该国终审法院的英属国家进行法律诉讼，面临着各种各样的障碍。商人们和生产者们也都知道，他们的业务涉及如何利用通过英苏联盟而开辟的国内和国外市场。那些需要参与政治事务以及寻求举荐的人也都很清楚地知道，就接触英国皇室和政府而言，爱丁堡和伦敦提供了不同的途径。教士、律师、商人或者选民们也都从来不曾忘记，英苏联盟给他们提供了越来越多的可使他们在民事、军事、海军领域获利的各种支持或赞助，而这些机会完全由英国皇室所控制。这些因素成了英苏联盟得以巩固和发展的驱动力的重要组成部分。

在亚当·斯密所处的时代，一种独特的政治语言正在塑造爱丁堡公共生活空间的基本特征，并为这里的精英们提供了强大的讨论他们自己和国家的未来的重要资源。这种语言的出现要追溯到爱丁堡在1698年和1707年之间围绕英苏联盟所展开的引人注目的大辩论，它反映了同时代的人们对于他们的国家在一个后联盟时代的未来所怀有的希望和恐惧。那场大辩论的有趣之处在于，尽管对于英苏联盟可能的结果有显著的意见分歧，但在该国现实问题的本质和苏格兰议会在解决这些问题所面临的责任方面，社会各阶层精英却达成了基本一致的共识，以至于当时几乎没有人怀疑17世纪的苏格兰是一个"失败的国家"：它有一部不完善的宪法，有一种不发达的封建经济，以及有一种正在被国际战争所损害的脆弱的国际贸易体系。也没有人怀疑，这些问题的根本原因在于同英国之间达成的王室联盟，它阻碍了苏格兰贸易的发展，延续了一个贪婪而自私的封建贵族阶层的经济和政治权力，阻碍了苏格兰政治机构的正常运行。更没有人会真正怀疑，恢复苏格兰的命运的关键在于同英国之间就联盟问题重新进行谈判，让苏格兰重新创新本国的经济和政治生活，让它的社会精英阶层释放其活力或者建立美德。英国大臣和相当数量的苏格兰议员都支持一种"合并性的"或者议会式的联盟，而这将会取消苏格兰议会，将其权力与英格兰议会的权力进行合并，从而与英国之间创建一个自由贸易联盟。这一联盟将会废除既有的、已成为具有政治野心的贵族的决斗场的、从而使得这个国家难于管理的派系体制，并且为两个国家之间的自由贸易体制的建立（这能够使该国的经济得以重建、公民社会的结构得以恢复）奠定基础。然而，大多数苏格兰人却宁愿选择那种围绕贵族主导的改革化的议会而建立的封建联盟，其理由是，只有一个自由的议会和一个具有美德的爱国精英阶层，才能为经济改良和国家重建提供有效指导。

　　这些分歧反映了这个国家及其拥有土地的精英阶层对于未来的忧虑。而这将成为亚当·斯密这一代雄心勃勃的年轻人的心态的一部分，以及爱丁堡启蒙运动的思想支柱的组成部分。虽然大多数人都觉得，有必要通过一个新的联盟控制体系甚至打破大贵族的权力结构，但有些人认为，只有贵族无法控制的英国议会才能够做到这一点。其他人认同严谨而又睿智的安德鲁·弗莱彻*的观点，那就是，这应当是由像他本人这样的激进的强硬派绅士所主导的一个经过改革的苏格兰议会所承担的任务。无论怎样，有关英苏联盟的大辩论，已将本质上属于封建农村经济的东西应用于一国现代化之后所带来的问题引入其政治辩论核心当中了。这将是亚当·斯密时代的爱丁堡知识分子最感兴趣的问题，也是后来作为一个大学教授同时也是巴克卢公爵（苏格兰具有影响力的工业巨头之一）的导师和朋友的亚当·斯密本人最感兴趣的问题。

　　英苏联盟辩论也让苏格兰人看清了英国的复杂态度。对于英国的政治、经济和文化力量的恐惧，以及对于奥利弗·克伦威尔**直接统治这个国家的意图的记忆挥之不去，使支持联盟的人认为，英国人很快将会意识到，对苏

---

* 安德鲁·弗莱彻（1655—1716），苏格兰作家和政治家，以支持苏格兰独立并反对1707年苏格兰和英国之间的《联合法案》而著称。——译者注

** 奥利弗·克伦威尔（1599—1658），英国军队和政治领袖，后出任英国、苏格兰和爱尔兰联邦的护国公，成为英国事实上的国家元首。——译者注

格兰实行直接统治并不符合他们的利益。而有些人甚至奢望在这两个国家之间建立一种"友邦式的"联盟。不过他们的反对者却认为这很幼稚。在英苏关系的历史上，没有任何迹象表明，英国会在未来停止干涉苏格兰事务，而且《联合法案》没有提供任何宪法保障以确保强大的英国议会不会将其意志强加于苏格兰教会，以及应受《联合法案》保护的法律体系和任何机构。正如我们后来将要看到的那样，1745年的起义事件*向爱丁堡知识精英阶层提供了一个令人不安的证据，那就是，这个国家所形成的非正式自治政府体系，固然提供了一种他们可在其中发挥重要作用的公共生活方式的前景，但是他们完全不可能限制伦敦的法院和议会的权力，因此他们也就不可能阻止英国恢复直接统治的可能性。

一个合并性而非友邦性的联盟将导致的最主要的思想矛盾也许体现在对于商业的态度上。一个合并性联盟的最主要的吸引力在于自由地进入大不列颠国内和国外的市场，正如安德鲁·弗莱彻极具挖苦性地所指出的那样（他所使用的措辞后来得到了休谟和亚当·斯密的呼应），"贸易成了世界各国都在争夺的香饽饽，它导致了如此激烈的利益纷争，以至于不但使每个国家都竭力控制世界贸易，甚至就连每座城市都野心勃勃地想要将其全部据为己有；和其他任何贸易国家相比，英国尤其应为导致目前这种局面而承担责任"。①支持联盟的人都承认这一点，不过他们更愿意强调贸易对于一国文明和国力的经济增长的重要性，而弗莱彻（就像休谟和亚当·斯密一样）将其视为重商主义制度的天然伴随物——"贸易攀比"。那些反对合并性联盟的人相信，除非商业活动受到一个富有美德的社会精英阶层和一个革新议会的监管，否则的话，苏格兰将成为英国的经济附庸国，它的财富和独立性将被奢侈和享乐所挥霍。这些希望和恐惧不断产生于重建一个没落国家的过程中，有关商业、文化和爱国主义的作用的问题，归根结底，是有关经济和政治改良后果的问题。

英苏联盟在最初几年的情况，似乎印证了所有怀疑论者对于一种合并式

---

* 苏格兰高地地区的氏族在1715年和1745年曾经两次发动起义，支持詹姆斯二世的后代。之后起义被镇压下去，苏格兰的氏族制度也宣告解体。——译者注
① 请参阅：安德鲁·弗莱彻，《政治性作品》，第193页。

的联盟对苏格兰所带来的影响的恐惧感的合理性。亚当·斯密本人在1760年写给他的出版商威廉·斯特拉恩的一封信中明确地指出了这一点：

> 在我看来……没有什么能比（在英苏联盟之后）苏格兰的不满情绪更可原谅的了。英苏联盟本来应为这个国家带来永久的福祉，然而，这一福祉的前景在当时必然遥远而又模糊。它的直接影响是，损害了这个国家的每一个阶层的利益：贵族的尊严被它所剥夺。习惯了在自己的议会中代表国家的绝大部分绅士，被掐灭了所有在英国议会中代表本国的希望，甚至就连商人们最初似乎也吃尽了苦头，种植园贸易对于他们的确是开放的，可是他们对于这种贸易一无所知。他们所熟悉的与法国、荷兰以及波罗的海沿岸国家的贸易，被置于极其尴尬的位置，以至于与法国和荷兰之间的贸易（这也是对他们而言最重要的贸易分支）几乎被完全阻断。教会地位的显著下降，也让原本地位就低下的神职人员变得更加弱势。难怪当时似乎所有阶层的人都在诅咒这种严重损害他们直接利益的联盟体系。虽然现在他们的后辈们的观点非常不同，但是在当时，这些观点只能被他们的极少数的前辈们模糊而又混乱地感知到。①

直到18世纪20年代，形势才变得对那些乐观主义者有利。最糟糕的经济调整时期已经结束，詹姆斯党人的威胁似乎已被消除，在艾雷伯爵管理下的非正式自治政府体系初具规模。爱丁堡正在成为一个重要的政府和社会生活中心，并且正在建立自己独特的文化基础设施。在某种层面上，这种基础设施类似于盎格鲁-撒克逊地区的地方政府和社会中心的基础设施。这种文化体系是以各种文化团体为中心的，它致力于文学、哲学、自然科学、高雅艺术和实用艺术的改良；这些文化团体的活动主要在一些受到艾迪生的《旁观者》的启发而建立的小型非正式俱乐部（参加者经常在咖啡屋和酒吧举行聚会，并试图将礼貌的交谈和严肃地品尝饮料的过程结合起来）中举办，还

---

① 请参阅：《亚当·斯密通信集》，第68页。亚当·斯密认为商人对种植园交易完全缺乏了解这一看法令人好奇（它来自一个和格拉斯哥商人圈过从甚密并听过他们谈话的人）。格拉斯哥商人在英苏联盟二十年之前就学会了如何规避《航海法案》中的条规。

有各种集会和赛马会、音乐会和戏剧演出会（由于爱丁堡长老会的坚决反对，这些活动对于爱丁堡而言，多少有些姗姗来迟）。这是一种致力于推动社会进步并为社会精英人士提供独特政治身份的精英文化。并且，在爱丁堡，这种推动社会进步的活动具有一种哲学、文学和爱国主义的意味。早在1712年，由画家和诗人艾伦·拉姆齐建立的一个小型文化俱乐部就试图证明，可将培养人们高雅的情趣和得体的言行，作为传承和发展本国诗歌艺术的一种手段，尤其可以为后联盟一代提供可用的文化资源。在1716年建立并延续到1745年、由绅士和教授群体组成的兰肯俱乐部声称，他们的形而上学讨论将会"通过自由谈话和理性探索鼓励彼此促进"，这有助于在整个国家范围内传播"思想自由、言论自由和精神解放，促进人们理性和审美能力的提高以及对于创作的关注"。① 在爱丁堡启蒙运动中存在时间最长、原本是一个医学教授社团的哲学研究学会，在1737年决心像其他出色的欧洲学会所做的那样，"在与医学分支关系更密切的研究领域的基础上，将他们的研讨范围推广到其他自然领域"。② 在1723年到1745年期间兴盛一时而且更具威望也更具贵族气息的知识促进学会，不厌其烦地描述像苏格兰这样的农业经济欠发达国家的社会进步和改革主义之间的关系：

> 如果农业生产得到发展并提升到一定程度，我们的处境就可能和我们的姊妹国——英国——一样自在而惬意，这是因为我们会真正地看到，我们的土壤以及气候条件并非不够好，我们可以享受到和他们一样的贸易特权。而如果我们远远落后于他们，我们就应该加速赶上去。③

或许最突出的文化发展是大学教学面向城市文化而重新调整的方式。除了荷兰之外，在北欧大多数被视为大学的小型学院都是"学术孤岛"，与其所在的城市的公共生活处于半分离状态，这方面的一个例子，就是哈奇森所在的格拉斯哥大学——一个拥有宏伟建筑并在一定程度上由持激进观点的温和

---

① 请参阅：《苏格兰人杂志》，第33期，1771年，第340—344页。
② 请参阅：艾默生，《爱丁堡哲学研究学会》（1737—1743）。
③ 请参阅：《苏格兰知识促进学会信息汇总》，第12页。

派长老会成员把持的"岛屿"——完全置身于一个兼具正统观念和异见思想的长老会文化的商业城市之中。相比之下,爱丁堡则有所不同。在18世纪初的激进改革所产生的影响,推动了大学师生和市民之间建立起一种不同寻常的紧密关系。在1708年和1740年之间,王室、市政委员会以及法律和医学机构共同出力,为这所大学提供法学和医学教授,并效仿莱顿大学*设置了一整套全新的各学科经典和哲学课程,目的是促进温和派长老会体系的发展,并鼓励绅士们让他们的子女在本市接受教育,而不是把他们送到荷兰去。新招聘的教授均来自律师协会、皇家医师学会和外科医师联合会以及苏格兰教会,他们通常都要从事法律和医学事务以及参加地方教区的活动。换句话说,他们都是兼职教授,他们同时对这座城市及其各俱乐部、各类社团以及大学保持忠诚。这种双重生活鼓励了学院文化和公民文化的双向共生发展,这种关系也成为爱丁堡启蒙运动和亚当·斯密对于哲学在公共生活中的作用的认识的一种标志。

大学师生和市民之间的这种关系的确立,是18世纪最后几十年的一项成就。不过,这种成就的初期效果在18世纪二三十年代就变得非常明显。兰肯俱乐部和哲学研究学会的成员中有相当数量的大学教授,包括备受尊敬的逻辑和形而上学教授约翰·史蒂文森,以及数学教授同时也是牛顿的得意门生之一的柯林·麦克劳林。麦克劳林作为其中的成员尤其有趣。他的数学讲座以及有关牛顿物理学讲座的听众,包括一些市民和学生,甚至还有女性,他们都"对他的实验和观察感到着迷,而且惊奇地发现,他能够多么轻松自如地解决他们抛给他的问题"。①他极力推动医学协会的初始成员将他们的讨论范围扩大到包括自然哲学和考古学在内的主题上,并使他们的讨论同时面向贵族和绅士以及教授,他说服他们将该团体更名为哲学研究学会。就这一努力而言,麦克劳林在爱丁堡公众看来就像是当地的哈奇森,一个有能力引领公众观念变革和礼仪提升的哲学家。遗憾的是,他于1746年突然死于心脏病突发,当时他正试图组织市民保卫这座城市,对抗詹姆斯党人军队的进攻。

---

* 莱顿大学,最具声望的欧洲大学之一,成立于1575年2月8日,是荷兰王国历史最悠久的高等学府,培养了众多杰出的领袖及优秀人才。——译者注
① 请参阅:麦克劳林,《艾萨克·牛顿爵士的哲学发现》,第6—7页。

不过，在 18 世纪二三十年代，大学师生和市民的价值观的融合远未完成。像麦克劳林、史蒂文森和民事史教授查尔斯·麦基这样的受欢迎的优秀教授，经常给人们授课，但讲述的主题与古典和哲学课程的关系却不大。那些已受过良好教育而来爱丁堡听讲座的人抱怨说，古典教学都是基础性的（同时在很大程度上也是辅导性的）。还有一些人认为，道德哲学教学乏味沉闷，可以和格拉斯哥大学的教学方式相提并论。亚历山大·卡莱尔——一个年轻而又有抱负的温和派长老会成员——表达了一种普遍的看法，那就是，神学教学"使用的是荷兰语，而且冗长、枯燥而乏味"。① 年轻而又永远不安分的亨利·霍姆发现，民法教学方式很迂腐。像威廉·卡伦这样的聪明的医学专业学生抱怨说，新设立的医学课程过于老化，一些教授只是照本宣科地阅读他们在莱顿大学记录下的讲义。对于这些批评者而言，新课程似乎更适合国家神职人员、法律人员以及外科医师或者药剂师的学徒的需要，而不是有抱负、懂礼仪并且有哲学头脑的市民的需要。

毫无疑问，这些批评并不具有代表性，它们在一定程度上是不公平的，毕竟学生人数似乎一直都在增加，虽然不可能判断他们究竟增加了多少。不过有一点是可以肯定的，他们均出自重要的学术机构，是一群有头脑、有追求的新一代的年轻人。他们大多出生在 18 世纪 20 年代，在大学接受过良好的教育，现在即将投身于教会、大学和社会的各个职能部门中。他们即将对这座城市的文化和思想生活产生巨大影响，在 50 年代和 60 年代让哲学研究学会发生彻底改观。在 1754 年，他们创立了著名的"英才学会"，该学会将道德哲学和艺术讨论结合在一起，旨在推动制定艺术和科学的实际方案。这两个学会以及模仿它们而建立的其他许多团体，将共同努力把哲学、科学、文学和艺术研究引入公共领域，以及将学术研究和文明的价值观、经济进步和民众的爱国主义行动结合起来。同样重要的是，正是这一代人为大学填补了新的教授资源——随着 18 世纪 50 年代末他们的前辈们的相继离世，大学教授职位开始出现空缺，他们开始接受任命并各就其位。威廉·卡伦在 1755 年担任化学教授；亚当·弗格森在 1759 年担任自然哲学教授，并于 1764 年转为道德哲学教授；修·布莱尔在 1762 年任职首位修辞学和纯文学教授；尤

---

① 请参阅：卡莱尔，《大时代的人物轶事与人格特征》，第 30 页。

其重要的是，威廉·罗伯森在同年被任命为大学校长。所有这些第一批人数众多的大学教授的到任，标志着这座城市的城市文化开始进入大学校园，他们所教授的课程能够为事业刚刚起步的从业者、市民和绅士提供"哲学化的"专业教育。当罗伯森于1793年去世时，城市文化与大学文化的融合过程已进入到前所未有的良好状态。爱丁堡在大众心目中确立了自己作为英国的"雅典城"的地位，后来甚至被视为北欧的雅典。同时代人并非没有注意到作为现代人很容易忽视的这一地位的悖论：雅典城曾有过一种历史命运，那就是，为征服它的帝国提供所需的哲学和艺术文化。

就像柯卡狄和格拉斯哥一样，爱丁堡将成为亚当·斯密职业生涯中的重要一站。这里的大多数政治领袖和学术研究者都将与他相熟，甚至一些人将成为他的亲密朋友：一些人通过他在爱丁堡的授课和讲座而了解他，正如我们将要看到的那样，他们将围绕他向建立于18世纪50年代和60年代的俱乐部以及社团提出的主题而展开辩论。归根结底，这座城市的精英大多经历过1745年那场起义，而那时恰逢爱丁堡思想启蒙运动正在发展，亚当·斯密的哲学事业正在起步。

1745年詹姆斯党人领导的苏格兰高地氏族部落起义，是英苏联盟历史上的一个创伤性事件。苏格兰高地是这个国家最动荡和最难以进入的地区，同时也是培育对抗政府力量的一个天然的温床。查尔斯·爱德华·斯图亚特试图恢复斯图亚特王室统治的行动，于当年8月份始于苏格兰高地的格伦芬南村，当时，他的军队准备越过苏格兰高地进攻国家中央地带和爱丁堡。10月份，政府军在爱丁堡东部的小镇普雷斯顿潘斯溃败之后，叛军向爱丁堡行进并计划占领该地。即将到来的入侵消息终止了这座城市的公共生活。苏格兰银行停止交易，并且毁掉了占相当大比例的钞票①；法官、政府官员、长老会牧师和其他主要居民仓惶出逃。奉命保卫这座被遗弃的城市的爱尔兰骑兵连，将城市防守任务交给了由志愿者组成的几个连队和一个"老年男性"构成的城市守卫队。② 在经过一次象征性的抵抗之后，这座城市选择了投降，以避免

---

① 请参阅：卡梅伦，《苏格兰银行》，第45—46页。
② 请参阅：大卫·休谟，《忆爱丁堡已故市长阿奇博尔德·斯图尔特先生》，引自 J. V. 普利斯的《擅长讽刺的休谟》，第154—174页。

不必要的流血事件发生。整座城市的法律、金融和文化生活都停顿了。当亚当·斯密在 1746 年 8 月（也即卡洛登战役以及高地叛军最终溃败四个月之后）返回苏格兰时，他看到的是一座从一场血腥灾难中恢复过来的城市。法院和大学在 10 月份重新开放（尽管有组织的精神生活似乎被搁置），直到 1748 年或者 1749 年，哲学研究学会才开始恢复举办聚会活动。

秩序初步恢复了，但战乱留下了伤痕。卡洛登大屠杀以及接下来的暴行是一种非常残酷的提醒，它迫使人们牢记大英帝国的干涉无所不在，苏格兰的非正式自治政府体系所依赖的政治基础只是临时的且很不稳定。在短时期内，大英帝国直接管理苏格兰的那种渺茫前景似乎突然变得相当清晰。一些人穿着典型的苏格兰花格图案的民族服饰表示抗议。在律师和温和派神职人员当中，更有远见的爱国者开始认真思考在卡洛登战役之后，他们自身及其职业在这个国家中的地位。就牧师而言，著名的托菲肯事件（该事件涉及一个地方长老会拒绝某赞助人提名郊区负责人的权利）及其影响，让他们面临的处境更加危险。对于这一事件，在 1748 年和 1752 年之间，全体教会成员虽经多次审议而却难以达成共识，这也引发了有关接受外界赞助会对苏格兰教会产生什么影响的根本性问题。从律师的角度来说，他们要面对很早就是一种不稳定的政治因素的苏格兰氏族制度。亚当·斯密将要在公众面前亮相并展示他的才华，他有充分理由思考苏格兰公民社会如何到了一个十字路口，以及他们为何注定要在管理他们的未来社会方面发挥重要作用。

这些问题对于牧师和律师而言同样重要。对于年轻的温和派长老会成员来说，1745 年的起义标志着一个新时代的到来。许多人加入爱丁堡大学的"志愿者连队"，若非校长威廉·维希特极力恳求他们不要让"爱丁堡青年之花"在战火中凋零，他们就必然会参加战斗。[①] 他们对于教会在苏格兰社会中的地位的思考，受到他们对于政府插手长老会全体成员会议的厌恶感的影响，同时也受到正统神职人员和普通信徒（涉及信仰和教会管理的问题，他们更愿意听命于自己良心的驱使，而不是民事法律和教会法律的引导）的无纪律性的影响。他们需要的是一个能与世俗社会和谐共存的教会，并建立一种重视知识、文学和文化，从而能让牧师以文雅的绅士形象示人的长老会制

---

① 请参阅：谢尔，《苏格兰启蒙运动中的教会和大学》，第 37—44 页。

形式。作为长老会牧师,他们按照哈奇森式的思想体系考虑自己的需求。他们需要的是一种建立在哲学、自然神学和实践道德修养基础上的宗教(而不是宗教传说和宗教领袖的教义)。他们希望教友们根据自身的言行举止和道德礼仪而非宗教信仰评价他人。他们想要向世界展示,长老会牧师可以像公民而非隐士那样生活,可以像绅士那样凭借深厚的学养、文明的举止和高尚的道德而受到人们尊敬。正是在长老会全体成员会议上围绕托菲肯事件争论期间,未来的历史学家和爱丁堡大学校长威廉·罗伯森等居于领导地位的温和派人士,开始展示他们自身的政治力量。他们是优秀的演说家和令人敬畏的政治战略家,他们决心从正统神职人员手中争夺长老会全体成员会议的控制权,并且正在从法院和绅士那里获得强大的盟友支持。他们中的一些领导者似乎听过亚当·斯密的修辞学讲座,他们发现,亚当·斯密研究心灵的新方法比逻辑学家和形而上学学者的方法更加可取。在亚当·斯密的一生中,尽管人们对他的宗教信仰产生过合理的怀疑,但他的修辞学和道德哲学最终与温和派长老会的礼仪教育理念密切地结合在了一起。

　　律师们也在认真考虑他们在公共生活中的职业地位和使命。卡洛登战役和坎伯兰公爵用武器消灭詹姆斯党人运动的残酷行径,使得长期以来的一种恐惧感又将重新回归,那就是,王室将会通过武力征服手段让高地实现和平。① 在苏格兰最高民事法庭庭长邓肯·福布斯的带领下,律师们对这种威胁做出了回应。他们认为,叛乱的原因更多的与苏格兰氏族社会结构有关,而不是与几个高地领导者的野心和变节有关,因此,要想更有效地解决高地问题并且安抚当地的民众,就应当鼓励文明的延续、商业的发展和经济的改善,而不是使用军事力量。没有谁能比格拉斯哥大学民法学教授威廉·克洛斯(在短时期内,他也曾是亚当·斯密的同事)更理解这一点,他为此专门写了一篇专题论文送交驻苏格兰的英国军队总司令布兰德将军手里。他在文中指出,从地理环境角度来说,苏格兰高地位置过于偏远且土地贫瘠,那里"极不适合种植玉米,只生长一种可用来喂养小牛的杂草"。那里的人民"总是忙于"放牧以及保护他们自己的小牛,或者"攻击并抢走邻居的小牛"。血亲关

---

① 请参阅:麦金尼斯,《斯图亚特王朝的商业和家族制(1603—1788)》,第 204—205、211—213 页。

系随时会将个人争吵变成在民间传说和歌曲中被美化的致命的家族争斗。这是一种野蛮的文明形态，这种情形颇似占取古代希腊和罗马社会控制权的"一伙强盗和匪徒"掌控的社会，"他们通过某些不可思议的意外事件组建正规政府，并使自己成为国家的主人"。他强调说，"（高地住民的）生活方式是从他们的先辈那里自然承袭过来的，正如我们的生活方式也是正规政府长期管理的结果……他们如此长久地维系着目前的生活状态，是我们自己的错误"。① 克洛斯始终从经济的角度考虑高地文化，以及基于这种文化而制定法律并建立相应的机构，并且指出，应当按照历史背景而非狭窄的法律条款考虑相关问题。一些高级律师也开始提出目前的法律教育状况是否符合当前社会需求的问题，这并非偶然。有些人认为，像温和派长老会牧师这样的布道者，应当接受和绅士一样的教育。新上任的最高民事法庭庭长罗伯特·邓达斯在1748年宣称："除了认真而全面地学习《罗马法》和《自然与国家法》的基本条规之外，他们还应努力获得符合绅士品格的其他科学知识和成就。"而且很重要的一点是，"那种具有男人气概的理性的雄辩"应当成为他们职业的标志。② 亨利·霍姆对这一理念表示认可，但对于应当如何做到这一点还有其他想法。正如我们将要看到的那样，他发现，亚当·斯密关于法学的观点也符合他的观点。

亚当·斯密很容易就进入了这个独特的文化世界。他的家人和朋友与爱丁堡法律界和宗教界关系密切，而詹姆斯·奥斯瓦德（现在是一位很有前途的议员）已就他的朋友想在大学谋求职位而向阿盖尔公爵"施压"。在写给一位议员同行的一封信中，奥斯瓦德提醒他说：

> 我上次在修道院见到您时，对您提到过一位亚当·斯密先生，他是已故的威廉·亚当·斯密公爵的堂弟，是一个在格拉斯哥大学和牛津大学受过教育的年轻人，并在文学领域表现出了极为罕见的能力，因此将来如果有机会，他完全可以胜任教授的职位。我希望

---

① 请参阅：W. 克洛斯，《关于高地文明化途径的一些思考》（1748），苏格兰国家图书馆档案，编号 MS S201。
② 请参阅：平克顿主编《律师团体备忘录》，第 2 卷，第 225、1713—1750 页。

您考虑这个年轻人的才华。我可以冒昧地强调一句：他出众的才华以及他那令人赞叹的探索学术事业的抱负，是他愿将爱国主义精神付诸实践的两个真正的标志。①

几乎同样重要的一个事实是，奥斯瓦德是亨利·霍姆的一个朋友。霍姆是一个精力充沛、求知欲极强的人。就像他的表弟大卫·休谟一样，他致力于以适合人类参与社会生活的道德、政治、宗教和审美情感为基础而建立一种人性科学。他阅读并批评了他的表弟的《人性论》手稿，说服他"精简"文本，去掉关于奇迹和未来社会的煽动性讨论。就像亚当·斯密一样，他认为《人性论》具有不必要的怀疑论色彩，并在1751年发表了他自己的思想评论，题目是《论道德原则和自然宗教》。他也和亚当·斯密一样，对深入和系统性地研究人们在日常生活中表现出来的社会情怀以及由此所强化的人性科学的实验感兴趣。他最早的哲学实验是在法学方面，即根据苏格兰民事法庭的各种判决结果而观察它们的法律原则。在苏格兰高地起义期间，他退隐到乡村，写了一系列英国法律和政治制度方面的文章，"以便使自己从对于本国的不幸命运的思考中转移开来"，同时也发展休谟的观察结论：相比于议会，司法系统是维系社会正义的更加基础性的力量。② 这最终促使霍姆得出了那个引人注目的结论，即在后联盟时期的苏格兰，发展和完善法律的任务，应当交给法院而不是议会。③ 但是，他最关心的还是基于人性原则（这是"真正的批评来源"）建立一种"理性批判的科学"。同样对这一哲学主题感兴趣的还有亚当·斯密，以及他最喜欢的作家之一马里沃。他在这方面的兴趣使他最终在1762年出版了他最著名的作品《批判的要素》。④

正如他的一位朋友所言，在推进"风雅文学和实用艺术在苏格兰的发展和改进方面"，霍姆具有一种"近乎使徒般的"兴趣。⑤ 他大约在1752年担

---

① 请参阅：苏格兰档案局，编号GD110/963/967。我很感谢戴维·雷诺提供的这一参考信息。
② 请参阅：亨利·霍姆，《论英国古典文化的若干主题》，序言。
③ 请参阅：利伯曼，《商业社会的法律需求：凯姆斯勋爵的法律体系》，以及菲利普森的《苏格兰后联盟时代的公民领导权》。
④ 请参阅：亨利·霍姆，《批判的要素》，序言。
⑤ 请参阅：阿勒代斯主编，《18世纪的苏格兰：来自约翰·拉姆齐的研究结论》，第1卷，第194—195页。

任哲学研究学会副会长,"我已经在很大程度上左右了这个机构,我现在对这件事尤其上心"。① 他是成立于 1754 年的最著名的进步主义机构——英才学会——的创建者之一。当他在 1752 年以凯姆斯勋爵的头衔被任命为议员以后,他成为苏格兰没收财产处置委员会的一位高级官员,以及苏格兰渔业、制造业改进委员会的成员。但是,最让他感到骄傲和喜悦的事情是他对于他的学生经常起到的"伯乐"作用。"只要听说一个年轻人展露出某种才华,"约翰·拉姆齐*评论说:

> 他就会设法认识对方,并热情地帮助后者解决其最关心的问题。除了协助对方选定一门研究课程以外,还会引导其参与讨论,以便考察他的理解力,发现他的偏好和价值观。如果他有一种哲学倾向,而且对于新奇事物充满毫不畏惧的探索精神,那就是一种额外的收获。他逐渐成了最常出没于那个群体中的人,同时也是一个令人敬畏的权威人物。他总是利用与自己弟子们的接触机会向他们灌输他的理念。②

诚然,他有时看上去执拗、傲慢和专横,这也让他的一些学生对他敬而远之。然而,鲍斯韦尔记得大卫·休谟说过:"当一个人说另一个人是世界上最傲慢的人的时候,这只是意味着他的确很傲慢。不过,当一个人这样评价凯姆斯勋爵的时候,这绝对就是事实。"鲍斯韦尔还记得亚当·斯密犀利而有趣的评论:"每个人都有自己的薄弱项。凯姆斯勋爵的薄弱项是写作。有些人善于写而不善于说,有些人则善于说而不善于写。凯姆斯勋爵写的远远不及他说的漂亮。"③ 不过虽然如此,但当谈到苏格兰精神生活的丰富程度时,他还是不得不承认,"我们每一个人都会将凯姆斯看成是我们在这方面的带头人"。④

亚当·斯密必然从一开始就和霍姆相交甚笃;修辞课程的安排必定是由

---

① 请参阅:夏平,《财产、赞助与科学政治:爱丁堡皇家学会的创立》,第 10 页。
* 约翰·拉姆齐(1736—1814),苏格兰著名的古典主义学者。——译者注
② 请参阅:阿勒代斯,《18 世纪的苏格兰》,第 1 卷,第 204—205 页。
③ 请参阅:鲍斯韦尔,《奥金莱克村的地主》,第 385 页。
④ 请参阅:泰特勒,《亨利·霍姆的生平与创作》,第 1 卷,第 218 页。

后者在 1747 年初期，也即亚当·斯密返回苏格兰几个月之后确定的。当然，他到 1748 年时就已经站稳了脚跟，霍姆曾请他为自己的老朋友、被放逐的詹姆斯党派诗人威廉·哈密尔顿一个未经授权的诗歌版本写一篇简短的序言（作为改良主义者的亚当·斯密愉快地评论说，他希望哈密尔顿以后有机会出版获得正式授权的诗歌版本）。①亚当·斯密和霍姆在精神追求方面有很多共通之处：他们都想基于人类的情感研究而建立一种人性科学；他们都对人的鉴赏力、对于解释人类大脑工作原理的作用，以及感伤小说（尤其是马里沃的小说）的哲学价值感兴趣；他们也都对新的人性科学对于法学所产生的影响感兴趣。霍姆从亚当·斯密那里看到了一个年轻有为的哲学家的影子，因为他不但精通哈奇森和休谟的哲学，而且还准备将他们的思想批判性地用于修辞学和法学研究。关于这些课程，爱丁堡的任何一位教授的一种教授方式都难以让霍姆产生兴趣。尽管约翰·史蒂文森在逻辑学和形而上学课堂上讲授修辞学和文学，而且显然教得很好，赢得了那些最挑剔的学生的赞扬，然而他的教学体系从属于约翰·洛克*，而不是哈奇森或者休谟，因此，正如我们将要看到的那样，它和越来越被有关情感和社交问题所裹挟的智力文化不合拍。而且对于像霍姆这样一位法学家来说，法学在那所大学里是一门可悲的被忽视的学科。现有的那个讲授公法学的教授并不是法学家，而且也没有试图超越普芬道夫的教学模式。尽管许多人很钦佩哈奇森对正义起源的哲学见解，然而让律师们感到遗憾的是，他对于研究特殊的法律制度或者政府毫无兴趣。亚当·斯密在这两方面都有新的想法。他的修辞学和纯学术授课将为审美研究提供一个新的哲学途径；有关法学的授课将为研究法律制度找到一个新的历史学途径。在进行这些学科授课的过程中，他充分发挥自己作为一名有历史意识的哲学家的特长，致力于探寻那些符合人类行为特征的进步和文明原则的根源。这是一个非常适合在爱丁堡大学发展的、以显著的文化运动为目标的议程，它也的确符合亨利·霍姆的需求。

---

① 请参阅：《哲学主题论文》，第 259—261 页。
* 约翰·洛克（1632—1704），英国哲学家，与乔治·贝克莱、大卫·休谟同属英国经验主义的代表人物，被广泛认为是启蒙时代最具影响力的思想家和自由主义者。他是第一个以连续的"意识"来定义自我概念的哲学家，其著作极大地影响了伏尔泰和卢梭，以及许多苏格兰启蒙运动时期的思想家和美国开国元勋。——译者注

附：资料来源说明

本章的相关内容促成了我自己关于爱丁堡后联盟时期的状况的著述，其要点可参见《18 世纪的文化和社会：爱丁堡和苏格兰启蒙运动》，以及《18 世纪初期苏格兰的政治化、礼仪化和英国化》。关于联盟的争论，见《1707 年的政治思想和联盟》（J. 罗伯森主编）。一个相当过时的有关爱丁堡的俱乐部和社团的基本情况介绍，可见于 D. D. 麦洛伊的《苏格兰的改良时代：探究 18 世纪文学俱乐部和社团》。目前缺乏对于爱丁堡大学现代史的深入研究，但可参考 D. B. 豪恩的《爱丁堡大学简史（1556—1889）》，以及安德森、杯奇和菲利普森的《爱丁堡大学的前世今生》。有关教会和温和派长老会制体系的历史，可参考 R. B. 谢尔富有启发性的《苏格兰启蒙运动中的教会和大学》一书的主题。关于法律职业的历史，请参见本人所著的《苏格兰辉格党历史和苏格兰法律体系改革（1785—1830）》。虽然亨利·霍姆（即凯姆斯勋爵）作为文化企业家的角色至今仍未得到有效研究，但 A. F. 泰特勒（即伍德豪斯利伯爵）的《亨利·霍姆的生平与创作》和 I. S. 罗斯的《凯姆斯伯爵与他所处时代的苏格兰》都是重要的参考读物。

第5章　亚当·斯密在爱丁堡大学的授课

通过1748年到1751年期间在爱丁堡的修辞学和法学的授课与讲座，以及他去世后出版的一系列哲学史和科学史论文，我们发现，实际那时候亚当·斯密已经奠定了他的人性科学的基础。修辞学授课探讨了规范人的社会话语的礼仪意识，法学授课则探讨了人在政治社会生存和发展方面的能力所依赖的正义感。虽然这两门学科的授课内容在很大程度上都应归功于休谟的思想，但它们却是一个完全领略他导师哲学思想并能将其转化为针对同时代学院派哲学思想而形成自身独特学术理念的学生的成果。在此过程中，亚当·斯密所使用的方法引出了有关自然以及哲学本身意义的重要问题。

亚当·斯密在1748年10月或者11月首先开设了有关修辞学的讲座，这是他的专业研究和社交生活的起步阶段。当时苏格兰最高民事法庭恢复了其正常职能，新的大学学年也已经开始，国内乡绅及其家人们正从他们的庄园返校。修辞学讲座当然不是1748年秋季唯一面向公众的讲座，自从"光荣革命"以来，对于法律、医学、自然科学和古典语言的公开讲座，有着相当广泛的市场需求，而且《苏格兰使者报》*还会经常刊登有关数学、实验哲学、医学、化学和地理讲座的广告。然而，并非很多讲师都能享有亚当·斯密获得的那种资助，而且根据亨利·霍姆的门生和传记学家伍德豪斯利的说法，他努力设法吸引"更多的听众，这些听众主要由法律和神学专业的学生构成"。① 具体讲座地点仍是一个谜。鉴于亚当·斯密同逻辑学和形而上学教授

---

* 历史上一家苏格兰报纸的名称，在1720年至1867年期间出版，每周出版三次。——译者注

① 请参阅：泰特勒，《亨利·霍姆的生平与创作》，第1卷，第266—267页。

约翰·史蒂文森存在直接的竞争关系,因而地点可能不在大学校园内。他完全有可能在哲学研究学会的会议室或者在尼德利街的音乐研究学会所在地举办讲座。不过在爱丁堡大学附近的市中心以及在议会大厦,还有其他会议室。①亚当·斯密的公开讲座显然是成功的,因为他的讲座分别于 1749 年和 1750 年被搬进了校园课堂讲台,而且根据伍德豪斯利的记述,它吸引了知识界的一些重要成员,比如詹姆斯·奥斯瓦德、修·布莱尔、约翰·米勒*,以及休谟和霍姆共同的好友、未来的上议院大法官亚历山大·韦德伯恩,还有未来的威廉·普尔特尼爵士。"还有其他一些人,他们都是文化领域和公共生活中的名人"。②事实上,人们对于"哲学批判"的兴趣是如此浓厚,以至于当亚当·斯密在 1751 年离开爱丁堡前往格拉斯哥时,他的讲座以及授课任务由霍姆的另一个学生罗伯特·沃森接手;当沃森于 1756 年离开这里前往圣安德鲁斯**时,他的位置由霍姆第三个更著名的学生修·布莱尔接替,后者在 1762 年被任命为爱丁堡大学的修辞学和纯文学钦定讲座教授(这一新的教授职位的设立,是基于认识到这一事实:这种任命将能够"为本大学带来更多的学者"③)。在皇室赞助下创设一个新的教授职位以及对于修·布莱尔的任命,标志着亚当·斯密创立和大力推动的这一学科达到了相当受欢迎的程度。它是城市文化渗入大学校园的最显著的例证之一,而且修·布莱尔承认,他从亚当·斯密借给他的"有关修辞学的论文手稿"中获益匪浅。④亚当·斯密创新的修辞学研究方法,使该学科成为对于理解社交性原则和人性科学的至关重要的并广泛吸引公众关注的一门学科。他的授课和讲座也由此确立了自己的学术地位,并在一定程度上为他被任命为格拉斯哥大学教授奠定了基础。

---

① 请参阅:罗斯,《亚当·斯密传》,第 86 页。
* 约翰·米勒(1735—1801),苏格兰哲学家和历史学家,在 1761 年至 1800 年期间任格拉斯哥大学民法学钦定教授。——译者注
② 请参阅:泰特勒,《亨利·霍姆的生平与创作》,第 1 卷,第 266—267 页。
** 圣安德鲁斯,苏格兰历史上最著名的城市之一,也是中世纪时苏格兰王国的宗教首都。该市不但拥有苏格兰最古老的大学,而且也由于其在高尔夫运动发展中的诸多贡献而被称为"高尔夫故乡"。——译者注
③ 请参阅:谢尔,《苏格兰启蒙运动中的教会和大学》,第 115 页。
④ 请参阅:修·布莱尔,《修辞学和纯文学讲座》,第 2 卷,第 22 页。

亚当·斯密很可能以其一贯的方式授课，即先阅读他事先向一个助手口授并整理的文本内容，然后再加上必要的即兴旁白。他在爱丁堡期间使用过的课程文本现今不知下落，但我们似乎可以合理地假定，他的两个学生在1762年到1763年之间分别记录了这些课程的内容，他们的课程笔记对于了解他在18世纪40年代形成的思想体系的要点而言，是一个相当不错的指南。就像授课笔记内容的现代版主编所评论的那样，这意味着亚当·斯密所使用过的大部分"例证"，都来自他在1751年搬到格拉斯哥之前的研究成果。① 正如我们将要看到的那样，在引人注目的第三次有关语言起源的授课中，他决定为了将来出版的需要，围绕他的授课内容形成一个重要主题。《关于语言起源的思考》这篇论文以及它所依据的授课内容，包含亚当·斯密的一些有关人性原则与现代道德科学方法的最重要的思考，至少在内容轮廓上看，这些思考无疑属于他的哲学生涯早期阶段。

就其授课时的姿态或身份而言，亚当·斯密是一个充满自信和受到欢迎的修正主义者，他提出要从"那些书呆子那里挽救一门重要学科"。他的听众认同他的基本看法，那就是，关于这一主题的大部分所谓的经典作品，都是"一堆非常愚蠢的书，完全没有教育意义"。② 另外，从教科书中可以看到的有关良好风格的言论，都被一种荒谬但却流行的信念所扭曲——"一种风格越是与众不同，就越是接近人们心目中的纯粹和完美。"③ 还有，将修辞学视为审美理论的一个方面的现代尝试，在理论上仍是不完善的。他提出要重新研究修辞学，尤其要思考他的大部分听众所必然熟悉的情感运作机制，并使用某种可以表明人们不同语言的运用特点如何同某一单一包容的原则相关联的方法。亚当·斯密在这里所指的方法就是"数学方法"，这源于他在格拉斯哥学过的欧氏几何，它涉及将他的分析所依赖的包容原则作为一种公理，其"真实值"在他的听众眼中似乎取决于如下两方面：一是他能够诠释那些定义的准确性（这是他的分析的出发点）；二是他用来支撑它们的"例证"的数量和质量。他的修辞学所依赖的公理指出，语言只有在合乎社交和道德规范的前提下被得体地使用（也就是既适合人们自己的需要，又适合他人的需要）

---

① 请参阅：《修辞学和纯文学讲座》，前言，第12页。
② 同①，第26页。
③ 同①，第42页。

的情况下，才能够产生最大的说服力和愉悦感。

这一观点足以充分吸引亚当·斯密的听众中的年轻牧师和律师的关注，他们必然可从在校时阅读过的西塞罗和艾迪生的著作中知道，合乎规范的礼仪对于有效的社会交往和语言沟通非常重要。如果他们听过约翰·史蒂文森有关修辞学的大学授课内容，那么他们还会意识到，亚当·斯密是在建议他们重新思考亚里士多德认为对于培养人们雄辩风格至关重要的原则。亚当·斯密认为，相比于亚里士多德的看法，这种原则对于了解人性同样意义重大。在亚当·斯密看来，得体地使用语言的艺术，是一种能够改善人们道德礼仪和沟通能力的技巧，而且能够促成人们养成那种极大地关系到他人将如何回应他们的情感的人性特征。因此，确切地说，修辞学是一门关于与人性的形成和完善方式的研究、与社交性和人性科学的研究有关的学科。

这一结论的内涵已经足够深刻。亚当·斯密对语言本身的介绍性探讨更是如此，而且他坦率地采用了猜测性的措辞——"为了做到这一点，首先确定某个前提是恰当的做法。"① 把语言视为人类的一种发明（它和人类这个物种本身一样古老，而且对人类的生存和幸福而言极为重要），而不是像早期的诸多修辞学家那样认为它是上帝对人类的恩赐，似乎是更加合理的。也许是为了强调他的观点的推测性质，于是他通过寓言的形式，首先分析了促使原始人使用符号和声音表达他们"相互需要"的情形。②

> 两个住在同一个地方并且见面的野蛮人，很快就会努力使用不同的符号来表示那些最常出现以及他们最关心的事物。他们居住的洞穴，他们可以获取食物的树木，或者他们可以用来饮水的山泉，很快就会通过特定名称而加以区分，因为他们经常有机会彼此表达对于这些事物的想法，而且会就某些有效符号彼此达成一致意见。
>
> 以后，当他们遇到有机会谈论的其他树木、洞穴和山泉时，他们就会自然地用以前使用过的相关名称来描述它们。围绕这些洞穴、树木等事物本身，以及他们使用对应名称所产生的关联性想法自然而

---

① 请参阅：《修辞学和纯文学讲座》，第 8 页。
② 同①，第 203 页。

然地表明，同类事物可以用同样的名称来表示，这样一来，那些最初指代单一事物的词汇，就有可能演变为指代某类事物的专用名称。①

这是杜格尔德·斯图尔特所推测的语言发展史的第一个阶段，它旨在表明，我们可以合理地认为人类语言发展的每一阶段，都是由人类的需求所推动的。因此，在语言方面，原始人是从一种"原始语言"状态（他们只是将特定名称固定到特定事物上）发展到使用一般性术语描述同类事物的状态，而且语言的不同组成部分可以用来区分同类事物中的具体事物（譬如绿色的树木、洞穴上面的树木等）。渐渐地，他们开始能够就"绿色"的本质和"上面"的概念，提出在本质上属于抽象的问题。事实上，他们在不知不觉间建立了语法规则，并且培养起了推理能力。因此，是互相需要使他们开始形成社交能力和思考能力。为此，我们可以获得一个推测性的结论，那就是，"语言的历史"乃是"思想的历史"的同义词。②

亚当·斯密在爱丁堡大学的一些听众可能意识到，他正在形成的一种论点是哈奇森的冤家对头伯纳德·曼德维尔在《蜜蜂的寓言》第二卷中首先提出来的。有极少数人（其中有可能包括那个杰出的亲法主义者亨利·霍姆）会意识到，他是在对孔狄亚克*新出版的意义重大的《人类知识起源论》（1746）一书作出一种批评性的分析。始终关注当代法国哲学的亚当·斯密，显然赞赏孔狄亚克尝试将曼德维尔的寓言著作用作语法自然史研究的一个起点的努力，但怀疑他能否就那史诗般的时刻——原始人获得抽象的能力的过程——给出一个令人满意的阐述。孔狄亚克的解释是基于大卫·休谟所作出的"困境会唤醒上帝赋予人的天然的理性力量"这一"非哲学"的假设。亚当·斯密对此反驳说，原始人更有可能像一个孩子那样应对他的原始术语缺陷，以及他对于特定事物的有限理解。换言之，他会通过自身的想象力为自

---

① 请参阅：《修辞学和纯文学讲座》，第9页。
② 同①，第9、203—204页。
* 伯纳德·曼德维尔（1715—1780），18世纪法国哲学的重要代表人物之一，其哲学贡献主要在于对17世纪唯理论形而上学的批判，以及对洛克"经验论"的发展和完善。这些工作对法国唯物主义的形成和发展具有积极作用。其主要哲学著作有《人类知识起源论》、《体系论》和《感觉论》等。——译者注

己已知的某个词汇赋予新的意义。因此,他描述洞穴的那个词汇,将不仅仅用来指定这个特定的结构,而且也可以指定所有类似于洞穴的结构。在这种情况下,他就能够通过两种相当不同的方式使用这个词来描述具体的东西和一般的东西。"一个刚刚学会讲话的孩子,能够将走进屋内的两个人分别叫作'爸爸'和'妈妈',这样一来,这两个名字就开始应用于整个人类物种,并用来指代两个具有各自明显特征的个体。"按照同样的方式,人们会把像西塞罗那样的人称为"杰出的演说家",而把牛顿这样的人称为"出色的科学家"。① 在所有这些情况下,讲话者都是在使用他们可以灵活处置的语言,并富有想象力地赋予一般意义对其而言具有特定意义的词汇。他们会使用某种修辞,譬如通过比喻来扩展他们的语言应用范围。

但是,这样的修辞并不能够满足孩子们或者原始土著长期的语言需求。当他们的情况发生改变,以及普通的生活需求变得更加复杂时,他们就会感觉到急需发展出更加正规和强大的语法资源,以扩展他们的语言范围和满足自身及他人的认知需求。"正是通过这种方式,语言在其基本原理方面变得更为简单,而同时在结构方面却变得更加复杂。"他在1762年指出:

> 对于机器而言也同样如此。所有的机器在最初发明时,通常都是在原理方面极为复杂的,按照最初的设定,每一个特定环节都含有特定的设计原理。后来机器改进者发现,某一个设计原理可以应用到好多类似的设计环节中去,因此,机器逐渐变得越来越简单,使用更少的机轮和运用更简单的原理就可以达到同样的效果。在语言中也同样如此。最初人们通过每一个名词的变格、每一个动词的时态,使用一个特定的词汇来表达自己想要表达的意思,而这一词汇仅仅用于这一目的并无其他目的。但是语言通过发展,人们发现长期有的名词能够代表古语中大量的不可数或可数名词,而通过四到七个介词,就能够解决古语中所有的词尾变化和所有的词形变化问题。②

---

① 《修辞学和纯文学讲座》,第 204 页。
② 同①,第 223—224 页。

通过这种方式，亚当·斯密等于是公然将古典修辞学家及其崇拜者如此看重的语言修辞的应用，视为孩子和原始土著的语言不成熟的表现。与此同时，他也是在不动声色地表明，他认同大卫·休谟具有高度可疑性的观察结论，那就是，是想象（而不是理性）才是所有理解过程最终依赖的能力，并且，在解决为什么人类会不厌其烦地去发展自己可随意支配的语言资源这一问题的过程中，他奠定了他的修辞学理论的基础。该理论表明，改善人们在日常生活中依赖某种资源的这一如此自然的愿望，深深地根植于人类在物质资料极其匮乏的进化历史中。为了奠定这一理论的基础，他使用了一种独具特色而又十分强大的有关语言和心灵本质的推理模式，并将这一模式在其后来所有的哲学作品中加以发展和运用。

亚当·斯密只是通过推测性的"考虑"方式拓展了他的理论体系，这一理论不仅具有高度的可疑性，而且还和他即将展开的修辞体系并无直接关联。这种做法是谨慎的。重要的是，他的听众应当会将语言看成是人类在对互相需求做出回应的历史进程中掌握的一种技能。他给予听众的信息是明确的。现代公民没有听从过去修辞学家的建议，也没有建立起具有宏大风格的精细而神秘的语法和词汇系统，更没有坚持使用一度为他们所钟爱的过分拘泥的修辞风格，而是采取了更明智的做法：培养一种为礼仪意识（它是在我们希望提高与他人有效沟通能力的过程中形成的）所支持的相对朴素的风格。正如他本人所说的那样，"是民众的习俗构成了我们称之为礼仪的东西。有关风格的纯粹性规则，正是源自那种更好的习俗"。[①] 由此可知，在任何时代有关语言风格的最佳指南，并非都能从教科书当中找到，而是出自主要被达官显贵所看重的作家的作品。

在以前的授课中，我描述了一些最好的英语散文作家的特征，并将他们的不同风格作了比较。鉴于我们已经了解到的规则，为此，我们的结论是：风格的完善涉及用最简洁、最恰当和最精确的方式表达作者的思想，同时也涉及如何最有效地传达能够对读者产生影响（或者说作者是这样认为的）的情绪或者激情，以确保作者可以

---

① 请参阅：《修辞学和纯文学讲座》，第5页。

实现与读者之间进行交流的目的。

你们也许会说，这无非是一种常识而已。的确如此，但是，如果追溯全部批评和道德规则的基础，你们就会发现，这些规则其实是每一个人都会认同的某些常识性规则；那些艺术门类的全部内涵，就是将这些规则应用于不同对象，并显示出这一应用过程所带来的结果。正是出于这一目的，我们对上述作家进行观察并得出了结论。我们注意到他们如何严格地按照对于写作、谈话和日常行为同样适用的那种规则行事。事实上，只有当一个人的情感可以得到自然的表述，当情绪或者激情能够以恰当的方式传达，内心的想法能够恰如其分地流露并在他人那里引起共鸣时，我们才会发觉自己与对方的心灵更加贴近并很容易将其视为知己。①

亚当·斯密援引的主要例子是现代人而非古代人。他惊讶地发现，现在公众非常欣赏的如威廉·泰姆珀*、乔纳森·斯威夫特**和艾迪生等作家，他们最大的特点是，以其自己的方式尊重语言使用的准确性和清晰性这一需求，并由此拥有了属于他们自己独特的文学声音。事实上，这种使用自己"声音"撰文的能力，永远和能否坦率并且富有说服力地展开叙述有关。然而，亚当·斯密援引的最引人注目的例证是一个足以证实他的规则体系是例外情况的作家，一位令人钦佩的现代作家，他的风格似乎体现了亚当·斯密最讨厌的一切，他就是安东尼·艾希礼·库珀伯爵，现代辉格党主义和文雅学派的创建者之一。他的那种使人不适的风格，反映了他所处的时代及其教育存在的问题；贯穿于他风格中的那种有关美的理念"提炼自他自己的风格"，并具有一种"自负和浮夸的措辞方式"的特征，这无法掩饰他推理的脆弱、性格的软弱和缺乏社交生活的本质。亚当·斯密以那种足以与伯纳德·曼德维尔（沙夫茨伯里伯爵***作品最刻薄的批评者之一）相匹敌的趣

---

① 请参阅：《修辞学和纯文学讲座》，第 55 页。
* 威廉·泰姆珀（1739—1796），英国牧师和散文作家。——译者注
** 乔纳森·斯威夫特（1667—1745），英国作家、政论家、讽刺文学大师，以著名的《格列佛游记》和《一只桶的故事》等作品闻名于世。——译者注
*** 艾迪生，即安东尼·艾希礼·库珀，见前文注释。——译者注

味性，指出所有这些可能导致的问题。

我们需要关注这个贵族人士的个人特征和基本状况，我们会很容易察觉到，是什么导致他产生这样的问题。他和一个神父有亲属关系，曾受教于一个私人教师（约翰·洛克），他对于任何宗教教派或者教义都没有强烈的感情，他在任何宗教或者哲学问题方面都极力推崇思想自由和信教自由，而不轻易附和任何特定的人或者接受任何特定的观点。如果他的那些朋友倾向于任何教派，那么它更有可能是清教徒所属的教派，而不是传统教会，因为前者的教义最适合他们积极维护的那种信教的自由。我们可以从其通信内容中得知，沙夫茨伯里本人似乎长得瘦小孱弱，总是贵恙缠身或者害怕得上什么病。他的这种体质严重影响——不，何止是影响，几乎等同于决定了他的思维框架。对于具有这种精巧思维框架的人而言，抽象的推理和深刻的探索，无疑是过于艰辛了。他们虚弱的身体和思维架构，阻碍了他们参与一般人所钟爱的那种追求当中。爱和野心对于他们为样的架构寻找激情的立足点显然是过于暴力了，这样的架构无法容纳强有力的激情。他们的胃口和激情的脆弱性，妨碍了他们按照普通人的方式体验人生，他们不需要费太多力气就能够使其行为符合他们为自己所确立的规则。各种表面化的浮夸的艺术，一切代表貌似品位和想象力的事物，是他们最乐于追求的。他们不需要为此付出多少劳动，但却有足够的财力获取适合自己脾性和能力的娱乐形式。①

很难想象还有哪一种贬损浮夸风格的手段，会比对于一位知名哲学家的这种人身攻击（旨在讽刺其辉格党主义和文雅学派的实践者在基本哲学原则层面缺少必要的个性和敏锐性）更加显著和有效。

亚当·斯密此时正在准备深入讨论文学和演讲的风格，而且已经非正式

---

① 请参阅：《修辞学和纯文学讲座》，第56—57 页。另请参见曼德维尔在《蜜蜂的寓言》中"探索社会的本质"这一章，第331—333 页。

地为此做了很多相关研究。"我提到古代的修辞情况,更多的是出于对前人的崇敬,而不是那种东西多么具有美感或者实用性。"他颇为刻薄地说。①他的所有学生需要记住的是,"每一篇论文所提出的东西,要么是为了联系某个事实,要么是为了证明某个命题"。而当有关事实的安排和布局成为一个问题时,最受敬仰的历史学家的实践和现代读者的品位是最有参考价值的,实际上它们也是最适用的指南。无论怎样,亚当·斯密的结论清晰、透彻而又具有挑战性。他认为,作家和演说家应被视为在文学市场上博弈的企业家。在这方面,他援引的一个引人注目的范例就是塔西佗*,后者意识到,罗马人对于创造了他们辉煌历史的伟大人物的精神成长史和相关重大历史事件本身同样感兴趣,并由此带来了某种程度上的历史学革命。

> 如果我们考虑到当时罗马人的状态以及由此必然会使他们形成的性情,我们就会发现,塔西佗的这一理论体系规划是非常自然的。图拉真统治时期的罗马帝国上升到了其荣耀的巅峰,人民获得了更大的安全保障和宁静,这是在过去任何历史时期甚至是在共和国过去的150年里从未有过的。由此带来的是社会物质资料的极大富足和人们言行举止的高度文明,其先进程度在全世界首屈一指。情感必然是最让人感兴趣的东西之一,毕竟他们生活在一个伟大的城市,他们尽享奢华而典雅的生活,他们可以自由地处置他们的财富,他们不需要从事繁重的公务活动就可以从他们的社会管理者那里获得与衣食住行有关的各种福利。我必须指出,这样的人民不会为忙碌的生活所累,就自然而然地会将注意力转向最适合他们喜好的各种思想活动,以及参与那些给相关人等带去不同感受的重要历史事件。法国君主政体的情况非常类似于图拉真统治下的罗马,我发现,那些研究过人类不同感受特征和价值的作家,充分利用了情感这个独

---

① 请参阅:《修辞学和纯文学讲座》,第63页。
* 即普布里乌斯·克奈里乌斯·塔西佗(约公元55年—120年),古代罗马最伟大的历史学家,他继承并发展了李维的史学传统和成就,在罗马史学上的地位犹如修昔底德在希腊史学上的地位。——译者注

特之物。这就是马里沃、克雷比隆*以及塔西佗的作品都会深深地打动我们的原因，虽然它们带给我们的可能是完全不同的感受。他们总是采用一种近似形而上学的研究方法，不遗余力地解释与当事者的情绪和个人气质有关的每一个事件。①

这可以解释——亚当·斯密或许会补充强调——他对其所在时代的苏格兰文人所展示的情感产生显著兴趣的原因。

在讨论不同体裁作品的课程的最后一部分，亚当·斯密第一次细致地描述了研究重大问题的现代科学方法，并针对一些重要哲学问题提供了有说服力的解释。他尤其感兴趣的是"辩证的方法"，"通过这种方法，哲学作者的总体设计就是确定一个命题，然后通过能够导致那一结论的不同论据来证明这一命题的正确性"。亚里士多德也使用过这种方法，但他却获得了如此多的从属命题，"以至于在读者那里产生了与他的期望值截然相反的结果，那就是思想的混乱"。他呼吁采用牛顿式的分析方法，"我们可以首先阐明已知或者被证明过的原则，并尝试根据这些原则解释某些具有共同线索的现象"。牛顿式的分析方法"无疑是最具哲学性的，它可以应用于所有科学门类，包括道德科学或者自然科学等"，更重要的是，它是所有方法中"最有吸引力"的方法。"它会使我们很高兴地看到，那些我们以为最难解释的现象经常可从同样的原则（通常是一个众所周知的原则）出发加以推演，而且对于所有现象的解释也往往都可以通过一条线索串联起来"。②这种方法可以用来探究会唤起公众普遍兴趣的命题，从而使他们迅速掌握有关这个世界的越来越多和越来越可靠的知识。亚当·斯密是当时将哲学这幅"地图"作为传播基础知识基本途径的主要开拓者之一。至于这幅"地图"能够在多大程度上反映真实的世界，而不是貌似真实或者可能存在的世界，是一个像亚当·斯密这样的休谟主义者并不会去深入探究的。

尽管有偶尔的记忆差池、混淆和不时表现出的恼火情绪（诸如"我顶多

---

* 即克劳德·克雷比隆（1707—1777），法国小说家。——译者注
① 请参阅：《修辞学和纯文学讲座》，第 111—112 页。
② 同①，第 142—146 页。

就能回想起这么多内容"),但是亚当·斯密其中的两个学生还是做了一项重要的工作:记录下他在1762年到1763年之间的部分授课内容。他们也是在无意之中使我们得以进一步了解亚当·斯密在职业生涯起步阶段的思考过程。他总认为自己是愿将古典主题置于现代哲学框架下的修正主义者,将亚里士多德作为他的研究起点,将哈奇森、休谟和孔狄亚克作为他的现代哲学研究的引路人。同时他还从欧氏几何原理的基础上,将由霍布斯、牛顿和哈奇森发展起来的分析方法充分用于建立起自己的哲学传播声音。他希望他的研究人性的学生通过社交性原则研究有关修辞的专业问题,并按照对于维系社会发展至关重要的交流原则考虑社会的语言和风格问题。他的这种愿望对于他在18世纪40年代后期乃至整个余生的思考都具有重要影响。他将在《道德情操论》中谈到人与人之间进行道德和情感交流的方式,并将在《国富论》中谈到人们从事产品和服务交易的方式。他一针见血地指出,说服他人的那种情感深深地根植于人性的基本状态中,以至于它对人而言似乎是"自然而然的"。实际上,"每个人终其一生都在从事对他人的说服工作"。[①] 亚当·斯密当时正在着手建立一种更具广泛性的人性理论,它认为人们所有的情感——道德、政治、精神和审美情感——都是在向他人学习以及与别人沟通的过程中产生、发展并增进的。正是因为这一原因,他认为一种新的语言理论对于认识人格的本质有着根本的重要性。

亚当·斯密的修辞理论表明,他从一开始就坚信,要想更充分地了解人性,就要按照发展的思路了解人们通常如何社交。他对于作者身份和文学体裁的探讨透露出这样的信息:他充分认识到了这种洞察力对于更广泛地了解人类社会历史的重要意义。他有关如何掌握令人愉悦而且具有说服力的说话和写作艺术的实用建议,是为了鼓励他的学生们关注符合时代特点和要求的文学艺术,同时也要关注人的道德人格和自我身份认同感的培养。亚当·斯密最独特的早期观念,也许都包含在他对于沙夫茨伯里所展开的引人注目的攻击当中。对他的哲学、品位和个性特征的攻击,本质上是对于一种不合时宜的辉格党主义和假道学的攻击;那是一个贵族阶层的文化,它所具有的等级和特权性质,使它无论在过去还是将来,都是理解商业和自由原则的一个

[①] 请参阅:R. L. 米克、D. D. 拉斐尔和P. G. 斯泰恩主编的《法学讲座》,第352、494页。

障碍。将职业起步阶段的亚当·斯密看成是一个年轻有为、自恃是文明史新时代的信使之一的哲学家,以及一个为这一新时代提供一种新的哲学体系和新的理解方式的苏格兰人,似乎是合情合理的。

修辞课程的成功为他的法学课程奠定了基础,后者必然是他在1748年到1749年之间就开始规划并将在1750年到1751年之间进行讲授的课程。他认为,这门课程会受到有哲学头脑的年轻律师们的欢迎,他也能够再次依赖亨利·霍姆的热情支持。正如我们已经看到的那样,霍姆对于格拉斯哥大学和爱丁堡大学的法学教学并不满意:哈奇森的授课太过深奥,而威廉·克莱格·霍恩(爱丁堡大学道德哲学教授)的兴趣更多的是在政治而非法学方面。大学所需要的课程应以人性原则为基础,并允许学生们针对不同法律体系所依赖的原则进行扩展性讨论。事实上,在苏格兰高地起义期间撰写并于1747年发表的《论英国古典文化的若干主题》论文中,霍姆阐明了他在这方面的一些立场。它主要是面向律师的,并且呼吁重新思考英国法律体系的起源以及封建制度。有关后者的论述提供了"封建法律在何时以及通过何种方式被引入爱尔兰的猜想",并表明这一革命性事件必然会在苏格兰历史上发生,而且在应对不断变化的情况的过程中,它"不是像我们的历史学家所暗示的那样立刻发生的,而是一点一点地发生的"。[①]但是,让创立一种新的法学体系这一挑战变得更加吸引人的是1748年两部开创性作品的出版:孟德斯鸠*的《论法的精神》和大卫·休谟的《论道德和政治》。孟德斯鸠的这一杰作,提供了关于政治学的一种具有历史敏感性的新的研究方法。休谟的这本文字量虽然不多但却非常具有说服力的著作,对于孟德斯鸠的新体系进行了极为深刻的评论,它同时也全面地分析了洛克的政治哲学以及同时代的英国政党文化的知识基础。亚当·斯密承担起了对那个伟大的法国哲学家做出回应,以及为一种更新颖、更科学和更具历史大局观的辉格党主义的形式奠定基础的重任。这将进一步完善他对于老一代辉格党主义者所奉行的原则的攻击,并且确立和奠定他最终被视为新苏格兰设计者之一的地位。

---

① 请参阅:亨利·霍姆,《论英国古典文化的若干主题》,第4、24页。
* 即查理·路易·孟德斯鸠(1689—1755),法国启蒙思想家、社会学家、西方国家学说和法学理论的奠基人,代表作品有《波斯人信札》、《罗马盛衰原因论》和《论法的精神》等。——译者注

在亚当·斯密看来，《论法的精神》类似于孔狄亚克有关语言起源的论文，原因是二者都可被视为虽然较为出色但最终却并不能让人满意的涉及人性科学的法国作品。孟德斯鸠把他的书看成是对于一个被君主制主宰的商业快速发展世界中的自由原则的总结。① 他呼吁革命性地思考法律原则。他认为，仅仅将法律视为君主的命令或者历史事件的产物，显然是具有误导性的。正如他所说的，"人会被许多因素所左右，如气候、宗教、法律，以及政府的规章制度、历史范例、社会思潮和道德礼仪，最终就会形成一种大众精神"。② 因此，最好将法律视为规则体系，其精神或者道德观可以按照形成法律的物理和道德环境（即由气候和地理、经济法和礼仪创就的环境）的相互关系而加以理解。在此基础上，立法者可以很好地"遵循民族的精神，前提是政府要有与此相适应的管理原则，因为我们所能做的最好的事情就是可以自由地去做顺应我们天赋的事情。如果我们赋予一个充满乐观的民族以一种迂腐的精神，那么这个国家将一无所获。应当让这个民族以严肃的态度去做轻松的事情，以轻松的态度去做严肃的事情"。③ 孟德斯鸠的书所面对的读者是立法者而不是哲学家，是那些有能力遏制腐败和防止专制主义带来终极恐怖问题的人。尽管亚当·斯密很欣赏英国宪法，但归根结底，《论法的精神》讲述的是法国的情况，即如何阻止君主制走向专制，而这其中一个强大而高效的贵族阶层对于国家的未来发展至关重要。亚当·斯密发现他很难把贵族阶层视为一个自由堡垒的守护者。但是，他和其他苏格兰学者所赞赏的是孟德斯鸠的研究方法，即孟德斯鸠对于历史上已知的各类政府形式的分类、对这些政府形式的存在条件的分析，以及对于罗马法精神和法国法律体系的广泛而敏锐的探究。这种方法要求对律师们在探讨高地问题时所讨论的法律、政治体制和改革展开历史性的思考，而且作为法学家的霍姆一直致力于为这一思考找出答案。

虽然这一探索过程具有各种优点，但那些苏格兰人认为它漏洞百出，正如霍姆所指出的那样，

---

① 请参阅：斯克拉的《孟德斯鸠》第1章以及索恩舍的《大洪水之前》第2章。
② 请参阅：孟德斯鸠，《论法的精神》，第310页。
③ 同②。

> 孟德斯鸠已经探讨了所有和政府性质、气候差异、一个民族的优势和劣势、民众被奴役情况等方面相关的问题的影响。然而，他并没有进一步探究源自人性本身的激情以及行为所产生的影响……相比于孟德斯鸠所列举的其他所有要素，人性本身对于法律的制定和礼仪的确立有更大的影响力。①

亚当·斯密的学生约翰·米勒更加婉转地阐述了前者的教学情况。他将孟德斯鸠形容为亚当·斯密心中的另一个培根，其哲学思想为亚当·斯密想要建立的研究法学的哲学方法扫清了道路。② 不过，苏格兰人很快就注意到，在孟德斯鸠体系中存在着典型的矛盾和缺陷，以及他在研究法律精神的"物理"和"道德"影响因素方面还有没有解决的冲突情况。孟德斯鸠真正感兴趣的是关于气候和地理对于一个民族的文化影响的当代思考，并且关注这种思考对于解释相比于北欧人的"勤奋"特征，生活在热带气候下的民族表面上的"懒惰"和"野蛮"等特征哪个更有价值。另一方面，他对于"道德"因果关系的讨论似乎表明，在某些情况下，经济、政治和文化因素可能强大到足以忽略地理和气候的约束影响，但是所有这些都远未明朗化。同样令人不安的是孟德斯鸠对于法律本身的定义，他说，法律是"从事物本质中产生的必要的关系。在这个意义上，一切生命都有自己的法律：神灵有神灵的法律，野兽有野兽的法律，人类有人类的法律"。休谟指出，这种观点是基于一种准神学的前提，从而也是一种"非哲学"的前提。③ 他还质疑了在确定一种法制精神方面，孟德斯鸠为"物理"因素所赋予的相对于"道德"因素的重要性，他提醒人们关注生活存在于同样地理和气候环境下的民族地区存在的不同的法律制度和礼仪习俗；他对苏格兰高地社会和平原社会的法律法规和礼仪习俗之间所作的比较，尤其具有说服力。④ 他原本可以指出（但并未指出）的是，孟德斯鸠未能识别显然决定了一个民族的文化精神的确切本质。这是亚当·斯密之后将要面对和考虑的有关孟德斯鸠思想的一个缺陷。

---

① 请参阅：卡波西的《人类的美德、社交和历史》，第244页。
② 请参阅：斯图尔特，《亚当·斯密的生平与著作》，第275页。
③ 请参阅：孟德斯鸠，《论法的精神》，第3页。
④ 请参阅：休谟，《关于民族性格》，引自《政论集》，第197—215页。

还是那句话,有关亚当·斯密的爱丁堡大学课程的任何文本、报告或者讲义,都不曾保存至今,我们对于其思想的了解都来自 1762 年到 1763 年期间格拉斯哥大学的一套学生笔记,以及另一套完全不同的课程的笔记,而令人困惑的是,后者的标注日期是 1766 年。对于这些笔记是否可以作为了解他在 1750 年到 1751 年期间思想体系的一种指南,目前是有争议的。有些人认为,亚当·斯密的分析所依据的有关财产的推测性历史,应当出现在他的思想发展的后期阶段,或者说,这一推测理论在 1750 年时很可能并不完善。①但是,他的思想的确充分发展到了可以支撑起有关政府理论和实践的讨论,因为他本人在 1755 年的一篇未完成的论文中提到过这一点。虽然那篇论文并没有幸运保存下来,不过杜格尔德·斯图尔特曾经看过那篇文章,而且评论说:"里面有一张很长的清单,列举了在政治和文学方面某些主导性原则,他急于确立他对于这些原则的专有权。""《国富论》的许多重要观点都在那篇文章里得到了阐述。"斯图尔特接着说:

> 但我只想引用下面这几句话:"人民通常被政治家和投机主义者视为一种政治动力学材料。投机主义者会干扰自然力在人类事务中的正常运转;自然力完全可以独立存在,如果可以让它参与一种公平竞争的游戏,它完全有能力实现其自身的设计目标。"还有一段话:"让一个国家从最基本、最野蛮的状态发展到一个最高级的富裕状态,除了和平、合理税收以及一种可以忍受的司法行政以外,不需要其他任何前提条件;其他所有的一切,都是由自然力所带来的。任何政府倘若阻挠这一自然进程,迫使自然力向别的方向发展,或者在特定时期竭力阻挠社会进步,那么这样的政府都是不正常的,而且必然会走向专制和压迫。本文所列举的大部分观点都在我的一些授课过程中详细提及,并由在六年前(即 1749 年到 1750 年期间)离开的一位牧师(担任我的助理)负责记录下来……它们都是我离开爱丁堡大学之前的那个冬天开展讲座的主题,而且我可以列举出这方面的很多证人,他们都会证明这些主题完全是由我本人确定的。"②

---

① 请参阅:密尔,《苏格兰启蒙运动中的自然权利》。
② 请参阅:斯图尔特,《亚当·斯密的生平与著作》,第 321—322 页。论文文本现已丢失。

亚当·斯密有点儿吹毛求疵地声称，在1750年到1751年期间，他在爱丁堡就政府和财富问题提出的独特的观点这一事实，在当前背景下是引人注目的，因为它指的是格拉斯哥大学课程的最后部分，有关它的各种论据和论证，构成了一种高度成熟的法律体系的自然结论。这个最具系统性思维之一的哲学家，是如何在没有建立起他所需要的最起码的理论框架的情况下，就在爱丁堡提出这些结论，我们现在已经无从了解。正如有关修辞学的授课所表明的那样，一种似乎更为合理的推定就是，他在爱丁堡大学期间而不是在其他地方，就已经奠定了他的理论体系的基础。

同样，亚当·斯密又一次向他的听众展示了他作为一个修正主义者的特征，他提出要在新的基础上重建一门新的重要学科。他开始按照普芬道夫式的风格的措辞诠释法学目标："法学应当用来引导公民政府的规则理论。它将尝试展示不同国家的不同政府体制的基础，并展示它在多大程度上是依据理性而建立的。"他接下来在列举政府目标的过程中声称，在探讨有关维护正义以及国家安全问题的同时，他还将讨论"我们称之为警察的东西"，以及其他我们会称之为政府机器的东西，尤其是要讨论它们在推动财富方面的作用。任何了解普芬道夫或者哈奇森的人都会清楚地知道，这意味着他将要提出财富在促进司法和社交方面的作用。①

在亚当·斯密看来，任何司法系统的合理性，都更多的与一种"正义感"有关，而不是和任何更为抽象的原则以及基于神学的原则有关，由此就引出了那种正义感是什么以及它来自何处的问题。亚当·斯密的回应再次归结为一种需要通过借助于日常生活和历史上的范例加以阐述的公理。作为他的修辞学体系基础的那种公理，是人人都会知道的一种老生常谈。他的法学所依据的却完全不属于老生常谈，或者是那种远非不证自明的东西——人们的正义感深藏于当某个人的权利受到侵犯时，他们所产生的那种合理的愤怒当中。他指出，"正义被侵犯，意味着每个人都被剥夺了他们所拥有的一种权利，以及他们能够从他人那里获得的合理要求的权利，意味着他们在无缘无故的情况下受到了某种伤害"。② 但是，我们如何知道这种愤怒感是公正的呢？亚

---

① 请参阅：《法学讲座》，第5页。
② 同①，第7页。

当·斯密回答说，这意味着"一个公正的旁观者会认为当事人受到了伤害，会对他的内心的想法感同身受，会在他为保护个人财产而反抗暴力攻击，或者为恢复从他手中被无辜剥夺的东西动用各种力量时，愿意和他并肩战斗"。①

如同记笔记的学生所评论的那样，当亚当·斯密在格拉斯哥大学讲授这些课程时，他会向他的学生提及他在道德哲学讲座中所讨论的正义感问题，以便阐述正义感的形成所依据的心理学。而在爱丁堡大学，哈奇森以前教授过的学生，感情上可能更亲近"我们的正义感是由某种内在道德感塑造的"这一结论，但他们很快就将发现，亚当·斯密并不认同哈奇森的观点，即认为道德感是人性所固有的。有些学生可能会记得在学习期间所掌握的结论：爱比克泰德和艾迪生认为，在内心深处与想象中的公正的旁观者进行交流，是学习如何应付日常生活中不满情绪的一个很好的方式。与此同时，任何听过亚当·斯密关于语言起源授课的人可能都会意识到，这个公正的旁观者是想象和语言的一个产物，是我们为应付道德需求压力而虚构出的一种精神资源。在这些授课过程中，有一点很快就变得十分清晰了：亚当·斯密将公正的旁观者看成是他所谓的人类"共同意识"的象征，它在引导我们的道德行为过程中具有并不明确但显然至关重要的作用，而法律精神就存在于我们的正义感当中。他对于公正的旁观者的上述观点，将成为他在格拉斯哥大学发展的道德哲学体系的核心，这毫不奇怪。

亚当·斯密的法律体系是从休谟那里借用的一种权利理论。休谟已经表明，我们对权利的理解，几乎都来自我们生活在拥有财产的社会中的经验，这是我们对于政府、道德和进步的必要性的认识的基础；换句话说，财产是文明进程之母。我们由此产生了权利感和正义感，它们是必需性的产物，而且在不同类型的社会中具有不同的形式。休谟对于将这些见解理论化并没有多少兴趣。亚当·斯密的伟大成就恰恰就在于将休谟的见解发展成关于法学的一般性理论，而且他很可能是从1750年到1751年在爱丁堡期间就开始了这一工作。他的理论来自关于财产的推测性历史，后者解释了一个社会从野蛮状态发展到田园社会、封建社会和商业社会的基本历史进程。到1762年，亚当·斯密已经创建出了有关这一推测性历史的如此高效而又精确、因而值

---

① 请参阅：《法学讲座》，第17页。

得详细引述的文本。正如在探讨语言起源过程中所做的那样,他从一开始就思考了人类社会的最原始状态,但强调人口压力如何迫使某些狩猎社会建立起最简单的私有财产制。

> 如果我们设想10个或者12个男人和女人住在一个无人岛上,他们求得生存的第一个方法就是获取岛上的野果和动物,他们唯一需要做的事情是狩猎或者抓鱼。采摘野果基本上不会被称为工作,唯一可称为工作的是追逐捕猎。这是猎人的时代。随着时间的推移,岛上的人数倍增,他们会发现,这种追逐并不能够为他们自身提供稳定的生活保障,他们需要想出其他办法来养活自己。最初,他们可能会把食物储存起来,这可以在相当长的时间内保证充足的食物供应。但这不是长久之计。他们所能想到的最自然的方法,就是驯服他们捕捉到的一些野兽为它们提供更好的食物,这样就能够诱使它们自愿留下来并繁殖后代,于是就进入了牧人的时代。他们更有可能首先饲养动物而不是种植蔬菜,因为这通常不需要太多的技巧和观察时间,尤其是在不知道什么样的食物更适合他们自己之前。因此我们就会发现,在几乎所有国家,放牧时代总是先于农业时代出现。鞑靼人和阿拉伯人几乎完全依靠牛群和羊群生存。阿拉伯人有一点儿农业,但鞑靼人一点儿都没有……

接下来,亚当·斯密探讨了那种作为文明启蒙运动基础的固定资产以及后来的动产体系的起源。

> 当一个社会的人口越来越多,人们就会发现很难通过放牧牛羊实现自给自足,于是就自然而然地转向了土地耕作,并准备种植能为他们带来营养的树木和农作物。他们观察到,那些掉在干土或者岩石上的种子很少会长出什么东西,但那些落入土壤中的种子通常会生长出植物,而且会产生与播种的种子相似的种子。这些观察以及实践,将他们逐渐推进到了农业时代。随着社会的进一步发展,每个人最初为满足自身需求而从事的不同行业更加细化,而这些行

业也为每个人提供了更加多样化的产品。于是人们开始把富余的产品用于交换，并由此获得他们所需要但自己并不生产的产品。这种商品交换的范围随着时间的推移逐渐扩大，不再仅仅局限于同一社会的成员之间，而是扩大到不同国家和民族的成员之间。因此，我们会把我们的布匹、铁器和其他小物件运到法国去，用于交换那儿的葡萄酒。我们会把我们多余的玉米送到西班牙和葡萄牙，并从那里换来西班牙和葡萄牙的葡萄酒。于是，我们最终进入了商业时代。因此，当一个国家储存了它有能力饲养的所有牛群和羊群，并且用于耕种的土地可以生产满足国民需求的所有粮食和其他可交换商品，或者至少能够保证国民衣食住行的时候，这样的社会就具备了进入文明时代的基本条件。①

如同孟德斯鸠的气候理论一样，有关财产的这种推测性历史，构成了亚当·斯密关于法律精神的思考的基础和主要特征，而且被证明在编纂性历史方面更具有可靠性（相对于推测性历史而言）。但是，它为亚当·斯密所提供的有关正义感的完整描述，不会多于孟德斯鸠的气候理论为他提供的有关任何法制精神的描述。在亚当·斯密看来，正义感不仅受到财产效应的影响，而且也会受到政府和警察对于人民的理解力的控制程度的影响；借助于他的财产理论，他得以发展起具有补充作用的有关政府和警察的推测性历史。这些是基于大卫·休谟的另一个关键性解释：只有当一个社会成员获得了有关财产必要性的概念之后，他们才会理解服从某种常规政府管理形式的必要。归根结底，正如亚当·斯密所言，财产是"所有争端的基础"，它会导致对于"物权法律或者关于财产的协议"和强制执法手段的需求。在最初的牧民社会中，这对于全体社会成员而言是一个重要任务；而在更发达的牧民社会，它对于首领以及世袭统治者而言也是一个重要任务。但是，财产也会造成不平等和怨恨，这促使亚当·斯密在1762年以嘲讽性的口吻评论说：

在这种情况下（实际上是在每一种类似的情况下），法律和政府

---

① 请参阅：《法学讲座》，第14—16页。

都可能会被视为富人用来压迫穷人的一种力量组合，而且为他们自己保留了财产的不平等性。否则，这种不平等性很快就会被穷人的攻击所摧毁，因为如果不受政府的阻碍，后者很快就会通过公开暴力行为减少富人的财产，从而实现与他们自身财产的平等性。政府和法律会通过他们原本也可用来对付富人的暴力，阻碍穷人获得财富；政府和法律会告诉穷人说，他们要么继续贫穷，要么通过他们曾经采取过的方式获得财富。①

这就进一步进入了争论的领域。在休谟和亚当·斯密看来，常规政府只有在创造出如何保护财产的制度的情况下，它的存在才是必要的，而且就如依靠战争和掠夺而生存的游牧部落的首领一样，最初的政府体制的核心，就是消除所谓的"庸俗的辉格党原则"所依赖的某些根深蒂固的情感前提。它挑战了最初的财产社会都是和平的农民社会这个概念，也挑战了洛克的假设：政府的起源和权威，依赖于契约以及他们的臣民秘密或者公开的承诺。休谟在《论道德和政治》中质疑了这些他认为完全不合理的假设；亚当·斯密也认为，这些假设与历史证据完全相抵触。他援引荷马*和修昔底德**的观点表明，选择在阿提卡***定居的那些野蛮的牧民之所以那样做，是出于自我保护的需要，他们创建的营地最终变成了城市；那些在沙漠中生活的不幸的鞑靼人和阿拉伯人，始终没有摆脱游牧民族的野蛮状态。②他展示了他们的统治者如何创造出有关不动产的最初体制，以及他们如何将土地进行划分并赠送给主要的追随者。亚当·斯密认为，不久以后，财产和耕种在情感层面带来的喜悦，足以促使其他无产者产生妒忌，也促使其他国王产生获取更大权力

---

① 请参阅：《法学讲座》，第 208、338 页。
* 荷马（前 873 年—前 8 世纪），古希腊盲人诗人，相传古希腊著名长篇叙事代表作史诗《伊利亚特》和《奥德赛》系由他根据民间流传的短歌编写而成。他的杰作《荷马史诗》极大地影响了西方的宗教、文化和伦理观。——译者注
** 修昔底德（前 460 年—前 400 年），古希腊历史学家、哲学家和将军，被称为"历史科学之父"和"政治现实主义学派之父"，其著作《伯罗奔尼撒战争史》记录了公元前 5 世纪到公元前 411 年斯巴达和雅典之间的战争。——译者注
*** 阿提卡，古代希腊中东部一地区。——译者注
② 同①，第 221、218 页。

的欲望，从而导致产生新的冲突的根源。随着时间的推移，原有的君主制政府便被具有古希腊暴力性社会特征的贵族共和国所取代。①

　　文明起源的这种推测性历史（它源自不同哲学的融合以及对古代文献的一种修正主义方式的阅读）被精心组织起来，并用以强调亚当·斯密法学体系的重要研究主题之一：拥有土地的贵族所具有的持久威胁性力量。从亚里士多德到极有影响力的 17 世纪理论家詹姆斯·哈林顿*，很多政治哲学家都告诉我们，权力与财产紧密相连。亚当·斯密表明，拥有土地的贵族根据自己的需要而摧毁君主制和共和国的力量，这种情形久已有之，并且一直保留到今天。他在 1762 年的一篇有影响力的评论中指出，只有在以动产制度为基础的一个现代商业社会中，才有可能设想其政府有能力限制一个大地主权力的国家的出现。②所以，和孟德斯鸠的观点不同，亚当·斯密始终认为，贵族不但远非反对专制的唯一堡垒，而且对于正义、社会和平乃至文明的进步都构成了持久的威胁。

　　亚当·斯密对于文明起源的考察，还为罗马帝国陷落之前和之后罗马体系及封建法律在整个欧洲的发展提供了一种分析基础。对于包含一个庞大律师队伍的苏格兰听众而言，每一个主题都有明显的吸引力。这些主题为亚当·斯密提供了解释欧洲文明兴起所需的资源。他重新审视了罗马帝国的陷落过程，野蛮游牧部落所建立的欧洲定居点，以及对于在很大程度上塑造了英国和苏格兰法律体系的封建制度起源的经典描述。亚当·斯密所发现的封建制度远非一种加强贵族权力和削弱国王力量并为由贵族保护的君主立宪制奠定基础的制度，他看到的是由若干英格兰和苏格兰国王实施的政策行为所导致的一种封建制度——亨利·霍姆最初在有关封建制度的论文中也提出过这一观点。这些国王决心遏制贵族的权力，而且"从那时起，国王的权力就如我们所看到的那样明显增强，政府管理更加平稳；在征服撒克逊民族之后，局面变得更加开明和有序"。③因为理想政府以及理想政府能够实现的自由都

---

① 请参阅：《法学讲座》，第 208—235 页。
* 詹姆斯·哈林顿（1611—1677），英国 17 世纪资产阶级思想家、共和主义者，著有《大洋国》等，重述亚里士多德关于政体稳定和变革的理论。——译者注
② 同①，第 264 页。
③ 同①，第 252 页。

需要严格地执行公正原则，需要像爱德华一世*和亨利四世**那样"具有军事才华的能征善战"的国王。①和孟德斯鸠以及亚当·斯密同时代许多人所认为的不同，贵族远非君主立宪政体的监护人，他们打破了欧洲每一个国家及其良性政府的秩序，而且在亚当·斯密看来（自从"光荣革命"以来，苏格兰理论家也持这种观点），他们的权力只是在近代"随着艺术贸易和奢侈品的引入"才开始式微。亚当·斯密及其同时代许多苏格兰学者感兴趣的问题是，贵族复兴是如何在商业时代受到限制的。

这种分析过程使亚当·斯密发现，在整个欧洲发展起来的公共法和私法体系，是用来满足建立在一种非常不同于商业时代原则基础上的封建文明的需求的；这种分析也使得他能够就过时的法律和传统提出某种尖锐的批评，譬如那些和长子继承权以及限定继承权（它们是在封建时代作为一种防止大地产的分散而引入的）有关的法律和传统。这些显然为他所熟知的问题，立刻就引起了现代律师们的兴趣，而且很快就在爱丁堡的英才学会当中进行了讨论。②

亚当·斯密特别感兴趣的是政府的发展、法官和管理者致力于法律及政府管理的规范化与系统化过程，以及推动人民的正义感这一表面上的自然倾向。当正义被视为一种其完整性是生命和财产安全所依赖的体系时，了解正义规则的必要性，以及如何避免暴力（尤其是在当事人自身利益受到威胁时），就会变得容易得多。在亚当·斯密看来，对于合理制度的热爱——包括在日常言行方面，在国内业务管理和公共事务方面，以及在艺术和科学方面——是人类的主要特征之一，是一种根植于人的想象力以及了解和改善世界

---

* 爱德华一世（1239—1307），也被称为"长腿爱德华"，是自1272年到1307年间在位的英国国王，金雀花王朝最重要的代表人物之一。他是一位文治武功都很出色的杰出国王，奉行的内外政策都十分积极，使英格兰成为当时欧洲的重要大国。——译者注

** 亨利四世（1553—1610），也被称为亨利大帝、贤明王亨利，原为西班牙北部纳瓦拉王国国王，在1562年胡格诺宗教战争中以新教领袖身份参战，凭借其出色的军事才能和善于利用敌方矛盾最终获胜，并在1589年加冕为法国国王，成为法国波旁王朝的创建者。——译者注

① 请参阅：《法学讲座》，第260页。
② 在1754年和1764年之间，英才学会争论过有关在四种情况下限定继承权的可取性，在五种情况下长子继承权和女性继承的价值问题，以及在三种情况下是贵族统治还是民主制度会对自由构成更大威胁的问题。请参阅：《律师手稿》，苏格兰国家图书馆，编号23.1.1。

的自然愿望的审美情感。诚然，一个像休谟这样的怀疑论者，很可能会对极易滋生宗教狂热和政治狂热的精神倾向怀有深刻的矛盾心理。然而，对于亚当·斯密而言，人的想象力和对于制度的热爱，是两种拯救人类免于灭绝并使文明进步成为可能的最强大的资源。归根结底，它们是安全、美德和幸福所依赖的能力机制。

但是，正义感也深受一个国家法律管理方式的影响，正是这一点构成了亚当·斯密授课内容的第三部分，也就是在很多方面都最引人注目的部分的主题。这一主题涉及"警察"，以及"合算的买卖，还有市场商品供应的问题。这当然不仅包括推动城乡之间的自由贸易，也就是我们通常所说的国内贸易，还包括如何利用邻国的丰富资源"。① 在这个"最重要的主题方面"，亚当·斯密完善了他的人性理论，并将为他通过两部杰作——《道德情操论》和《国富论》——发展的政治经济体系打下基础。他为此所采取的方式，将使他作为一个进步哲学家和哈奇森的弟子脱颖而出。不过，他所形成的对于自由和追求幸福的想法，完全不同于他的老师。

就像沙夫茨伯里和洛克一样，哈奇森属于老一代辉格党人，他具有这样的传统观念：促进美德和自由意识，以及建立能遏制贵族（一个"以野心、虚荣和傲慢为特征的阶层，它对于工人阶级充满冷漠和蔑视之情，仿佛后者不是一个物种或者不是他们的同胞公民似的"；它有可能成为一个让人无法忍受的正义障碍阶层）日益强化的经济和政治权力所需的良性政府，乃是立法者的职责。② 世袭贵族控制的大量地产和他们的政治腐败，正在恶化穷人的处境，也是威胁下议院的力量，这是"最可怕的政府形式"。③ 就像过去大多数激进的辉格党人一样，哈奇森为此期待有一天建立起一个可靠的议会制度，它能够通过土地法律、职位轮换和定期选举等方式约束贵族权力。然而，他也颇有争议性地接着指出，推动贸易、生产和商业对此大有帮助，因为经济增长将促进产业发展和穷人就业，并将为商人和生产者提供必要的财富，用于鼓励美德和自由所依赖的慈善行为以及和睦的社会关系。这一观点是用来对抗曼德维尔臭名昭著的主张的，即促进经济增长依赖于有效利用人们享受

---

① 请参阅：《法学讲座》，第6页。
② 请参阅：哈奇森，《道德哲学体系》，第2卷，第255页。
③ 同上，第255页。

奢侈品和炫耀性消费的能力。哈奇森为此提出疑问："对于鼓励艺术和生产而言，选择奢侈的生活真是必要的或者是有用的吗？"① 雇主和雇员的勤奋及节制习惯，以及在一种"知足常乐"的状态下过着充实生活的愿望，对于美德、自由以及工商业的进步来说，难道不是更有利的因素吗？还有，相比于"一个拥有同样财富，却在过了几年挥霍无度的生活之后，便开始被疾病和贫穷所折磨的败家子"，一个有节制地选择那种富足生活并且乐于行善的人，通常不是能够带来更大的消费作用吗？② 在正确的条件下，商业必然具有产生这样一个阶级的力量——该阶级的富有和美德，足以限制贵族的权力，并确保一个民主政体的自由和繁荣。哈奇森的思想具有极端的推测性质，是一种激进主义的梦想，它对于那些生活在看似繁荣但却具有清教徒特征的格拉斯哥商业世界的人而言，可能具有有限的意义，但在曼德维尔所在的伦敦市这种竞争残酷的消费者文化背景下，它听上去却显得过时且具有乌托邦性质。不过尽管如此，它仍是亚当·斯密按照他自己的方式发展的一种批评性分析，他将由此展开有关社会秩序问题的讨论，并将其作为他的经济理论体系最终依赖的基石。

关于警察这一主题，亚当·斯密的课程中引人注目而且具有原创性的观点是，政治稳定性和正义感与"让国家变得物品丰裕的一个有效途径，也就是生产各种廉价的商品，紧密相关。就此而言，廉价和丰裕在某种程度上是同义词，因为廉价是丰裕的一个必然结果"。③ 亚当·斯密接下来思考了物质丰裕的含义，以及他所称的"人类的自然需求"，由此发展了他所提出的关于作为语言起源课程基础的需求和进步的推测。这是对于曼德维尔所描述的物质进步（事实证明，这一现象曾给他的导师带来过很大的困扰）的一个强有力的回应。亚当·斯密指出，"人从大自然的各种恩赐中获得了理性、创造力、艺术和各种奇思妙想，以及那种远远优于大自然赋予其他任何动物的改进能力，但与此同时，就人类获得的支持和生活舒适度而言，与其他动物相比，人类是在一种更加无助和赤贫的条件下获得这一切的"。④ 人的创造力是导致人类贫穷的一个产物。某人学会了做饭，是因为他发现生肉难以消化：

---

① 请参阅：哈奇森，《道德哲学入门》，第307页。
② 同①，第308页。
③ 请参阅：《法学讲座》，第333页。
④ 同③，第334页。

他学会缝制衣服和建造小屋,因为他身体太脆弱,不能像野兽那样生活。"促使他做出这些改进的同样的性情和意愿,推动着他去做出更大的改进";对于一种"粗鲁和邋遢的生活方式"的厌恶感,驱使他去创造"更优雅的生活条件",并且更加重视事物的审美功能而非实用功能。而正是这一点所提供的一种价值标准,为曼德维尔用讽刺性的措辞所描述的那种文明进程赋予了动力,因为"按照看待事物的某种观点,所有的艺术、科学、法律和政府、智慧乃至美德本身,全都关注这一件事;至于为人类提供肉类、饮料、服饰和住宿,这通常都被看作是最卑微的工作,并且只适合最底层和最卑贱的人"。①

亚当·斯密对于需求的探讨,也表明他和休谟在这一问题上的不同看法。休谟认为,人们所有的社会情感、正义感、政治义务,以及道德和审美的起源,都可以依照同情心和需求加以解释。在法学授课中,亚当·斯密将这些见解置于一种人类学或者(像一些同时代学者所认为的那样)历史学的框架下。在某种层次上,这意味着可以通过将其运用到不同类型的文明经验中,详细阐述休谟对于需求多样性的讨论。在另一个层次上,这意味着证明生存手段和私人财产对于确保政治社会存在的重要性。但是,这种讨论的核心部分是亚当·斯密深刻洞察到的,即安全感和良性政府对于释放文明进程所依赖的改良主义情感具有重要意义。正是安全感的存在促使公民去寻求便利性、舒适性以及相关的生活必需品,而这也鼓励法官和统治者坚持维系持续的安全和发展所依赖的法律和政府系统,并使之长期规范化。一个形而上学学者或者一个迂腐的学究完全有可能声称,这种行为的动机要么是自私的,要么是仁慈的,但亚当·斯密从相当数量人群的行为中看到了一种更为直接、不那么具有投机性的动机——一种审美情操,它驱使人们寻求方便性或者秩序性,因为它本身具有的美感非常动人或者令人满意,它也能够为人们自己或者他人带来好处。这是对于能给文明进程带来有益影响的情况的一种回应,亚当·斯密在他的一个更具诗意的创造性时刻,将把这种行为归因于那只"看不见的手"*所起的作用。

---

① 请参阅:《法学讲座》,第338页。
* "看不见的手"是亚当·斯密的一个著名隐喻,它描述了这样一种原理:由于个人行为的非故意结果,导致出现了一种能产生善果的社会秩序。他在其《道德情操论》和《国富论》中使用这个隐喻所表达的思想,贯穿于他的全部社会和道德理论之中。——译者注

亚当·斯密在授课中使用了这种有关需求和改进的讨论，并将其作为他在《国富论》中思考政府职责时涉及的关于财富进步的推测性历史的基础。更为重要的是（正如杜格尔德·斯图尔特所注意到的那样），很显然，他在爱丁堡大学的授课过程中，已就政府职责的性质得出了这些重要而不乏激进性的结论。我们不知道而且可能永远也不会知道，他在 1751 年得出这些结论的方式是否与 1763 年的情形基本相同，不过大致可以肯定的是，亚当·斯密在关于警察这一主题的授课中已经意识到，他正在以一种新的方式进入一个崭新的领域。这种方式一如既往地表明，关于经济增长对于社会影响的一个相对普遍的悖论，可以通过一种对于理解经济发展具有最深远影响的方法加以解决。提出这一悖论的经典模式的洛克认为，"在这里（美洲），一片庞大而富饶的土地上的一个国王所享有的食物、衣服和居住环境，不及英国的一个普通日工"。① 因此，他解决这一悖论的办法，就是强调文明社会与野蛮社会的不同，前者能够富有成效地使用土地。而在亚当·斯密看来，这种悖论具有更深层次的意义，他解决这一悖论的途径为他在 1755 年所得出的那种创造性结论奠定了基础。他认为，洛克忽略了作为所有改良型社会基本特征之一的巨大的不平等，也忽略了这种不平等对于最贫穷的社会人口的影响。和工匠不同，贫穷的工人

> 必然会受制于他们的土壤和季节的所有不方便性的影响，与此同时，他们也需要长期忍受严酷的天气和最艰苦的劳动。因此，这些支撑起整个社会结构并为其他所有人提供方便和舒适生活条件的人，本身只占有非常小的福利份额，而且始终处于默默无闻的生存状态。他们承担起整个社会的人的生活责任，但却被抛到社会最底层。那么，我们应当如何解释为什么不同阶层的人享有截然不同的生活舒适性呢？

亚当·斯密给出的历史性答案是："不同的劳动分工可以解释这一点。"②

---

① 请参阅：洛克，《关于政府的两篇论文》，第 296—297 页。
② 请参阅：《法学讲座》，第 341 页。

到 1762 年，亚当·斯密进一步加深了对劳动分工的经济后果的理解，他指出，劳动分工的进展是由市场控制的，而且《国富论》中的经济分析正是建立在这一观点之上的。我们不可能知道在 1750 年到 1751 年期间，他究竟在多大程度上获得了这一历史性的见解。一个格拉斯哥大学的学生说，亚当·斯密曾告诉过他，他是在那时候第一次见到大卫·休谟的，当时休谟正在着手创作他的《政论集》和亚当·斯密后来发觉特别有用的有关商业理论的论文。① 我们并不清楚他在这一期间是否知道这些论文，乃至在当时是否有机会参阅它们。但他在这一期间得出的"将一个国家从最低等的野蛮主义推向富裕程度最高的地位的要件，除了和平、低税收和可以接受的司法体系外，几乎不需要其他任何东西，而且其他一切需求都会自然而然地得到满足"的结论表明，他在当时已经在思考政府行为对于劳动分工进程的影响了，以及对于劳动分工所依赖的商品交换进程的影响。正是这条思维主线使他第一次发起他那著名的对于垄断、贸易、生产和农业的其他限制因素的攻击，他声称，政府可以通过消除劳动分工进展的障碍，更有效地履行其促进正义和鼓励普遍社会交往的主要职责。如果这真的是亚当·斯密在 1750 年到 1751 年间得出的见解，那么，他当时不但奠定了一种新的法学基础，而且也在思考生存手段、财产和政府对于社会和经济交换以及文明进程的影响了。假使果真如此，那么这也意味着他当时正在为他作为格拉斯哥大学道德哲学教授所致力的两大事业打下了基础。

修辞学和法学的一系列公开授课是亚当·斯密职业生涯的一个里程碑，它们使他成为由年轻牧师和律师组成的文人阶层（他们构成了苏格兰首都精神生活的核心）的主要成员之一。就在这一期间，他结交了如下人物：修·布莱尔，知名历史学家和未来的爱丁堡大学校长威廉·罗伯森，爱丁堡大学未来的道德哲学教授亚当·弗格森，剧作家约翰·霍姆，一些医学界成员，以及亨利·霍姆的另一个门徒威廉·卡伦（他在 1751 年被任命为格拉斯哥大学医学教授，后来成为亚当·斯密最亲密的朋友之一）。他的讲座在知识分子

---

① 爱丁堡大学图书馆存储系统，编号 La II 451/452。不能排除他们在 1749 年冬季见面的可能性。

的精神生活中留下了印记。罗伯森承认，亚当·斯密开设的修辞学讲座，对于发展他本人极具影响力的课程具有很大的帮助。亚当·斯密曾将他自己的课程讲义借给他，并评论道："他很受欢迎，一定会大有作为的。"[1]无论罗伯森是否听过那些法学课程，或者是否借过亚当·斯密的讲义，但结果都不是那么令人满意。根据古文物研究者乔治·查尔姆斯的记述，亚当·斯密在格拉斯哥大学的一个学生曾告诉他说，亚当·斯密认为罗伯森"抄袭过有关查尔斯五世*的历史著作第一卷的部分内容，每个学生都可以作证"。[2]就是在这个阶段，亚当·斯密遇到了那个其著作给他自己带来很大影响的人——大卫·休谟，并逐步与他建立起了一种极为亲密的友谊，这种友谊后来也对苏格兰启蒙运动产生了积极影响。

亚当·斯密的授课以及因这些授课建立起来的朋友圈，使他很快就正式成了爱丁堡青年文人阶层的主要成员之一。在1752年，他被任命为重新恢复活动的哲学研究学会的副会长，而且在两年后，他成了英才学会的创始成员之一。这两个机构将为爱丁堡启蒙运动确立的思想体系提供极大的帮助。到那个时候，他也将成为格拉斯哥大学教师队伍中最知名和最具创造力的成员之一。

附：资料来源说明

历史学家依据有关亚当·斯密的授课环境和授课内容本身相当匮乏而又经常模棱两可的信息，谨慎地探究亚当·斯密的职业生涯这一重要发展时期。我们当然可以通过多种方式读取这些信息，我也很感激戴维·雷诺投入那么多的时间和精力，对这里给出的猜测性的解释做出不乏怀疑性的审视。然而，我们的谈话和通信使我确信，我对于有关亚当·斯密教授修辞和法学的情况——尤其涉及他是否只开设过一门课程（他在1749年到1950年期间，可能在修辞学课程基础上增加了法学课程），还是说他从一开始就开设了两门独

---

[1] 请参阅：雷伊，《亚当·斯密传》，第33页。
* 查尔斯五世（1500—1558），自1519年到1556年期间在位的神圣罗马帝国皇帝。——译者注
[2] 爱丁堡大学图书馆存储系统，编号 La II 451–452。

立课程（一门是修辞学，另一门是法学）这一令人烦恼的问题的诠释，似乎是言之成理的，并且可以得到我所描述的授课环境的支持。在这类重要的问题上，传记作家必须准备好做出这样的推测：他们是否有可能为传主的人生及其思想发展提供一致性的解释，是否会就重要的生平细节作出新的思考。无论怎样，就像亨利·霍姆曾对詹姆斯·鲍斯韦尔说的那样，"有了那一思考之源，你的推测就不会误入歧途"（鲍斯韦尔：《送给陪审团的掌声》，第36页）。

关于亚当·斯密的修辞学，S. J. 麦克纳的《亚当·斯密：礼仪的修辞》，改变了一个被人们忽视的重要领域。另见 W. S. 豪厄尔的《亚当·斯密的修辞学授课》。我发觉 Q. 斯金纳的《霍布斯哲学中的理性和修辞》尤其具有启发意义。关于亚当·斯密的语言学理论，见 C. J. 拜礼的"亚当·斯密对语言的思考"和 M. 达斯卡的"亚当·斯密的语言理论"两篇文章，以及（倘若要了解更广泛的背景）汉斯·阿斯莱夫经典的《英国语言研究（1780—1860）》一书。

关于亚当·斯密的法学及其在西方政治思想史上的地位，艾斯特凡·亨特的《贸易嫉妒：从历史角度看国际竞争》极为重要。我也从 K. 哈孔森的《立法者的科学：大卫·休谟和亚当·斯密的自然法体系》中受益颇多。另见 D. 利伯曼在《亚当·斯密的剑桥伙伴》中的"亚当·斯密谈正义、权利和法律"一文。

第 6 章 格拉斯哥大学道德哲学教授（1751—1759）

  1751 年初春，亚当·斯密结束了他在爱丁堡大学最后阶段的授课，并且很可能很快就回到了柯卡狄，准备履行他就职格拉斯哥大学逻辑学和形而上学教授这一最新任命。自上一年 11 月他的老教授约翰·罗顿去世以后，这一职位就一直空缺着，而且立刻就围绕这一职位出现了竞争。当时有两名候选人：亚当·斯密和弗兰西斯·哈奇森的另一个昔日门生乔治·缪尔海德。缪尔海德是一个很有实力的候选人。哈奇森曾在 1746 年支持他担任爱丁堡大学道德哲学教授，而且当亚当·斯密在次年被任命为道德哲学教授以后，大卫·休谟认为，他是亚当·斯密的一个合适的接替者。缪尔海德于 1753 年被任命为格拉斯哥大学东方语言学教授，并在一年后成为人类学教授。亚当·斯密在 1763 年辞职以后，他被视为道德哲学教授的一个合适人选。[①] 就像亚当·斯密一样，他也来自法夫地区。但是，亚当·斯密在爱丁堡的声誉，再加上詹姆斯·奥斯瓦德的游说、霍姆的协助和阿盖尔公爵有可能提供的支持，足以确保亚当·斯密最终胜出，《格拉斯哥新闻报》也于 1751 年 7 月 1 日正式宣布了这一任命。就在亚当·斯密来到格拉斯哥，在格拉斯哥长老会面前签署"忠诚告白"的书面承诺并发表题为"思想的起源"的就职演说之后不久，他就返回爱丁堡大学继续完成他的授课，并由他的职业担保人之一、新上任的民法学教授赫库勒斯·林赛完成罗顿的逻辑学和形而上学课程。整个事情很快就圆满解决了。不过，一个不和谐的音符是，这一任命过程导致在教授圈内出现了一些腹诽的情况，这也是英国这所最开明大学的典型特征之一。

[①] 请参阅：《亚当·斯密通信集》，第 100 页。

不清楚当时到底发生了什么。从不久后被任命为医学教授并且是亚当·斯密了解大学事务的主要咨询人的威廉·卡伦所写的一封长信草稿判断，麻烦的根源在于亚当·斯密写给阿盖尔公爵和他的监护人、公爵前任秘书威廉·斯密的两封信。听起来好像是亚当·斯密在报告说，他是一个教授职位的候选人，他希望根据他的优势而非作为公爵的门生被考虑。然而，有关这封信的消息不知被谁泄露出去了。于是，现在的说法就是，亚当·斯密实际上是阿盖尔公爵的人，而道德哲学教授托马斯·克雷吉、神学教授威廉·利奇曼和其他一些人之所以支持他，仅仅是出于对公爵的一种"奉承"。克雷吉对此感到愤怒，在教师队伍中也出现了一些议论。校长担心阿盖尔公爵会听说这件事，就要求亚当·斯密确认在信里所写的内容是否属实，这样他就可以在必要时向公爵作出解释。这一次轮到亚当·斯密发火了，他非常气愤，而且显然威胁要给公爵本人写信说明情况。卡伦的本能回应是："为了您的平静和健康着想，我恳求您不要被任何烦恼或者愤怒的情绪所纠缠，您只需要回到我们当中并正常工作一段时间，一切自会烟消云散。"① 这似乎标志着这件事暂告一段落。

亚当·斯密于 1751 年 10 月在格拉斯哥及时落脚，以便为新学年的授课任务做好准备，他可能住在学校附近，同时等待着教授家属区空置出房屋。他安顿下来之后，他的母亲和他的表姐珍妮特·道格拉斯就搬过来和他一起住，她们也将在他作为教授的余生中帮他照管房子。到那个时候，他将有新的教学任务。托马斯·克雷吉身体不好，他告了长假在里斯本*休养和康复。他的教学任务由亚当·斯密和威廉·利奇曼承担，利奇曼讲授伦理学，亚当·斯密则讲授自然法学和政治学，"让我教这两门课程，是最让我感到愉快的事情"。克雷吉是哈奇森的另一个学生，他的道德哲学课从总体上说，具有哈奇森理论的特征。亚当·斯密一反常态地变得非常包容，他告诉卡伦说，他希望在克雷吉去里斯本之前能有机会与其讨论一下这门课程，"我大概会从他那里获得有关我需要执行的这个计划的良好建议。我会一丝不苟地按他提出的每一个细节授课，因为我觉得我是代表他在做这件事。"② 不过，这次会

---

① 请参阅：《亚当·斯密通信集》，第 334—336 页。
* 里斯本葡萄牙共和国首都，是欧洲著名的旅游城市。——译者注
② 同①，第 4—5 页。

面并未实现。克雷吉死于 11 月 27 日,这也使得亚当·斯密不必完全按照克雷吉原本希望的那种方式授课。更为重要的是,克雷吉的去世,让亚当·斯密自然而然地成了他的接替者。他于 1752 年 4 月 22 日被选为道德哲学教授。这一次不再有任何恶意的流言,也没有谁为此大动肝火。

学生时代的亚当·斯密所知道的那个格拉斯哥,是一个经济处于发展初期的城市,并且拥有一所在未来的阿盖尔公爵密切关注下重新构建的大学。当他此次返回格拉斯哥时,这个城市的经济正在蓬勃发展,而那所大学的改革也正在进入新阶段。该城市的经济驱动力仍然是以惊人速度扩张的烟草贸易:1741 年的合法交易烟草量是 800 万磅,1745 年是 1300 万磅,而在 1751 年则是 2100 万磅——这些数字并未涉及一直是爱丁堡和伦敦财政部官员眼中钉的走私贸易的发展情况。事实上,到 1751 年,格拉斯哥的烟草贸易是如此普及,以致该城市进口和再出口的烟草贸易量超过了伦敦和英国独立小港的总和,它也正在成为与美洲和加勒比海国家、法国、德国北部、波罗的海沿岸国家以及俄罗斯之间开展贸易(主要是运输和储存面向欧洲的烟草、糖、咖啡、奶酪、姜、酒、甘蔗、棉花、焦油、帆布和火药,用以交换面向北美的欧洲货物)的最重要的中转站之一。这是一个繁荣的贸易,因为《联合法案》将苏格兰商人置于《航海法案》的保护之下,也因为格拉斯哥人擅长操纵协议条款,从而限制了外国人的竞争并提高了自己的利润。这也是一个正在让格拉斯哥烟草商真正变得富有的贸易。

从 1740 年到 1790 年,这种贸易被一个由 163 个商户组成的团体所控制,这个团体是由家族、金钱和利益结合在一起而形成的实力雄厚的辛迪加;白手起家的亚历山大·斯皮尔斯所建立的产业,使他到 55 岁时便拥有了价值 135 万英镑的个人资产;威廉·坎宁安在 10 年的时间里,借给他内弟的款额超过 15 万英镑。① 这些辛迪加集团对于当地经济的影响是可以预见的。许多人投资购买邻国的土地,并在那里建了豪宅和奢华的花园。这通常都更多地和炫耀性消费有关,而不是和亚当·斯密愿意将其与商人的土地所有权联系起来的那种谨慎的进步有关。在 1750 年和 1775 年之间,在市中心陆续建起了新的公共场所和市场,以及 12 条新的街道和数个广场,以便满足日益增长

---

① 请参阅:迪瓦恩,《烟草大亨》,第 11 页。

的人口和烟草领主越来越奢侈的商品需求。亚当·斯密对于这个新的市中心感到自豪，尽管他在 1773 年就把它推荐给塞缪尔·约翰逊的做法略显草率。"亲爱的先生，您去过布伦特福德*吗？"那个性情乖戾的智者回答说。①随着对于四轮马车和轿椅、具有异国风情的昂贵食品和时尚用品需求的增加，工艺贸易蓬勃发展；作为一个极其富有的商人的女儿，一向谨慎的安妮·鲍格进行了这样的估算：从 1775 年到 1780 年，她的家庭支出总额有一半都花在了购买奢侈品上。②到 1751 年，城市经济支撑了新的报社、酒馆、咖啡馆、公共娱乐设施、街头表演和艺术作品展览活动的出现。这是英国和法国规模较大的贸易城市商业财富扩张的基本迹象。1777 年，亚当·斯密的另一个学生约翰·吉布森在他的《格拉斯哥的历史》一书中指出了这些变化的影响，他评论说：

> 自 1750 年以来，不仅在格拉斯哥，而且在它周围其他地区都发生了极大的变化。迄今为止，吃苦耐劳的精神和极度的节俭品质，成为格拉斯哥居民的基本特征；一种良好的传统风气正在全面复苏……扩张的商业和增加的生产，再加上节俭和勤劳，产生了财富；银行系统的建立，使得有信用的人可以很容易获得金钱，公众的观念正在变得更开放，那些过去会被看成是疯子的各类业务承办人提出的各种贸易和发展方案，开始被更多地采纳并投入实践；建筑业、日常生活、服装和家具正在引入新的风格和理念，生活的便捷和优雅开始得到重视，四轮马车正在普及，娱乐活动室和儿童游戏房陆续建立。③

亚当·斯密将在《国富论》指出，转口贸易是经济发展的一个症状而不是一种原因，同时也是使用资本创造就业的最低效的方法。④尽管烟草贸易的

---

* 布伦特福德，伦敦西部的一个城市。——译者注
① 请参阅：鲍斯韦尔的《赫布里底群岛旅行日志》，第 364 页。
② 引自彼得斯的《格拉斯哥的烟草大亨》，第 364—366 页。
③ 请参阅：吉布森，《格拉斯哥历史》，第 114、120 页。
④ 请参阅：《国富论》，第 374 页。

确推动了消费的热潮，但它深入这个城市经济的程度，远远超过亚当·斯密的预期。烟草商们凭借他们巨大的贸易利益和庞大的资本，正在进入各个领域——炼糖业、制绳、铁器加工、制革和皮革生意、制瓶业，以及丝袜和帽子织造。例如，实力最雄厚的商人约翰·格拉斯福德已经涉足酿造、制革、染色行业，建立硫酸厂、钢铁厂、印刷厂和丝带织造厂。父辈们已在烟草业中大发横财的约翰·邓禄普等人，从海外贸易转向煤炭开采，其他人则进入银行业。正如苏格兰作家和历史学家克里斯托弗·斯莫特所说的那样，在18世纪的最后10年时间里，也即棉花业和造船业变得繁荣之前，正是这些商人奠定了格拉斯哥强大的工业和就业中心的基础。① 尽管转口贸易的利润可能不会创造大量就业，但足以为其工业企业的发展和繁荣创造条件。

人们很容易把这一时期那所大学所发生的变化看成是对于一个引人注目的商人群体的文化需求的直接回应，但事实并非如此。亚当·斯密清楚地知道，起始于18世纪20年代的改革，目的是传播温和派长老会制体系而不是商品生产体系，尽管正如我们所看到的那样，哈奇森将贸易理论授课作为他的政治课程的一部分，但他并不是将这一点，而是将著名的温和派长老会神学家威廉·利奇曼于1743年被任命为神学教授看成是他最大的成就。这所大学未来的优先事项，将是推动法学和医学教育，并将它们发展成适合具有哲学头脑的绅士们的学科。

格拉斯哥大学的法学和医学教授职位经常长期空缺，而且这两者在1750年恰好都处于空缺状态，与此同时，逻辑学和形而上学教授职位也出现了空缺。赫库勒斯·林赛于1750年被任命为民法学教授，威廉·卡伦于次年被任命为医学教授。他们都在爱丁堡做过研究，都在格拉斯哥做过几年私人教师。卡伦得到过亨利·霍姆和阿盖尔公爵的提携，因此我们推断林赛的任命得到过阿盖尔公爵的支持似乎也是合理的。他们都和亚当·斯密彼此相熟，都热情地支持对他的任命，而且也都成了他的好友。无论在精神层面还是在私人关系方面，卡伦都很合亚当·斯密的心意。他对于情感在人格形成方面所扮演的角色很感兴趣，尤其关注它对于他的病人身体健康的影响。他热衷于研究医学体系的历史，以及它在过去几个世纪对于医疗实践的影响。他将建立

---

① 请参阅：斯莫特，《苏格兰人民的历史》，第379—390页。

一门被一些人认为具有显著"哲学"特征的课程。大致说来，他具有和亚当·斯密相似的治学精神，用他的传记作家的话说，"他将一种同样伟大的自然体系理念引入他的医学授课中，并且正如西塞罗所描述的那样，他的教学实践让他的学生感受到人体所有感官构造的关联性，以及各个感官之间相互协助的基本原理"。① 然而，不幸的是，我们对于林赛的整个知识体系的了解所知甚少，他在1761年突然去世，而且几乎没有发表过任何东西。与亚当·斯密一道开展研究工作的詹姆斯·鲍斯韦尔听过他的授课，并且认为他是"我所见过的最出色的教师之一"。② 作为学术权利的倡导者之一，他很可能认识霍姆，而且令人感兴趣的是，我们不知道他如何看待霍姆和亚当·斯密以对历史研究为基础的法学课程。他是一位名副其实的哲学家，他有能力在1751年春天接替亚当·斯密讲授逻辑学和形而上学的课程。作为民法学教授，他所讲述的一个法学分支，吸引了荷兰和德国具有历史和哲学基础的法律学者的关注，尤其是亨利和塞缪尔·柯塞伊（他们的著作都让18世纪50年代的亚当·斯密产生过某种兴趣）。那么，亚当·斯密和林赛是否都针对法学的一个重要分支而形成一种具有互补性的哲学和历史学研究方法了吗？目前可以确定的是，那种研究方法是由亚当·斯密最聪明的学生、林赛的继承人约翰·米勒所发展起来的。因此，对于亚当·斯密的职务任命，是旨在扩大课程范围、发展哈奇森所开创的"哲学式"教学风格（这也是格拉斯哥大学声望的基础）一系列环节中的最后一环，并且也是最重要的一环。哈奇森开设的课程确立了道德哲学作为哲学课程顶峰和进入神学殿堂通道的地位。亚当·斯密现在所面临的任务是，建立一种能够让其学生同时为日后选择世俗职业或牧师职业做好准备的课程。

还有最后一个问题：需要填补亚当·斯密刚刚留下的逻辑学和形而上学教授职位的空缺。从智力层面来说，亚当·斯密当初被任命为逻辑学和形而上学教授，凭借的是约翰·米勒所认为的为哲学（而不是逻辑学和形而上学）提供一种"更加有趣和有益的"的入门指导的授课模式。林赛曾经提议大卫·休谟可以成为一个合适的替代者，这个建议暗示了林赛的哲学倾向，并且表明，他了解并熟悉休谟曾表示要撰写《人性论》第四卷（关于"批评"）

---

① 请参阅：汤姆森，《威廉·卡伦传》，第1卷，第46页。
② 引自沃克主编的《詹姆斯·鲍斯韦尔与约翰·约翰斯顿通信集》，第7页。

第 6 章　格拉斯哥大学道德哲学教授（1751—1759）

这一事实。还有一种多少有些令人难以置信的说法是，埃德蒙·伯克——即将问世而且具有重要意义的《关于崇高与美的起源观念的哲学探索》一书的作者——也是潜在的候选人。①亚当·斯密对于休谟的候选人资格的反应是审慎的。他对卡伦说："我应当首先推荐大卫·休谟作为我的同事，但我害怕公众和我的意见并不一致，而且社会利益也迫使我有责任考虑公众的意见。"②事实上，当休谟将要成为候选人的说法泄露出去以后，格拉斯哥长老会向校长进行了投诉，而后者对宗教界对于教学事务的干预甚至比阿盖尔公爵的干预更加敏感。很显然，他"带着倨傲的姿态接待了对方（长老会代表）并且询问他们，他们是要为教学工作提供指导，还是作为他的教友而来。那些牧师们没有得到明确的答复。每一个人似乎都认为，休谟不会成为那个人"。③的确如此。最终，接替教授职位的是詹姆斯·克洛，约翰·罗顿的学生之一。他追随他的老师的足迹，继续教授波尔—罗亚尔逻辑学*，把这门课变成了托马斯·里德**后来所描述的"令人昏昏欲睡的逻辑学和形而上学的杂货铺"。④直到 1774 年，当亚当·斯密的另一个学生乔治·贾丁接替了克洛以后，以亚当·斯密的思想体系为基础的逻辑学和形而上学课程才展现出贾丁所描述的"智力文化"进步这一特征。⑤在 1752 年和 1763 年之间，作为对于他的道德哲学课程的一种补充，亚当·斯密长期讲授修辞学和纯文学。

　　这些教授任命的举措，是一种更广泛尝试的一部分。经由这一尝试，教授及其赞助人得以扩展这所大学的课程范围，并且重新定义它在这个国家和这座城市文化生活中的地位。1754 年，在亚当·斯密参与过的一次影响比较大的活动中，该大学印刷厂负责人罗伯特和安德鲁·弗里斯得到许可，建立

---

① 请参阅：《亚当·斯密通信集》，第 5—6 页；贾丁，《哲学教育概述》，第 26 页。
② 同①，第 5—6 页。
③ 请参阅：J. 伍德罗和 S. 肯里克的通信，1752 年 1 月 21 日，威廉图书馆存储系统编号 24.157（16）。
* 17 世纪至 19 世纪期间在西欧流传甚广、影响较大的逻辑学体系，其主要教材即《波尔—罗亚尔逻辑》一书（法国巴黎郊外波尔—罗亚尔修道院修士阿尔诺和尼柯尔合著的一本逻辑教科书，原名为《逻辑或思维的艺术》）。——译者注
** 托马斯·里德（1710—1796），接受过宗教训练的苏格兰哲学家。——译者注
④ 请参阅：贾丁，《哲学教育概述》，第 24 页。
⑤ 同④，第 85 页。

了后来被证明是部分取得成功的艺术学院，目的是培养素描、绘画、雕刻和制模方面的学徒工，其理由是"一些科学和纯文学学科的带头人，能够为艺术（尤其是美术）教育创造最好的条件，能够意识到艺术的内在价值及其通常被忽略（尤其是在道德和政治方面）的出色用途，意识到格拉斯哥大学将是一个能够把艺术学院置于其监督之下并带来一种高贵和有价值成果的恰当机构"。① 在 1755 年，罗伯特和安德鲁·弗里斯甚至策划了一次绘画、印刷和雕塑的超大型展览，这些向格拉斯哥公众销售的展品，主要是一些杰出大师作品的复制品，它们当中既包括价格为 70 英镑的苏格兰画家、汉密尔顿公爵的著名绘画《萨默塞特宫的会议》的复制品，也包括定价为 52 英镑的鲁本斯＊的《狮穴里的丹尼尔》的复制品，还有一些价格更为适中的普桑＊＊、拉斐尔＊＊＊和提香＊＊＊＊的野外风景画、经典场景画和人物肖像画，甚至还有以石膏和蜡为材料的弗兰西斯·哈奇森的半浮雕像复制品。如果说这种尝试足以表明艺术值得得到一所大学和一个富有的商人精英阶层给予赞助的话，那么更为引人注目的一项举措，就是该大学理事会开始讨论并"推进"亚当·斯密可能同样参与过的另一个重要计划，那就是建立一个培养跳舞、击剑和骑马技能的学院，以便为绅士们提供完善社交教育的途径。毫无疑问，这将使这所大学吸引那些具有绅士地位的客户，而且正是在此基础上，爱丁堡将有可能进一步巩固它的声誉。②

　　这一旨在扩大学校社交和文化教育范围的尝试，同样只是部分地取得了成功。诚然，正如我们将要看到的那样，在吸引国际性的、出身名门的学生

---

① 请参阅："1913 年弗里斯藏品展览目录"，《格拉斯哥书目学会档案》，第 2 卷，1913 年，第 70—73 页。

＊ 即彼得·保罗·鲁本斯（1577—1640），德裔比利时画家，巴洛克画派早期代表人物，也是欧洲第一个巴洛克风格的画家。——译者注

＊＊ 即尼古拉斯·普桑（1594—1665），17 世纪法国古典主义绘画奠基人，有"法兰西绘画之父"之称，作品大多取材于神话、历史和宗教故事。——译者注

＊＊＊ 即拉斐尔·桑西（1483—1520），原名拉法埃洛·圣乔奥，意大利著名画家，也是"文艺复兴后三杰"中最年轻的一位，其作品代表了文艺复兴时期艺术家从事理想美的事业所能达到的巅峰。他创作了大量圣母像，代表作有《西斯廷圣母》、《雅典学派》等。——译者注

＊＊＊＊ 即提香·韦切利奥（1490—1576），意大利文艺复兴后期威尼斯画派的代表画家，被誉为"西方油画之父"。——译者注

② 请参阅：斯科特，《亚当·斯密：从学生到教授》，第 149 页。

方面，威廉·利奇曼、威廉·卡伦和亚当·斯密本人都取得了一些成功。但是在这方面，这所大学从来未能有效对抗来自爱丁堡大学的竞争。爱丁堡大学的法律和医学师资队伍，比格拉斯哥大学更加强大，而且医学教授能够使用英国皇家医院的资源提供临床教学。值得注意的是，威廉·卡伦和约瑟夫·布莱克——几乎是最出色的两位医学教授——被爱丁堡更加茂盛的牧场所吸引，分别于1756年和1766年离开格拉斯哥大学。尽管亚当·斯密在1758年拒绝了休谟让他申请在爱丁堡大学担任公法学教授的提议，尽管他作为一个教师的名望，的确在很大程度上巩固了格拉斯哥大学能够跻身欧洲"最知名和最杰出"大学这一令人羡慕的地位（正如一个外国评论家所指出的那样），①但爱丁堡大学本身以及亚当·弗格森和杜格尔德·斯图尔特在18世纪最后几十年所开设的道德哲学课程，占据了苏格兰国内和国外的贵族学生这个名利双收的市场。归根结底，格拉斯哥大学过于远离爱丁堡那个文雅、绅士而又世俗化的世界，从而在争取受人尊敬的生源方面难以与对手进行有效竞争。

因此，格拉斯哥大学的教育，走的是和爱丁堡大学有些不同的路子。我们已经知道，在首都，市民和大学之间的文化距离，正在通过各种具有思想性和知识性的俱乐部及社团组织（它们融合了这座城市的学术文化和市民文化）而得以缩小。格拉斯哥没有几个这样的俱乐部，而且仅有的这类俱乐部所传达的有关大学和城市之间文化关系的理念，也和首都有着很大的不同。在亚当·斯密时代，只有三家知名的俱乐部，而且他全都参与其中。罗伯特·辛姆森教授所建立的成熟而又活跃的星期五俱乐部，是一家他主要很看重其学术文化氛围的教授俱乐部。于18世纪50年代初建立而且很受欢迎的霍奇—鲍芝俱乐部，开始是一个文学社团，但很快就沦落为一个饮酒俱乐部。于1752年1月由包括亚当·斯密和卡伦在内的一些教授所成立的文学学会，其初衷是为这座城市建一家大致类似于爱丁堡哲学研究学会的俱乐部，也就是为能够将大学文化与城市文化、本国文化和外国文化联系起来的教授们提供一个讲坛。它的一些早期成员，比如来自道格拉斯城的罗伯特·鲍格、威廉·克劳福德和约翰·格林汉姆都是商人，而且爱丁堡文人很少到此造访。

---

① 请参阅：德尼纳，《论文学革命》，转载于《苏格兰人杂志》(1764)。

不过少有的几位来者也并非都没有名气,比如亚当·弗格森和约翰·戴里尔姆珀爵士*,而且大卫·休谟还提供了他的第一卷本的《英格兰史》的几章内容用于讨论。事实上,该团体最初讨论的论文之一,就是亚当·斯密于1752年1月23日提交的、来自他即将出版的《政论集》中的"关于大卫·休谟先生一些商业论文的见解"一文。然而,该团体大多数成员都是教授,因此很难避免这样的结果,那就是像星期五俱乐部一样,该团体基本上是一个教授活动的圈子,是教授们大学生活的另一个延伸,是有助于确保该市教育启蒙运动仍旧保持原样、其活动范围主要局限于大学及其教授本身的一个机构。

亚当·斯密所参加的第四个团体由市长安德鲁·柯克朗勋爵(他原本是一个拥有一些资产和学识的烟草商)组建成立,这一所谓的政治经济俱乐部却相当不同。该俱乐部成立于18世纪40年代初,其初衷是鼓励其成员"探索自然界以及各个领域的贸易原则,并彼此交流相关知识和见解"。① 它主要是一个面向商人的俱乐部,而亚当·斯密和威廉·维特牧师(未来的教会史教授)是其仅有的两位教授成员。俱乐部的记录已经佚失,但毫无疑问,亚当·斯密对它很感兴趣,因为他有机会聆听那些有头脑的商人谈论他们的事业及其对于商业政策的态度。我们大概可以猜想到,很有可能正是在那里,亚当·斯密开始重视"可怕的垄断精神"对于那些最有文化的商人的头脑的控制力。他在《国富论》中写道:"在任何贸易或者生产领域的经营者……的兴趣,在某些方面总是不同于公众的兴趣,甚至与之相悖。开拓市场并减少竞争,始终是经营者的兴趣所在。"这使我们很容易联想到,他正在反思他在格拉斯哥13年来所看到的现象。② 亚当·斯密并不是商人群体基本特征的被动观察者。1755年,杜格尔德·斯图尔特看到过亚当·斯密向某个似乎叫柯克朗俱乐部的团体提交的一篇论文,在那篇论文中,他多少有些不耐烦地声称,他对有关自由贸易和维护一种商业政策的某些核心理念具有所有权。然而,斯图尔特并没有提到的是,这些理念与他在18世纪50年代所熟知的许多商人的理念有着严重的冲突。

因此,这是一种在很大程度上使大学本身与它在城市的中心地带保持距

---

* 约翰·戴里尔姆珀(1720—1789),苏格兰学者和政治家。——译者注
① 请参阅:卡莱尔,《大时代的人物轶事与人格特征》,第38页。
② 请参阅:《国富论》,第267页和注释12。

离的大学改革，而且并不使人感到奇怪的一个现象是，到18世纪60年代，就像数十年前承受猛烈抨击的牛津大学一样，它也成为遭受这种攻击（指责教授提供的是一种"哲学化"的教育，而不是一种"务实"的教育）的格拉斯哥大学版本的靶心。"我们的人民基本上都是商业族群，"一个小册子的作者在1762年写道，"然而偏偏在商业事务方面，我们的观念受到了很大的限制。我们没有为自己制定任何有可能为高雅生活增色的相对广泛的或者崇高的教育计划，而是制定了那些脱离实际的和难以实现的教育计划。我们的教育必须切合实际需要。"① 这一措辞还算相对温和，其他人，比如大学最强悍的批评者威廉·桑姆，他在1765年批评了一些教授的贪婪和自以为是，指责他们自负到竟然不屑于去任何城市教堂做礼拜，而是宁愿选择一所学院教堂，由此保持着体面的隐居状态。② 社会各方呼吁建立一系列新的学院，用于提供商业群体所需要的实用艺术和科学教育。至于被一些教授大肆吹嘘的哲学等所谓高雅学科的教化力量，"在商业群体中又有多大的实用价值呢？或者说，谁能给予它们最虔诚的关注呢？是那些最富有的人吗？别忘了，在现阶段，人们谈论最多的就是贸易。"③

在这种背景下，在1751年和《道德情操论》于1759年出版期间，亚当·斯密的学术生涯是在一种相对复杂的环境下进行的。尽管大学和市民之间的关系比他在学生时代所熟知的那种关系稍微融洽了一些，但仍然受到爱丁堡大学的高标准的抑制。他对商业生活的兴趣，他在创建和管理文学学会方面似乎能够起到的作用，以及他对于拓展大学教育和文化领域的兴趣，所有这些都表明，他非常关注大学教育的这些问题和更为广泛的目的，以及在一所开明大学的学术生活的本质。有一点不应被忘记，那就是在18世纪50年代，他成为一个对大学管理具有某种兴趣的成功而且富有经验的教务长。在担任教授的第一年，他负责主持将图书馆搬进由威廉·亚当设计的一幢新的但是问题不断的大楼里。从1755年开始，他作为大学财务主管，精心而有效地负责它的账目以及物品购置，这个通常由弗里斯等人负责的任务，意外

---

① 请参阅：《大学教育的缺陷及其与商业社会的隔离性》，第16页。
② 请参阅：威廉·桑姆，《格拉斯哥大学与教会》。
③ 请参阅：威廉·桑姆，《格拉斯哥大学学院建设规划》，第33—34页。

地使他获得了建立一所一流图书馆这一难得的机会。①事实证明，亚当·斯密是一个工作态度相当认真的大学图书馆经营者，他购买了大量古典、当代史、哲学、法律乃至商务文献。他所经手的最早同时也是最昂贵的购置物之一，就是之前他在爱丁堡大学法学图书馆接触过的《大百科全书》前七卷。在1758年到1760年期间为格拉斯哥大学购买的这些书籍，花掉了他将近三分之一的预算。到1754年，亚当·斯密已在物品管理方面为自己赢得了一个好名声。他长期参与了各种复杂的业务磋商：校长办公楼的重建，以及一幢新的自然哲学大楼的建设（用于容纳艺术学院以及詹姆斯·瓦特*的工作间），等等。到18世纪50年代后期，他继续负责这所大学的账目，以及大学就财产问题和学生纳税义务与市政委员会之间的接触。他经常就大学账目及财产遗赠方面的问题，同爱丁堡的财务大臣和伦敦财政部打交道。在这一时期，资历和能力已经使他成为该大学最重要的和工作量最大的成员之一。他从1758年到1760年之间担任财务主管，从1760年到1762年之间两度担任系主任，从1762年到1764年之间担任副校长。正如我们将要看到的那样，到他的教授职业生涯末期，他被卷入了这所大学错综复杂甚至激烈斗争的政治生活中。

不过虽然如此，他的学术生活的核心仍是教授道德哲学这一耗时的工作。亚当·斯密的时间表遵循了长期的大学传统。道德哲学的"公共"课程安排，是从当年的10月10日持续到次年的6月10日（在每个工作日上午7点半到8点半），在圣诞节期间有一天休息时间。亚当·斯密曾试图打破每一堂课都以祈祷开始这一惯例，但没有得到允许。他的祈祷显然是尽可能地敷衍了事的，而且据说都是在重复有关自然神学的内容（根据他的回忆录作者约翰·拉姆齐的记述，亚当·斯密的确为放弃哈奇森在礼拜日讲道的惯常做法做过努力）。②在11点到12点之间的这一个钟头，用于讨论上午的授课内容并对学

---

① 请参阅：《亚当·斯密的藏书目录》（米舒塔主编，第17—23页），对于亚当·斯密收藏的图书和他书房后来的情况作了一种权威性叙述。

* 詹姆斯·瓦特（1736年—1819年），著名发明家，出生于苏格兰格拉斯哥附近的格里诺克，1776年制造出第一台有实用价值的蒸汽机，以后又经过一系列重大改进，使之成为"万能原动机"，在工业上得到广泛应用，使人类进入"蒸汽时代"。1757年，格拉斯哥大学提供给瓦特一个机会，让他在该大学开设了一个工作间，这对于瓦特日后走向伟大的发明之路起到了很大作用。——译者注

② 请参阅：阿勒代斯主编的《18世纪的苏格兰》，第1卷，第403页。

生掌握知识的情况进行检查。亚当·斯密的修辞学专业课,被安排在 11 月中旬到次年 2 月下旬之间进行,授课时间是从中午到下午 1 点。下午时间用于对学生进行私人辅导,并且开展课堂讨论,或者给他们阅读相关辅导材料,像詹姆斯·鲍斯韦尔、威廉·理查德森和未来的巴肯伯爵都记得,他们非常喜欢当时的课堂气氛;格拉斯哥大学后来的人文学教授理查德森回忆说,课堂上"有许多补充性的乃至和课程无关的主题,并且进行各种各样的讨论,讨论内容不仅涉及道德,而且还涉及文学批评。他的授课生动活泼,他本人在问答过程中善于即兴发挥,令人印象深刻"。① 根据估计,到 1759 年时,亚当·斯密的那门公开课的学生大概有八九十人,而他的专业课大概有二十多人(学校的学生总数大概是三百来人)。②

关于他的老教授的课程情况,约翰·米勒为杜格尔德·斯图尔特提供了最完整和最细致的描述。

> 大概在他被任命为逻辑学教授一年以后,亚当·斯密先生被选为道德哲学教授。他的这一学科的课程分为四个部分:第一部分包括自然神学,他考虑的主题是神的存在与基本属性的证据,以及宗教所依赖的那些人类思想原则;第二部分是伦理学,基本上由他后来在《道德情操论》中所发表的那些学说构成;在第三部分,他更深入地研究了和公平性有关的那个伦理学分支。
>
> 在这个主题上,他遵循了似乎是由孟德斯鸠提出的研究计划,致力于追踪从最野蛮时代到最文明时代的法学(包括公法和私法)发展的缓慢进程,并且指出那些有助于生存和财产积累的技能在推动社会进步或者法律和政府改革方面所产生的影响。他也曾希望将他在这方面的重要研究成果应用于实践,但他在《道德情操论》中所提到的这一设想,在其有生之年未能实现。
>
> 至于授课的最后一部分,他研究了那些并非建立于正义原则之上,而是基于权宜之计的旨在增加一国财富、实力和繁荣的政治法

---

① 请参阅:理查德森,《论神学和文学》,第 507—508 页。
② 请参阅:雷伊,《亚当·斯密传》,第 50 页。

规。根据这一视角，他探究了和商业、财务、教会机构、军事机构有关的政治体系。他对于这些主题的研究，包括了他后来在《国富论》的"探究财富的性质和成因"这一标题之下所发表的研究成果。①

我们对自然神学授课的情况几乎一无所知，除了知道约翰·拉姆齐曾经有些刻薄地评论说："他的思考……尽管没有形成鸿篇大论，但对人类自尊心的奉承一点儿也不比哈奇森少；他们都认为，有关宗教的真理，是可以'通过没有任何特殊启示的自然过程而发现的'。"但"即便如此，"拉姆齐接着写道，"从他当时的交际圈以及其他情况来看，我们有理由怀疑他的宗教信仰并不牢靠，虽然他在谈话中对此表现得很谨慎。"②亚当·斯密显然是匆忙完成了这个不受欢迎的任务的，以便能够把大部分时间用于一门高度复杂的课程。一个相当重要的原因是，他要确保维系他的课堂通常都要由不同年龄和能力的学生所组成这一传统。这门课的学费是每年 1.5 基尼*，而那些希望第二次上这门课的学生必须再次付费，之后，才可以随心所欲地多次免费听课。这意味着到 18 世纪 50 年代中期，当亚当·斯密正在考虑将其授课内容变为一本书的时候，在他的听众当中，有些人之前从未听过他的课，而另外一些人则不仅了解他的伦理学、法学和政治学，而且还可能即将获得牧师和医生资格。如此高水平的学生，必然都有能力思考亚当·斯密的伦理学与政府理论之间的关系，以及他对于公民和地方官员的责任的看法。

作为一名大学讲师，亚当·斯密似乎是花了一段时间才安定下来的。最初，他采取了哈奇森式的不带讲义即兴发挥的做法，但这并不成功，于是他恢复了他在爱丁堡大学所采用过的模式：阅读他事先口授给一个助理的讲义，同时随时加入东西。于是一些人逐渐认为，这是他自己的一种即兴授课模式。米勒对他的授课模式的描述准确而又生动，有助于我们了解他的风格和那种独特的阐述观点的方法：通过使用各种"例证"以及他的博学知识，证明某种公理或原则的可靠性。

---

① 请参阅：杜格尔德·斯图尔特，《亚当·斯密的生平与著作》，第 274—275 页。
② 请参阅：阿勒代斯主编的《18 世纪的苏格兰》，第 1 卷，第 462—423 页。
* 基尼，1663 年英国发行的一种金币，等于 21 先令，于 1813 年停止流通。——译者注

第 6 章　格拉斯哥大学道德哲学教授（1751—1759）

　　亚当·斯密先生的能力，使他作为一名教授的优势似乎比在其他方面都更加突出。在授课过程中，他那善于即兴发挥的口才，给他带来了极大的帮助。他授课的举止虽然说不上有多么优雅，但却朴素而自然；而且，就像他似乎总是对他所研究的主题极感兴趣一样，他始终都能够让他的听众深感兴趣。每一个研究论题，通常都由几个分别需要加以例证和解释的观点所组成。当这些观点被置于一个基本框架内时，它们有时会显得自相矛盾。但当他试图解释它们时，他最初看上去似乎并未充分掌握这一论题，因此在叙述时可能会略带迟疑，然而随着课程的进行，他的思路越来越清晰，他的态度也变得越加温和而活泼，他的表达变得轻松而流畅。在那些会让人感觉有些矛盾的要点当中，你很容易察觉到，他内心深处对于他的观点具有一种对抗性，但他却被他自己的叙述所不断牵引，由此为他的观点赋予更大的活力和说服力。借助于各种完整的例证，论题的可靠性变得越来越明显，以至于无须重复同样的观点，就足以凭借其寓教于乐的效果而令人产生深刻的印象，并且牢牢地吸引他的听众的注意力。他善于从不同角度和以不同方式阐述同样的对象，并且能够追本溯源地描述论题的基本原理，最终为他的整个推理和验证过程画上圆满的句号。①

　　这仿佛是将这个教授描述成了一个演员，他感兴趣的是如何引起听众的兴趣。事实上，那种把注意力更多地放在记笔记而不是在他的论述方式上的学生，每每都会让他感到恼火——他常对那些记笔记的学生说，他"讨厌那些热衷于'涂鸦'的人"。② 这也描述了一个哲学家的惯常做法：他有充分理由确保这样的逻辑事实——只有当他的论证能够发挥听众的想象力，并激发他们探索真理的欲望时，他所研究的那种真理才具有说服力。这种做法对于像詹姆斯·鲍斯韦尔这样细心而又老道的学生而言显然是奏效的，后者在1759 年进入格拉斯哥大学，他在很大程度上是为了去听亚当·斯密的课：

---

① 请参阅：杜格尔德·斯图尔特，《亚当·斯密的生平与著作》，第 275—276 页。
② 请参阅：《圣詹姆斯编年史》，1790 年 7 月 31 日，星期六。

我到这里最主要的原因,就是为了上亚当·斯密先生的课(他的授课确实是一流的)。他的观点总是十分深刻而又发人深省,他表述观点的方法清晰、准确而有序,他的措辞典雅而有力。他具有和蔼可亲的性格。他完全没有很多教授身上那种生硬、固执和迂腐的特征。他根本不是那样的人,而是那种最有教养的谦谦君子,他非常喜欢和学生相处,而且以你能够想象的最友善、最自然的态度去对待他们。①

　　亚当·斯密教学方法的一部分,就是在每堂课开始时都会通过一篇精心设计的纲要回顾上一堂课的内容。他也会使用那些"老把戏",正如他在晚年回忆起其中的一个片段时所写的那样:"在整堂课上,某个长相平平但却表情丰富的学生,对于判断我的授课是否成功具有很大的作用。他醒目地坐在一根柱子前面,我会不时地观察他。如果他身体前倾、神情专注,那么我就知道学生们都在认真地听我的课;但如果他身体后仰,看上去有些萎靡,我立刻就会感觉到有什么地方不对,这样一来,我就必须改变我论述的主题或者表达风格。"② 这种回忆暗示,亚当·斯密授课的成功,在很大程度上是因为他喜欢学生这一事实。拉姆齐曾经写道:

　　他不遗余力地发现和培养天才的种子,因此当他接触到聪明而又勤奋的年轻人时,他会通过交谈发现对方的兴趣和长处。他非常乐于指导他们的学习,解决他们的疑惑,协助他们安排好人生计划。和很多能力很强而又极具说服力的教师相比,他的这种私人化的告诫和辅导方式,有可能在一个年轻天才的头脑中留下更加深刻的印象。③

　　他的教学把他变成了一个偶像式的人物,他的学生可以在地方书店买到其半身雕像。然而,令人遗憾的是,一个(根据米勒的说法)其思想经常在

---

① 请参阅:沃克主编的《詹姆斯·鲍斯韦尔与约翰·斯顿通信集》,第7页。
② 请参阅:辛克莱,《遥远的时代和地方》,第9页。
③ 请参阅:阿勒代斯主编的《18世纪的苏格兰》,第1卷,第463页。

俱乐部和文学社团被谈论的哲学家,一个成功地把年轻一代的格拉斯哥商人变成自由贸易者的领袖①,其任何半身雕像却都没有留存下来。

亚当·斯密所承担的教授职责,不可避免地影响到了他的私人生活。虽然偶尔会有浪漫情事的说法,但最终却并没有出现任何结果;正如伊安·罗斯所说的那样,"恐怕传记作家在亚当·斯密的性生活话题方面所能做的事情,无非是相当于为他那纯洁得如同一张白纸的个人感情史增加一个小小的注脚而已"。② 他造访爱丁堡次数不多,而且在度假开始和结束时,都会顺路去柯卡狄和格拉斯哥。他的朋友赫本女士的话,或许能够代表他的大多数朋友的心声:"非常遗憾您不能在格拉斯哥长时间停留,毕竟我们见到您的机会少而又少。"③ 通信情况表明,亚当·斯密在爱丁堡的朋友最终都不再给他写信并报告当地新闻,因为他们知道,他不大可能回信——就亚当·斯密不是一个合格的通信者而打趣他,成为他的后期信件中一个经常出现的主题。1754 年,他在爱丁堡时的学生之一亚历山大·韦德伯恩这样恰如其分地写道:"虽然自从我们分开以后,我从未收到过您的信,但令我几乎深信不疑的是,您对我的影响依然如故。我经常能够感受到您的思想的光辉。我之所以这样判断,是因为各种让我产生兴趣并且长时间思考的事物,都和您当初的指导密切相关。"④ 不过在这一时期,亚当·斯密和休谟之间的友谊,更多的是通过信件而非个人接触而逐步成熟的。从休谟在 18 世纪 50 年代的信件中,我们得以窥见他们彼此间交流的线索,或者是他对于英国历史的研究情况——他当时正在撰写有关詹姆斯一世和查尔斯一世的统治历史的著作。从他的信件当中,我们可以了解他即将完成的学术论文,还有爱丁堡的流言蜚语,当然更多的是对于亚当·斯密的健康的关心。"我亲爱的先生,"他于 1753 年 5 月 26 日在爱丁堡写道:

我很难过地从利奇曼先生处获悉,您最近贵恙缠身。我想这恐

---

① 请参阅:雷伊,《亚当·斯密传》,第 61 页。
② 请参阅:罗斯,《亚当·斯密传》,第 214 页。
③ 请参阅:《亚当·斯密通信集》,第 25 页。
④ 同③,第 12 页。

怕是授课让您过于疲劳的缘故,您需要尽可能多地休息。假期临近,我希望您出于锻炼和放松的目的到我这里小住,我有很多东西要和您交流。作为我的朋友,您一定会羡慕我健康的体格。我一直都申请参加国会会议,我的健康基本没有任何问题。我现在正参加长期国会讨论——考虑到我正在阅读的大量书籍,还有我严谨的工作态度,我把它看成是我个人体魄上的一个巨大进步。我认为您假期应该在这个小城多住些时候,您在这里会结识一些很好的朋友;而且您要知道,我可以给您提供很多书看,要多少都没问题。

我恳请您在闲暇时给我回信。

您亲爱的朋友和谦卑的仆人

大卫·休谟①

就我们目前所知,这一友善的提议没有取得任何结果。虽然有繁重的教授职责和较大的工作压力,但亚当·斯密无疑是在亨利·霍姆(他在1752年已经获得勋爵头衔,并成为苏格兰最高民事法庭法官之一)的刺激下,正准备着手完成一项重大任务:建立一个将适合社会上层人士和大学生掌握的哲学体系。随着道德哲学课程在1754年到1755年的相继进行,他开始致力于将其哲学理念整理成书这一重要工作,并希望借此树立他在伦敦和巴黎的声望,就如同他当初在格拉斯哥和爱丁堡的情形一样。为了做到这一点,他决定将他的道德哲学变成一种系统的学术理论,并为休谟有关商业具有提高和完善人性的力量这一看法提供哲学支持。休谟在《政论集》中所提出的这一理论,在1756年遭到卢梭*的质疑。正如亚当·斯密在撰写《道德情操论》时所发现的那样,卢梭的观点并不那么容易反驳。

---

① 请参阅:《亚当·斯密通信集》,第9—10页。
* 卢梭(1712—1778),法国伟大的启蒙思想家、哲学家、教育家和文学家,是18世纪法国大革命的思想先驱、杰出的民主政论家和浪漫主义文学流派的开创者,以及启蒙运动最卓越的代表人物之一。其主要著作有《论人类不平等的起源和基础》、《社会契约论》和《忏悔录》等。——译者注

附：资料来源说明

斯科特的《亚当·斯密：从学生到教授》，坎贝尔和斯金纳的《亚当·斯密传》，以及斯图尔特和罗斯的相关作品，都是研究亚当·斯密这一时期学术生涯的重要参考资料。关于该大学的历史，见本书第 2 章注释。关于格拉斯哥的俱乐部和社团，见 J. 斯特朗的《格拉斯哥及其俱乐部》。关于著名的弗里斯出版社，见 P. 加斯克尔的《弗里斯出版社书目》和 J. 麦克尔霍斯的《格拉斯哥大学出版社》。

第 7 章 《道德情操论》和商业文明

我们已经看到，大卫·休谟关于人性的理论，为亚当·斯密撰写他的爱丁堡大学课程内容提供了一个强有力的支撑。他已经形成了一种可以支持休谟理论体系的语言理论，并且证明审美和礼仪对于扩展人们的社交能力的重要性。通过证明不同的财产、政府和管理体系如何塑造民众的正义感，并确定一个政治社会的存在能力所依赖的社会性原则，他发展了休谟的正义理论。在此过程中，他证实了休谟在人性科学方面的基本见解的可靠性，并且重视研究在有组织的社会中，人类为获得生存和发展必然会产生的那些情感。他现在准备建立一种社交性理论（这也是他对于人性科学所展开的新的研究）。当他在 1750 年到 1751 年期间第一次遇见休谟时，他发现后者正在撰写《政论集》。这是休谟不遗余力地将他的人性理论应用到商业理论和描述文明的进程中的重要标志之一，这也是亚当·斯密后来将其形容为"迄今最杰出的当代哲学家和历史学家之一"的著作。①

就像亚当·斯密一样，到 1751 年，休谟的学术生涯正处于一种变化状态中。尽管《人性论》对于亚当·斯密和亨利·霍姆交际圈中的其他成员而言非常重要，但它并不是一个极有影响力的成功之作。在 18 世纪 40 年代的大部分研究时间里，休谟都将这部作品的理论原则用于自己了解当代英国的道德和政治文化。这一过程所导致的结果，就是他的一系列道德和政治论文在1741 年、1742 年和 1748 年相继发表。作为一个历史学家，他的后期研究工作的核心目标之一，就是说服当代英国人相信，他们的宪法和自由并非源于古代而是现代，同时鼓励他们再次思考他们作为"庞大的君主政体"（它正

---

① 请参阅：《国富论》，第 790 页。

在被战争、商业和帝国的发展所改变）背景下的公民的权利和义务的性质。到18世纪40年代后期，他的学术生涯正朝着与以往不同的方向发展。在担任一个外交使团秘书的两年时间里，他游历了都灵*和维也纳，并对国际关系和现代欧洲宫廷的治国理念产生了兴趣。孟德斯鸠的《论法的精神》在1748年的出版表明，通过对不同社会的运行模式所作的细致而系统性的分析，有可能形成一个行之有效的法律体系。对于古典学术著作的深入研究，推动了休谟以新的方式展示他的哲学原理，最终，1748年《人类理解研究》和1751年《道德原则研究》先后出版——后者"在我所有的历史、哲学和文学著作中，都被看成是其中的一部最佳作品。然而，当年它问世时，却在很大程度上被人们所忽视"。他在具有高度怀疑论色彩的《自然宗教对话录》当中，阐述了自然宗教原理。这本书写于1751年，当时因为太具争议性而一时难以出版，于是只好以手稿的形式在他的朋友圈中传播。后来在他的遗嘱中，他请求亚当·斯密设法让这本手稿在他死后出版，这是一个必然会让亚当·斯密感到有些棘手的要求。随着他的《政论集》在1752年出版，休谟准备把自己的注意力转向一个在接下来的10年时间里占去他大部分精力的重要项目，那就是撰写英国的历史。

1752年版的《政论集》所发表的12篇论文，是休谟学术生涯不同分支的一个重要交汇点。他的探讨使用了最初出现在《人性论》当中而现在被视为理所当然的那些原则。他使用历史范例证明他的结论，他所采取的习惯性的叙述方式，将被他用于撰写《英格兰史》。最重要的是，在亚当·斯密看来，通过反思人类这个物种的基本生存条件，休谟已就如何对于社交原则展开思考作了必要的细化。他的人性科学理论现在已经趋于完善，他正要把如何发展该理论这一重要问题移交给亚当·斯密。而且恰恰在这一时期，亚当·斯密开始在他的道德哲学授课中致力于解决同样的问题。尤其值得一提的是，亚当·斯密提交给格拉斯哥文学学会的第一篇文章，就是他的"解读大卫·休谟先生的几篇商业论文"。

休谟洞察深刻、措辞文雅和旁征博引的特点，在《政论集》中显露无遗。这些都是有关"商业、金钱、利润和贸易收支平衡等问题的探讨，而且可能会从中衍生出一些令人好奇的原则。对于这些庸俗的主题而言，这些原则也

---

* 意大利西北部城市。——译者注

许显得过于精细和微妙了"。他的话颇具讽刺意味。休谟是从哲学的角度分析商人、政客和政治家用来讨论商业原则和政治性的语言的。确切地说，他想要证明，经济问题是有关劳动以及如何部署劳动的问题，而这些问题同时也是有关人性原则的问题。他指出，"在这个世界上，一切都可以用劳动购买，因此，我们的激情只是劳动的原因罢了"。① 这意味着任何国家的财富和权力都应依据劳动力的质量和数量来衡量，而不是根据它的金银储备来衡量。休谟认为，确切说来，金钱"并不是商业的基本目的之一，它只是人们为了推动商品顺利交换而约定使用的工具。它也不是所谓的贸易的车轮，它是使车轮更容易平稳运转的润滑油"。② 因此，在贸易问题上，主权国家的首要职责是推动货币有效流通，使之能够刺激商业和生产，并提高国家劳动力的数量和质量。

休谟关于金钱、理论和贸易收支平衡的观点，是对于启蒙运动和后启蒙运动时期经济学思考的最重要的贡献之一，当然，这在很大程度上也是因为亚当·斯密将它们应用于撰写其《国富论》。就像亚当·斯密一样，休谟请求他的读者将人类看成是一个具有天然积极性的物种，他们会利用自己的劳动以确保自身获得生活"必需品"和"便利性"。在以生存经济为主体的原始社会，确保获得生活必需品的斗争最终占据了上风。在现代商业社会，男人和女人都更加能够致力于追求生活的舒适感和便利程度。不过，在上述两种情况下，人生的动力都是一样的，都会受到那些无止境的、用以满足人们自身需求的消费欲望的推动。从广义上说，这是伯纳德·曼德维尔的基本观点，而且休谟如同曼德维尔一样意识到，需求会受到时尚的深刻影响，而时尚是一种创造市场的机制。他所感兴趣的是商人们在塑造和满足市场的过程中所扮演的角色。严格说来，商人们是一些把一个地区劳动市场的商品转移到另一个市场的企业家，金钱是这一过程得以实现的机制。这就是为什么必须根据货币供应的多少和利率的市场运作机制来理解商业原则。这也使得相关讨论远远超出了曼德维尔的探讨范围，并且转向具有争议性的、涉及政府在经济管理方面的角色的问题。休谟认为，所有这些问题，最终都会归结到他的

---

① 请参阅：休谟，"谈商业"，《政论集》，第 261 页。
② 同①，第 281 页。

经济学思考所依赖的有关财富、劳动和需求的问题。

但是,休谟仍然需要思考曼德维尔具有犬儒主义色彩的问题。曼德维尔叙述的有关文明进程的故事,实际上是有关人格奴役的问题。原始人可能生活在一种极度贫穷和缺乏安全感的状态中,但他们至少曾经是自己的主人。然而,狡猾的统治者诱使他们服从政治权威,接受有关审美品位、行为举止和道德规范的规则,而这些规则唯一的功能就是扼杀他们的自我认知的激情,并把他们变成一种"被驯服的动物"。被时尚以及对于得到社会认同的强烈诉求所滋生的自豪感和愚昧性,使他们变成了甚至连自己都意识不到的社会习俗的奴隶。曼德维尔所能提供的唯一安慰就是,大多数人都这么容易受骗,以至于他们难以理解正发生在他们自己身上的事情。休谟意识到,要想让自己的经济思考所得具有说服力,就必须证明商业和经济发展在道德层面都是良性的,而他正是把某些最具雄辩性和说服力的论文应用于完成这一任务上。只有最严谨的道德学家才能够合理地认为,工作是非自然的,它会使人类远离他们生来就应享有的懒惰和沉思的状态。"没有哪一种人类心灵的渴望或者需求,会比对于受教育和就业的需求更加稳定而且难以满足;这种愿望似乎是人们各种激情的基础。"① 认为人类生来就是懒惰的,是误解了懒惰的乐趣功能。"懒惰或休息本身,对于增加人们的快乐似乎并不具有多大作用;但就像睡眠一样,它是人性为了顺应无法不间断地工作或享乐这一自身弱点所必需的。"② 原始人之所以经常无所事事,是因为他们的社会缺乏使他们变得勤劳的资源。在休谟看来,物质的稀缺以及财产的创造,是政治社会和文明进程所依赖的基础,它提供了企业及其创建过程的良性保障,以及人们社交和幸福最终依赖的那种安全感。事实上,休谟认为,因为商业文明能够为公民提供生活得更幸福的前景(相比于原始社会相对贫穷而落后的原始人而言),它实际上是比原始文明更自然的文明形式。

当工业技术繁荣时,人们就会长期固守自己的职业,享受职业本身带来的回报以及他们的各种劳动果实所带来的乐趣。大脑获得

---

① 请参阅:休谟,"谈利益",《政论集》,第 300 页。
② 请参阅:休谟,"谈高雅艺术",《政论集》,第 270—271 页。

新的活力，它的创造力等功能就会显著增强。诚实和勤奋的品格，可以满足一个人自然的欲望，并阻止舒适和懒惰所滋养的非自然欲望的生长。如果阻断那些技术的应用，就会让人们远离乐趣和劳动；如果只留下懒惰，那么就会摧毁懒惰可以给人们带来的享受。虽然懒惰在任何情况下都不是被人们所认可的品质，但它却是过多劳动和过于疲劳的必然产物。

不断发展的机械技术的另一个优势是，它会带来人文科学的某些改进，不过，二者之间只有在某种程度上相互依存才能达到完美。在产生伟大哲学家和政治家、著名将军和诗人的时代，通常都会有很多熟练纺织工人和造船工匠。我们不能合理地期待在一个对天文学一无所知或者伦理学被忽视的国家，会生产出一种美轮美奂的羊毛织物……这些高端技术发展得越快，人们就越善于交际：当他们精通科学知识并掌握了充足的交谈资源时，他们就不可能长期满足于自己处于孤立或独处的状态，也不可能与他们的同胞保持彼此疏离的状态（因为这是无知和野蛮的民族才具有的特色）。他们会涌入城市；他们热爱获得知识并与他人交流；他们会展示自己的才华和教养，以及对于衣食住行的品位；好奇心会驱使他们与他人进行智慧的碰撞，智慧会给人带来乐趣。到处都会出现特定形式的俱乐部或者社团，男人和女人都会以简单而友善的方式互相对待，其性情及行为都会迅速优化。这样一来，除了从知识和人文科学中受到教育之外，他们也必然会感觉到人性的提升，这得益于他们彼此之间进行交流并从中获得快乐和满足感的习惯。因此，工业、知识和人性是通过一个牢不可破的链条联系在一起的，并且通过经验和理性得以建立，这是一个更加文明和富有的时代所产生的必然结果。[①]

这是爱丁堡启蒙运动中最典型的哲学声音之一，它促使人们反思某种遭到误解但却无害的人性特征所带来的意想不到的结果，也使人们开始思考如何消除或者减少负面影响。然而，值得注意的是，休谟刻意回避了曼德维尔

---

① 请参阅：休谟，"谈高雅艺术"，《政论集》，第270—271页。

提出的更令人不安的道德问题。如果商业和推动商业发展的心理学马达改造了人性，那么是否仍有必要就文明进程对人类的影响进行大量的定性分析呢？曼德维尔所说的通过摆脱原始性的无知和野蛮，我们实际完全依赖于他人的观点以至于失去自我这一说法，是否仍然具有某种意义呢？从哲学上看，休谟对于这些问题不是特别感兴趣，但它们却以新的形式令人不安地再次出现，而且正是在这一时期，亚当·斯密面临着如何将他的道德哲学授课内容转变为一本书的问题，而在此之前，两部有关启蒙思想的关键性作品已经出版：塞缪尔·约翰逊的《英语词典》和卢梭的《论人类不平等的起源和基础》，它们分别出版于1755年和1756年。从1755年到1756年，亚当·斯密在为《爱丁堡评论》（一本存在时间较短但却是由雄心勃勃的英才学会成员创建和编辑的杂志）撰写的两篇文章中对它们进行了评价。这两篇文章标志着他首次将其哲学性作品以出版物的形式面向公众。①

亚当·斯密对于约翰逊的《英语词典》的欣赏是真诚的，但却是有限的。"任何想要编撰一部辞典，或者更确切地说，任何想要编写一种英语语法的人，都必须承认约翰逊先生带来的帮助，因为后者至少可以帮他减少一半的劳动量。"亚当·斯密写道。有问题的是词典使用的方法，亚当·斯密认为它"并不完全合乎语法规则。一个单词的确可以有不同意义，但它们很少被进行一般性的归类，或者按照单词的主要含义进行区分，尤其是没有花心思就表面上意义相同的词进行区分（原文如此）"。亚当·斯密接着以应如何处理"But"和"Humour"这两个单词为例，解释了他想表达的意思。有趣的是，在这篇首次发表的论文中，亚当·斯密实际上是为他自己的词典编纂方法做了广告。他再一次推荐如何使用"强行灌输"式的方法，围绕一般原则或者公理以及精心设计的逻辑过程建立一个命题。亚当·斯密所推荐的词典编纂方法（他还指出，词典编纂者应当强调某些单词的不正确用法，以及应当如何避免），从某个角度证明了他成为一个伟大哲学家的潜质。

他对于卢梭的《论人类不平等的起源和基础》的评价更加引人注目。他一开始就呼吁以一种更具包容而非狭隘的态度评价苏格兰出版界，同时敦促人们更多地关注英国和法国的道德哲学，因为只有这两个国家正在衍生出这

---

① 亚当·斯密的两篇评论，出自《哲学主题论文》一书，第232—254页。

样的哲学：它们"是如此成功而且具有影响力，以致吸引了世界各国的关注"。但是，他对于英国人和法国人思维特征的对比同样引人注目。在文学方面，英国人通常会展示出想象力、天才和创造性，而在哲学方面，"他们知道如何充分利用世界各国早已有的哲学知识然后得出自己的结论"。从另一方面说，法国人以其"品位、判断力、礼仪和秩序"以及他们"将每一个主题安排在简单而又自然并因此变得十分醒目的秩序框架下……这一特殊才能"而知名。他惊讶于法国哲学在最近一些年的复苏（这是一个因为笛卡尔在精神层面所犯下的有趣的错误而长期陷入瘫痪的学术领域）。在这方面，最典型的表现是狄德罗和达朗贝尔的著作接连出版，譬如《大百科全书》。作为一部伟大的作品，《大百科全书》具有约翰逊的《英语词典》所缺少的所有哲学力量，它为每一个主题提供了"一种详尽、理性乃至具有批评性的解释"，它是一种"包含不同艺术、科学及其起源和发展脉络的地图……这几乎可以和培根伯爵的著作等量齐观"。这是一个独特的哲学家的声音，他自己对于如何绘制各种知识地图的看法，是建立在稳固的哲学原则的基础之上的。

　　他最感兴趣的是法国和英国的哲学现状。亚当·斯密发现，英国人已经取得了巨大的进步。通过重新确认他心目中那些让人性科学的建立成为可能的哲学家的清单——"霍布斯先生、洛克先生和曼德维尔先生以及沙夫茨伯里伯爵、巴特勒博士、克拉克博士和哈奇森先生"，① 亚当·斯密也在不知不觉中与休谟建立起了某种关联。卢梭作为一个毋庸置疑的天才哲学家的出现及其对于社交性原则和商业进步的强烈兴趣，也在某种程度上成了亚当·斯密重点关注的对象，这至少是因为前者的观点与他自己、休谟和很多苏格兰学者的观点发生了明显的冲突，因此有必要对其提出质疑和挑战。亚当·斯密精确地揭示了卢梭的观点的实质，并将卢梭的体系和休谟的体系进行了对比（后者在塑造哈奇森的思想和他自己的哲学教育来源——曼德维尔的《蜜蜂的寓言》——方面发挥过重要作用）。② 亚当·斯密的分析十分精炼而得当，因此值得大篇幅引用。

---

① 休谟所列举的现代哲学的创始人，可见于《人性论》序言部分（第17页）。
② 也许值得关注的一点是，当时爱丁堡富有进取心的印刷商 W. 格雷和 W. 彼得在1755年重印了《蜜蜂的寓言》第9版。

凡是认真读过这本书（《论人类不平等的起源和基础》）的人，都会注意到在《蜜蜂的寓言》第二卷中那个英国作者所阐述的思想体系和卢梭先生的思想体系之间的差异性。曼德维尔先生展示了人们所能想象的那种最悲惨的人类原始状态，而卢梭先生则正好相反，他所描述的人类状态是一种最幸福也最符合人类本性的状态。不过二者都假定了这样的前提：人类没有任何为了自身利益而必然寻求与他人交往的强大本能。他们当中的一个人的说法是，人的原始状态的可悲性，促使他寻求这种原本并不会使他感到愉快的自我疗救的方法；而另一个人的观点是，某些不幸的意外事件激发了人的不自然的野心勃勃的激情和获取优越地位的欲望。他们二人都假设了同样缓慢的进程以及所有有助于人类在社会中共同生活的才能、习惯和技艺的渐进式发展，而且他们都以基本相同的方式描述了这一过程。根据他们的描述，维系人类目前不平等状态的那些所谓的公正的法律，最初都是由那些狡诈而又有实力的人发明的，目的是为了获得并保持对于他们的同胞的不自然和不公正的优势。不过，卢梭先生对于曼德维尔的观点提出了批评。他认为，悲悯之情（那个英国作者认为，对于人类本性而言，这是唯一具有适应性的友好原则）能够产生所有这些美德（曼德维尔先生否认了它们的现实性）。卢梭先生似乎同时认为，这一原则本身并不是什么美德，不过相比于那些最文雅和最有修养的人而言，它在最野蛮和最庸俗的人当中得到了更充分的体现。在这一点上，他倒是和那个英国作家达成了一致意见。①

不管是好是坏，人类在野蛮状态中是最自然的；需求是文明进程之母；文明进程是一个有关人类被他人的观点和力量逐步奴役的故事；文明的伦理史，是一个让人类变得面目全非的欺骗和自我欺骗的故事。休谟坚持认为，当人类在商业社会变得活跃并完全有能力积极生活时，他们就会处于最幸福的状态；而卢梭的回应则是，只有当人类通过简单生活并自由放纵自己的惰

---

① 请参阅：《哲学主题论文》，第250—251页。

性时，其自然惰性才会得到最大程度的释放，从而在野蛮状态中找到真正的自我。为什么卢梭会充满激情地谴责文明生活，而休谟却坚称人性可以经由文明进程而得到提升和完善呢？我们可以确定的是，卢梭的批评所揭示的是有关社交性的道德问题。当亚当·斯密开始面对这些问题时，他正在把道德哲学授课内容整理成书。

《道德情操论》是亚当·斯密的一次非凡的尝试，他系统而又颇具说服力地描述了人们从共同生活经验中学习道德原则的过程，以及人们如何避免轻易陷入宗教怀疑主义、曼德维尔式的犬儒主义和卢梭式的绝望心态当中。这意味着他将通过实验途径细致研究那些足以塑造人们道德观念以及领悟人们职责本质的经验、社会交换过程，以及人们学会评价自己和他人行为的方式；更为重要的是，这意味着需要关注这些过程对于人性的影响。这是一项学术事业，意味着要重新思考各种人际沟通形式最终依赖的同情原则。

同情是当代道德哲学家所熟知的一个概念。正如绝大多数学生读者都会知道的那样，古代斯多葛学派把同情看成是一种"吸引力原则"，通过这种原则，人类有可能与他人、自然界以及仁慈的造物主和谐共存。包括艾迪生在内的现代道德学家将这一术语广泛应用，尤其是用来描述友谊和社交性所依赖的那些情感根源。休谟曾经从更专业、更哲学的层面使用这一术语，解释人们为什么会被迫遵守那些道德和公正性的原则。事实上，人类在很大程度上是通过同情和语言表达自己的想法这一概念，深深地根植于盎格鲁-撒克逊和法国启蒙运动的交流文化中，并构成了启蒙运动自我认知的基本法则。然而，在亚当·斯密看来，这个熟悉的概念具有更多的含义。他的伟大成就之一，就是把它变成了一般商业理论可以依赖的一种社交性理论的管理原则；而且，尽管他的分析在一定程度上为休谟的商业理论提供了所需的哲学基础，但从伦理学上说，他的分析似乎也为卢梭对于文明进程的理解提供了某种支持，尽管事实上，文明进程所涉及的多种道德问题及其成因，无论是卢梭还是他那愤世嫉俗的导师曼德维尔都难以轻易回答。

亚当·斯密在他的著作中首先讨论了同情的概念。他默认卢梭和曼德维尔将怜悯（而非自私和仁慈）看成是一个人理解他人感受的情感之源这一思考方式是正确的。怜悯是"当一个人看到另一个人的苦难时，能够生动地联想到那种苦难下所体验的情感"。① 尽管这个概念很有价值,并足以解释一个人对于他人所拥有的那种几乎是本能和下意识的同情,但就解释一个人对于他人苦难或不幸作出反应的复杂性而言,它显然缺乏精确性而且过于宽泛。亚当·斯密首先引用西塞罗在《论义务》中有关斯多葛派伦理学的讨论(并对其加以适当改造)说明了这一点。亚当·斯密让你首先联想一下,你在一个刑讯室里看到你的兄长正在刑具上遭受折磨的情形。

> 虽然你的兄长正在刑具上遭受折磨,但只要我们自己感觉完全松弛,我们的感受就永远不会告诉我们他正在经受的痛苦。我们的感受从来不会、也永远不能让我们超越自己,我们只有通过想象才能对他的真实感受形成概念。我们的大脑能够帮助我们的,只是让我们联想假使处于他的情形之下,我们会有怎样的感受。这是我们的联想所复制的仅仅涉及我们自己而非他人的感受的印象。通过联想,我们设身处地地想象自己遭受同样的折磨,我们似乎便进入了他的身体,并在某种程度上几乎和他是同一个人,由此对他的感受产生了某种概念,甚至几乎感觉到刑具上的那个人就是我们自己。他的痛苦变得越发真切,并且最终开始影响我们,于是我们一旦联想到他的感受,自己就情不自禁地开始发抖。任何形式的痛苦和苦难,都会以类似的方式使我们感同身受,因为我们能够设身处地地展开联想或想象,从而在某种程度上产生同情或者悲悯的情感。②

亚当·斯密借此相当生动而又令人不安地描述了人际关系。即使那些认为彼此了解的人也会很快意识到,他们了解别人感受的唯一可能的途径,就是采取"想象"这一未必始终可靠的方式:一旦我的兄长的困境唤起了我的好奇心,我所能做的就是设身处地联想他的感受。当我一旦想到那种恐怖场

---

① 请参阅:《道德情操论》,第 1 页。
② 同①。在西塞罗看来,强调酷刑带来的痛苦是为了表明,如果我们觉得自己是在为高尚的事业而受苦,那么即便是最剧烈的痛苦似乎也会变得不那么剧烈。而在亚当·斯密看来,人们喜欢感觉到这些痛苦因自己的同情而有所减轻。见西塞罗的《论义务》,H. 拉克姆主编,洛布经典出版社(伦敦,1914),第 261—263 页。

面时，身体就开始颤抖，这时我才能够感觉到，我的感同身受已经变得无比真实了。似乎从一开始，亚当·斯密就急于让人们按照休谟的措辞，把自己作为永远无法知道他人感受的"介质"而自我联想。人们所能做的，就是使用自己的想象，实现休谟所描述的人们对于他人的一种"理解"。严格地说，人们彼此都是陌生人，总是试图更好地了解对方。在这个意义上，《道德情操论》是对于人的道德和情感需求以及满足这些需求的途径的一个研究。在很长的一段时间内，那个卢梭式的问题——这些需求在社会上能否得到满足——都将是亚当·斯密的关注对象之一。

就像哈奇森一样，亚当·斯密认为，情感共鸣是人们对他人命运产生好奇心的基本特征。满足这种好奇心，必然涉及评估对方的行为，并以暗示或者公开的方式做出回应，即人们会使用表示认同或者反对的言语，以及表示喜爱或者厌恶的表情。在亚当·斯密看来，这一评价过程与人们的审美趣味和礼仪观念关系密切，也和人们在面对特定情况下所产生的基本情感息息相关。他是这样描述这一过程的：

> 当一个人的原始激情与他人的情感达到完全和谐时，这些激情的产生对他而言，就必然是公正的和恰当的，并与其成因之间具有一致性；另一方面，当这些激情难以得到他人共鸣时，这个人就会发现，这些激情并不符合他的感觉，它们的产生对他来说，就必然是不公正且不恰当的，而且与其成因并不一致。因此，承认他人激情的适宜性，等于是说这个人能够完全在情感上与他人共鸣；不承认他人的激情的适宜性，就等于是说这个人在情感上不能完全与他人共鸣。①

换句话说，"我用我的视觉来判断你的视觉，用我的听觉来判断你的听觉，用我的理智来判断你的理智，用我的愤恨来判断你的愤恨，用我的爱来判断你的爱。我没有、也不可能有其他任何方法来判断它们"。②

---

① 请参阅：《道德情操论》，第 16 页。
② 同①，第 19 页。

亚当·斯密所做的绝不仅仅是分析一个人对于他人道德行为的反应。他正在发展的一种理论将表明，道德互动是一个双向过程：我对你的行为表示理解的情感，可能会从你那里得到同样的回报。在这种情况下，亚当·斯密认为，一个人处于一个不断"调试"自己对于对方所产生的反应的过程中，他会运用同情或者自我控制的道德力量，以此形成一种可以确保两者情感彼此和谐一致的关系。这样一来，我不仅会发觉我认同你的感受，而且还会对你产生喜爱之情，但我在表达对你的理解的同时，也希望你对我给予同样的回报。在这种情况下，人们就处于一种极其令人愉快的"相互同情"的状态中；它之所以令人愉快，是因为"人类幸福的绝大部分都来自被爱的感觉"。① 亚当·斯密在其道德实验中，描述了一种被称为"具有挑战性和旷日持久的道德互动"的东西，因为经验告诉人们，相互同情是一种快乐之源，那么一方的同情之举遭到拒绝，就会产生极大的痛苦。有人很快就会意识到，在道德方面，谨慎地与他人"互动"，并且仅仅提供自身确定可以获得认可和回报的东西。难怪亚当·斯密评论说，"人是一种焦虑的动物"。② 我们已经发现，道德是一种希望能够获得回报的情感交换物。亚当·斯密描述了道德互动的途径，而道德互动的方式和原则也是他的主要关注点。

现在，亚当·斯密准备将同情的含义远远拓展到传统界限之外。他认为，他的理论将解释人们对于喜悦以及悲伤的反应，甚至是像怨恨或仇恨这样的"使人不快的"反社交激情的反应。他评论说，对于欢乐产生共鸣，显然比对悲伤产生共鸣更容易；对于欢乐和悲伤产生共鸣，显然比对仇恨和怨恨产生共鸣更容易。这是一个虽然简单但却具有重大社会学意义的结论，它有助于解释任何合理管辖的政治社会最显著和最重要的特征之一——对于公民顺从和政治稳定性所依赖的权贵势力的奴性崇拜。休谟恰如其分地将这一原则描述为"系统的铰链"。③ 亚当·斯密深入探讨了公民的顺从心理所依赖的幻觉和妄想，他使用的术语足以进一步支持卢梭所认为的"文明进程腐蚀了人性"这一看法：

---

① 请参阅：《道德情操论》，第 41 页。
② 请参阅：《法学讲座》，第 497 页。
③ 请参阅：《亚当·斯密通信集》，第 43 页。

在人们的想象中，那些伟大的人物往往被涂上欺骗性的色彩，那是一种近乎抽象的理想的完美状态，也是人们在所有白日梦中为自己描绘的人生蓝图。人们由此对这些志得意满的人抱有一种特殊的认同之情：对于他们所有的偏爱和愿望，人们都亦步亦趋。任何对这些迷人形象的侮蔑和损害，都让人们感到遗憾，甚至为他们祈祷永生，并难以接受这种完美的体验会被死亡所终结。如果他们被迫抛弃那尊贵的地位，走向上帝通常为子民们准备的那个可怜而温馨的归宿，那么人们就会觉得过于残酷。"吾皇万岁"虽然是一种东方式的阿谀奉承，但人们在毫无知觉的情况下，也很乐意随众高呼。同样的厄运和伤害如果降临到他们身上，会比在平常人那里引起人们更多的同情和义愤。①

但是，这些妄想造成的心理伤害并没有就此停止，因为它们具有文明进程所需的改良和竞争精神带来的深刻而意外的后果。

正因人类倾向于和某种快乐而非悲伤的情绪产生完全的共鸣，因此人们常常炫耀自己的财富、掩盖自己的贫穷。没有什么能比某人被迫将自己的苦难暴露给公众更令人羞耻的了，而且他也会感觉到，即便自己的处境被所有其他人尽收眼底，也没有人能够替代他感受自己所经受的痛苦的一半，而且主要是源于人类的这种情感，人们才会不遗余力地去追求财富和远离贫困。我们在这个世界上辛苦劳作、来回奔波是为了什么呢？所有这些贪婪和欲望，所有这些对财富、权力和名声的追求，其目的和意义到底何在呢？是为了获得自然必需品吗？其实只要有最卑贱的劳动者那样的工资，便可以获得那些东西。人们看到，即便是那样卑微的工资，也足以让一个人衣食无忧，并让他享有一个舒服的房舍与家庭的温暖。如果某人仔细检视自己的日常收支，发现自己即便把大部分支出都用在一些可被视为奢侈品的生活便利品上，甚至在一些特殊场合，还为了满

---

① 请参阅：《道德情操论》，第51—52页。

足自己的虚荣心与标新立异而花钱。然而,其他人为什么还会嫌恶自己的处境呢?为什么那些养尊处优的人会认为,如果他们沦落到必须和他吃一样简单的食物,和他住在一样低矮的屋顶下,和他穿一样素朴的衣服,即使不必像他那样辛苦劳动,也还是会比死去更糟糕呢?难道他们自以为他们的胃更高级,或者说,他们在宫殿里会比在茅屋里睡得更踏实?时常有人指出,实际情形正好与此相反,而且事实是如此明显,以致即便它从未被什么人刻意指出过,但也肯定是无人不知的。可是,遍及人类各阶级的相互较量、模仿与竞争又是源自何处呢?改善人们的处境之举,往往被称为伟大的人生目的。然而,通过这个目的,人们想要得到哪些好处呢?其实,人们所能指望获得的全部好处,就在于期待别人以同情、理解、赞许的态度注意他们,并倾听他们的心声。人们更加在意的是虚荣心的满足,而不是悠闲或安乐。①

正如曼德维尔和卢梭所描述过的那样,快乐感使人们很容易产生的那种共鸣,以及人们因贫穷而致使他人共鸣受到干扰的羞耻感,足以让那些易受欺骗的人在道德方面益发"堕落",乃至变成顺从他人观点的奴性群体。正是一种有关服从的理论解释了人们如何放弃自我、逐步变得顺从于那些不讲道德规则的人,虽然他们曾经更愿与讲究规则的人为伍。这也是亚当·斯密在1790年最后一次修订《道德情操论》时所想到的问题。

即便是在当时,亚当·斯密也为他的观点准备了充分的论据。他提出这样的问题:为什么一个合理而稳定的社会中的公民会认为,遵守公平规则是尤其值得称赞的呢?"我们即便无所事事,也经常可履行一切正义规则"这一信念的缘起是什么?② 答案似乎太简单了。在稳定的社会中,大多数人都以极大的恐惧和憎恶看待那些侵犯他人生活和财产的人,以至于出于对社会和法律后果的畏惧,总是远离那些明显的非正当行为。就像他所表达的那样,"每个人肯定生来就把自己放在第一位,因为他自己是最适合照顾自己的,所以

---

① 请参阅:《道德情操论》,第50页。
② 同①,第82页。

他这样做也有非常充分的理由。因此，每个人最关心的都是跟自己直接相关的事情，而不是有关别人的事情"。① 然而，他必然会知道，"在财富、荣誉和晋升的角逐中，如果他只是想超越所有竞争对手，那么他可以竭尽所能，他会动用每一根神经和每一块肌肉。但是，如果他想排挤或除掉对手，那么其他人就不会再宽容他，因为他们不允许违反公平竞争的行为"。② 正如我们将会看到的那样，亚当·斯密在《道德情操论》第二版当中承认，对于大多数人而言，虚荣感、耻辱感以及恐惧感，可能足以把他们变成守法公民。但这并不能解释当许多人有不公正之举（甚至仅仅是产生那样的念头）时，他们所感受到的自责的痛苦。亚当·斯密对于良心之痛的描述敏锐而且精确，它强调了文明进程显然对许多公民的人格所施加的暴力，它也是在亚当·斯密的授课过程中，鲍斯韦尔和其他人非常欣赏的最复杂、最微妙的"论证"之一。

> 违反神圣的正义法律的人，从不考虑别人对他必然怀有的情感，他感觉不到羞耻、害怕和惊恐所引起的痛苦。当他的激情得到满足并开始冷静地考虑自己过去的行为时，他不能再谅解那些影响自己行为的动机。就像别人常常感觉到的那样，这些动机现在对他来说显得极为可憎。由于对别人对他必然怀有的嫌恶和憎恨产生同感，因此在某种程度上他就成了自我嫌恶和憎恨的对象。那个因其不义之举而受害的人的处境，现在唤起了他的怜悯之情。每当想到这一点，他就会感到伤心，为自己的行为所造成的不幸后果而悔恨，同时感到他已成为人们愤恨和声讨的恰当对象，成为承担愤恨、复仇和惩罚的必然后果的恰当对象。这种念头不断萦绕于他的心间，使他充满了恐惧感和惊骇感。他不敢再同社会对抗，并想象自己已为一切人类感情所摒弃。在这种巨大而可怕的痛苦中，他不能指望得到别人的安抚。对于他的罪过的记忆，使他的同胞从内心深处拒绝对他表示任何同情。人们对他所怀有的情感，正是他最害怕的东西。

---

① 请参阅：《道德情操论》，第82页。
② 同①，第83页。

周围的一切似乎都怀有敌意,因而,他甚至乐意逃到荒凉的沙漠中,因为唯有在那里,他才可以避免见到一张张人脸,也不再从人们的面部表情中觉察到对他的责难。但是,孤独比社交更可怕。他自己的顾虑之情,只能给他带来黑暗、不幸和灾难,长期的忧郁预示着不可想象的折磨和毁灭。对孤独的恐惧,迫使他回到社会中去。于是,他又来到人们面前,并且令人惊奇地表现出无比的羞愧和深受恐惧折磨之态,以便从那些似乎具有法官资格的旁观者那里求得一点儿保护,他知道他们早已对他做出一致的判决。这就是应当称为悔恨的那种天然的情感,它也是那种能够使人们产生畏惧心理的情感。①

正是在这一点上,亚当·斯密对于卢梭做好了反守为攻的准备。他指出,那个在道德上敏感的人的情感,是被其他某种中介因素而非他人的观点所塑造的,而且这一过程可能会增强而非伤害道德人格。这个人可能会以艰难的方式了解到,他不可能取悦所有人,而且他能够按照别人看待他的方式看待自己。换言之,他能够从一个公正的旁观者的视角看待自己的行为,对方可能是一个虚构的"有血有肉的人",对他而言,对方的看法和建议以及赞美与批评,比朋友和熟人的意见更有价值。有时候,这个公正的旁观者的声音可能具有权威性,它似乎就像是良心的声音,甚至是神灵的声音。有时候,这种声音可能会让他感觉到,这个旁观者的看法不仅正确而且出色,并且对于社会也是有价值的。对于一个已经学会按照那个公正的旁观者的指引而生活的人而言,最让人满意的莫过于他充分感觉到,自己的行为在自己以及别人的眼中都是正确的。正如亚当·斯密在其《道德情操论》的最终版本中所指出的那样,"人类不仅本能地渴望被爱,也渴望自己有资格为人所爱;或者说,他渴望成为那种自然而又恰当的爱的对象。他不仅本能地害怕为他人所恨,而且也害怕自己充满仇恨;或者说,他害怕自己成为那种自然而又恰当的仇恨对象"。② 在学习怎样"收敛起这种自爱的傲慢之心并把它抑制到别人能够认同的程度"的过程中,他已在美德的人生道路上迈出了第一步。他学

---

① 请参阅:《道德情操论》,第84—85页。
② 同①,第113—114页。

会了如何判断自己的行为,以及如何不依赖于别人的观点而生活。文明进程的确会使人认不出以前的自我,但它也会使人成为自己想成为的那种人。

在这方面,亚当·斯密的理论侧重于想象物的道德力量,他描述了那个存在于人们自己想象中的公正的旁观者的特征,尤其是那个旁观者是如何获得规范人们自身道德行为的力量。那么,作为一种虚构之物,人们在日常生活中确立这样一种道德情感的象征物,是否只是为了缓解自己的道德焦虑感,并有助于获得这一令人愉快的信念——在道德方面每个人都是拥有自主性的主体?人们可能愿意相信,公正的旁观者的声音乃是良知或者神性永恒的声音,然而实际上,这种声音是人们所属的这个世界的声音。那个旁观者提供给人们的道德自主性,其实是一种欺骗手段,相比于人们处于一种道德"童年期"和依赖性状态中,这种欺骗手段能够赋予人们一种更深刻的社交意识。卢梭曾有一句名言:"人生而自由,现在却处处戴着锁链。"亚当·斯密的观点是,这种锁链是想象中的锁链,一种对道德人格形成过程的常规性的怀疑意识,可以使它变得松弛,但从来都不可能把它完全甩掉。尽管对于一个卢梭主义者和一个基督徒而言,亚当·斯密对于在那个旁观者指引下的道德生活的描述,看上去也许只是一种微妙的欺骗,而且这种骗局的基本结构在其生命后期将给他带来困扰,不过他最终指出,能够在那个旁观者的指引下参与社会生活的满足感,对于人类而言就足够了,并足以鼓励人类在摆脱当前的糟糕局面之后所出现的社会进步和文明进程的影响。

在《道德情操论》中,亚当·斯密就文明进程的性质,普通人在日常生活中满足自身道德需求的方式,以及一些公民如何获得那种可以满足道德生活愿望的礼仪意识和道德美感,提供了一个强有力的猜想。他现在可以转向人性科学的其他分支。他在《道德情操论》的结尾处宣称,他打算写一本新书,目的是"解释法律和政府的一般原则,它们在不同时代和不同社会阶段经历的不同革命,其中不仅涉及公正,也涉及警察、税收和军队,以及作为法律目标的其他方面"。[①] 这将是他在格拉斯哥大学学术生涯的最后几年中需要着手完成的任务。他将对法律授课内容进行修改和调整,并提供新的论证内容。然而,关于警察的授课内容引出了不同的问题。因为尽管它涉及商业

---

① 请参阅:《道德情操论》,第 342 页。

规则，因此是法学的一个分支，但亚当·斯密对国家和公民财富以及人性和财富进步所依赖的基本原则越来越感兴趣——这是一些属于所谓政治经济学领域的问题。事实上，有一个事实变得越来越清晰，那就是，除非这些原则问题得到解决，不然就不可能有效地撰写那种适合于商业规则的立法体系。这是一个沉重的负担，是远比那种不断增加的行政负担更加耗费心力的负担。

附：资料来源说明

关于《道德情操论》的研究文献可谓汗牛充栋。关于这本书最出色的简介，是 D. 拉斐尔为这里所引用的《道德情操论》版本所写的重要序言和 K. 哈孔森为 2002 年剑桥版所写的序言。D. 拉斐尔的"谈公正的旁观者"一文，也具有至关重要的阅读价值。

对于在我看来被过分强调的亚当·斯密的思考与斯多葛学派的关联的讨论，可参见 D. 拉斐尔的相关作品、V. 布朗的《亚当·斯密心目中的商业与良心》、阿瑟尔·菲茨吉本的《亚当·斯密的自由、财富与美德体系》，和 G. 魏本萨的《亚当·斯密的思想与古典遗产》。关于他与卢梭互动性质的讨论，见 E.G. 韦斯特的"谈亚当·斯密的思想和卢梭的《论人类不平等的起源和基础》"一文，以及 M. 伊格纳迪夫的《陌生人的需求》。

有关亚当·斯密的道德理论更广泛的背景问题也颇受关注。正如它们的标题所表明的那样，T.D. 坎贝尔的《亚当·斯密的道德科学》和 A.S. 斯金纳的《论社会科学体系》，将《道德情操论》看成是在科学基础上研究道德的一种努力。J. 德怀尔的《激情时代：解读亚当·斯密和苏格兰启蒙文化》在苏格兰人对情感和感觉问题感兴趣的背景下探究了亚当·斯密的相关理论。D. 马歇尔的《戏剧人物：沙夫茨伯里、笛福、亚当·斯密和乔治·艾略特》思考了融入情感语言的戏剧性特征。C. 格列斯伍德的《亚当·斯密和启蒙运动的美德》和 S. 弗莱施哈克尔的《自由的第三种概念：康德和亚当·斯密眼中的理性与自由》这两部重要著作正确地提醒我们，亚当·斯密的道德理论，首先而且主要是一种伦理学理论。

第 8 章　格拉斯哥大学道德哲学教授（1759—1763）

到 1758 年暑假结束之际，《道德情操论》接近完成。它于 1759 年 4 月下旬在伦敦由出版商安德鲁·米勒出版，而且不久后，在爱丁堡由出版商金凯德和贝尔出版，印刷商是威廉·斯特拉恩。威廉·斯特拉恩很快就成了亚当·斯密的亲密朋友和《国富论》的出版商。这是一本精心制作、装帧优美的书，对于它的销售价格，米勒将其描述为"只需很便宜的 6 先令……特别是考虑到它的内容。我认为这本书相当有价值"。这一规格恰当的版本印刷了 1000 册，其中三分之二注定是为伦敦市场准备的，余下的将在爱丁堡销售。① 米勒和金凯德以未知但可能是适度的价格，从亚当·斯密那里购买了著作版权，他们认为这本书必然大有销路，而他们将从随后的几个版本中赢利。他们是对的，米勒"兴奋地夸耀说"，在伦敦的那三分之二在出版前就已预售一空。② 这使得极其热衷于修修补补的亚当·斯密几乎在第一版刚刚问世之后，就能够从容地策划修订并出版第二版。作品在伦敦的畅销得益于苏格兰文学赞助人的支持。休谟和两个英才学会同行——亚历山大·韦德伯恩（《爱丁堡评论》的主编和未来的拉夫伯勒勋爵）和约翰·达尔林普尔（一个为人热情、既是学者也是孟德斯鸠的赞助人的乡绅）——有针对性地安排将书寄给一些伦敦贵族以及在伦敦的苏格兰贵族，包括比特伯爵、阿盖尔公爵、曼斯菲尔

---

① 请参阅：《亚当·斯密通信集》，第 39 页。这听起来像是一个合理安排，不过值得注意的是，从哲学中能够获得的利润，明显逊于一个获得成功的历史学家所能获得的利润。是《英格兰史》让休谟成了一个富有的人。关于著作权所得到的回报，见谢尔的《启蒙运动中的经典》第 3 章。关于《道德情操论》的出版史，见他的"亚当·斯密在英国和爱尔兰的早期著作版本（1759—1804）"一文。

② 同①，第 35 页。

德勋爵、谢尔本伯爵和巴克卢公爵的继父查尔斯·汤森德伯爵。事实上,据说汤森德在看了亚当·斯密的书之后,便决定邀请他做其继子的私人教师,该提议在当时并无结果,但在 1763 年被再度提了出来。

事实证明,《道德情操论》的出版使亚当·斯密能够再次开始他作为一个学者的职业生涯。这本书在伦敦以及在苏格兰都迅速走红。剧作家约翰·霍姆告诉威廉·罗伯森说:"所有时尚人士几乎人手一本;它的内容和风格都得到了充分认可;一个题材如此严肃的书能够受到这样的重视,是十分罕见的。听说您是在牛津大学接受的教育,这让英国人深感欣慰,他们认为这部分也有您的功劳。"① 当时在伦敦的休谟,将报告这一喜讯的过程变成了一种无情的揶揄。

> 虽然它出版只有短短几周,但我认为,它的成功迹象已经相当明显,所以我才敢猜测它的命运。简而言之,我想说的是——一个最近从苏格兰来的人的造访(注:他在信中详细介绍了这个人的情况),中断了我正在写的这封信。还是回到你的这本书上面来,我必须告诉您的是,它在本市已经获得了成功——又有访客来了,真要命!我真想闭门谢客;刚才又有一个人登门,他是一个文化人,我们进行了长时间的文学对话。您曾经对我说过,您对文学圈子里的轶事感到好奇,所以我会对您透露我了解到的几件事(注:他也详细地作了描述),但所有这一切对我的书又有什么用呢?还是说说您吧!——亲爱的亚当·斯密先生,您要有耐心,让自己平静下来。不论是在日常工作还是在创作中,都要展示出您作为一个哲学家的本色。要考虑人们在普遍常识方面的空洞、轻率和低效。他们在很多学科方面多么缺少理性,在需要更多理解力的哲学学科方面尤其如此。一个智者的王国,就是他自己的胸怀,或者说,只要他看得更远,他就会变得更加审慎,他会摆脱各种偏见,并且能够更加客观、高效地审视自己的作品。没有什么能比公众的认可具有更多的

---

① 请参阅:《亚当·斯密通信集》,第 40 页。

虚假成分了。而且您知道，当福西昂*面对公众如潮的掌声时，他总是怀疑自己犯了某种大错。

因此，根据所有这些思考，假定您已做好了最坏的准备，那么我要继续告诉您这个令人悲伤的消息，那就是，您的书非常不幸：因为公众似乎倾向于对它极尽溢美之词。那些愚蠢的民众急不可耐地准备这样做；文学界的那些乌合之众，也做好了高声赞美的准备。为了购买您的书，三个主教昨天光顾了米勒的书店，并且问到了作者的情况。彼得伯勒**的大主教说，他和一群会众共度了一个夜晚，并听到他们说起全世界所有的书都被它比下去了。当听到这些迷信的家伙如此赞美它时，您可以得出结论：真正的哲学家将对它抱有怎样的看法……①

诸如此类！即将回到家中的亚当·斯密同样满意地得知，他以前的一个学生詹姆斯·伍德罗牧师，热情洋溢地向朋友塞缪尔·肯里克描述起一本对他而言代表着一种非同寻常智慧的书。

它的整个哲学体系，都以站在别人的立场上设想人们自己的情况为出发点，这似乎是作者的同情心的基础。不论怎样，它都是一本最奇妙的书。语言简练而优美；有关激情以及人类状况的描述令人称道。它通过大量例子阐述了《道德情操论》不同部分的主题，似乎有如此多的事实和自然哲学实验，都可以以最令人满意的方式确认和支持作者信奉的原则，而且我确信，这些例子将会打动至少四分之三的读者，并使他们毫不犹豫地接受作者的原则（更不要说他的道德原则本身是多么纯粹）。作者似乎对邪恶具有一种强烈的厌恶感，对于美德则无比热爱，对于宗教也给予了相当程度的尊重。至少在我看来，这本书没有任何放纵的倾向，这显然不同于大卫·休谟围绕着这些主题所写的大量作品，尽管它们描述的原则

---

* 福西昂（约前402年—约前318年），古雅典著名的学者、政治家和将军。——译者注
** 彼得伯勒，英国东部城市，是剑桥郡第一大城市。——译者注
① 请参阅：《亚当·斯密通信集》，第33—36页。

基本上都是相同的。我认为，这本书将作为有关它提出并支持的理论体系的一部上佳之作而流传后世。①

然而，在苏格兰和英国边界的斯蒂切尔镇的牧师住宅区，休谟的朋友乔治·里德帕思牧师则表达了一种更趋批判性的看法："虽然我听说这本书备受赞扬，但我无论如何都不会加入那些赞美者之列。"毫无疑问，书中所提出的理论是新颖的，但其表述却缺乏精确性，而且有堆砌辞藻之嫌，"过多的修饰性成分"尤其对其质量造成了损害，原本可以用二十页概括的内容，却占用了多达四百页的篇幅。②换句话说，这位牧师所不能认同的是作者在哲学推理过程中使用了过多的论证。

有的人从一开始就对亚当·斯密的作品作出了有趣的评论，例如，1759年埃德蒙·伯克在《年度述评》*上的评论，以及很可能是休谟本人的化名在1759年5月的《观察家》**上所写的评论。③二者都认为，这本书对于道德理论是一种具有创新性和实用性的贡献。伯克认为，它"为有关同情原则和道德认同原则"提供了一种崭新而自然的途径。另外，它展示了"大概是有史以来道德理论最美丽的结构之一"；它的"例证"是那种只有"具有非凡观察力的人"才能够提供的。④事实上，伯克专门写信给亚当·斯密并作了自我介绍，感谢他撰写了这本书。这是一段漫长友谊的开端。伯克非常了解亚当·斯密所擅长的方面。"实际上，这些来自日常生活和行为举止的简单而有趣的范例（就我目前所知，您的作品所使用的范例数量，超过其他任何作品）"，他写道：

---

① 请参阅：《詹姆斯·伍德罗和塞缪尔·肯里克的通信》，1759年7月10日，威廉图书馆存储系统，编号24.157（33）。
② 请参阅：《乔治·里德帕思日记（1755—1761）》（爱丁堡出版社，1922年）；引自《论道德情操：对于亚当·斯密的及时回应》，J.里德尔主编，第30—32页；《詹姆斯·伍德罗和塞缪尔·肯里克的通信》，1759年7月10日，威廉图书馆存储系统，编号24.157（33）。
* 由出版商杰姆斯和罗伯特·多兹利在1758年创建的一份综合性评论刊物。——译者注
** 从1756年到1817年出版的一份英国期刊。——译者注
③ 戴维·雷诺在"休谟的思想与亚当·斯密的《道德情操论》"一文中提出了这一观点；D.拉斐尔在"大卫·休谟的匿名作品"中也强调了这一点。
④ 请参阅：里德尔主编，《论道德情操》，第50—57页。

最适于解释启动每一种人性科学思维的自然运动。但是，我们很容易对自己眼前的有价值之物视而不见，更谈不上经常使用它们。因此，哲学家们经常错过许多很可能具有无限优点的东西，虽然粗鲁之人大概每天都会接触到它们。要想做一个好的哲学家，以及做一个好的基督徒，似乎需要那种不会轻视任何东西的孩子般的单纯。

诚然，亚当·斯密大量使用例证，使他的讨论"在行文上有点儿冗赘。虽然这是一种表述过度的缺点，然而它显然要好于那些缺乏想象力的人很容易具有的那种枯燥无味的风格"。① 正如伯克确切地指出的那样，正是亚当·斯密细致繁密的论证，使他对于同情这一情感的内在机制的思考具有了更大的力度和可信性。

《观察家》杂志上所作的评论，生动而详尽地探讨了同情这种塑造人的激情的"源泉和力量"的理论。亚当·斯密因使用符合"常识和经验"的例证而再次受到称赞：因为他写得"像个见过世面的人"一样，而不像是个书呆子；因为"作者在任何情况下，都充分顾及了宗教原则。虽然一些冒牌学者可能会不遗余力地将哲学家和热爱宗教的人区分开来，但归根结底，真理永远都具有一致性，一个人不可能在不考虑他人需求的情况下真正做到洁身自好"（当然，这是休谟的一个玩笑）。② 对于在《观察家》杂志上那篇文章中没有讨论的同情理论本身，休谟自己也存有疑问，他在 7 月 23 日写给亚当·斯密的信中评论说："我听说您正在准备一个新版本，我建议您为了避免异议而作些补充和修改。我希望您能够更充分有力地证明，所有类型的同情都必然是令人愉悦的。这是您的理论体系的关键，然而您在第 20 页上只是匆促地提到这一点。"接下来，"您说得很明确：感受他人的悲伤是痛苦的，而人们总是不情愿地陷入那种痛苦中。您可能需要修改或者解释这种情感，以便使之与您的体系保持一致"。③ 这的确是亚当·斯密理论体系的关键，但那些所谓的异议是相当容易回答的。理解一个人的快乐比理解他的怨恨可能会更容易一些，不过"人们能够彼此理解"这一认知所产生的情感联系，本身

---

① 请参阅：《亚当·斯密通信集》，第 46—47 页。
② 请参阅：《论道德情操》，第 33—50 页。
③ 同①，第 43 页。

就是令人愉快的。亚当·斯密在新版著作中为这一结论添加了一个注脚，他对他的朋友吉尔伯特·埃利奥特说："我认为，我已经让他感到很尴尬了。"①

埃利奥特具有某种保留意见。像苏格兰文人圈的许多成员一样，他对于一种似乎会将伦理原则降格为社会经验和流行文化的理论的可疑后果感到困惑。事实上，不久之后，亚当·斯密的道德哲学教授职位的继任者托马斯·里德，及其他过去的赞助人亨利·霍姆（现在是凯姆斯勋爵），就将这种理论视为（包括亚当·斯密的整个道德学说体系）对于曼德维尔"有关私利体系的一种完善"。② 埃利奥特是一个富有而睿智的律师和议员、一个有思想的基督徒，他也是休谟的密友，休谟曾将《自然宗教对话录》送给他，希望后者进一步支持他有关上帝设计（它是自然宗教原则最温和的辩护体系的基石）的论证过程。亚当·斯密将同样认真对待埃利奥特对于他的道德理论的批评。尽管埃利奥特的信已经杳无踪迹，但亚当·斯密在10月10日那封迟到的洋洋洒洒的回信表明，就像里德和凯姆斯勋爵一样，埃利奥特对于他的理论的可疑后果感到忧虑。亚当·斯密在回复中以精彩的论述解释了他正在进行的修订版中的有关公正的旁观者的理论，他描述了当人们试着去判断自己行为的情形时，就会意识到那个旁观者的存在，并感觉自己像是站在"良心的法庭"上的被告。

> 但是，尽管这个良心的法庭是人们所有行为的最高仲裁者，它能使人们在别人的掌声中自感惭愧，也能在全世界的人的指责中给予人们支持，但如果追踪其起源，人们就会发现，在很大程度上，它的司法管辖权来自那个判决经常被其有效推翻的法庭权威。当人们来到这个世界第一次急于取悦自己周围的人时，习惯于考虑这样的问题：什么样的行为更能为自己与之交流的陌生人、自己的父母以及伴侣所接受和喜爱。人们致力于与别人打交道，而且在某个时期热衷于获得每一个人的认可。然而，人们很快就会从经验中了解到，这种普遍认可是完全无法实现的。一旦有更重要的利益需要兼

---

① 请参阅：《亚当·斯密通信集》，第49页。
② 请参阅：《论道德情操》，第66页。

第 8 章　格拉斯哥大学道德哲学教授（1759—1763）

顾，人们就会发现，在取悦一个人的同时几乎必然会使另一个人失望，而迁就一个人的同时也可能经常得罪一群人；即便是最公正的行为也可能经常妨碍某些人的利益或者影响他们的需求，他们很少主动了解他人的动机的合理性，也很少看到某个人的行为无论对于他们而言多么令人讨厌，但却非常适合他自身的情况。因此，人们很快就会在自己的内心深处设立一个负责解决自身与他人之间的问题的法官。人们会把他看成是一个相当坦率和公平的人，他与人们自己以及与那些利益受到人们行为影响的人之间，没有任何特殊关系；他无论对于他人还是对于人们自身而言，既不是父亲也不是兄弟，更不是朋友，他仅仅是一个普通人，一个公正的旁观者，他会公平看待和评价人们以及与人们有关的他人的行为。

诚然，"软弱、虚荣和轻浮的人"在选择自己的生活方式时，经常满足于人云亦云。但是，那种想逃离卢梭式的"伦理丛林"的善良而有责任感的人，那种最适合有价值的公共生活的人，其生活总是被公正的旁观者所引导，因为"只有通过咨询人们自己内心深处的这个法官，人们才能够从恰当的角度看到与自己有关的方方面面，才能够就自己以及他人的利益作出比较"。[①] 埃利奥特的干预，使得亚当·斯密显著地描述出具有美德的公民和地方治安官的形象——合群、尽责、机智而自主，实际上并非完全不像埃利奥特本人。这一描述是《道德情操论》第二版（即修订版）的核心（直到他人生的最后一年都是如此）。

亚当·斯密致力于完善一个具有创新性和挑战性的道德体系的故事。在1761年，在一本名气不大而且短命的评论杂志《语文杂记》上，他通过一篇题为"关于语言最初形成过程的思考"的文章，发布了他有关语言起源课程的扩展版本。你可以看到为什么他想那么做。他的道德理论以及有关该理论所基于的情感交流过程的详细讨论，是以作为修辞学理论基础的语言理论为前提的。他向他的爱丁堡大学和格拉斯哥大学的学生们所讲授的语言理论，原本是要证明这一结论：语言本质上是一种交流工具，它大概具有和文明一

---

① 请参阅：《亚当·斯密通信集》，第 54—55 页。

样古老的历史。这一学科不仅对于理解人类同情心理的原理具有显著意义,而且它也可以用来回应卢梭的异议,那就是,"即使我们新一代的语法学家"(他想到了孔狄亚克)也不能够说服他相信,现代语法的所有复杂性均可用"自然主义"术语来解释。① 亚当·斯密并不同意这一点。他就语言理论的深入阐述可以用来证明,使用一种得当的休谟式的有关想象的理论,就能够解决上述异议。这一阐述完善了他对于卢梭的社交理论的看法,并记载于1763年的《道德情操论》第三版,以及此后在其生前出版的每一个版本中。不过遗憾的是,最近几年推出的几个版本都没有这样做。杜格尔德·斯图尔特评论说,这是"作者本人极为看重的"一篇文章。②

到了1759年夏天,亚当·斯密有其他更直接的动力去思考他的伦理学的现实价值。他当时承担了一项任务:辅导托马斯·菲茨莫里斯——一个富有、睿智而且具有政治抱负的英裔爱尔兰贵族谢尔本伯爵——最小的儿子。各达官显贵为自己的子女网罗辅导教师,在现代欧洲大学早期是一种惯例,在这方面,爱尔兰也不例外。正常的做法是大学教师辞职,然后进入其资助人的家中。谢尔本和亚当·斯密之间达成的协议不同寻常,而且对于格拉斯哥大学而言是前所未有的,因为谢尔本伯爵决定把他的儿子送到格拉斯哥大学就读。他想让他的儿子和亚当·斯密一起生活,并且在教育方面,要让亚当·斯密拥有"不受控制的全权负责和指导权利"。亚当·斯密至少可以得到100英镑的报酬。这一安排是由吉尔伯特·埃利奥特促成的,他充分意识到这对于该大学具有更广泛的意义,"我对一个事实几乎深信不疑,那就是您甚至有可能把这个世界相当多的年轻人吸引到(他是从伦敦写的信)格拉斯哥大学,并在那里度过一两个冬天(尽管可能存在距离和语言方面的障碍)——只要您愿意为此增加最好的体能训练(即骑马和击剑)教师,以及法语方面的教师"③。正如我们所看到的那样,该校已经通过新的途径改进了神职教育和其他职业教育课程,而现在则被请求进一步加强贵族教育。亚当·斯密认真地对待了谢尔本伯爵的请求。他指定的课程都是他自己所教授的课程,尽管他

---

① 请参阅:卢梭,《论文及其他早期政治作品》,第148页。
② 请参阅:杜格尔德·斯图尔特,《亚当·斯密的生平与著作》,第292页。
③ 请参阅:《亚当·斯密通信集》,第27页。

详细报告了关于新弟子的计划,但从未主动征求过伯爵的意见或者许可。从谢尔本伯爵方面来说,他对于亚当·斯密非常尊重,从菲茨莫里斯入学起,就始终很欣赏亚当·斯密在教学方面的举措,"亲爱的先生,只要您能够继续忍受下去的话,只要他还值得得到您的关注,我都希望他能够尽可能地和您长久待在一起"。① 亚当·斯密和一个重要的政治家族的族长自动自发地建立起了一种"开明的"关系,这是基于这个哲学家和这个贵族名流彼此间的相互尊重。

菲茨莫里斯在 1759 年 1 月到校(此时恰逢《道德情操论》出版),并一直待到 1760 年 9 月他前往牛津学习《英国法》为止。② 亚当·斯密一开始认为,他是一个已在伊顿公学*获得过基本教育,因而多少有"某种轻率的小聪明"的年轻贵族子弟。亚当·斯密为其安排的教育计划令人吃惊:从 1 月到 5 月,菲茨莫里斯每天除了要用六个小时分别学习拉丁语、希腊语、数学和哲学方面的大学课程外,还有两三个小时由亚当·斯密亲自为他进行私人授课。他在那个暑假跟着亚当·斯密学习古代和现代道德哲学(这当中包括《论法的精神》),并由亚当·斯密的老教授罗伯特·辛姆森专门为他讲授数学课程;那时,菲茨莫里斯已经对数学和力学产生了兴趣。作为一种适度的放松和调剂,他被安排去因弗雷里**做了短途旅行,拜访了阿盖尔公爵,并去爱丁堡与文人圈的人士进行了接触。在接下来的那个秋天,他继续学习哲学、数学、历史和法律,所有这些课程都需要学生了解不同思想体系的原则。亚当·斯密在写给谢尔本伯爵的一封信中,解释了他为什么认为菲茨莫里斯应当跟着赫库勒斯·林赛学习《民法》——这可以为以后去牛津大学学习《英国法》做准备,

---

① 请参阅:《亚当·斯密通信集》,第 38 页。
② 引自《亚当·斯密通信集》,第 41—73 页。
* 伊顿公学,英国最著名的贵族中学,同时也被公认为是英国最好的中学,坐落在伦敦 20 英里外的温莎小镇,由亨利六世于 1440 年创办。该校以"精英摇篮"、"绅士文化"闻名于世界,也素以军事化的严格管理而著称,是英国王室、政界和经济界精英的培训之地。值得一提的是,在一战中英国普通男子在沙场上的战死率占英国总战死率约为 11%,而从伊顿公学毕业的男子的战死率占比约为 20.6%,其骑士精神可见一斑。——译者注
** 因弗雷里,位于苏格兰西北海岸的一个小镇,在格拉斯哥西北 90 多公里,隶属于阿盖尔-比特行政区。——译者注

相比于《英国法》，《民法》已经形成了一套更规范的体系，尽管前者的基本原则在很多方面不同于后者，但二者也有许多共同的原则，因此，学过《民法》的人至少知道什么是法律制度、它由哪些部分构成，以及应如何对待其构成要素。这样一来，当他接下来开始学习相对陌生的其他国家的法律时，脑子里至少会对法律制度有一个概念；当他阅读相关文本时，也会知道文本提到的每一个概念指的是什么。①

菲茨莫里斯的日常生活被密切监督，而这本身就被视为是一种教育。他似乎与其他同学来往得并不多，也没有经常去城里转。他大部分时间都在与亚当·斯密进行私人交流，这种交流有时被看成是"最亲密的情谊"的一种体现。② 他开始过一种相当简单的生活，亚当·斯密是这样记录的：他"饮食很有节制，他不吃晚饭，或者晚餐只吃极少的东西：一个烤苹果或者类似的小东西，而且除喝水之外，几乎不喝别的东西。他的行为方式还有其他更多的优点，这是意志力而不是习惯的影响，因为我发现，他已经习惯了在伊顿的生活方式。但是我很清楚，是伯爵和夫人阁下的良好建议促成他做出这种改变。"③亚当·斯密会就他的学生所涉及的所有财物交易细节向谢尔本伯爵汇报。他口袋里的钱都要交出来，换取一张收据。他被要求"在我的监督下为他的花费付账。他每次收到钱后都会给我一张收据。他会说明每一笔钱都将用在何处并保留凭证。以后有机会的话，我将把所有收据和凭证交给伯爵阁下"。④ 这是对谢尔本伯爵相当认可的"节约原则"的尊重和回应。从亚当·斯密写给谢尔本伯爵的最后一封信来判断，在格拉斯哥大学度过的18个月，已经成功地把一个16岁的、"相当活泼和有些难以管束"的伊顿公学的学生变成了一个态度严谨、有独立思维的年轻人，除了优雅之外，他的意志力"非常坚定，有了更多的绅士之气"。亚当·斯密接着说：

当一个人认为他做的是正确的事情的时候，他的意志力就会变

---

① 请参阅：《亚当·斯密通信集》，第30页。
②③ 同①，第29页。
④ 同①，第31—32页。

得更加强大而稳定，而且通常都能够把那些事情做好。就您的孩子而言，在这种优秀性格的基础上，他还具有一种坚强的品性（如果我可以这样描述的话），这有助于防止他沉湎于那种通常被认为令人愉悦但却未必健康的事情之中。他知道什么是他的基本责任，他也几乎从不逾越规矩一步，虽然偶尔也会犯错，但那都是一些微不足道的小错。他知道如何恰当地做出自我调整，意志力在这方面帮了他很大的忙。他曾在伊顿形成了某种轻率的小聪明气质（这对他而言是很自然的事情），但这种东西没有多少价值，现在您从他身上很少会看到这种肤浅的气质。再过几个月，这种东西就会完全消失。他的性格的核心就是严谨和细心，而且久而久之，他所犯的任何错误，都将是那种具有严谨和细心品质的人所犯的错误，也就是一个具有最佳品质的人所犯的错误。①

对于菲茨莫里斯的性格的这种衡量标准，非常符合亚当·斯密在他的《道德情操论》中描述的关于具有责任感的人、初出茅庐的政治家的标准，这种标准意味着一个人能够根据那个公正的旁观者的指引而生活。

亚当·斯密的信件作出了这样的暗示：他和菲茨莫里斯彼此间显然非常契合。正如鲍斯韦尔和其他人所注意到的那样，亚当·斯密喜欢学生并认真对待他们，而菲茨莫里斯能够毫不费力地将与他有不小年龄差距的导师看作是一个朋友；他的那封保留至今的最后一封写给亚当·斯密的信（1762年从伦敦发出），是一封充满快乐情绪乃至有些啰嗦的信，他希望亚当·斯密能够与他更多联络，并在最后留下这样的签名："向您致以最诚挚的问候，挚爱您的托马斯·菲茨莫里斯。"② 一年后，大卫·休谟在从巴黎寄出的一封信中这样说："菲茨莫里斯先生，你的老朋友"正在全力配合《道德情操论》的法语版本的出版工作。③ 遗憾的是，亚当·斯密为菲茨莫里斯进入社会所做的艰苦和耗时的准备工作，事实上成了一个中途流产的项目。在离开牛津大学以后，菲茨莫里斯进入议会，成为从1762年到1780年期间继承家族席位的议

---

① 请参阅：《亚当·斯密通信集》，第70页。
② 同①，第84页。
③ 同①，第98页。

员。但是，他的职业生涯被一次使他终生难以生活自理的中风中断了。根据他的医生的回忆，直到生命的最后一刻，他仍然保留着他在格拉斯哥大学度过的美好时光的记忆。① 关于亚当·斯密与谢尔本家族关系的故事，还有一句后话。在1761年，亚当·斯密在菲茨莫里斯的兄长（未来的爱尔兰首相，也是谢尔本伯爵二世和当时最有思想的政治家之一）的陪伴下，第一次因处理大学事务去了伦敦旅行。他对杜格尔德·斯图尔特说：

> 和亚当·斯密先生从爱丁堡去伦敦的那次旅行让我心怀感激，他成为照耀我的大部分人生的一缕阳光。鉴于我当时的年轻和偏见，他的新奇的原则让我最初无法理解，但在诠释它们的过程中，他运用了那样多的耐心和才智，尽管在那之后的几年时间里，我并未百分之百地消化它们，但我可以公平地说，它们从那时起就是我的人生幸福的一部分，并且进一步推动了我那微不足道的哲学思考。②

早在18世纪60年代，亚当·斯密的教学就吸引了外国人士的注意。西奥多·特隆金，一个知名的日内瓦医生（伏尔泰和一些法国皇室成员都曾是他的患者），也是日内瓦文人圈的主要成员和卢梭著作的早期评论家，曾经送他的儿子到格拉斯哥大学去读书。正是通过这一契机，亚当·斯密在1765年与巴克卢公爵一起去欧洲旅行时，他有机会接触到日内瓦哲学界。他也在两个俄国学生的教育方面发挥过重要作用，他们是得到叶卡捷琳娜二世*支持的著名学者谢苗·杰斯尼茨基和伊万·特列特雅科夫，他们当时正要在新成立的莫斯科大学开始职业生涯。他们都选择了亚当·斯密的道德和法学课程，并且跟着约翰·米勒学习《民法》；这两个人都成为忠诚的亚当·斯密主义者，在以后的职业生涯中致力于传播他的伦理学和法学，并对其作出调整以适应俄国的需要。杰斯尼茨基成为亚当·斯密的一个尤其引人注目的弟子，

---

① 请参阅：纳米尔和布鲁克，《议会的历史》。
② 请参阅：杜格尔德·斯图尔特，《亚当·斯密的生平与著作》，第347页。
* 叶卡捷琳娜二世（1729—1796），俄罗斯帝国女皇，也是俄罗斯历史上唯一一位被称为大帝的女沙皇。因在位时治国有方，使俄国成为欧洲最强大的国家。她在俄国人心目中是仅次于彼得大帝的一代英主，也因此被尊称为"凯瑟琳大帝"。——译者注

他曾打算将《道德情操论》译成俄文，虽然最终未能出版。根据传记作家A. H. 布朗的说法，他的法学著作，尤其是他在 1768 年献给凯瑟琳的《关于在俄罗斯帝国建立立法、司法和行政权力机关的建议》，是一个掌握了作为亚当·斯密法学体系基础的历史分析原则的法学家的著作，他深入思考了凯瑟琳在 1768 年的"Nakaz（法令）"中要求其下属解决的有关垄断和税收原则的问题。① 亚当·斯密有关政府和警察的理论，早在他的《国富论》出版十年前就被俄国宫廷所熟悉。

　　就在发生这一切的过程中，亚当·斯密开始越来越多地参与大学事务。作为在 1760—1762 年期间的大学教务长，他参与了一系列涉及教师群体的纪律性事务，并且不由自主地被卷入到有关校长和学监的权力之争的漩涡中。他对于大学管理的态度基本上是明确的，那就是希望现有体系继续运行，同时希望它有所改进，并建立一种根据合理原则而非教授的一时冲动和个人利益而运转的管理体系。② 对于管理大学图书馆和改革大学会计制度方面涉及的精算管理，亚当·斯密抱着非常严谨的态度，正如他在指导菲茨莫里斯时所坚持的"节约"原则一样。最明显的就是他对于围绕校长和代表教授的学监的权力纷争而在 1762 年爆发的制度危机的处理，纠纷的具体细节并不重要，但是在试图解决这个纠纷的过程中，亚当·斯密所扮演的角色却很重要。他一丝不苟地试图在校长和教授们之间进行调解，而且正是他和约翰·米勒在起草提交给校董事会、提出了解决问题方法的那份冗长的报告方面发挥了重要作用。这份签署日期为 1762 年 8 月 12 日的报告，细致归纳了自该校在1577 年建立以来有关校长和学监的各自权力的记录，"将过去一个世纪有案可查的所有会议混乱而无序的记录方式"与现代实践进行了对比。"相对于一两个世纪以前的情形，大学在这方面的情况并不是太糟，这是因为后来采用了一种规范的会议记录方法"。关于这一点——报告评论说——应当感谢目前的

---

① 布朗，"亚当·斯密的第一批俄国弟子之一"。
② 可以看出，唯一使他发脾气的那个顽固的同事，是自然史教授约翰·安德森，一个一向桀骜不驯的人。他具有一种将所有问题搞得复杂化的禀赋，并似乎显然将亚当·斯密视为一个攻击目标。安德森宣称，"他们吵得很凶，有好几回差点儿就动起手来"。请参阅：塞缪尔·肯里克和詹姆斯·伍德罗的通信，1785 年 2 月 20 日，威廉图书馆存储系统，编号 24.157（92）。

数学教授罗伯特·辛姆森,正是他作为大学的会议秘书充分履行职责,"创造性地将秩序和方法引入这方面以及其他许多方面的事务中"。① 这份报告充分关注了错误的制度会妨碍良好管理的原因,并强调了立法机构和立法者在维持文官政府(相对于军政府而言)机构运转方面的关键作用。

值得一提的是,尽管在这些压力下工作,亚当·斯密还是决定重建他的教学体系,开展他对于政府和警察制度的思考。正如杜格尔德·斯图尔特所写的那样:

> 在《道德情操论》出版后,亚当·斯密先生在格拉斯哥大学逗留了四年,凭借其一如既往的活力和越来越高的声望履行他的业务职责。在此期间,他的课程计划作了很大变动。作为他现已发表的而且是《道德情操论》极其宝贵的一部分的伦理学说,和以前相比,占据了这门课程更少的部分。他的注意力自然而然地转向为法学原则和政治经济原则提供更加完整的论证。②

而且,就像在1763—1764年间的一套学生笔记所表明的那样,他利用在格拉斯哥大学最后一年的时间,重新设置了他的教学课程,以便突出有关政府责任的问题,并建立他在《国富论》中描述的经济思想所依赖的基本原则。

关于亚当·斯密在这期间有关法学原则的准备情况,可从两套完整的学生笔记中窥见端倪:一套笔记的记录时间是在1762年到1763年之间,另一套是在1764年。两者之间的对比情况是非常惊人的:前者充分体现了亚当·斯密在法律上的博学(正如他在哲学上的博学一样),他的每一个原则都大量使用了经过细致分析的历史案例;后者表明,这些说明性材料都被大幅度剪裁,并且有选择性地加以使用,这使得亚当·斯密的复杂体系的基本原则显得更加清晰,而且在亚当·斯密学术生涯的最后一年,他重设了他的课程,以便强调政府在维护正义规则和培养国民社交气质方面的重要性。他的早期

---

① 请参阅:斯科特,《亚当·斯密:从学生到教授》,第213页。
② 请参阅:杜格尔德·斯图尔特,《亚当·斯密的生平与著作》,第300页。

课程是从有关财产所有权的自然史开始的,因为他希望证明,生存手段和财产分配决定了政府权威和人民的正义感所依赖的权力结构;然后,他探讨了政府和警察原则。不过在后来的课程中,亚当·斯密改变了前两个部分的顺序,首先从政府原则开始加以探讨,然后继续探讨在不同社会形态下财产的变化形态,并以有关警察的讨论收尾。这很可能就是当时的实际情况。

当亚当·斯密于1750年在爱丁堡大学初次授课时,他充其量只是提出了他的法学理论所依赖的原则,那就是,人们的正义感来自在公正的旁观者的监督背景下,当人们相信自身的人身自由和财产遭到不公正侵犯时,其对于内心所体验到的怨恨作出的同情性反应。他接下来证明,那种正义感如何会受到在某种社会形态中运转的财产制度的塑造、建立在那种财产制度之上的社会体系的塑造,以及政府管理方式的塑造。对该主题的这一处理方式,强调了人们对于正义感的认知历史和社会根源的本质。那个于1750年在爱丁堡大学教学的亚当·斯密,当时不可能拥有他在12年后阐述他的理论原则时的学问。但是,他的博学和在课程中大量使用的例证,可能会遭到某些人的批评,理由是,它们在拓宽分析的问题的"社会学"维度的同时也牺牲了政治维度,而后者对于一个思想开明、关注青年人如何为进入社会做好准备的教授而言,恰恰具有某种实践和理论的重要性。亚当·斯密也清楚地看到了这一点,于是他在他的新版本的授课内容的开头评论道:

> 财产和文官政府在很大程度上相互依赖。财产保护、最初形成的财产保护机制的不平等性以及财产状态,总是根据政府的管理形式而发生变化。有的人最初侧重于分析政府管理机制,然后才考虑如何处理财产权利和其他权利。其他撰写这一主题的人首先考虑后者,然后才考虑家庭和文官政府的情况。这些方法都具有各自的优势,虽然那种民法途径似乎是所有方法中的最优方法。①

而且,似乎是为了强调他从讨论政府原则开始新课程的重要性,亚当·斯密提供了一个简短的关键性的历史范例,展示了霍布斯对于正确理解

---

① 请参阅:《法学讲座》,第401页。

自然法学的意义,因为在强调统治者对于让驯顺而又自负的民众变得理性而又睿智的重要性的社交理论方面,霍布斯是最卓越的探索者。经过调整而去掉了过多例证的课程,现在已经被设计成了一种完美的工具,它能够帮助学生侧重于政府在执行和完善正义规则以及鼓励民众赚取更多财富方面的原则和职责。它是一篇有关正在形成中的立法原则的论文,是亚当·斯密在生命最后几年将要开始撰写的那本书的框架,但最终并没有完成。

亚当·斯密的法学课程,特别是后来的课程版本,反映了他对于适合某种政体的政府原则和管理方式的全新思考。而这里所指的政体,通常具有一种建立在土地使用权的封建主义原则基础上的农业体系,以及一种迅速扩大的商业和制造业体系。他的政府理论所依赖的休谟式的观点,被加以细致介绍和描述;所有政府的权威性,都建立在人们对于年龄、出身、才能和财富的天然敬意而形成的观点之上,并凭借人们对其实用性的观念而得到巩固。不过,"这种原则在《道德情操论》中已经得到了充分解释"。① 他提醒他的学生不要忘记一个具有核心意义的休谟式原则,那就是,"财富和政府的关系十分密切:政府的目的就是保护财富的安全,确保富人不会被穷人伤害"。② 他提供了一个政府自然史(从牧人时代到封建时代直到现代社会)的删减版,以便证明不同阶层的人(尤其是贵族)如何利用政府维护自身利益并延续他们的权力。这使他得以证明,现代土地使用权制度是基于封建制度的原则而建立的,这一制度与他所谓的商业和进步时代的"社会文化"格格不入。而且他还指出,和继承权利(像长子继承、遗嘱继承和限定继承)有关的一些基本法律条款,更多的是和维系贵族的权力有关,而不是和促进市场经济的运转有关。爱丁堡的改良主义者们经常探讨这些问题,而它们也成为有关封建制度和贵族在苏格兰社会中的作用的当代辩论的核心。虽然孟德斯鸠认为,拥有土地的贵族是保卫像法国这样的国家不受专制迫害的唯一手段,但亚当·斯密再次坚持认为,贵族总是具有对商业和文明发展构成障碍的危险。这暗示为贵族提供某种文明教育的重要性。

两个版本的授课议程,都以讨论"警察"这一主题作为结束的内容。这

---

① 请参阅:《法学讲座》,第401页。
② 同①,第404页。

是一个最初可能是在爱丁堡大学就有意识地使用的新词,当时,他正在思考有关维系他所描述的一个国家的"干净程度"和内部安全的问题,归根结底是有关"贫穷或者富裕,或进一步说,就是获取财富的最佳途径"的问题。①这是他的法学研究的一个高峰阶段,在某种意义上,这也是他一直在补充和完善课程内容的高峰阶段。在亚当·斯密学术生涯的这一阶段,我们可以看到一个正在成形的新项目,即一个大约在十四年后,以《国富论》这本著作的形式呈现的一个项目。这部分授课内容的基础,是关于劳动分工的讨论及其对于了解"富裕"进步和改良原则的意义。这一主题的引入是循序渐进的,它解释了人的进步观的心理起源。他的学生们后来意识到,这一讨论在某种程度上衍生了有关修辞学、纯文学和道德哲学的授课内容,它与休谟对于商业和文明进程的经典解释形成了对比,也与他自己对于卢梭式悲观主义至关重要的分析形成了对比。

在无须对原始生产方式进行改进的情况下,自然为每一种动物提供了足够多的基本必需品。食物、衣服和住所是所有动物都渴望的东西,而且大自然能够呼应所有这些需求并为大多数动物的创造物提供恰当的条件。人在这方面最为敏感,自然产生的很多物品都不符合他们的要求,因此每一种物品都需要改进。虽然野人们的实践似乎表明,他们的食物不需要进行特殊处理,然而,当他们开始熟悉火时,便发现火可以提供更卫生也更易消化的食物,从而能使他们远离许多常见的疾病。但是,需要改进的不仅仅是食物,他们虚弱的体质也会因为不良天气而受到伤害,然而他们无法改变天气,使之符合他们的身体需要,所以,他们必须通过其他人为手段来解决这个问题。人的皮肤不能忍受恶劣的天气,甚至在那些气温比人的自然体温更加适宜因而人们也不需要衣服的国家,人们也必须在

---

① 请参阅:《法学讲座》,第 487 页。值得注意的是,虽然就亚当·斯密的法学而言,1762 年至 1763 年间的第一套课堂讲稿相比于修订后的笔记版本(时间为 1766 年),提供了一个更全面的说明性探讨,但它却是不完整的;该学生的笔记有一卷已经散佚。这里引用的第二套笔记是完整的,虽然它就亚当·斯密的理论提供了一个更为精简的说明性解读。

皮肤上涂上某种东西，以便能够抵挡烈日曝晒或被雨水淋湿。①

亚当·斯密接着写道（甚至就连学生笔记中偶尔出现的不恰当之处，也无法掩饰他极其擅长的修辞手法）："人类生活的各行各业，并不只是为了提供自身的三种基本必需品：食物、衣服和住所。它们更侧重于根据人们自身的更高需求而提供更多的便利。改进和大量增加人们所需要的物品是主要目的，这也促使了各种技术的产生。"

其主要目的是提供食物的农业，不仅引进了土地耕种技术，而且也引进了植树技术，包括亚麻、大麻和其他无数同类植物的种植技术，由此便产生了不同的且能够加以改进的制造业。从泥土里获得矿物质而加工出的各种金属，可以用作各种制造工具的材料，由此便产生了更多的技术形式。商业和航运也通过这些技术产品而服务于同样的目的，这转而又促进了其他附属技术形式的产生，其中包括用以记录反映交易过程的会计学，以及应用于多种目的的几何学。法律和政府的价值，似乎也只是体现如何保护个人增加财产的安全，以便使人们有可能安稳地享受财产的果实。通过法律和政府，各种不同的技术变得繁荣，财产的不公正性也得以维护。通过法律和政府，可以获得国内和平，以及防止外国侵略者的侵入。在供应这些基本必需品的过程中，智慧和美德焕发出光芒，因为法律和政府的建立是人类的审慎和智慧的体现。另外，正是通过那些具有智慧和洞察力的人的努力，人们才知道什么是正当的行为，以及实现正当行为的恰当手段。他们的勇气能为大众提供保护，他们的仁慈能给大众带来鼓舞。通过这些圣洁的品质，饥者可以得食，裸者可以得衣。因此，根据上述情况，所有的一切都应服务于为人们提供更多的必需品。②

---

① 请参阅：《法学讲座》，第 487 页。
② 同①，第 488—489 页。

在这一哲学前奏之后,亚当·斯密准备探讨劳动分工这一主题(它是有关财富进步的哲学认知所依赖的核心原则)。政治理论家将所有社会(甚至是原始社会)的基本特征与文明的进步或者衰落联系起来,这是一种常规做法;相比较而言,贸易和商业理论家反思劳动分工对于生产和制造业的影响,却是一种不那么常规化的做法;休谟的《政论集》将其视为理所当然。亚当·斯密在《国富论》中的显著成就,就是表明这种经验如何可以作为从整体上分析一个国家经济运行体制的基础,以及它如何为讨论政府问题设置条件。亚当·斯密坚持认为,让市场从各种障碍中摆脱出来,对于在一个自由政体中维护公正原则而言是至关重要的。但是,这都是对于未来的考虑。在授课过程中,亚当·斯密的主要目的是要表明"劳动分工是富裕的直接原因",他解释了劳动分工的管理原则。① 这不是一个可由立法者引入的组织原则,而是根植于人性原则所产生的意外后果。②

> 人总是处于需要别人帮助的情况之下,因此,必然会通过某种手段获得他人的帮助。为了做到这一点,人们不仅仅是通过哄诱和奉承,除非这种方式是唯一可取的方式(哪怕只是看上去可取),不然,他并不指望采取那种手段。某人为了获得来自你的某种帮助,仅仅诉诸爱是不够的,他更需要通过某种途径利用你的自爱。一次普通的交易,可以通过最简单的方式实现这一点。当你从某个啤酒商或者屠夫那里获得啤酒和牛肉时,你不必向他解释你是多么需要这些东西,而是要确定什么样的价格才符合你的利益,以便让你最终以某种价格而拥有它们。你不是诉诸他的人性,而是他的自爱。③

这些有名的论述将在《国富论》中再次呈现。

亚当·斯密将劳动分工看成是产生财富的一种机制,要想推动进步,就需要消除妨碍这种机制自然发挥作用的障碍。他在这部分授课内容的结尾,详细描述了具有改进意识的政府必须与之抗衡的某些主要类型的障碍。这些

---

① 请参阅:《法学讲座》,第 492 页。
② 同①,第 493—494 页。
③ 同①,第 347—348 页。

障碍包括有关财产、税收、补贴、垄断的封建法律，以及必然会影响市场价格和市场运转机制的特权，并且（相当详细而又醒目地）探讨了有关"财富是由金钱构成的"这一谬论，以及管理货币供应所涉及的问题。

亚当·斯密在课程中探讨了法律和政府的起源，旨在提醒他的学生关注政府在鼓励商人自由贸易中的作用，而且据说，当他在格拉斯哥大学的职业生涯即将结束之际，他在把一些年轻的格拉斯哥商人变成自由贸易者方面取得了一定的成功。① 然而，亚当·斯密仍然是以一个改良主义者的姿态而教学的，他感兴趣的是如何将劳动分工作为一种原则，使之可用于讨论如何改进不同经济类型企业的问题。在这个阶段，他并没有形成从整体上解释经济运行过程的一般性理论，他也没有将有关农业、生产和商业，以及乡村、市镇和政府的相互作用，乃至国际贸易运转体系的讨论，概括成一个基本结论。对于他在授课结尾提出的那个具有挑战性的问题——为什么商业的进步在文明世界中曾如此缓慢——他也没有给出一个常规性的答案。事实上，他已经意识到，这一问题的直接答案就是，在文明程度较低的社会，人们缺少他们进行劳动的新方法的资源，但这引出了他当时无力解决有关非商业社会经济体制的更一般性的问题。在1762年，这样的一种理论超出了他的能力。不过虽然如此，在他于1763年4月有关劳动分工的授课过程中，他似乎突然想到了休谟将其视为理所当然的一个看似简单的原则——劳动分工要受市场范围的调节——的潜在意义。他在其授课内容的最终版本中是这样表述的："从前面的叙述中我们或许可以发现，劳动分工必然与商业化程度成正比。如果只有10个人需要某种商品，那么这种商品生产的分工绝不会按照1000个人的规模进行。"② 在对这种原则进行归纳、例证和应用之后，他便立刻将它用于描述和分析任何经济实体的运转机制中，也把它应用于有关现代欧洲整体经济发展的至关重要的解释过程中。

到1763年，亚当·斯密已经完善了他的道德哲学体系和法学体系，它们从全新的哲学角度解释了有关改良运动（它是苏格兰文明启蒙运动的核心）的观念，而且在此过程中，他甚至从总体上改变了欧洲法学体系。他指出，

---

① 请参阅：杜格尔德·斯图尔特，《亚当·斯密的生平与著作》，第300页。
② 请参阅：《法学讲座》，第355—356、494页。

商业行为和进步过程对于人类而言是自然而然的事情，是人的社会需求的体现，唯有改良才能够使人体验到某种满足感。他精心诠释了休谟的主张，即商业和交换技能具有一种使人们喜欢社交的天然倾向，并且表明，鼓励劳动分工的进步，是让人们积极参与社交、让社会变得安全的最佳和最有效的方式。他是在格拉斯哥大学的教授职业生涯达到顶峰之际提出所有这一切主张的。为了回馈他的贡献，这所大学在1762年10月授予他法学博士学位，以表彰他"在学术研究方面获得了举世公认的成就，尤其是他多年来在本校教授法学方面所获得的赞誉，以及他为社会做出的贡献"。① 另一方面，这也对他的健康敲响了警钟。早在1753年，休谟就曾提醒他："你的授课任务过于繁重，你需要尽可能多地休息。"② 在1760年，他显然状况不佳，过量的工作让他变得憔悴，看上去就像是患上了一种复发性流感一样。他半认真半开玩笑地对谢尔本伯爵说，他的朋友和医生威廉·卡伦曾警告过他，"如果你要想活到下一个冬天，那么你就必须在9月初之前至少要骑马跑上500英里"。他采纳了这一代价不菲的建议，并且有些刻薄地补充说："如果到头来，我的健康在未来十天就和过去的十天一样糟糕，那我想我和我母亲（她现在是我的继承人）就不必继续遵从朋友们开出的各种处方了。"③ 过量的工作，身体受损的迹象，一个全新而难得的哲学探索机遇，以及来自一个苏格兰贵族家庭的支持和赞助，这一切使亚当·斯密相信：是时候继续前进了！他在次年11月8日辞职，并开始担任年轻的巴克卢公爵的家庭教师。

附：资料来源说明

关于《道德情操伦》使用的文献情况，见K. 特莱珀主编的《亚当·斯密的藏书与写作》；关于它被引用的历史，见《论道德情操：对于亚当·斯密的及时回应》这一有价值的文集（J. 里德尔主编）。关于亚当·斯密的学生托马斯·菲茨莫里斯后来的职业生涯，见L. B. 纳米尔和J. 布鲁克的《议会的历史：从1754年到1790年的下议院》。关于亚当·斯密的政治经济学体系

---

① 请参阅：斯科特，《亚当·斯密：从学生到教授》，第151页。
② 请参阅：《亚当·斯密通信集》，第9页。
③ 同②，第69页。

的发展,见 R. L. 米克和 A. S. 斯金纳的"亚当·斯密关于劳动分工思想的发展"一文(该文收于斯金纳的《论社会科学体系:亚当·斯密的相关论文》一书)。

关于亚当·斯密的健康状况每况愈下,以及过量工作和疑病症使其变得更加严重这一暗示,见 M. 巴富特的"威廉·卡伦和亚当·斯密:学术界的疑病症患者"一文。

第9章 亚当·斯密和巴克卢公爵（1764—1766）

《道德情操论》的成功，不仅仅成就了亚当·斯密在苏格兰和其他国家的哲学声誉，而且还确立了他作为一流教师的声誉，并在结束他的学术生涯过程中发挥了重要作用。休谟在1759年4月报告说，查尔斯·汤森德——年轻的巴克卢公爵的继父和监护人，"对于那种成就的印象是那样深刻，以至于他曾对奥斯瓦德说，他会让巴克卢公爵接受作者的教诲，并将努力说服作者接受这一任务"。休谟希望汤森德像谢尔本那样，将巴克卢送到格拉斯哥大学，"我不希望他为你提供任何会诱惑你放弃你的教授一职的条件，所以，这是最恰当的选择"。① 虽然此事并无结果，但这是一个认真而严肃的提议，并很快被再次提出来。

英国人汤森德是他所在时代最具抱负和影响力的政治家之一，也是一个将大有作为的出色的下议院演说家。他在1755年娶了巴克卢的母亲——达尔基思＊的那位女伯爵，意味着他现在与一个在苏格兰和英格兰有大片地产的家族关系密切，他能够利用他的婚姻以及他与年轻公爵的关系，强化自己的政治地位。1759年夏天，汤森德夫妇在达尔基思的宅邸举行了宏大而奢华的周末招待会，欢迎苏格兰贵族阶层和诸多爱丁堡文人出席。汤森德是个风趣而出色的社交宠儿，不过他也容易失言，有一次，他毫无必要地取笑苏格兰国王而让众人侧目，因为这种做法与苏格兰传统而又刻板的观念格格不入。英才学会将他吸收为成员之一，目的是为了听到他那著名的演说，但最终却发现，"就像流星在一瞬间闪过，但那种壮丽很快就消失了，并不会给你留下

---

① 请参阅：《亚当·斯密通信集》，第36页。
＊ 苏格兰中洛锡安郡的一个市镇，临埃斯科河。——译者注

多么强烈的印象"。亚历山大·卡莱尔如是说。① 就是在这次访问期间,亚当·斯密第一次见到了他。亚当·斯密似乎原则上同意等巴克卢再大一些时就做他的导师;巴克卢当时仅有 13 岁,刚刚在伊顿公学安顿下来。为了表明他的意愿,亚当·斯密同意那个男孩预先订购为其未来教育做准备的拉丁语和希腊语教材。这套教材的醒目之处在于,除了有关伦理道德的合适读本以外,亚当·斯密还指定了相当多的文学和历史读本。这是一份涉及荷马、维吉尔 *、埃斯库罗斯 **、欧里庇得斯和泰奥弗拉斯托斯 ***,以及西塞罗、马库斯·奥勒留 **** 和爱比克泰德的作品清单,后者是一套大字版本的书籍,而前者都属于袖珍版。这些涉及文学以及斯多葛派和西塞罗风格的读本,有助于促动公爵思考有关在一个不完美的世界中的人性和公共责任问题。亚当·斯密还特地在这份清单中加入了价格昂贵、由弗里斯出版社出版的豪华版的荷马著作,这也是现代苏格兰图书编辑和生产行业的一个大部头作品。②

汤森德在 1763 年 10 月 25 日再次提出了他的请求。他的语气友善、郑重而且有条理。这次丝毫没有提到让公爵去格拉斯哥大学读书的想法。

亲爱的先生:
随着巴克卢公爵打算去国外的时间临近,我冒昧重提一下过去对您说过的那件事:如果您仍有同他一起旅行的意向,那我会很高兴把这件事告知达尔基思夫人和公爵,并向他们表示祝贺,因为我知道,这是他们(包括我自己在内)十分看重的事情。公爵现在

---

① 请参阅:亚历山大·卡莱尔,《大时代的人物轶事与人格特征》,第 199 页。
* 维吉尔(公元前 70 年—公元前 19 年),奥古斯都时代的古罗马诗人,著有《牧歌集》、《农事诗》、《埃涅阿斯纪》三部杰作,其中《埃涅阿斯纪》多达 12 册,是代表罗马帝国文学最高成就的巨著。他被广泛认为是古罗马最伟大的诗人,也是世界文学史上最伟大的文学家之一。——译者注
** 埃斯库罗斯(约公元前 525 年—公元前 456 年),古希腊悲剧诗人,与索福克勒斯和欧里庇得斯一并被称为古希腊最伟大的悲剧作家,有"悲剧之父"的美誉,代表作有《被缚的普罗米修斯》、《阿伽门农》、《复仇女神》等。——译者注
*** 泰奥弗拉斯托斯(约公元前 372 年—约公元前 287 年),古希腊哲学家和自然科学家。——译者注
**** 马库斯·奥勒留(公元 121 年—公元 180 年),公元 161 年到 180 年期间在位的罗马帝国皇帝,也被认为是最重要的斯多葛派哲学家之一。——译者注
② 请参阅:《亚当·斯密通信集》(1987)(E. C. 莫斯纳和 I. S. 罗斯主编),第 58 页。

在伊顿公学,他将在那里待到圣诞节,然后他将在伦敦逗留一些时候。他可能会觐见英国女王,而且不会马上就去别的国家,但我们希望他不要在伦敦停留得太久,在他的头脑变得更加成熟并获得更多教育和经验之前,他不应过多沾染伦敦的社会习气。

眼下我不想考虑进入哪个教育机构的话题,因为如果您不反对我这么说的话,我想您对我所提出的条件不会有任何异议。事实上,您会发现与您自己相比,我对于促成您和巴克卢的联系,使这件事能够让您满意,而且对您有益这一点更加关切,而且我坚信,从本质上说,这对于他是尤其有益的。

巴克卢公爵最近在古代语言知识和写作的基本兴趣方面,取得了很大的进步。有了这些进步,他从阅读中得到的快乐和接受教育的激情,就自然而然地有了提升。他有很大的潜力,他也很有男子汉气概,为人正直,尊重真理,对于一个具有他这样地位和财富的人而言,这些品质能够为他的人生奠定基础,并确保日后有所作为。如果您愿意对他进行更好的教育,将这些素质转化成一种内在的力量,那么我确信当他返回家乡时,他会逐步成为我们所希望的那种国家栋梁之材。

我将在下个星期五去伦敦,因此不得不恳求您对这封信作出及时答复。向您表示诚挚的敬意!

你忠实和卑微的仆人
C. 汤森德

达尔基思女士委托我向您致以热情的问候①

汤森德给予亚当·斯密的报酬是非常可观的——500 英镑的薪水,而且在其余生中,每年都将有 300 英镑的退休金,这和亚当·斯密此前每年 150 英镑到 300 英镑之间的教授收入形成了一种对比。就像汤森德所暗示的那样(亚当·斯密将意识到这一点),还有一个相当大的益处是,与巴克卢建立的联系将有助于为他获得公职(在苏格兰海关局的一个高薪职位)铺平道路。

---

① 请参阅:《亚当·斯密通信集》,第 95—96 页。

这是一个无法拒绝的提议。亚当·斯密毫不犹豫地当下就接受了这一请求，并在 11 月 8 日告知学校方面，他准备辞去教授一职。正如他告诉休谟的那样，剩下的唯一问题是，结束他当前的法学授课课程。这件事很快就以常规的方式得到了解决：安排他的助教托马斯·扬——一个来自法夫的年轻人（我们对于他的情况一无所知）——代替他完成余下的授课任务。

亚当·斯密以一种令人愉快的方式结束了大学教师的生涯。他决定把没有完成的那些授课课程涉及的学费退还给他的学生，但学生们却拒绝接受他的提议。

> 不过，亚当·斯密先生是那种不达目的誓不罢休的人。在强烈地表达了自己的感恩之情之后，他表示自己充分感受到了他们这些青年朋友所显示出的尊重，并且告诉他们说，这是关乎他自己良心的问题，除非他做了他认为正确的事，不然就会感到难以安心。"你们不能剥夺我的这种满足感，绝对不行！看在上帝的份上，先生们，你们一定不能拒绝我的请求。"他抓住站在他旁边的那个年轻人并把钱塞到了他的上衣口袋里，然后把他从自己身边推开。其他人看到这一幕之后，知道他们再怎么拒绝也是徒劳的，所以只好听凭他自行其是了。①

他在 1764 年离校去了伦敦。这意味着他同过去的职业生涯作了彻底告别，他甚至拒绝参加任命他的接班人的激烈的选举过程，尽管像威廉·卡伦和约翰·米勒这样的老朋友都呼吁他给予协助，因为他们担心，他曾经的教授职位及其所代表的意义，会因为那个被大家看好并最终成功的候选人托马斯·里德——休谟学说最强大和最有影响力的批评者——的任命而遭到损害。直到 1784 年，亚当·斯密才重返格拉斯哥。

亚当·斯密在伦敦第一次遇见了他的新学生，他们一起去法国旅行，并在 2 月 13 日抵达巴黎。这是一种真正密切、将伴随亚当·斯密余生的友谊的开始。在亚当·斯密去世以后，巴克卢对杜格尔德·斯图尔特说："1766 年 10 月，在共处了将近三年之后，我们才回到伦敦。我们之间没有任何分歧，

---

① 请参阅：泰特勒，《亨利·霍姆的生平与创作》，第 1 卷，第 272—273 页。

从我的角度来说，我也没有半点儿不自在的感觉。通过他的引荐，我结识了他那个圈子里许多令我肃然起敬的朋友。我们的友谊一直延续到他生命的最后一刻；我永远都不会忘记，我最终失去的是一位我无比热爱和尊敬的朋友。这不仅仅是因为他无与伦比的才华，更因为他那独一无二的个人品质。"① 像亚当·斯密以前的学生托马斯·菲茨莫里斯一样，巴克卢是一个伊顿公学子弟，但他丝毫没有亚当·斯密先前从他的贵族学生身上发现的自负和傲气。他的童年并不快乐，基本上"被我的母亲所忽视，小学教师们也没把我的学业放在心上"。他或许还可以补充一点：他是在两个充满自信的兄长的影子下长大的。是汤森德坚持把他送到伊顿公学，因此公爵写道："我必须承认，不管后来我如何对他缺少感激，但他当时的确帮了我一个大忙，这大大弥补了他后来对我的个人事务的漠不关心。"② 巴克卢极不喜欢他继父制定的把他变成一个能够在其指导下参与国家政治的"世袭参议员"的计划。汤森德没有安排他继子喜爱的那个伊顿公学的导师带着他一道去完成教育游历*这一重要步骤（而且他很可能也是带着某种顾虑去看待任命像亚当·斯密这样一个学术贵族的计划的），同样也让公爵感到失望。③

对亚当·斯密的任命在爱丁堡并非没有议论之声，虽然没有人怀疑他作为教授的能力，但人们对于他是否适合担任一个必须全面完善其宫廷技能的年轻贵族的导师心存疑虑。亚当·斯密的法语差强人意，他的言行举止也显然不够文雅。卡莱尔认为，他作为一个教育游历导师，"看上去仍然"不适合参与广泛的社交活动。作为律师和古物研究者的戴维·达尔林普尔爵士也同意这一点，他评论说："查尔斯·汤森德先生将把一个很有才能的道德教授变

---

① 请参阅：杜格尔德·斯图尔特，《亚当·斯密的生平与著作》，第306—307页。
② 引自邦尼曼的《苏格兰启蒙运动和农业改良》，第61页。
* 通常指从前英国贵族子女遍游欧洲大陆的教育游历。从16世纪起，欧洲中上阶层家庭的孩子受教育的一部分就是出国旅行，一般是从十三四岁开始，由一位家庭教师陪伴，短则几月，长则数年，深入了解欧洲各国的语言、地理、文化与艺术，以便为日后成为学者、骑士或领导者做准备。——译者注
③ 根据亚历山大·卡莱尔的说法，作为对失去他的学生的一种补偿，当汤森德提议给巴克卢的原导师哈勒姆100英镑的年金时，巴克卢回答说："不……我希望哈勒姆得到的回报至少要和亚当·斯密一样多；他未能和我一同旅行，对于他而言本身就是一大损失。"请参阅：亚历山大·卡莱尔，《大时代的人物轶事与人格特征》，第142页。

成一个很差劲儿的旅伴（compagnon de voyage）。亚当·斯密先生学识渊博，而且尤其精通或可被称为'立宪知识'的东西，但他为人处事似乎有些笨拙，他的法语听力差强人意，所以你永远都不要指望他用法语顺畅地表达自己的想法。"① 就连大卫·休谟都认为有必要这样提醒他的朋友："作为一个世界级的学者，他固守书斋的隐士般的生活，可能会影响到他的气质和形象。"②

然而，对于汤森德而言，巴克卢的性格远比他的举止重要，而且就像谢尔本一样，他确信亚当·斯密是让他的继子成为一个政治家的理想人选，他在1765年6月强调了这一点。

> 亚当·斯密先生除了其他许多优势以外，还非常熟悉你们国家的宪法和法律：他头脑灵活而不油滑世故；他知识全面，在对于我国政府的理解方面没有太多成见，从他那里，你在短时间内就能学到有用的东西，并成长为一个脚踏实地的政治家。当我提到政治家的时候，我指的并不是一般意义上的政客，而且在你这个年龄，你也应该意识到它们之间的区别，你需要培养作为一个政治家而非政客所需要的经验和基本素质。亚当·斯密先生将使你成为一个政治家，而且就你而言，时间将会证明我的观点是正确的。③

图卢兹，法国第二大城市，是亚当·斯密和汤森德为公爵在未来18个月强化教育所选定的一个适宜之地。这一选择地的确定，完全得益于休谟和他的亲属、图卢兹主教总代理科尔伯特牧师的建议，后者使他们了解了当地社会，大概也为他们安排了合适的住所。因此，亚当·斯密陪他的学生去了日内瓦、巴黎和德国。公爵在那时将近成年，已经做好了管理家族地产乃至开始个人职业生涯的准备，亚当·斯密将成为一个亲密的朋友和导师，而且相比于公爵的继父，亚当·斯密更有能力让他了解作为一个未来的大地主应承担起的公共义务。对于公爵而言，有一件事在某种层面是幸运的，那就是汤森德

---

① 请参阅：亚历山大·卡莱尔，《大时代的人物轶事与人格特征》，第142页。
② 请参阅："大卫·休谟与布夫莱尔的通信"，1766年7月15日，引自《大卫·休谟通信集》，第2卷，第63页。
③ 请参阅："18世纪的公爵教育"，引自罗斯的《苏格兰传统：R. G. 坎特纪念论文集》，第185页。

在 1767 年突然去世，这使得将巴克卢变成一个政治家的计划也就搁置一旁了。

亚当·斯密原本可以在一个更有趣的时间点去完成他这第一次意义特殊的欧洲之旅。由 1763 年的《巴黎和约》（它导致法国殖民帝国失去了大量的土地）所终结的"七年战争"*，给法国经济造成了不可估量的损失，同时也给这个国家带来公共财政管理和政府本身管理原则方面的难题。像汤森德这样一个对公共财政极感兴趣的政治家，理所当然地会敦促亚当·斯密和巴克卢着重关注法国近代史，以及一个尤其重要的问题，那就是，"这个危险而庞大的君主政体，似乎已在很大程度上完成了它野心勃勃的发展计划，它原本拥有强大的军火、具有威慑力的海军，以及繁荣的商业，只是到了那决定性的一刻，它才暴露出与其庞大体形不相符合的虚弱体质，这是因为它的内在结构具有某种隐秘的错误，它独一无二的土地和海洋，完全没有发挥出屹立于现代世界所需要具备的那种力量"。①

从图卢兹这一有利的位置，一个敏锐的苏格兰观察家能够看到当代法国文明的进步。它是熟悉爱丁堡的人能够理解的那种城市。在这个社会的政治生活中，占主导地位的是当地律师和议会，前者是一个精英群体，后者是一个因推动了被称为"欧洲最迷信的地区之一"（正如皮埃尔·贝尔描述过的那样）的城市的文明和进步而获得声誉的机构。② 耶稣会士在 1762 年被驱逐，而就在同一年，以拥有自由思想著称的雄心勃勃的洛密尼·布里尼被任命为大主教。新任大主教是杜尔哥**、莫雷特***和达朗贝尔这些哲学家的朋友，

---

* "七年战争"发生在 1754 年至 1763 年间，主要冲突集中于 1756 年至 1763 年间。当时欧洲的主要强国均参与了这场因贸易与殖民地竞争导致的战争，其影响面覆盖欧洲、美洲、西非海岸、印度以及菲律宾，战争总共造成约 140 万人伤亡。——译者注

① 请参阅："18 世纪的公爵教育"，引自罗斯的《苏格兰传统：R. G. 坎特纪念论文集》，第 184 页。

② 引自泰尔弗的《图卢兹的生活与古代体制》，第 341 页。

** 即安·罗伯特·雅克·杜尔哥（1727—1781），法国哲学家和经济学家，重农学派最重要的代表人物之一，其主要经济著作是《关于财富的形成和分配的考察》。——译者注

*** 即安德烈·莫雷特（1727—1819），法国哲学家、经济学家和百科全书派的重要支持者之一（所谓百科全书派，是指 18 世纪法国启蒙思想家在编纂《百科全书》过程中形成的派别，主张一切制度和观念要在理性的审判庭上接受批判和衡量）。——译者注

是巴黎主要沙龙的常客,以及一个藏有政治、贸易和公共财政书籍的大型图书馆的管理者;亚当·斯密必然期待见到他,并希望有机会使用他的图书馆。还有这座城市的其他进步迹象也吸引着这位造访者的关注。图卢兹是一个大学城,有一所著名的法律学院、三个皇家研究院和一个旧城改造的宏伟计划。最引人注目的是,这座城市见证了17世纪后期双海运河*的建设,它将大西洋和地中海连接在一起,到了18世纪中叶,它对于图卢兹地区农业经济的发展起到了促进作用。亚当·斯密赞同对这一庞大项目进行维护的各种相关规定。那个建造这一运河的工程师及其家人,已被允许可以获得来自运河通行费的一部分收入,以抵补维护它的成本。这使他们开始变得富有,而他们现在"也有更大的兴趣长期维护这一工程。但实际上,那些通行费基本上被置于没有这种兴趣的政府委员会管理之下,它极有可能在装饰等各种不必要的开支上被浪费,而这一工程的最关键部分的维护却面临资金缺失的境况"。①

尽管有这些改进的迹象,但对于商业和文明的这些支持行为,在1764年之前也只是图卢兹地区改良运动的表面现象。在1762年,让·卡拉斯,一个完全无辜的信仰新教的商人,因为一个他不曾犯下、也不可能犯下的谋杀罪,先后经受了车裂、绞刑和火刑,对于他的审判过程,也暴露出地方性的宗教狂热以及当地法院和议会在面对宗教压力时的极度脆弱。这一暴行震惊了欧洲,也成为伏尔泰用化名写作和印发大量小册子、抨击宗教迫害和专制政府草菅人命的罪行的缘由。亚当·斯密在其最后一个版本的《道德情操论》中提到卡拉斯的遗言时称,卡拉斯是"一个无辜者遭受最残忍的不幸"的最典型的例子。②亚当·斯密、休谟和汤森德必然曾经想到过,这个城市是否真的符合巴克卢的教育需求,以及图卢兹作为一个没有商业精神之城(或者没有培养这种精神的较大意向)的长期声誉。1742年,图卢兹市的市政议会代表声称,该市"并不是一个商业城市",它当前的地位和个性特征,应归因于"大量的律师事务所"和服务行业、多个行业协会和企业,以及当地劳动力

---

* 双海运河也称米迪运河,法国南部连接加龙河与地中海的运河,是沟通地中海和大西洋比斯开湾内陆水路系统的主要连接线,是17世纪法国的重要工程。——译者注

① 请参阅:《国富论》,第726页。
② 请参阅:《道德情操论》,第120页。

阶层所固有的"对安逸生活的热爱、对于工作的恐惧,以及不喜欢任何麻烦(l'eloignement de toute peine)"的心态。① 在安排这次旅行期间,亚当·斯密必然也注意到"七年战争"之后,在法国议会和王室的关系方面出现的危机。图卢兹议会坚决反对王室试图把那项臭名昭著的、在1789年法国大革命前施行的收入税又骤然增加两倍的做法。当亚当·斯密和巴克卢来到这座城市时,皇家军队已经占领了那里,而当地议会仍在与皇室之间进行着长期而激烈的纷争。亚当·斯密收集了这场纷争所产生的大量文献小册子,并把它们寄回苏格兰:税收和战争对于公共财政的压力,在他的政治经济学研究中始终具有核心地位。

这次造访似乎起始于一个不那么理想的开端。那位大主教当时在巴黎,并且似乎在亚当·斯密和巴克卢抵达那座城市期间一直都不曾离开过巴黎。1764年7月,亚当·斯密这样告诉休谟:

> 汤森德先生曾经向我保证,舒瓦瑟尔公爵会把我们推荐给这里以及法国其他地方的时尚人士。然而,我们根本就不曾有过这样的经历,而且我们只能尽量求助于对此地几乎和我们同样陌生的科尔伯特神父。实际上,我们并没有太大的收获。公爵不熟悉任何法国人;我也不可能通过我认识的那少数几个人建立社交关系,因为我不能把他们带到我们的住所,也不可能总是随意地登门拜访他们。相比于我眼下在这里的生活,我在格拉斯哥所经历的生活,显然令人愉快到了可说是放荡不羁的地步。为了打发时间,我开始写一本书。②

这本书是不是《国富论》,至今仍然存在争议和各种揣测。不过,亚当·斯密的评论确实表明他已经做出了这样的决定:是时候去把有关法学、警察和政治经济的一些思考汇总到一起了,这些也是他期待在巴黎和弗朗索

---

① 请参阅:泰尔弗,《图卢兹的生活与古代体制》,第201页;戈德肖,《图卢兹与法国革命》,第1章;施耐德,《礼仪之城:图卢兹(1738—1780)》,第1章。
② 请参阅:《亚当·斯密通信集》,第101—102页;罗斯,《亚当·斯密传》,"18世纪的公爵教育",第178—197页;邦尼曼,《苏格兰启蒙运动和农业改良》,第2章。

瓦·魁奈*及其重农主义学派成员探讨的主题。

对于公爵而言，所有这一切均意味着需要辛苦工作，而且无论如何，这种辛苦最初表现为相当程度的社交隔离。正如菲茨莫里斯在格拉斯哥大学发现的那样，亚当·斯密教学的基本原则是"检查和控制"，而且他承认，这样一种教学体系旨在"让他在第一个冬季真正有事可干，这会使他一直处于忙碌状态，而不至于无所事事"。就巴克卢而言，这可能意味着在私人化阅读的同时，还要以亚当·斯密在格拉斯哥大学的道德哲学和法学课程为基础进行密集的讨论，以及经常性地跟从当地教师练习骑术和击剑。在第二个学年，亚当·斯密开始让菲茨莫里斯学习法律和政治学，而且他显然采取了对于巴克卢十分有益的教学方式，让他接触到了孟德斯鸠的《论法的精神》和休谟的《英格兰史》，以便逐步熟悉法国和英国宪法制度、现代欧洲不断上升的军事化趋势，以及在"七年战争"时期法国实力的迅速崩溃。作为公共财政专家，汤森德对于巴克卢所写的有关法国宪法的文章感到满意，而且似乎鼓励过他要特别注意税收制度。巴克卢不曾提起但却是亚当·斯密必然会和他进行讨论的一个主题，那就是，孟德斯鸠关于法国贵族对于未来法国君主立宪制重要性的有争议的观点。正是从诸如此类的讨论中，公爵必然会就他作为一个未来大地主的角色，一种以对于土地贵族在经济和道德上的重要性，以及对于作为改良运动代理人这一身份的重视为基础的角色，开始形成一种不那么激进而是相对温和的政治理念。这将为他和亚当·斯密长期而稳定的友谊奠定基础。

不过尽管如此，图卢兹最初对于公爵而言也还是一个孤独之地。在休谟的帮助下，亚当·斯密为了减轻他的负担，说服巴克卢的弟弟坎贝尔·斯科特和一个伊顿公学的老朋友詹姆斯·麦克唐纳德爵士，在秋季与他们会合。到那时，亚当·斯密和巴克卢将终于全面安定下来。后来他们开始接触图卢

---

* 弗朗索瓦·魁奈（1694—1774），古典政治经济学的奠基人之一，法国重农学派的创始人和重要代表。他早年研究医学和哲学，曾受到法王路易十五宠姬蓬巴杜侯爵夫人的庇护，以私人医生身份移住凡尔赛宫，从而有更多机会同一些哲学家和思想家进行交流，借以熟悉法国的政治经济情况。经常参与他安排的宫中聚会的有狄德罗、达朗贝尔、爱尔维修、孔狄亚克等哲学家和思想家，也有米拉波侯爵、迈尔西埃、杜邦·奈穆尔、勃多、杜尔哥等经济学家，他们后来结成了经济学说史上有名的重农主义学派。——译者注

兹政治社交圈，并且去了波尔多*和蒙彼利埃**参加当地议会的辩论。1765年4月，汤森德允许巴克卢搬到巴黎，条件是不得中断"先前的学习和锻炼"。当时，亚当·斯密能够向其汇报"公爵发生的巨大变化。他在法国有了更多的朋友，我可以自信地说，在我们相处的余下的时间里，我不仅会体验到平静和知足的感觉，而且会享受到真正的开心和快乐"。① 在法国南部和比利牛斯山***与斯科特以及麦克唐纳德度过了一段短暂的夏季旅行时光之后，他们两人在1765年12月抵达巴黎之前，先用了两个月时间造访了日内瓦。

选择日内瓦作为一个停留时间长达两个月的城市，多少是有些不寻常的，这表明亚当·斯密也开始"插手"旅行规划。他以前一个学生的父亲——弗朗索瓦-路易斯·特隆金——是一个有影响力的当地公民，也是日内瓦文化圈的一个重要成员和法国王室的皇家医师。当然，日内瓦也是卢梭和伏尔泰生活过的城市。这座城市也再次为亚当·斯密和巴克卢展示了一个可供其反思的有趣的政治局面。市政府的宪法制度在本质上是贵族式的，目前正受到希望拓宽其政治基础的公民的挑战；关于贵族在现代政府管理方面的角色，同样有许多值得思考的东西。西奥多·特隆金使得亚当·斯密和巴克卢很容易就进入了日内瓦的文化和学术团体，这恐怕是因为当时恰逢当地加尔文主义****学派的成员对于苏格兰哲学、历史和医学有特别的兴趣。② 在几周之内，亚当·斯密就结识了日内瓦政府的主要成员，而对约瑟夫·布莱克的潜热理论感兴趣的乔治·里萨奇教授，以及查尔斯·博尼特教授等人，都对亚当·斯密和一个像休谟这样的著名怀疑论者的友谊感到惊奇。更重要的是，特隆金能够把亚当·斯密介绍给他的病人恩维尔女公爵的文化朋友圈。恩维尔女公爵曾计划翻译《道德情操论》（该计划最终流产），并在亚当·斯密

---

* 波尔多，法国西南的一个港口城市，法国第四大城市。——译者注
** 蒙彼利埃，法国第八大城市，也是法国著名的大学城和重要的工商业中心。——译者注
① 请参阅：《亚当·斯密通信集》，第102—103页。
* 比利牛斯山，位于欧洲西南部，山脉东起于地中海，西止于大西洋，是法国与西班牙的天然国界。——译者注
** 加尔文主义，即加尔文宗或加尔文教，是法国著名宗教改革家、神学家约翰·加尔文毕生的许多主张的统称。——译者注
② 请参阅：罗斯，《亚当·斯密传》，第207—209页。

的余生中一直与他保持联系。与恩维尔夫人的接触很重要。作为一个极具智慧的女性,她是杜尔哥的一个密友,后来在协助亚当·斯密顺利融入法国文化沙龙和经济学圈子方面起到了重要作用。卢梭当时并不在日内瓦,因此,实际上,亚当·斯密似乎从来没有见过他。不过,伏尔泰在和亚当·斯密的一次会面中,曾讨论过王室和地方议会以及庄园主之间正在形成的不稳定关系。① 拥有那个伟人一座精美半身雕像的亚当·斯密,对于伏尔泰有着毫无保留的敬意,并且强调说,"他对于所有教派狂热的教徒所施加的挖苦和嘲笑,使得人们对真理的认识更加深入,也使得每一颗有智慧的头脑为进一步探索真理做好了准备。相比于那些著作只有少数几个读者的哲学家,他为人类所做的贡献要多得多。伏尔泰的作品是为所有人准备并供所有人阅读的"。② 值得一提的是,无论是《道德情操论》还是《国富论》,包括亚当·斯密其他所有有关现代人性科学的整个项目,都是建立在启蒙运动对于宗教的典型攻击所获得的启示的基础之上的。

　　亚当·斯密和巴克卢在1765年仲秋之际离开日内瓦,并在圣诞节前后抵达巴黎。这也由此开启了公爵教育游历的最重要的阶段。他们在圣日耳曼靠近英国大使馆的皇家公园酒店住了下来,这里将是他们未来9个月的住所。英国大使赫特福德伯爵把公爵引荐给法国王室和政治家圈子,而且汤森德对巴克卢说过,他期待大卫·休谟带他接触文化群体,以及那些"世界级名人,他们对你而言是最有价值的群体,你必须结识他们,这对你有益无害"。③ 就结识法国思想界的人士而言,休谟提供了最好的引荐机会。自1763年以来,他就一直是赫特福德在巴黎的秘书,享有一个外交职位和一份体面的收入带来的声望,以及他的《政论集》和《英格兰史》当时为他带来的名誉。突然受到的崇拜让他又惊又喜,他向亚当·斯密和他的苏格兰朋友描述了这一体验。"我怎么能够忘记,"在1763年10月写给亚当·斯密的信中,他在回顾起他的作品在伦敦和爱丁堡受到的冷遇时这样说,"都是同样的人,几年前他们在爱丁堡基本上对我爱搭不理,现在在巴黎,他们却以如此热烈的掌声欢

---

① 请参阅:克莱登,《塞缪尔·罗杰斯的早期生活》,第95页。
② 请参阅:弗亚斯·法恩德,《英格兰、苏格兰和赫布里底群岛之旅》,第2卷,第241页。
③ 请参阅:"18世纪的公爵教育",引自罗斯的《亚当·斯密传》,第183页。

迎我，我怎能不对此感到惊讶呢？"① 两年后，当亚当·斯密在图卢兹作一段时间的停留时，休谟甚至考虑过在巴黎定居的可能性。这一计划让亚当·斯密十分吃惊，他迅速做出了犀利的回复：

> 一个人在异国他乡往往会有疏离之感，而且即便这个国家的国民具有值得称道的文明和人性，但在我看来，相比于我们自己的同胞，他们的兴趣通常并不具有持久性，他们的友谊也并不具有太大的可靠性。他们生活在一个庞大的社会中，并分属于如此众多的群体，他们对于各种目标对象的情感也被严重稀释，因此，他们只会把其中极少的一部分情感分给任何特定的人。千万不要以为那些希望您和他们一起生活的王子和淑女们，是出于对您真正虔诚的爱才那样做的，其实他们仅仅想让其圈子中增加一个出色的人物，仅仅是为了满足自己的虚荣心而已，而且您很快就会感觉到，您在赫特福德伯爵夫妇家中所体验到的真挚和信任的情感，在那里是一种稀缺之物。②

然而，到那时为止，休谟在巴黎的日子已经屈指可数。赫特福德已经奉命到都柏林任职，休谟仍然是他的秘书。这一变化将为休谟带来更多薪水，但"从巴黎转移到都柏林，就像是从光明进入了黑暗"。③ 不过，赫特福德的这一任职安排最终被取消，并和休谟一同回到了伦敦。这样一来，亚当·斯密就不得不在缺少一个知名而且富有思想的大使的直接帮助下，和他的学生独自在巴黎建立和开展社交活动。

不过，亚当·斯密也无须对此过于焦虑，休谟已经提前为他们的造访做过必要的宣传，而且不管怎样，亚当·斯密本人也毕竟不是籍籍无名之辈。《道德情操论》在巴黎很受欢迎，并由法国社会名流霍尔巴赫男爵朋友圈中的

---

① 请参阅：《亚当·斯密通信集》，第 97 页。
② 同①，第 108 页。
③ 请参阅：休谟，《大卫·休谟通信集》，第 1 卷；以及莫斯纳，《大卫·休谟传》，第 493—494 页。

一个人在 1764 年翻译出版，不过翻译质量不佳。更为糟糕的是，它有了一个不能带来多少益处的詹森主义*风格的新书名：《形而上学的灵魂》，这使得法国读者在探索其有关情绪的病因学这种被公认的优势的同时，也开始更多地讨论它在神学理论上的不足。好在亚当·斯密的造访恰逢苏格兰的哲学和文学正在成为时尚之物，虽然他个人作品的译本情况并不尽如人意。据说，分别出版于 1762 年和 1765 年的所谓出自莪相**的最初的诗歌，就和它们在伦敦和爱丁堡一样凭借负面评价而在巴黎走红，而敢于批评伏尔泰的《亨利亚特》***的凯姆斯勋爵的《批判的要素》，却招致了作者挖苦性的回应。

　　如今，从史诗到园林栽培技术，苏格兰在各方面的艺术鉴赏和技术规则成果纷至沓来，这是人类文化进步的一个美妙结果。人类的心智水平与日增长，因此，我们不应该对在这么快就面对如此多来自奥克尼群岛****的有关诗歌和修辞学论著的情形表示绝望。当然，我们更希望从那个国家看到杰出的艺术家，而不是有关艺术的杰出作品。①

　　亚当·斯密在巴黎受到的接待，几乎和休谟一样具有重要意义。不久以后，他就成了巴黎主要沙龙的常客，而这些沙龙的承办者中包括恩维尔女公爵、吉奥福林、埃斯皮纳斯、戈劳奇等当地社会名流，以及休谟的老朋友布夫莱尔伯爵夫人。此时，在一个自从马里沃时代以来知识女性就开始讨论情

---

* 罗马天主教在 17 世纪的思想运动，其理论主要强调原罪、恩典的必要性和宿命论等，认为教会最高权力属于大公会议而不属于教皇，18 世纪后逐渐衰落。——译者注

** 莪相，即奥伊辛，也被苏格兰诗人译作"奥西恩"，他是凯尔特神话传说中的英雄人物和优秀诗人。1762 年，苏格兰诗人麦克菲森声称"发现"了莪相的诗，他假托从 3 世纪凯尔特语原文中翻译了《芬戈尔》和《帖木拉》两部史诗，并先后出版，于是这些所谓"莪相"的诗篇便传遍了整个欧洲，这对于早期浪漫主义运动产生了重要影响。实际上，这些作品虽有部分是根据凯尔特语民谣写成的，但大部分都由麦克菲森自己所作。——译者注

*** 《亨利亚特》，伏尔泰于 1721 年 10 月完成的一部批判性叙事长诗。——译者注

**** 奥克尼群岛，在苏格兰北方沿海 32 公里，由等 70 多个岛屿组成。挪威人 8 世纪末侵入该群岛，1472 年划归苏格兰。——译者注

① 引自罗斯的《凯姆斯勋爵在苏格兰的时光》，第 286 页。

感伦理和文学的环境中，有许多次讨论都涉及《道德情操论》。曾经想到重译这本书（以便提供一个更好的译本）的恩维尔女公爵认为，亚当·斯密关于同情的理论，似乎是取代休谟的怀疑论并作为女性社会时尚观点的理想选择。① 通过参加霍尔巴赫男爵的周末晚餐，到爱尔维修*的府上拜访，以及经由魁奈向他的朋友圈引荐（魁奈是一位皇家医师），亚当·斯密很容易就进入了巴黎和凡尔赛的哲学家圈子。他也结交了杜尔哥、莫雷特、内克**、达朗贝尔、马蒙泰尔***以及黎柯柏尼夫人（当时最受欢迎的小说家之一）。② 无论在此之前还是之后，他都不曾有如此丰富而自在的社交生活。在7月的一个星期里，亚当·斯密在21日和当地名流埃斯皮纳斯女士见面，在25日和布夫莱尔女公爵接触，在27日和霍尔巴赫男爵交流。③ 他的仆人所保留的有关他的全部着装清单表明，他当时已经开始穿相当昂贵的衣服。④ 他在后来的一篇文章中回忆说，他对戏剧和歌剧越来越感兴趣，经常光顾剧院并思考戏剧和声乐表演艺术。有传言说，他当时甚至开始了一场中途夭折的浪漫情事。⑤

然而，最重要的乃是他与魁奈及其朋友的相识，在他看来，他们是"法国最有智慧的人"。⑥ 对于这些重农学派成员而言，亚当·斯密像是一个未知数，其中一个成员如是说："是一个理性而又单纯、还没有证明他在这里的价值的人。"⑦ 作为休谟的朋友，他拥有一个属于自己的出色而又流行的道德哲学体系，以及一个处于孕育过程中的政治经济学体系，它触及了重农学派

---

① 请参阅：雷伊，《亚当·斯密传》，第199页。
* 即克洛德·阿德里安·爱尔维修（1715—1771），法国启蒙思想家，出身上层社会，与伏尔泰、狄德罗都是巴黎大路易学校的毕业生，其代表作有《论精神》、《论人的理性和教育》等。——译者注
** 即雅克·内克（1732—1804），瑞士出生的法国政治家和路易十六时期的财政大臣。——译者注
*** 即让·弗朗索瓦·马蒙泰尔（1723—1799），法国历史学家和作家，百科全书派的重要成员。——译者注
② 请参阅：斯图尔特，《亚当·斯密的生平与著作》，第302—303页。
③ 同①，第197页。
④ 请参阅：斯科特，《亚当·斯密：从学生到教授》，第261—262页。
⑤ 请参阅：罗斯，《亚当·斯密传》，第213—214页。
⑥ 请参阅：《国富论》，第467页。
⑦ 同⑤，第214页。

的许多关注点，但采取的方式却与他们有着明显的不同。当然，亚当·斯密对于魁奈的研究工作的认识同样是不完整的。18 世纪50 年代后期，他第一次通过大百科全书有关"粮食"和"饥馑"的阐述而了解他，那两篇论述文章主张粮食自由贸易，并且奠定了魁奈的经典观点——土地是国家财富的唯一来源——的基础。魁奈在1758—1759 年期间两度出版的仅仅针对相当有限的读者群而且在格拉斯哥很可能不为人知的《经济表》当中，用高度抽象的术语阐述了这些原则。当亚当·斯密在1766 第一次见到重农学派的成员时，他们正致力于研究魁奈体系在更广泛意义上的概念和政治影响，而1767 年的多部相关出版物预示着这一发展进入新的阶段，其中包括德·米拉波侯爵的《乡土哲学》和魁奈在同年出版的《重农理论》，以及杜尔哥、杜·彭特·内穆尔和德·拉·里维埃等政治经济学家处于准备或出版阶段的相关著作。① 实际上，在启蒙运动中，亚当·斯密亲自见证了一种有别于自己思想体系的政治经济体系的发展。

尽管他的法语差强人意、举止也笨拙，而且对于后者的体系有明显的保留意见，但亚当·斯密与魁奈和他的朋友圈成员们相处融洽，而且他在《国富论》中对他们的观点附带的批评以友善和严谨而著称。将他的著作《重农主义》赠送给亚当·斯密的魁奈，是一个"最谦逊和最纯朴的人"，他从他的弟子们那里获得的尊敬，和"作为其各自体系创建者的任何古代哲人"一样多②；米拉波是一个"非常勤奋和值得尊敬的作家"③；而杜尔哥（他对休谟说）是一个"在各方面都值得信任的朋友"。④ 亚当·斯密后来在谈到重农学派的体系时认为，它"虽然具有这样或那样的不足，但在有关政治经济学这一领域已出版的作品中，或许是最接近真理的体系之一，因此，对于想要了

---

① 米拉波《乡土哲学》的全称是：Philosophie Rurale, ou économie générale et politique de l'agriculture, réduite á l'ordre immuable, des loix physique & morales qui assure la prospérité des empires。魁奈《重农理论》的全称是：Physiocratie, ou constitution naturelle du gouvernement le plus avantageuxau genre humain。
② 魁奈赠送给亚当·斯密的那本《重农理论》，被编入米舒塔的《亚当·斯密藏书目录》中，编号1388。
③ 请参阅：《国富论》，第679 页。
④ 请参阅：《亚当·斯密通信集》，第113 页。

解这一重要学科的原则的每一个人而言，它都是值得深入探究的一个体系"。① 事实上，他曾告诉杜格尔德·斯图尔特说，假如魁奈生前能看到《国富论》的出版，那将是献给他的一部作品。② 这是一种和休谟形成鲜明对比的措辞。休谟在他即将出版的《商务词典》一书中，希望莫雷特给他们（重农学派）以重创，打倒他们，碾碎他们，让他们化成齑粉！"他们是当下最离奇、最傲慢的一群人。"休谟这样写道。③ 这也是亚当·斯密在生命后期越来越能够理解的一种态度。

斯图尔特认为，亚当·斯密能够认真对待重农学派体系，是因为该体系帮助他廓清了他自己的体系，但这其中显然还有更多的原因。他与孔狄亚克、孟德斯鸠和卢梭的接近，使他遭遇到他一度认真对待但却发现其存在根本性缺陷的哲学体系。他和魁奈经济体系的初次接触，是另一种类似的遭遇过程。在某种程度上，它们讲的是同样的语言：它们都讨论了一个国家的财富和收入满足国民需求和愿望的能力；它们都认为，在休谟所描述的一种"强大的"欧洲君主制体系中，满足这些需求和愿望的过程，就是利用农业盈余维持那些不经营土地的人的生存；它们都声称，一个国家的长期收益和它的人民的福祉，都取决于它是否有能力维持一种足够高的农业生产水平，从而保持一种商业和生产体系长期存在；它们都同意这样的结论：实现这一目的的最佳途径，就是消除商品、服务和情感自由交换的障碍。事实上，在魁奈的《经济表》中，那个高度抽象的论证角度就是要表明，在一个发达的经济体系中，农业产生的财富是如何通过不同经济部门自然而合理地流动的，从而以多种方式实现国民的权利和财富的自然增长。

重农学派声称，他们正在发展政治经济学的一般理论。对于思想发展的历史背景有着无与伦比敏感性的亚当·斯密，宁愿在一种法国背景下看到这种结果，这部分是因为他长期关注在一个领土庞大但农业体系却严重滞后的国家，有关贸易和商业刺激以及国家荣誉提升的问题。在《国富论》中，他将重农学派的体系描述成是对于科尔伯特试图将法国变成一个伟大的贸易国和生产国这一虽然引人注目但却归于失败的尝试的一种过度反应。科尔伯特

---

① 请参阅：《国富论》，第678页。
② 请参阅：杜格尔德·斯图尔特，《亚当·斯密的生平与著作》，第304页。
③ 请参阅：休谟，《大卫·休谟通信集》，第2卷，第205页。

所采取的方式，就是使用一种有利于市镇企业却不利于农村经济发展的"约束和调节系统"。对于这一方案，亚当·斯密嘲讽性地指出："它几乎不可能不让一个经过辛苦打拼、因此早就习惯于控制公共机构不同部门的商业阶层感到喜悦。"重农学派采取的是另一个极端化途径，他们所提出的一个方案"意味着农业代表国家收入和财富的唯一来源"，因此，他们认为在商务和企业中的劳动工人是有价值的，但本质上是非生产性的，也就是说，这一方案就是让土地所依赖的劳动力和资本的价值回归土地本身。① 亚当·斯密认为，这是一种错误的、能够引发政治动荡的乌托邦式的方案。米拉波在《乡土哲学》中指出，这一分析是以英国典型的大规模发达农业的存在、而不是以具有法国特色的佃农制和生存经济的现有体系为前提来假定的。问题就是如何让法国未来的繁荣和强大所依赖的农业革命能顺利进行。用单一的土地税取代现有的税收制度，并且消除内部贸易和劳动力转移的障碍，将会鼓励财富在不同经济部门的流通，产生农业改善所依赖的资源并增加最高统治者的财富。这是欠发达经济体通过国家采取的革命性行动而获得重生的一种方法，而对于这样的革命行动，魁奈从反传统的角度将其称为"合法的专制主义"的行为。在亚当·斯密看来，这是一种具有危险倾向的乌托邦性质的方案。

亚当·斯密对于这种体系的批评之所以引人注目，在于它充分关注了这一方案的具体实施方式及其背后的经济思想在实践中的可行性。② 除了需要用来创造一种新的具有高度争议性的税收制度的革命性行动以外，这一方案主要立足于这样的假设：单一的税收制度的刺激作用，将足以把法国地主阶级变成一个高效的农业改良者阶级——对于一向对苏格兰贵族的可取之处缺乏信心的亚当·斯密而言，他认为这一主张很难站得住脚。他唯一能够接受的立场是，"只有当有产者阶级偶尔愿意为土地改良付出代价时，他们才能够为农产品的年产出尽一份力"。③ 亚当·斯密对于魁奈体系的狭隘和僵化尤其感到震惊，它就像是"热衷于各种人体试验的内科医师"（譬如魁奈本人）炮制出来的一样，因为他坚持声称，"人体健康只能通过由饮食和锻炼构成的某

---

① 请参阅：《国富论》，第 663—664 页。
② 我曾受益于艾斯特凡·亨特在《贸易嫉妒》（尤其是第 5 章）中对于重农学派的研究课题的探讨。
③ 同①，第 665 页。

种精确的养生法而加以维系,如果这种配方哪怕有最小的变动,都必然会导致与这种变动程度相一致的某种疾病或者不适"。① 这种在巴黎将逐步被广泛接受和认可的批评性观点,是他对法国人提出异议的核心理由,并且强化了他的以下结论:现代法国人的思维尽管具有创新性,但对于人性原则却严重缺乏了解,归根结底,法国人并未充分意识到采取旨在实现一个国家机构渐进式改进的政策(而不是国家的革命性行动)的重要性。

> (魁奈)似乎并没有考虑到,在政治机构中,每一个人为改善其自身状况而不断做出的自然努力,是一种保护性原则,它在许多方面都能够防止和纠正一种政治经济的不良影响(在某种程度上,这种影响既包括派系影响,也包括专制影响)。这样一种政治经济,虽然或多或少地必然会起到迟滞作用,但它不可能永远阻止一个国家获得财富与繁荣的自然进步,更不可能维持国家的长期倒退。如果说在不享有完全的自由而完美的正义的情况下,一个国家就不可能发展,那么这个世界就不会有任何曾经繁荣过的国家。然而,幸运的是,在一个政治机构中,自然的智慧已经为纠正人类许多愚蠢和不公正的不良影响准备了充分条件,这就如同它为人类的懒惰和放纵而对自身身体的伤害做出必要的补救一样。②

在《国富论》中,亚当·斯密继续展示改良原则的基本特征。魁奈体系的基本错误在于,它将工匠、生产者和商人的劳动在本质上描述成是非生产性的,也就是类似于家庭仆人的劳动,因为这种劳动只能"年复一年地产生其自身的消费性价值"。但是,归根结底,工匠、生产者和商人能够提供"可销售的"商品以及产生出商品的劳动,并凭借这种劳动创造的额外需求而被增加到一个国家的全部劳动和资本的总额中。另外,来自农业的收入并不必然大于贸易和生产所产生的全部收入,其根本原因就在于,在农业方面,劳动分工的进步总是比制造业方面的进步更为缓慢。这些批评是基于亚当·斯

---

① 请参阅:《国富论》,第 673 页。
② 同①,第 674 页。

密至关重要的思想结论，甚至可以追溯到其在爱丁堡大学授课和讲座期间的观点，在那时他就认为，作为一个国家财富最大化的手段，仅仅旨在支持商业和农业的政治经济体制，是有缺陷的。政治经济学的任务就是要反思到目前为止能够使消除农业和制造业部门之间自由贸易障碍的体系发挥作用的手段。

为了解决这些问题，亚当·斯密回归他在格拉斯哥大学期间所提出过的有关乡村和城市、农业和商业的更广泛的问题，并且凭借他与重农学派的接触，他可能更加具备解决这些问题的能力。如同我们所看到的那样，当他离开格拉斯哥大学时，对于商业的深入探讨和研究已经使他能够提出这样的问题了：为什么那些真正利国利民的措施在欧洲推行得那样缓慢？而他对于长期以来封建制度对农业和劳动分工进展复杂而有害的影响所作的分析，帮助他找到了答案。在《国富论》中，他描述这种进展是"倒退的和不自然的"，而且正如艾斯特凡·亨特所指出的那样，他很可能是从米拉波的《乡土哲学》（也可能包括同米拉波本人的交流）中确切地了解到为什么会出现这种情况的，以及重农学派的体系为什么如此危险的。① 就像亚当·斯密和其他许多人一样，米拉波把财富的增长看成是从狩猎到放牧和农业时期的一种自然的进步，他把商业的起源和进步看成是农业历史在其更先进的发展阶段的自然的结果，"这样一来，就能够而且必然会伴随着农业社会而建立起商业社会，正如伴随着庄稼成长而建立起粮仓一样"。② 因此，科尔伯特试图以牺牲农业为代价，通过有利于制造业的税收制度把法国变成一个强大的贸易和制造业国家的设想，是一种阻碍自然进程（重农学派提出，可以通过一种国家行为进行干预）的不合常理的方案。当亚当·斯密开始撰写《国富论》时，他已经意识到，尽管这一发展方案可被视为"自然的"和"有益的"，但它并没有描述现代欧洲商业的实际进展情况，也没有考虑到封建制度的负面影响，或者战争、开采业和奢侈品历史（它们把市镇变成了一个个的小共和国，而不是米拉波的分析中的"粮仓"或者商行）的负面影响。事实上，很可能是1766年在巴黎的思考使他得出了这样的结论。如果是这样的话，那么亚当·斯密在巴黎

---

① 请参阅：亨特，《贸易嫉妒：从历史角度看国际竞争》，第189—192、368—372页。
② 请参阅："乡土哲学荟萃（1763）"，引自R. L. 米克主编的《亚当·斯密的先辈》，第111页。

时期就开始充分意识到，政治经济学的重要任务之一，就是对于处于非自然和倒退性发展过程中的国家进行管理。

然而，到了1766年夏天，亚当·斯密在巴黎的停留时间开始发生了变化。亚当·斯密和巴克卢接到消息：曾在图卢兹与他们会合的公爵的朋友麦克唐纳德突然在罗马去世。这一不幸事件促使休谟写道："亲爱的亚当·斯密先生，如果您现在在这里的话，我们就可以一起为可怜的詹姆斯·麦克唐纳德爵士的亡故而流泪。这个出色的年轻人的去世，是我们眼下所经受的最严重的打击。"① 更坏的事情接踵而来，8月下旬，巴克卢发高烧病倒，而且听起来像是在贡比涅*拜访皇室时出现了食物中毒。尽管对方作出了郑重的声明，但亚当·斯密还是非常担心，他叫人去请作为御医的魁奈和其他两位医生。他写信给汤森德，精确而细致地描述了公爵病情的进展情况，并且向他保证，"从早上八点到晚上十点，我一刻都没有离开过他的房间，我仔细观察他身体所发生的哪怕是最小的变化。如果不是因为库克（巴克卢的仆人）那可笑而又不得当的妒忌心让他觉得，我的勤勉是在侵犯他的责任，并明确指出，我有可能妨碍他生病的主人的休息，我就会坚持整夜陪在他的床边。"② 曾经托马斯·菲茨莫里斯在格拉斯哥生病时，他也表现出同样一丝不苟的护理态度。

当时亚当·斯密已经准备回国了。他告诉出版商安德鲁·米勒说：

> 虽然我在这里很快乐，但我一直渴望回到我的老朋友身边，而且我一旦如愿回到您现在所在的海峡的那一边，我想我永远也不要再穿越它了。请将这种清醒的思维方式转告休谟，当他谈到要来这里，也就是要在法国度过他的余生时，他多少是有些轻率的。请代我向他致以最亲切的问候。③

---

① 请参阅：《亚当·斯密通信集》，第118页。
* 贡比涅，法国瓦兹省首府，位于皮卡第大区瓦兹河畔，离首都巴黎东北80公里，在著名的贡比涅森林西北边缘处。——译者注
② 同①，第114—116页。
③ 同①，第121页。

看起来他好像已从巴黎得到了他所渴求的东西,并且开始准备写作了。人们可能也会猜测公爵大概好得差不多了。然而,导致这一计划终止的事情,是巴克卢的弟弟坎贝尔·斯科特于 10 月 19 日在巴黎的突然病故。斯科特当时发烧病倒,出现呕吐和谵妄的症状。亚当·斯密报告说,魁奈被请过去("法国人最值得信赖的人之一,也是全世界最好的医生之一"),还有西奥多·特隆金("我非常亲密和可靠的朋友")也被请过去,但均无济于事。他去大使馆告诉巴克卢,他的弟弟处于病危状态,待他回来后发现,他在 5 分钟前就去世了。"我未能亲手合上他的双眼……我没有力气继续写完这封信;公爵虽然饱受病痛折磨,但身体却是健康的。"① 就这样,在巴黎的停留旋即中止。大约在 11 月中旬,亚当·斯密和巴克卢陪伴坎贝尔·斯科特的遗体回到达尔基思。这意味着亚当·斯密人生中第一次、也是唯一一次造访欧洲的结束。

附:资料来源说明

杜格尔德·斯图尔特、罗斯和雷伊的著作,都相当全面地记述了亚当·斯密和巴克卢的旅行过程。关于重农学派的思想对亚当·斯密的影响,下列著作均有重要的讨论:杜格尔德·斯图尔特的《亚当·斯密的生平与著作》(第 339—348 页),R. L. 米克的《亚当·斯密的先辈》和 T. J. Hochstrasser 的"重农主义和自由放任政治"(出自《剑桥 18 世纪政治思想史》,M. 戈尔迪和 R. 沃克勒主编)。另见最近关于其理论发展历史背景的两部有影响力的讨论著作:亨特的《贸易嫉妒:从历史角度看国际竞争》和 M. 索恩舍的《大洪水之前:公共债务、不平等和法国大革命的思想起源》。

---

① 请参阅:《亚当·斯密通信集》,第 121 页。我们并不清楚这封信是写给谁的,罗斯提出对方可能是弗兰西斯·斯科特夫人,戴维·雷诺则认为是汤森德(坎贝尔·斯科特的继父),后者似乎更为可信。

第 10 章 伦敦、柯卡狄和《国富论》的创作（1766—1776）

坎贝尔·斯科特在 1766 年 10 月的突然亡故，终结了巴克卢的欧洲之旅。尽管亚当·斯密在几周前就曾告诉过米勒他急于回家，但却在伦敦一直待到 1767 年春天。我们不清楚他这样做的原因，看起来他是需要为巴克卢和汤森德做点什么事情。公爵在 1767 年 9 月就到了成年年龄，因此有可能是他的继父希望亚当·斯密做好安排，帮助他的继子承担起接管他那庞大的苏格兰地产的责任。在这个阶段，汤森德仍然希望巴克卢进入政治领域，并且遵循这个家族的传统，将他在英国的一所房子作为其主要住所，并通过在前一个世纪形成的复杂的地产管理系统，从伦敦这个大本营管理他的地产。汤森德本人热衷于农业改良，也了解亚当·斯密有关农业发展对于一个国家的财富及贵族地位的重要性的看法，所以他当时很可能已和亚当·斯密探讨过他的家族的未来地产管理问题。①

汤森德大概还出于其他原因希望亚当·斯密留在伦敦。他被任命为由查塔姆伯爵所组建财政部的财政大臣，其首要任务就是管理好受到"七年战争"波及的公共财政。当亚当·斯密还在法国的时候，他就向其咨询过有关税收政策的问题。1766 年秋，为了控制国家债务，他曾就一项新的偿债基金计划再次咨询对方。他将有关这一问题的一份文件寄给亚当·斯密，希望他作出评价，请求他"毫无保留地就这份重要方案（我不能称它是一封信）……的各个方面发表意见"。② 但令人遗憾的是，我们无法获知亚当·斯密曾经作出

---

① 请参阅：邦尼曼，《苏格兰启蒙运动和农业改良》，第 1 章。
② 请参阅：《亚当·斯密通信集》，第 328—334 页（特别是注释第①、②）。

过怎样的评论。但是，坎贝尔等人的观点可能是正确的，那就是在1766年秋天，这个有些古怪的政治家所卷入的政治动荡，以及东印度公司*破产事件所酿成的惊人的财政危机，使他没有多少时间和机会去深入思考税收原则问题。①无论这些是否是亚当·斯密在伦敦停留五个月的原因，但是，很显然，他的时间都已经被占满了。他一度与政治家密切接触，尤其是当涉及探讨美国和英国的未来关系、东印度公司在印度政府中扮演的角色，以及公共财政和税收问题时，之后，所有这些都成了《国富论》的重要主题。他也曾向国务大臣谢尔本伯爵了解过有关罗马帝国殖民政策的情况，但却得到了一个颇为敷衍的答复。②他当时进入了英国皇家学会**（其主席约翰·普林格爵士是苏格兰人），并在1767年5月被推举为学会会员。他可以方便地使用不久前才建好的大英博物馆的令人羡慕的资源。毫无疑问，他会经常去查令十字街***附近的英国咖啡馆，那也是在伦敦的苏格兰人喜欢光顾的地方。同时，他也可以顺便看看同年出版的增加了"语言起源论"这一主题的《道德情操论》的第三版。亚当·斯密在1767年5月返回柯卡狄，在那里一直待到1773年，《国富论》草稿的大部分内容都是在那里写完的。

在柯卡狄安顿下来，让他整个身心得到了彻底的放松。这个自治市镇远离爱丁堡和格拉斯哥，能够让他获得足够多的安静和舒适，而他母亲所负责安排的家庭事务，确保了家庭充分的条理性和安全性。住在附近的老校友是他自然而惬意的陪伴人。对于完成一部要求很高的著作而言，这是一个理想之地。关于得到放松这一点，他曾对其好友安德烈亚斯·霍尔特说过，这里给了他学习植物学"（尽管我并没有取得太大的进步）以及我从未过多关注

---

* 东印度公司，又称不列颠东印度公司或英国东印度公司，有时也被称为约翰公司，是17世纪初期的一个股份公司。1600年12月，英格兰女王伊丽莎白一世给予其在印度从事贸易活动的皇家特许状，从而使该公司获得了21年的贸易垄断权。最终，东印度公司从一个商业贸易公司变成了印度的实际主宰者。——译者注

① 请参阅：坎贝尔和斯金纳，第139—140页。
② 请参阅：《亚当·斯密通信集》，第122—124页。

** 英国资助科学发展的组织，成立于1660年，全称"伦敦皇家自然知识促进学会"，是一个独立的自治性社团，在制定章程和任命会员时，无须获得任何形式的政府批准。该学会的宗旨是促进自然科学的发展。它是世界上存在历史最长而且从未中断过的科学学会。——译者注

*** 查令十字街，伦敦的主要火车站之一，有火车去往英国南部地区。——译者注

的其他科学的机会"。① 他在6月写信对休谟说:"我在这里所做的事情就是学习和研究。在过去一个月里,我在这方面都是相当投入的。我的娱乐活动,就是长时间独自在海边散步。你可能会对我这样打发时间感到怀疑。然而,我感觉极其快乐、舒适和满足。我也许从来不曾有过这样的生活。"② 据说,其中的一次长时间独自散步他采取的是这样的方式:穿着一件晨袍,一边思考着某个问题,一边近乎长途跋涉般地走到15英里以外的邓弗姆林*,直至镇上教堂钟声响起时才返回家中。③ 尽管休谟能为亚当·斯密提供来自外面世界的消息乃至八卦新闻,但他还是不断抱怨他见到后者的机会少而又少。一封建议他到爱丁堡旅行的不乏打趣、机智和真挚的信,更多的是出于客套而非真的希望对方能来拜访所写的。

亲爱的朋友:

我很愿意去您那里做客,更近距离地接触到您,并且亲眼看一看柯卡狄。但是考虑到现实情况,我们应该做更合理的安排。我严重晕船,因此对横亘在我们之间那个巨大的海湾心怀恐惧。我也很难承受长久旅行带来的疲劳,这种强烈的心理甚至超过了您喜欢待在家中的程度,因此我建议您到这里(爱丁堡)来,和我单独待上几天。我想知道您一直在做的事情,并希望您细致讲述隐居期间的工作情况。我确信您的许多思考活动都是错误的,尤其是在那些令人遗憾的和我有所不同的方面。所有这些都是我们应当会面的理由,而且我希望您能就这一点给我提供一些合理的建议。基思岛(就在福斯湾那里)没有什么能住人的地方,不然我会建议您在那里和我见面(而且在就所有争议点完全达成一致之前,我们谁都不许离开那里)。我明天将要在这里接待康威将军,我会陪他去罗斯尼斯**,并将在那里住上几天。当我返回时,我希望能看到您的来信,并且

---

① 请参阅:《亚当·斯密通信集》,第252页。
② 同①,第125页。
* 邓弗姆林,苏格兰的一个市镇和前法夫郡的皇家自治市。——译者注
③ 请参阅:雷伊,《亚当·斯密传》,第259—260页。
** 罗斯尼斯,苏格兰阿盖尔比特郡的一个乡村。——译者注

希望您勇敢地接受我激将法似的邀请。

> 您最真挚的朋友
> 大卫·休谟①
> 于爱丁堡詹姆斯庄园
> 1769 年 8 月 20 日

年轻的巴克卢公爵是唯一可以打搅亚当·斯密退隐生活的人，而且通过他和亚当·斯密零散的通信，我们发现他对于公爵的这一做法没有任何异议。汤森德在 9 月 4 日的突然辞世，将巴克卢从险些被卷入的"政治漩涡"中挽救了出来，同时也中止了他在伦敦管理家族地产的计划。之后，他选择在爱丁堡郊区的达尔基思庄园作为接管其家族地产业务的指挥中心，并为该中心充分配备了现代化设施，同时准备在此举办他的成人礼仪式，以及他和伊丽莎白（苏格兰社会名流孟塔古公爵的女儿）的联姻仪式。亚当·斯密作为这对年轻夫妇的朋友和导师而受到邀请。巴克卢被引荐给当地社会精英的过程，似乎并不是多么醒目的成功。根据卡莱尔的说法，"筵席相当排场，但气氛却正式而又无趣。亚当·斯密显然不是那种会增加餐桌欢乐气氛的理想人选，而他们本身在社交方面也很缺乏经验"。② 但是，亚当·斯密在达尔基思住了足足两个月，这是他在 1773 年以前离开柯卡狄时间最长的一次，这也是他在余生中许多次类似造访活动的第一次。他成了这一家人终生的朋友，成了汤森德的一个替代者，一个可以和他以前的学生面对面谈论有关地产管理的人，而且相比于以前的主顾，他能够就大地主在公共生活中的角色与对方达成更多一致的意见。复兴巴克卢地产事业的任务非常艰巨，汤森德凭借房地产信贷借了大笔资金——有人说那是挪用，并导致出现了严重的资金流问题。③ 庄园地产的规模相当庞大，仅仅在埃特里克郡南部的蒂维厄特河谷和利德斯河谷地区，就包括 439 个农场，年租金高达 1.9074 万英镑。它们都是租赁给佃

---

① 请参阅：《亚当·斯密通信集》，第 153—154 页。关于早先去柯卡狄拜访詹姆斯·奥斯瓦德这件事，休谟写到了横渡福斯湾的情形："哦，可怕的晕船！去你们那里的渡船上有椅子吗？"休谟，《大卫·休谟通信集》，第 2 卷，第 95 页。
② 请参阅：卡莱尔，《大时代的人物轶事与人格特征》，第 250 页。
③ 请参阅：斯图亚特，《弗兰西斯回忆录》，第 52—53 页。我要感谢戴维·雷诺提供了这一信息来源。

户的地产，待到公爵成年时，相关租约必须更新。这些地产本身具有显著的限定继承特征，这使得亚当·斯密、巴克卢和所有改良主义者都认为，对于鼓励农业改良至关重要的长期租赁是难以实现的。无论亚当·斯密是否参与过在1766年有关地产未来情况的最初讨论，但有一点是确凿无疑的，那就是他参与了1767年秋季的租赁契约更新，而且还参与制订了有关解决限定继承问题的立法保护计划（一个直到1770年才通过正式法律而予以解决的问题）。他非常喜欢的格拉斯哥大学学生之一艾莱·坎贝尔律师，成为公爵的主要法律顾问。很难想象他和亚当·斯密不曾参与过刊登在10月20号《爱丁堡商报》上那份相当醒目的、关于公爵在埃特里克郡南部地产租赁广告的讨论和起草。广告中要求潜在租户们明确他们的租赁期限、对租赁地产将会采取的改良方式，以及他们所期待的公爵有望为他们提供的资助款额，还有他们能够提供的最高租金。这是一次具有亚当·斯密理论思想特征、旨在鼓励农业改良的卓越实践，它抛开了其他顾问提出的更加谨慎的替代性方案。这种"投标式寻租"取得了显著的成功——一半租赁申请来自现有租户，一半来自陌生人，他们当中有许多人来自英格兰。正如经济学家布瑞恩·邦尼曼所说的，"这是一种十分明确的将土地投入市场进行竞争的尝试"。[①] 尽管完成这一计划所涉及的各种问题远非看上去那么简单，但亚当·斯密在多次造访达尔基思的过程中都给予了积极协助。

  对于亚当·斯密而言，巴克卢是一个对于农业改良的基础设施和技术需求具有真正兴趣的模范学生，是一个积极投资公路、桥梁和运河建设并鼓励租户进行创新的地主。他被教导需要思考杰出的地主在商品经济中应履行的地产改良而非插手政治业务的职责，这意味着在苏格兰而非在温斯敏斯特的公共生活中，他将发挥更大的作用。他后来最终成了一个很受欢迎而又出众的贵族。他在爱丁堡是一个著名的"爱国者"，事实上，如果他愿意的话，原本可以同样作为"苏格兰的无冕之王"而成为阿盖尔公爵的继承者，但这不是他的风格，人们不久以后就将发现，他满足于把苏格兰的管理事业和他自身的政治利益管理交给具有抱负而又相当成熟的亨利·邓达斯（亚当·斯密很快就和他建立了良好关系）来接替。不久以后，亚当·斯密就成为"公爵

---

① 请参阅：邦尼曼，《苏格兰启蒙运动和农业改良》，第225页。

阁下"——苏格兰政治家约翰·麦克弗森（1745年—1821）这样称呼他——的一个密友，以及在需要时的一个有价值的联络人。①他们之间始终都保持着一种令人舒适而又愉悦的关系。

除了这些因素以外，没有什么可以打扰亚当·斯密在柯卡狄的退隐生活和撰写《国富论》这一艰巨的事业。正如他在1769年1月告诉法官和古物研究者黑尔斯伯爵的那样（在首先就推迟回信表示歉意之后），"虽然严格地说，我目前没有其他任何事情可做，但我自己的研究计划却没有给我留下多少空闲时间，这种情形越来越像是珀涅罗珀*所处的局面，似乎让我永远也看不到尽头"。②虽然这一时期的通信几乎都没有保留下来，但大致可以确定的是，亚当·斯密的主要任务就是根据魁奈及其弟子们的学说，思考他在格拉斯哥大学期间发展的政治经济学原理，以及细化和完善用以支持他的观点的大量有效的历史证据。他已经确立了这样的原则：一个国家的财富总量，要根据消费品情况而非它的黄金和白银储量加以衡量。他的劳动理论指出，消费品流动的程度和频率，取决于这个国家部署劳动力的方式和劳动分工的程度，而劳动分工的进展将取决于市场化的程度。他也发展了一种以劳动为基础、区分出商品自然价格和市场价格的价值和价格理论，并提供了在很大程度上是休谟式的货币理论而对其予以支持。他还提出了一个有关自然自由的理论，该理论认为，一种自由市场和自由交换体系，可以实现一个国家财富的最优化。另外，他也提出了会引起争议的为何财富进展在欧洲一直发展缓慢的问题。尽管他阐述了财富增长所依赖的许多经济、政治和道德因素，但他并没有将这些因素归结为一个体系，从而精确地解释这些因素如何相互作用。

这正是魁奈体系的吸引人之处。魁奈认同亚当·斯密的这一观点，那就是，必须依据物品的消费和生产过程来讨论富裕问题，并且只有在一种允许商品和服务自由交换的体系中，才能够真正做到这一点。但是，他的体系的主要关注点是，解释在整个经济运行中商品和服务的流动原则，并描述经济如何自我运行和自我发展。这种体系的另一个引人注目之处是，它强调了资本对于推动社会进步的作用。正是出于这一原因，亚当·斯密在把它描述为

---

① 请参阅：《亚当·斯密通信集》，第156、180页。
* 珀涅罗珀是荷马史诗《奥德赛》中的主人公奥德修斯的忠贞的妻子。在丈夫远征特洛伊杳无音讯之后，她拒绝了所有求婚者，坚持二十多年等待他的归来。——译者注
② 同①，第140页。

一种体系的同时指出,虽然它有各种不完善之处,但仍然值得予以密切关注。①

为了他自己的体系而反思魁奈的体系的含义是一个相当复杂的过程。正如我们将要看到的那样,要形成对于财富循环流动原理的解释,就必然要考虑他自己久已有之的看法,那就是,一个国家财富的最终来源在于它的劳动力存量,而不是魁奈等经济学家所认为的土地存量。从技术层面上说,受雇于制造业的劳动力是非生产性的这一看法是错误的。魁奈声称,财富循环流动体系是基于数学原则而运行,这一主张是不合理的,而且很可能是一种危险的机械论——有关价格和价值的问题是受"谈判和讨价还价"控制的,它并不具有数学理论所涉及的必然性。在他看来,魁奈等人所认为的对于自然自由体系运转所必需的那种法律上的专制主义行为,具有一种危险的乌托邦性质;相比于创建新的机构,对现有机构进行改良,能够更好地推动财富增长。归根结底,魁奈相信,经济学可以变成一种精确的以数学为基础的科学,而亚当·斯密始终支持休谟的观点,那就是,哲学体系的确立只能诉诸对经济的理解力和判断力,而且它们在读者眼中的可靠性,取决于哲学家用来自日常生活和历史范例阐述其思想及其原则的能力。

亚当·斯密显然把他的时间和学识用于阐述他在柯卡狄所发展出的那种体系,为了让体系的解释过程变得更有说服力,他在这方面所使用的最好的例子,莫过于他所描述的艾尔银行在1772年的倒闭。艾尔银行成立于1769年,其初衷是为了应对该国经济在经历一段迅速发展时期之后出现严重滑坡甚至刹车,致使所有重要经济部门出现信贷短缺的状况。在格拉斯哥大学的授课和讲座中,亚当·斯密已经指出过和这个经济成功故事有关的苏格兰银行体系的一个主要特征:不同于英国银行体系,苏格兰银行体系主要依靠货币和汇票作为主要交换媒介。从银行的角度说,它可以防止货币的过量储存,并确保该国货币存量被用于商业和企业的发展。这可以发挥经济的优势,因为银行只把票据提供给那些信誉从拥有声誉和地产这两类人那里获得担保的人,这是一种可以使苏格兰银行允许国民按照简易条款偿还贷款的惯例。在亚当·斯密看来,"(苏格兰)银行这种审慎和必要的储备"和这些简单的条

---

① 请参阅:《国富论》,第678页。

款,"就我目前所知,是它所特有的而且也许是那些公司从事巨额贸易和国家从它那里获得利益的主要原因"。① 这种体系所不能满足的(也是艾尔银行旨在弥补的)需求,是在一个繁荣时期急于赚钱的投机分子和改良主义者对于信贷过高的需求。该银行的创立者包括大量富有的地主,他们热切地鼓励一些地主对农业改良进行投资,巴克卢就是其中之一。事实上,他们拿出了大量资金,并根据他们的全部财产情况承担了相应的负债责任。该银行迅速获得了扩张,据说它的钞票占了该国全部纸币的三分之二。但是,由于交易过度,导致即期汇票严重贬值,不安全债务总量累积到了一个危险的程度。② 到1771年,这家银行的命运和同样因交易过度而处于危险境地的英国银行的命运紧紧联系在了一起。它在一年后倒闭了,导致最初的投资者严重负债——那些投资者拥有的75万英镑地产易手,其中大多数地产都在艾尔郡。在19世纪40年代以前,巴克卢的庄园地产也被严重拖累。

巴克卢参与这个风险如此大的事业的过程并无记载,我们也无从知道亚当·斯密是如何看待巴克卢参与这种旨在资助那种仅能提供长期回报的农业改良且是在一种特殊的背景下成立的风险事业的,因为这一事业注定会吸引"那些惯于空想的投机分子……他们会把钱用在耗资巨大但却可能永远都无法完成的项目上(哪怕是有来自各方面的帮助)"。③ 休谟回顾了"出现在伦敦和爱丁堡的可悲的情况",并且询问"那些事件是否会影响您的理论,或者说,它们是否会促使您对某些章节进行修改",并且评论说,"我认为总体上说,对于不可靠、不合理的信贷进行约束,从长远来看是有很大价值的,因为它会使人们更关注那些更具可行性的项目,与此同时,也能够让商人和制造业者变得更加节俭,您觉得呢?我想这是您可以思考的一个问题"。④ 这其实也是亚当·斯密在广义上的看法,尽管他在《国富论》中坚持认为,这两个王国的银行数量的增加,在整体上是有利于银行体系的,理由是竞争会使银行家变得更谨慎,他们将学会警惕竞争对手所采用的任何"恶意的阴谋"。

虽然如此,不过涉及完成著作所带来的紧迫感和压力,显然还是占用了

---

① 请参阅:《国富论》,第312、299页。
② 请参阅:汉密尔顿,《艾尔银行的破产》。
③ 同①,第316—317页。
④ 请参阅:《亚当·斯密通信集》,第162—163页。

他的时间。他在 1772 年 9 月对威廉·普尔特尼说:"虽然这场公共灾难对于我本人没有任何影响,但我最关心的几个朋友都受到了不小的影响,我有很大一部分精力都用于帮助他们找到摆脱困境的最恰当的方法。"他总结说:"原本今年初冬之前,我就需要把这本书写完并交给出版商,但因为缺少娱乐和思虑过度导致健康不佳,致使在一定程度上中断了我的写作进程;再加上前面提到的那些副业的干扰,也迫使我不得不把出版日期至少向后推迟几个月。"① 这导致他延长讨论银行业及其优势,以及使用各种票据作为交换媒介带来的问题。他反思了艾尔银行灾难的主要教训,认为这是由于放弃在过去有助于改变苏格兰经济并能持续推动其未来经济发展的特许银行的稳健的金融操作模式的后果,因为苏格兰经济的显著进步可归因于一种由英苏联盟创建的自由市场体系、一种具有进取心的进步精神,以及一种经历了自然发展过程从而能够响应市场需求并被加以审慎管理的银行系统。在亚当·斯密看来,这些也是美洲殖民地经济发展的基本特征,它们也成为他在《国富论》中所使用的重要例证。著作文本又花了三年时间才全部完成这一事实,部分是由于他经常性地修改和补充,但这也是因为亚当·斯密对英美关系迅速形成的危机(这是一种只有从伦敦才能注意到的情况)做出回应的结果。

1773 年春天,亚当·斯密决定结束自己在柯卡狄的隐居生活,前往首都完成他的《国富论》。他需要与更多的人进行交流,也需要了解有关美国的情况。而就在即将完成《国富论》之际,他接到了担任年轻的汉密尔顿公爵的导师的邀请。于是在前往伦敦之前,亚当·斯密立下遗嘱,委托休谟做他的遗嘱执行人,并表明了他对于如何处置自己未出版的作品的愿望。除了那篇有关天文发展史的论文(其中包含他对于哲学系统本质的思考)以外,其他的都要全部销毁。"它是否可以作为早期作品的一个片段发表,完全由您判断和决定;不过我自己开始觉得,它的某些地方的论述并不严谨,还需要进一步细化。您可以从我的卧室写字台的一个薄文件夹当中找到它。"他最后写道,"除非我死得很突然,不然我一定会确保将手头现有的这些文稿全都完好地交给您。"事实上,休谟将会看到《国富论》的顺利出版。①

---

① 请参阅:《亚当·斯密通信集》,第 163—164 页。

亚当·斯密在 1773 年 5 月抵达伦敦，并在靠近查令十字街和英国咖啡馆（该市的苏格兰人聚居区）的萨福克街的一个居所暂住下来。由于巴克卢的建议，汉密尔顿公爵的邀请未被接受，这大概是因为巴克卢向他承诺了一个更体面、薪水也更高的公职（在《国富论》出版以后）之故。巴克卢兑现了诺言并利用自己相当大的政治影响力，在 1778 年为亚当·斯密谋到了一个担任苏格兰海关专员的职位。然而事后回想起来，拒绝汉密尔顿的提议肯定是个错误。薪水本身再加上一笔可观的退休金，连同巴克卢提供的福利，原本可以使他过得相当舒适，从而有大量时间用于哲学研究。海关专员这一职位无疑相当体面而且有利可图，但事实上，那是一个非常耗时而且令人疲倦的差使，这也使得亚当·斯密经常慨叹自己没有足够的时间去研究许多哲学项目。巴克卢的本意无疑是好的，但对于人类发展史上的学术研究及其成果而言，他的建议却可能是一种损失。

亚当·斯密在《国富论》进入定稿之际而在伦敦度过的三年里，参加了相当多的社交活动，这为他在之前数年刻板而单调的生活提供了一个非常必要的调剂和释放。他成了英国咖啡馆和亚历山大·韦德伯恩举行的周末晚餐聚会上的一个常客。他在 1773 年 5 月被英国皇家学会正式接纳，他认真履行这个团体的议程，并设法弄到了它的一整套会刊。他参加过生理学家威廉·汉特有关解剖学的公开讲座。1774 年，他成为英国文化俱乐部（伦敦文化生活的中心和展示塞缪尔·约翰逊谈话才能的一个重要舞台）的一个成员。尽管这使他得以接触到他所欣赏的埃德蒙·伯克和爱德华·吉本*，但詹姆斯·鲍斯韦尔的记载表明，他的谈话并不怎么合乎约翰逊或者其他一些成员的口味。约翰逊并不喜欢他，认为他是自己"所遇到的最乏味的人之一"，并且评论说，他"在酒后满嘴泡沫的样子尤其令人讨厌"。[②] 从亚当·斯密的角度来说，对于一个因其怪癖冒犯了他的社交礼仪观的人，他同样"充满蔑视"，他"见过那家伙混在一群人当中的样子，他总是毫无征兆地突然就跪倒在一张椅子后面，向上帝做完一番祷告后，然后又重新坐回桌子旁边。他整

---

① 请参阅：《亚当·斯密通信集》，第 168 页。
* 爱德华·吉本（1737—1794）近代英国杰出的历史学家，影响深远的史学名著《罗马帝国衰亡史》一书的作者，18 世纪欧洲启蒙时代史学的卓越代表。——译者注
② 鲍斯韦尔，《不祥的岁月》，第 264 页。

个晚上大概有五六次都会表现出这种怪癖。那不是虚伪,而是脑子有问题"。①

虽然如此,亚当·斯密在伦敦似乎处境不错。一封写给爱丁堡大学医学教授威廉·卡伦——他曾就皇家医师学院的一个建议(认为应当通过新的立法,确保医学学位只授予那些在大学待过两年以上的人)做出支持性的评价——的长信,表明他处于一种精力充沛和意气勃发的状态,正准备把他的哲学、博学和幽默品质用于驳斥他的一个老朋友所支持的一项计划。他认为,那些医师的建议是一种垄断机会主义的做法,它对于像威廉·汉特这样出色的独立医师将是一种"压迫",而且完全无助于确保未来的医学从业人员成为"有责任感或者懂科学的人"。

> 医师的头衔虽然也就是那么回事,但您肯定会说,它能为那个得到这一头衔的人赋予某种信誉和权威;它有助于他开办诊所,也有助于他在治疗中祸害他人;它在有可能增加他的傲气的同时,也很可能会增加他给患者带来生命威胁的概率。一个因不够慎重授予的学位有时候弊大于利,否认这一点绝对是荒谬的;认为学位就等同于信誉和权威,我坚决不相信这一点。医师有时也像其他人一样愚蠢,这在眼下对于内行人而言,已经不是多大的秘密。这个头衔没有那么威风,而且一个人很少仅仅因为另一个人是医师,就把他的健康托付给对方;那种值得信任的人,几乎总是拥有能够为他带来信任的某种知识或者技能,哪怕他并不具有类似的头衔。事实上,那些通过各种方式申请获得学位的人,都抱怨有很多人都是能够提供建议和开药方的外科医师或者药剂师(换句话说,他们已经作为职业医师而在行医),但是那些仅仅是外科医师和药剂师的人,并不是可以领取工资的内科医师;他们想成为医师的原因与其说是为了拓展业务,还不如说是为了增加收入。然而,即便是不恰当地把学位授予这样的人,对于公众的伤害也必然很小。

他继续阐述自己的观点,认为明智的医师更应当"关注自身人格培养,要让自己成为绅士和有学问的人,而不是过于看重学位",因为学位这种东西

---

① 请参阅:《文学周刊情报》,第3期,1791年5月11日。

永远都"不是他自身以及公众安全感的唯一保证,他更应注重能够真正为他带来声誉的医学实践本身。最严格的大学会把学位只授予有一定地位的学生。它们要求具有这种地位的真正动机是,那个学生可能在大学投资了更多的钱,而大学也可能从他那里获得了更大的回报"。他在信的结尾愉快地写道:"就写到这里吧,我亲爱的医师。延迟了这么久才给您写信,而且我恐怕我所写的东西给自己惹上麻烦了,但我始终都是最忠诚于您的仆人。"①

然而,有关美国的问题才是他最关注的方面,巴克卢曾告诉休谟说,亚当·斯密现在"非常热衷于研究美国事务"。②在《国富论》中,美国为他提供了一个有关在文明世界(它从未被封建法律和机构所拖累)实现文明进程的各种可能性最明显和最具决定性的例证,而且他发现,美国与欧洲之间的距离确保了自然自由原则合理引导了它的经济发展的一些方面。这本书是在英美关系恶化的背景下完成的。当时美国激进主义者将《茶税法》*看成是英国试图加强对其殖民地控制而制定和颁布的,它是在亚当·斯密到达伦敦不久前通过的。"波士顿倾茶党",英国在1774年通过的《强制法令》**,在殖民地引起恐慌情绪(人们担心英国会在不经选举的情况下管理北美事务)的1774年《魁北克法案》***,1775年在列克星敦和康科德地区爆发的敌对行动,以及北美平民战争的最终爆发,等等,都能够使他以独特的视角去看待一场表明英国作为商业强国正在经历一个转折点的危机。

---

① 请参阅:《亚当·斯密通信集》,第173—179页。
② 同①,第186页。
* 《茶税法》,英国政府于1773年颁布的一项法律,企图垄断北美的茶叶生意,它给予英属东印度公司在北美倾销茶叶的专卖权,免缴高额进口关税,只征收少量茶税。此举激起殖民地人民的强烈反对,同年12月,当地居民塞缪尔·亚当斯率领60名"自由之子"化妆成印第安人潜入商船,把船上价值约1.5万英镑的342箱茶叶全部倒入大海,以此对抗英国国会,此举最终引发著名的美国独立战争。——译者注
** 1774年3月,由英国议会通过的一系列惩罚性法令,包括《波士顿港口法》、《马萨诸塞政府法》、《司法法》和《驻营法》,规定英军可强行进入殖民地民宅搜查,取消马萨诸塞的自治地位,封闭波士顿港。这些法令明显剥夺了殖民地人民在政治和司法方面的权利,激起了他们的联合反抗。——译者注
*** 《魁北克法案》,英国议会于1774年颁布的一项旨在加强加拿大魁北克省统治的法案,它得到魁北克庄园主及神职人员的支持,但损害了殖民地人民的利益,激起了殖民地人民的反英情绪。英国议会所推行的类似高压政策,间接导致了美国独立战争的爆发。——译者注

亚当·斯密在《国富论》的结尾，从个人角度阐述了大卫·休谟于1752年在其《政论集》中提出的问题，以及对于具有过度扩张性税收体系的现代政府而言，应如何管理由于它所导致的无休止的战争所带来的巨额的公共债务。用休谟在1764年的话说，就是"要么是国家必然会毁掉公共信用，要么是公共信用将会毁掉这个国家。正如在一些国家中所出现的实际情况一样，它们不可能都同时得到生存"。① 亚当·斯密在《国富论》中进一步阐述了这个问题，它表明殖民战争和帝国防御的长期成本如何让这一问题变得复杂化和严峻化。争夺殖民地的驱动因素不仅仅是对于权力、荣耀和财富的偏爱和欲望，而是出于一种荒谬到近乎迷信的信仰，那就是，财富是根据黄金储备而加以衡量的，而储备的增长要依靠以垄断为基础的一种国际贸易体系。事实上，"维持这种垄断是迄今大不列颠王国控制其殖民地主要的甚至是唯一的目标"。② 这就意味着要将英美关系的当前状态看成是商业文明史本身的一场深刻危机的副产品，亚当·斯密对于这一危机各种可能的结果的看法，被精心合并成他对于重商主义的批评和关于公共财政的论述。1778年，他在应他的一个老朋友亚历山大·韦德伯恩（英国首相最亲密的美国政策顾问之一）的请求而撰写的一篇纪念性文章中，对上述批评和讨论加以汇总，并使之成为伯戈因将军*在前一年萨拉托加的惨败余波中的一个政治聚焦点。③

亚当·斯密对于美国危机的结果的看法是朴素而严峻的，他认为它在政治上令人不安。一场成功的战争，几乎肯定会导致征服、殖民地军政府以及在可预见的未来的巨大的费用。放弃殖民地（正如具有激进主义观念的约西亚·塔克**所支持的那样），或者把过去法国和西班牙的殖民地归还给法国和

---

① 请参阅：休谟，"论公共信用"，引自《政论集》，第360—361页。
② 请参阅：《国富论》，第614、630页。
* 即约翰·伯戈因（1722—1792），英国陆军上将、戏剧家。美国独立战争期间，他率领一支英军部队企图把美军在哈得孙河一线打散，但最终被霍雷肖·盖茨将军率领的美军部队在萨拉托格击败并缴械投降。1778年获得释放后回到英国受到严厉的批判。著有戏剧《女继承人》（1786）。——译者注
③ 请参阅：G. H. 古特里奇，"亚当·斯密关于与美国竞争状态的思考"（1778年2月），《亚当·斯密通信集》，第376—385页。首次发表于《美国历史回顾》，第38卷本，1933年，第714—720页。
** 约西亚·塔克（1713—1799），也被称为塔克神父，威尔士教士、经济学家和政治作家。——译者注

西班牙君主（如同塞缪尔·约翰逊所建议的那样），从理论层面上来说是具有积极意义的，理由是，这些措施将缓解英国为保卫殖民地而承担的巨大成本，并有可能促成"一种商业条约，它最终将有效地保护英国的自由贸易。相比于目前英国所享有的垄断地位，这种自由贸易对大多数人更加有利，尽管对于商人本身不那么有利"。①但这只是一个不可能实现的梦想，"没有哪个国家会自愿放弃它占领的地区，无论管理它可能有多么麻烦"。②除非解决令人头痛的殖民地税收问题，不然维持现有殖民地关系的体系就不可能发挥作用。英国人不可能无限度地承担起保卫殖民地的全部成本。另一方面，殖民地不可能为帝国防御出力，除非它们在英国议会有属于自己的代表名额，或者除非税收权从帝国议会转移到殖民地会议。第一种选择在几年前得到过本杰明·富兰克林*的某种支持，并且对于凯姆斯勋爵仍然具有吸引力，但它却让英国国会的议员们感到担心，理由是，它可能会增强下议院的执政能力。第二种选择取决于那种不大可能的前提，即殖民地会议愿意资助其对其没有适当控制权的一支军队。也许是出于弱化一种过度悲观的结论的需要，才使得亚当·斯密（正如我们将要看到的那样）以其从未有过的而且是唯一一次对于未来的乌托邦看法终结了《国富论》的论述。不管怎样，是时候为这本书画上句号了。在1775年年末，这部伟大著作的终稿被送到出版商威廉·斯特拉恩的手上。

附：资料来源说明

B. D. 邦尼曼的博士论文"苏格兰启蒙运动和农业改良：巴克卢公爵三世、威廉·凯尔和巴克卢的地产（1751—1812）"，提到了有关亚当·斯密参与巴克卢的苏格兰地产重组的问题，并提醒我们关注亚当·斯密职业生涯的一个被忽略的方面。

---

① 请参阅：《国富论》，第617页。
② 同①，第616页。
* 本杰明·富兰克林（1706—1790），美国著名政治家、物理学家，同时也是作家、发明家和杰出的外交家。——译者注

第 11 章 《国富论》和亚当·斯密对英国商业体系的抨击

两卷本的《国富论》在 1776 年 3 月 9 日最终出版,采用了简单而典雅的四开本,平装本定价为 1.16 英镑,精装本定价为 2.2 英镑,而且最初大概印刷了 750 本。在《道德情操论》第三版中那个坚持只是被称为"亚当·斯密"的、"无论在前还是在后都不得添加任何身份"的作者,现在被重新称为"亚当·斯密,法学博士和英国皇家学会会员,前格拉斯哥大学道德哲学教授",他被定义为一个哲学家和科学家,而不是一个学者。这本书的印制成本相对昂贵,它面对的是在伦敦和爱丁堡的一个特定的高端读者群,作者和出版商像往常一样分担了部分成本,它卖得很好,在当年年末使亚当·斯密获得了 300 英镑的第一笔款项。它的成功足以推动一个都柏林版本的出版,以及推出一个新的、包含少量修订的第二版计划,这个版本于 1778 年以同样的版式面世,而且如同期待的那样,它在文学圈和政治圈获得了相当广泛的关注和评论。① 总而言之,这是一个成功的学术项目,如同我们所知道的那样,到亚当·斯密生命结束之际,它成了一本畅销书。②

亚当·斯密的大多数读者从一开始就意识到,他的这部杰作不仅仅是有关商业或者政治经济的论著,而且是在哲学基础上探讨科学和政治学的历史实践的论著,尤其对于苏格兰读者而言。"您将政治科学最重要的部分之一整

---

① 《年度评论》、《每月评论集》、《观察家》、《伦敦杂志》、《苏格兰人杂志》、《爱丁堡周刊》和《爱尔兰杂志》都有篇幅不等的相关评论(请参阅:罗斯,《亚当·斯密传》,第 429 页)。

② 请参阅:谢尔,《启蒙运动中的经典》,第 236—237 页。

合成了具有规律性和一致性的体系。"威廉·罗伯森告诉他。① 约翰·米勒补充道，它的作者应被视为政治科学领域的牛顿。杜格尔德·斯图尔特在1793年的文章中强调了他所发现的一个基本真理的重要性，那就是，人民的幸福更多的是和有关"所颁布的法律的公正性和适宜性"有关，而不是和参政过程中的投票和参与程度有关。② 真正的政治科学应该基于在不同历史阶段对于不同国家市场规则的研究，并且关注"应贯穿于所有国家的法律并作为立法基础的一般原则"。这将"给实际立法者在政策制定方面带来启示"，让他们知道什么样的"立法改进措施……更符合一般公众的利益"。关于这样的推测性结论，他评论说：

> 它们在本质上比其他结论更具实用性，但并没有任何打乱现有体系或者煽动群众热情的倾向。这些改进措施会受到在其运行过程中过于渐进和缓慢的手段的影响，以至于除了极少数投机者之外不能激发任何人的想象力；而且根据它们被采用的程度，它们会巩固政治结构并扩大该结构所依赖的基础。

在这方面，《国富论》之所以重要，就在于它"为涉及那些构成政治经济体系最重要的法律规范的国家政策制定过程提供了指导"。③ 斯图尔特明确指出，这是一部就改良主义政治学提供一种改革派体系（或者辉格党体系）而非民主体系阐释的论著，是一个牢牢根植于亚当·斯密所独有的个性中的大概孕育了四分之一世纪的法学理念。

在撰写《国富论》的过程中，亚当·斯密面临着撰写《道德情操论》过程中遇到的同样问题：为不同的读者群重新确立原本旨在为大学生设计的授课内容。就《道德情操论》而言，这意味着他需要对卢梭虽然精彩但却被误导的对于文明进程的攻击所作出的哲学上的回应。《国富论》这个例子更为复杂。正如罗伯森、米勒和斯图尔特所意识到的那样，他的政治经济学深深地

---

① 请参阅：《亚当·斯密通信集》，第192、190、188页。
② 请参阅：杜格尔德·斯图尔特，《亚当·斯密的生平与著作》，第310页。另见罗斯柴尔德的《经济情操：亚当·斯密、孔多塞和启蒙运动》，第57—61页。
③ 同②，第309—310页。

扎根于一种他的大多数读者对其一无所知的道德哲学、政治和法学体系之中。问题在于，如果要弄清楚他的政治经济学，那他们需要对这种体系了解多少？亚当·斯密的答案是，不需要知道很多。他并未正式尝试解释他对于文明进程的讨论所涉及的有关财产管理和政府管理的历史原则。有关"自然和人类的需求"及其对文明进步和人类思想的影响所作的细致而冗长的探讨（这种探讨在格拉斯哥大学授课之前就已经开始了），被归纳为一系列具有战略性意义的格言警句，以及有关自我利益的力量和对于改良过程的热爱（它们会影响到人们的劳动方式）的简要论述。实际上，它们常常表现为有关某种力量和后果的箴言，譬如，"我们每天所期待的晚餐并非来自屠夫、酿酒师和面包师的仁慈，而是来自对他们自身利益的尊重。我们应该把注意力集中于他们的自爱而非他们的人性，我们同他们谈论的从来都不应是我们自己的必需品，而是他们的优势"。还有，"每一个人所拥有的从劳动中获得的财产，都是其他所有财产积累的原始基础，所以它是最为神圣和不可侵犯的"。而且，通过得出"到目前为止，为保护财产而建立的公民政府，实际上是为保护富人免受穷人的伤害而建立的，或者是为保护那些拥有某种财产的人免受那些一无所有的人的掠夺而建立的"这样的结论，他正在形成一种修辞学艺术，这种艺术将成为政治经济学语言本身至关重要的一部分，并受到这一新学科的追随者和诽谤者的赞美与攻击。①

亚当·斯密不是作为一个道德哲学家，而是作为一个政治经济学家推出他的体系的，并且使用了魁奈和重农学派都能够理解的一种语言；他们属于他唯一认真对待的经济学家。在《国富论》中，他谈到他的主题涉及为一个国家供应了"它每年所消耗的生活必需品和便利设施"的劳动，被部署在不同社会领域的涉及"技能和判断力"的劳动，以及可在不同类型国家发现的"有用的"劳动和非生产性劳动。这使得他可以探讨在现代政府背景下的劳动生产能力和商业政策中的"改良进程"，并且开始考虑魁奈的观点：财富应被作为一个在自由市场不同经济部门进行流通的功能性结果而加以研究。但是，亚当·斯密证明，一个国家的财富增长取决于在不同经济部门的劳动分工，而魁奈则指出，农业是"所有商品之母"，是能够增加一个君主制国家财富的

---

① 请参阅：《国富论》，第 26—27、138、715 页。

经济活动的唯一形式，那些未被部署在农业中的劳动都是"非生产性的"，因此，他们二者的观点显然并不一致。而且，魁奈的模型是以在英国或者荷兰这样的国家所采行的经济体系为前提的，而不是基于法国和大多数欧洲国家典型的生存型农业体系。更糟糕的是，这一模型假定一种经过改进的农业体系可以通过"合法的专制主义"的支持而得到应用，这个乌托邦式的建议曾经导致大卫·休谟发出这样的惊呼："他们是当下最离奇、最傲慢的一群人。"① 在亚当·斯密看来，魁奈处理政治经济学的方法具有明显的揣测性和非历史研究特征，并在很大程度上只是针对法国的经验和对于法国君主制未来的关注而加以调整，因此不可能成为一种可行的有关经济发展一般理论的基础。他自己的理论则是关注了大英帝国本身以及英国在美国和亚洲殖民地的不同经验，连同法国和欧洲其他国家的经验。最终，亚当·斯密决定像他在形成有关修辞学、法学和伦理学理论时对待孔狄亚克、孟德斯鸠和卢梭那样对待魁奈，将其视为对于人性科学具有一种启发性和推动性但同时又提供了某些错误理论的体系的贡献者。

亚当·斯密在格拉斯哥大学的学生会从《国富论》第一卷本中发现很多他们熟悉的东西：从他对那一杰出的理论——财富的增进取决于劳动分工——的经典重述，到能够决定劳动力价格的运输、易货和交换过程的陈述，再到市场对于劳动分工过程所施加的限制因素的探讨。他们还会发现其他熟悉的阐述或者结论，譬如，货币的起源，劳动而非金钱是价格和价值的真正的决定因素。他们还会看到他对于劳动和商品的自然价格与市场价格作出的至关重要的区分，这种区分是他对于财富在欧洲发展缓慢的原因的分析，以及他对于妨碍自由市场运转机制的法律和习俗予以攻击的基础。然而，在新版《国富论》中，这种攻击的范围更广、程度更深，并且利用了亚当·斯密的全部讽刺和愤怒的力量之源，这恰恰因为本书是根植于亚当·斯密上一年在格拉斯哥大学、在法国以及在和魁奈为首的重农学派的接触中所形成并细化的一般性经济理论之中。这是一个关于财富创造的理论，它吸收了作者对于人性和社会进步原则的理解，但却使用了一种同交换和流通原则以及市场运行

---

① 请参阅：休谟，《大卫·休谟通信集》，第二卷，第 205 页。

机制有关的语言而加以表述。

首先,他的理论最重要的部分必须予以扩展。此前一直专注于劳动力价格的有关价格和价值的讨论,现在已经扩展到对于"调整"商品价格和价值方式的探讨,这种调整过程不是采用任何精确的措施,而是"通过市场讨价还价式的交易行为来进行,它所依据的是一种粗略的公平性。虽然这种方式并不精确,但足以推动公共生活的进展"。值得一提的是,他在修辞学讲座中所探讨过的有关"这一天然交易倾向源于人类对说服艺术的热爱"这类早期著名论断被删除了,毫无疑问,他这样做的原因是,它们会转移读者对于有关商品真实价格和名义价格(或者货币价格),以及这两种价格对于了解市场运行机制重要性的关键性讨论的关注。

但是,这是在后面部分才深入探讨的主题。在对于经济原则的这一扩展性讨论中,亚当·斯密的中心任务是明确价格的三个决定性因素:租金、工资和"业务承办人"(或企业家)的利润,并将地主、工薪阶层、制造业者和商人确认为"每一个文明社会的三个主要的具有创造力的阶层,他们的收入构成了其他每一个阶层收入的最终来源"。这种讨论旨在表明,租金和工资会随着经济的增长或萎缩自然地上升或下降,但是商人和制造业者赚取的利润在富裕国家较低、在贫穷国家较高,尤其在那些"有可能迅速走向毁灭的国家"最高。这一影响因素也导致他得出了那个重要的政治结论:商人和制造业者的利益从来都不可能和地主或者工薪阶层的利益完全一致。这一讨论最终发展到极具讽刺性的、有关三个主要阶层理解他们自身利益以及公众利益本质的能力的讨论:地主太过富有和懒惰,不可能形成"那种对于预见和理解任何公共管理系统后果所必需的思维模式";工薪阶层收入太低,缺少和缺失作出判断所需要的时间、教育和习惯,"哪怕他们信息灵通";至于商人和制造业者,虽然他们"比大多数乡绅具有更强的理解力",但却会毫不犹豫地将这种理解力用于欺骗其他人,让人们相信他们彼此之间的利益是完全一致的。亚当·斯密不乏嘲讽性地指出:

> 在任何特定的贸易或者制造业部门,经营者的利益在某些方面总是不同于公众的利益(甚至相反)。推动市场发展往往非常符合公众的利益,但约束竞争必然与公众利益相悖,只能使经营者为了满

足自身利益而向其他同胞征收一种荒谬的税费——将其利润增加到高于自然水平之上。对于这一阶层有关任何新的法律或者商业管理的建议,应当始终给予极为谨慎的关注,并在确定是否采纳之前,必须经过长期而仔细的审查,要以近乎警觉乃至怀疑的心理对其作出评判。因为这种建议是来自一个其利益从来都不可能和公众利益完全一致的阶层,这个阶层喜欢欺骗甚至压迫公众,因此在许多情况下,他们都会做一些欺骗和压迫公众的事情。①

亚当·斯密想要传达的主旨含蓄而又清晰。在一个政治和治理由地主和商人阶层承担主要角色的国家,作为一个理解政治经济学原理的哲学家,有责任通过教育他们的雇主而维护公众的利益。有关哲学家兼政治家应当具有的西塞罗式的理想,似乎从未变得如此具有挑战性和紧迫性。

在第一卷本的《国富论》中,亚当·斯密阐明了一些基本原则,用以诠释一个国家的生存和发展所依赖的劳动力资源,将如何被用于一个人们可以自由使用个人自身劳动的社会中。在此过程中,他运用历史推测的方法,将野蛮社会的经验与拥有私人财产和政府管理体系并享有"可容忍的安全性"的社会的经验进行对比,并且指出,在相同条件下,整个社会的劳动力资源都会按照和个人劳动力资源相一致的方式进行部署。这一类比导致了对于立刻就成为亚当·斯密最为知名的有关个人行动的社会后果的学说的探讨。他在第二卷本中讨论股票、资本积累和流通时谈到了这一问题,并完善了改良原则(这是他本人以及苏格兰学术界对于人性科学认识的核心)的理论化过程。

重农学派强调了资本在促进经济增长中的重要性。如果财富的增长依赖劳动分工、经济改良及其相对安全,那么它也依赖于一个存量充足的投资资本的存在。然而,正如亚当·斯密在格拉斯哥大学所说的那样,"在产生某种存量的投资资本之前,可能不存在任何劳动;而在劳动分工产生之前,可能存在极少量的投资资本"。② 在现代社会中,劳苦大众的资本积累是如此之

---

① 请参阅:《国富论》,第265—267页。
② 同①,第276页。

少，以至于只能用于即期消费，因此财富的增长将取决于那些从事贸易、制造业和农业生产的人的剩余资本。亚当·斯密感兴趣的是在一个社会的不同行业，这些资源在一个相对自由的市场循环中的流通方式。这是一个他按照消费和商品再补充的周期性状况所描述的过程，它也使得亚当·斯密对政治家们作出了有效的和必要的提醒，即"保持和增加可用于即期消费的资本存量是固定资本和循环资本的唯一且最终的目标。正是这一资本存量为人民提供了食物、衣服和住所，因而他们的富有或者贫穷取决于这两种资本用于即期消费的供应量是过剩还是匮乏"。① 这一分析使得亚当·斯密形成了对于货币和银行（特别是苏格兰银行）充当"循环和分配的重要工具"的复杂的探讨，在他看来，货币和银行是使股票和社会资本按照能够将劳动分工最大化并可增加国家私人和公共收入的方式而予以流通的一种手段。② 这一分析也向重农学派表明，一个国家真正的财富主要依赖参与一个永无止境的消费和生产过程（而不只是农业）的劳动力；而且这使得他可以提出他的政治经济学理论，以及他对于经济改良和进步的理解所依赖的最典型和最深刻的原则之一——改良者天然的节约特性。

> 但是，这种鼓励增加储存的原则，本质上是一种改善我们的生活条件的愿望，它是我们与生俱来的愿望（虽然它通常看起来温和而平静），并且会一直伴随着我们直到寿终正寝。在从出生到死亡的整个过程中，人几乎没有一个瞬间对自己的个人状况是百分之百的满意的，总是具有做出某种改变或者实现某种进步的愿望。增加财富是绝大多数人所想到的旨在改变自身状况的手段，无论对于贩夫走卒还是高官显贵都是如此。③

人的天然的节约倾向，解释了英国经济进步所依赖的资本的"沉默的积累"。至于政府，"它本身无一例外地总是社会中最大的挥霍者。它原本应管理好自己的开支，但事实上，它的奢侈倾向总是远远大于它的国民，因此，

---

① 请参阅：《国富论》，第283页。
② 同①，第291页。
③ 同①，第341—342页。

如果它的奢侈没有毁掉国家，那么它的国民的奢侈也绝不会毁掉国家。"①

亚当·斯密现在几乎已准备好了要将理论应用于实践，并形成对于当代商业政策的批评，这也是《国富论》瞬间成名的重要原因之一。他用他的理论解决他在授课和讲座中提出的那个问题：怎样解释财富的增长在欧洲进展缓慢的原因。他现在能够将财富在欧洲的自然增长与它的实际增长进行对比，并将讨论集中于城乡之间的经济关系。对于认为市镇耗空了农村自然资源的同时代人的看法，亚当·斯密的答复是，它们的关系有着天然的互惠性，农村有市镇经济所依赖的生存资源和原材料，而市镇则是农村产品的市场，也是可以投资于农业制成品和资本的一个源泉。"将任何有一定规模的市镇郊区的土地种植情况与相对远离市镇的土地种植情况进行对比，你都会清楚地看到，农村在多大程度上会从市镇商业中受益。"亚当·斯密评论说。② 归根结底，"市镇居民和乡村居民彼此都自然而然地是对方的'仆人'"。从理论上说，在任何情况下，这种关系都将确保这样的结果，即"根据事物发展的自然过程……在每一个不断成长的社会中，大部分资本的使用都首先针对农业，其次针对制造业，最后针对对外贸易。这种顺序是如此自然，以至于我相信在某种程度上，每一个社会都会倾向于支持这一原则"。③ 问题在于，这种自然秩序因为某种原因而被颠覆，即"制造业和对外贸易"促成了在西方发生的很多农业改良活动，而商业系统则是"这种非自然的逆向顺序"的一种结果。④

在亚当·斯密看来，财富增长缓慢和自然秩序反转的根源是封建制度。正如他在法学授课中表明的那样，封建制度鼓励地主扩张而非改良自己的土地，让他们的租户沦落到依附于他们乃至受奴役的地位。这是亚当·斯密认为的生产力低下的劳动形式。而且，这种通过长子继承权的方式被人为保留下来的一种制度，也是一种以长期占有权和限定继承权（它们与民众的自然正义感和经济效率都是相悖的）为特征的制度。苏格兰学者可能从亚当·斯密的谈话以及英才学会的辩论中熟知他的"故事大纲"，但是认同重农主义的法国读者，更有可能将其看成是对于"大贵族地产是一个现代政体国家财富

---

① 请参阅：《国富论》，第345—346页。
② 同①，第377页。
③ 同①，第378、380页。
④ 同①，第380页。

的终极来源"这一论断的一种激进的攻击。让亚当·斯密的分析变得更加深刻的方面是,他深入地探讨了封建制度对于一个现代政体国家财富最终依赖的城乡关系的影响。封建农业的原始状态和贵族的力量,妨碍了小城市及其所属地区的经济和政治的发展,而受到资金短缺并急于限制贵族力量强化的统治者所鼓励的奢侈品海外贸易,使得一些沿海市镇凭借对附近农村的投资而发展成为某种"独立的共和国"。最终,原本应成为农业改良的一种结果的贸易和制造业成了它的"原因和机会"。亚当·斯密认为这种发展模式阻碍了封建国家整体经济的增长,并导致人们对于海外贸易在促进经济增长方面的作用的严重误解。

亚当·斯密对于自然秩序这种反转的成因(及其灾难性的后果)既惊奇又愤慨,就像休谟撰写有关英国政党思想的著作一样,他看到了存在于欧洲政治文化和人性弱点中的问题根源。一个国家的财富和权力取决于其对外贸易而非国内贸易这一信念,是以这样的理念为基础的:"财富是由金钱或者金银而非劳动构成的。"这一信念在所有欧洲国家都占主导地位,它由学者形成理论,由商人操纵,并成为那些威胁着现代世界和平和繁荣的国家政策的思想发动机。这一信念对欧洲文明进步的危险性,正如助长了宗教战争并且仍在每一个欧洲国家肆虐的宗教迷信一样。亚当·斯密将后续著作用于破除这一新的迷信,并以伏尔泰和休谟抨击宗教迷信那样的气势去抨击那些宣传这一经济迷信的商人和理论家。值得一提的是,他的这种抨击的基础已在第一卷本有关价格和价值艰难而又有些"乏味"(正如他所承认的那样)的探讨中作了精心的铺垫。他通过一种细心设计的思想实验,揭示了人们为什么很容易从货币角度考虑劳动和商品的价值,尽管在日常生活中讨价还价的普通经验能够为人们提供一个要公正得多的有关价格和价值的认识。

休谟必然能够理解亚当·斯密所作的解释。这是由"自然产生于货币作为商业工具和价值衡量标准的双重功能"所导致的一种混乱结果,而且这一结果逐步成为共同语言的一部分,"这种表达的模糊性,使这个流行的概念对于我们而言是如此熟悉,以致那些曾经相信其荒谬性的人也很容易忘记他们自己的原则,并在推理过程中将其作为一种确定的、不容否认的真理而视为理所当然"。[1]

---

[1] 请参阅:《国富论》,第 49、449—450 页。

亚当·斯密所描述的有关这一迷信的力量和破坏性作用的第一个例子相当传统:"对于黄金的近乎神圣的渴望。"这一渴望推动了使用西班牙语的美洲国家*的探索和殖民,以及美国土著居民所遭受的种族灭绝暴行。但这只是一个引子,他的主要目的是要表明,这种原始信仰如何成为处于整个文明政治文化核心地位并推动了那些正在扭曲经济发展的政策的迷信。这种分析缜密而又具有讽刺性,它既显示了亚当·斯密作为道德学家的技能,又表明了晚期启蒙主义者以哲学和历史对抗迷信的决心。亚当·斯密首先开始回顾捍卫有关积累国内金银储备政策的当代观点。

虽然这些当代观念并不怎么高明,但却说服了它们所针对的那些人。它们由商人传达给了议会,然后再传达给王公会议,最后再传达给贵族和乡绅,总之,它们通过那些被认为了解贸易的人传达给了那些自知对此一无所知的人。商人们完全知道,国外贸易如何使他们自己富有。理解这个问题原是他们的分内之事,但了解国外贸易如何富国的问题,却不是他们的分内之事。除了在需要向政府请求修订国外贸易法案之外,他们从来不考虑这个问题。只有在请求修订法律的时候,他们才会陈述国外贸易的有利结果,以及现行法律如何阻碍了这种有利的结果。他们向那些要对这种事情做出决定的裁判官说,从事国外贸易者可以将货币带回本国,但国外贸易法却使国外贸易者所带回的货币比没有这种法律的时候少。裁判官听了这个说法,也觉得十分满意。于是,这种议论产生了预期的效果。法兰西和英格兰的金银输出禁令仅以本国的铸币为限,外国铸币和金银块的输出却很自由。在荷兰和其他一些地方,这种自由甚至扩展到本国铸币。政府的注意力从对金银输出的监视转到对贸易差额的监视,并把贸易差额看作是能够引起国内金银量增减的唯一原因。这意味着政府放弃了一种毫无结果的监督,转向另一个更为复杂、更为困难但却是同样毫无结果的监督。托马斯·孟**的《英国得自

---

* 主要指中南美洲及西印度群岛国家。——译者注
** 托马斯·孟(1571—1641),英国晚期重商主义的代表人物,英国贸易差额学说的主要倡导者。——译者注

对外贸易的财富》一书，不仅成为英格兰而且成为其他一切商业国家政治经济的基本准则。内地或国内贸易，尤其是那种以同量资本可提供最大收入同时亦能使本国人民获得最大就业机会的贸易，却仅被视为国外贸易的辅助部分。据说，国内贸易者既不能从外国带回货币，也不能把货币带出国外。所以，除非国内贸易的盛衰可以间接地影响国外贸易状况，否则的话，它就绝不能使国家变得更加富裕或更加贫困。①

有了这一分析作为基础，亚当·斯密准备重启对整个商业系统"相当猛烈的进攻"，这是一场他于1750年在爱丁堡大学开始、在格拉斯哥大学延续的进攻，而且这种进攻现在已经能在思想和争论层面导致一个具有颠覆性的结论。在格拉斯哥大学期间，他对于阻碍自由贸易的政策的批判是零碎的，但是现在，那些政策可以被看成是处于整个文明核心的迷信的一部分，并且正在影响欧洲每个国家的治理状况。他现在能够攻击旨在保护国内市场免受外国竞争、试图创造不利于外国竞争者的贸易差额的外国进口品限制因素。受保护的国内市场，有助于人为提高价格、妨碍经济改良和促进旨在通过使邻国"变穷"而增加本国财富的贸易政策。这些都源于"那种可悲的垄断精神"，它摧残了整个历史上的商品和制造活动，而且现在正在改变世界史。它催生了那些庞大而"具有垄断性质"、控制着像孟加拉这类国家的治理活动的贸易公司，它也使得亚当·斯密嘲讽性地评论说："那种由垄断公司控制的政府，也许是任何国家所能拥有的最糟糕的政府。"② 至于休谟所谓的"贸易嫉妒"，它正在欧洲和海外酝酿代价极其昂贵甚至威胁到每一个大国生存的战争。对于"通商"，亚当·斯密说：

> 无论在国际层面还是在个人层面，原来都应该是团结与友谊的保证，现在却成为不和与仇恨的最大源泉。在本世纪和上个世纪，王公大臣们反复无常的野心对欧洲和平所造成的危害，并不大于商

---

① 请参阅：《国富论》，第434—435页。
② 同①，第570页。

人和制造业者狂妄的嫉妒心所造成的危害。人类社会主宰者的暴力与不公正，自古以来就是一种祸害。我认为，由于人类的本性使然，这种祸害是无法消除的。不过，就那些既不是也不应是人类社会主宰者的商人和制造业者而言，他们卑鄙的贪欲和垄断的精神即便无法矫正，但设法防止其扰乱别人的安宁，却可能是极其容易的。①

不过到目前为止，亚当·斯密对于那种商业体系的攻击是理论性的，并基于他所探讨的在一个不受封建主义残余束缚、拥有一种自由贸易和完美自由体系的国家当中的劳动分工和富裕的自然进程。当然，他使用谨慎而且往往是精心挑选的历史实例，细致地说明了他的理论的不同方面。但是，他有关商业体系的理论以及他的抨击过程所缺少的，是关于国家经济发展事实上是遵循了本质上属于推测性理论基础的强有力的实例。作为他在格拉斯哥大学授课时使用过的一种例证，他自然而然地提醒读者关注自与英国创建自由贸易联盟以来，苏格兰取得的显著的经济和政治进步，而且他大量使用了苏格兰的例子来阐述《国富论》的许多主题。然而，仍被封建制度所约束的苏格兰并不是亚当·斯密所设想的那种自然进步的完美范例。他的一大贡献就是介绍了美洲殖民地的经验，并将其视为典范性的而且事实上是唯一可行的社会实例（相比于欧洲，其发展过程快速而又自然）。

在他看来，美洲殖民地进步的根本原因足够简单："大量优质土地，以及人们按照自己的方式做事的自由。"② 美洲土地便宜，而且继承权（至少在一些殖民地如此）不受长子继承权、限定继承权和高税收的约束。殖民者本身似乎受过教育，因而易于引导，他们有节俭精神而且非常勤劳，他们是亚当·斯密心目中天然的改良主义者，他们把资本投资于农业和简单的制造业。另外，由于劳动力相对稀缺，他们会支付给工人高工资，这也鼓励了后者想望白手起家并具有积极性。归根结底，他们拥有一种成为政府"共和"体制一部分的平等精神，而且不论其母国在主权、税收和贸易管理方面可能提出什么样的要求，这些要求都远远不同于那些被强制执行的要求。最终，美洲

---

① 请参阅：《国富论》，第 493 页。
② 同①，第 572 页。

和西印度殖民地形成了一种亚当·斯密原本希望在欧洲出现的区域贸易制度。"英属美洲殖民地及西印度之间的贸易,无论就前面列举的商品还是就未列举的商品而言,都有最完全的自由。这些殖民地现在很富庶,彼此都能为对方的产品提供广大的市场。因此,从总体上来说,所有这些殖民地对于彼此的产品而言都形成了一个庞大的国内市场。"①

亚当·斯密的分析是严谨的,他所介绍的观点后来在很大程度上促成了有关英国与美国未来关系的当代争论。这也是他关于殖民地贸易对于殖民地以及母国影响的关键性讨论的基础。亚当·斯密需要证明,《航海法案》以及将殖民地贸易转变成一种"垄断贸易"的各种规定,阻碍了英国经济的全面发展。他的论点是可以预测的:垄断行业将来自欧洲贸易的资本转而用于对美洲的贸易,其结果就是:

> 似乎完全破坏了英国一切产业的自然均衡:英国产业不和多数小的市场相适应,而主要和一个大的市场相适应;英国的贸易不在多数小的商业系统内进行,而基本上被引入一个大的商业系统中进行。这样一来,它的整个工商业系统将变得缺乏安全性,与此同时,其政治组织的全部状态也都变得缺乏稳定性。英国在当前状态下有些像是一个不健全的人的肌体,其中有些重要生理器官长得过大,导致容易发生许多危险的疾病,而其他长得相对匀称的生理器官却很少会出现这样的问题。人为地造成一根大的"血管"过分膨胀,并迫使大部分产业与商业的"血液"流入其中,那么,在这种情况下,"血管"的运行要是略有停滞,就会使全部政治组织陷于最危险的境地之中。英国人民对于母国与殖民地决裂的恐惧,超过了他们对西班牙无敌舰队或法国侵袭的恐惧。②

亚当·斯密对于美洲殖民地发展的消极后果引发民众的恐惧所作的生动而具有启发性的描述,彰显了其在分析当代信仰方面所表现出的精湛技巧。

---

① 请参阅:《国富论》,第 580 页。
② 同①,第 604—605 页。

但同样值得注意的是，亚当·斯密不同寻常地未能提供用来充实有关殖民地贸易对美国的影响以及英国与欧洲贸易影响的推测性例证。正如我们将会看到的那样，这导致托马斯·鲍内尔——一个当时在任的马萨诸塞州州长——在初期作出强有力的回应："您的推理铺排得很紧密；您的论述之所以能够层层推进，是因为您使用了看上去很可靠并且只能去相信的理由，而且您使用了同样看上去很可靠的假定已经证明了您的论点论据。不过尽管如此，绝大多数读了您的书的人还是会认为，您是要不遗余力地建立起一种确凿的证据，您最终也似乎是在胸有成竹的情况下得出您的结论的。"① 这是一个比绝大多数人都更了解亚当·斯密论述方法的评论者的反应，他也更有资格质疑亚当·斯密采用美国作为一个庞大经济体系的可靠的例证。

亚当·斯密对于商业体系及其信徒可悲的垄断精神的攻击，因一个极开明的哲学家对迷信的胜利所产生的愤怒而变得更富有生气和活力。对于贵族、商人和制造业者所称的他们与公众利益是一致的这一说法，亚当·斯密不屑一顾，现在，在即将结束他的讨论时，他能够就公共利益的性质提出新的哲学观点。他已经向魁奈和重农学派表明，创建一种完美自由的制度未必需要通过单一的法律专制主义性质的革命行动，仅仅需要一个能够清除市场运转的"障碍物"的统治者（比如君主），其余的都交给自然处理。毕竟一个生活在一种完美自由状态中的人，必然更愿意使用他在国内的资源（他更了解那里的法律、习俗和公众），而不是他在海外的资源。而且，相比于"在对外消费贸易中所使用的同等资本"而言，这有助于更高效地完成推动国内企业发展和财富流通这一任务。因为对于每个个体而言，

> 他通常既不打算促进公共利益，也不知道自己会在什么程度上促进那种利益。由于宁愿投资支持国内产业而不支持国外产业，因此他只是盘算他自己的安全；由于他管理产业的方式和目的在于使其生产物的价值达到最大程度，因此他所盘算的也只是他自己的利益。在这种情况下，就像在其他许多场合一样，他受着一只看不见

---

① 请参阅：《鲍内尔总督致亚当·斯密的一封信》（伦敦，1776）；重印于《亚当·斯密通信集》第 337—376 页，引用部分来自第 369 页。

的手的指导，去尽力达到一个并非他本意想要达到的目的。①

这不仅成为《国富论》最著名和最有影响力的断言，而且它也是一个相对开明、对于公共利益的理解比所有人（除了他在苏格兰的朋友以外）更深刻的哲学家的基础性政治主张。

毫无疑问，亚当·斯密为创建一个完美的自由体系而开出的哲学处方是务实的，并意识到用一种渐进的方法来消除障碍的必要性——其他任何方式都只会引起严重甚至可能是危险的对抗。"不能期望自由贸易在不列颠完全恢复，正如不能期望理想岛或乌托邦在不列颠设立一样。不仅是公众的偏见，而且还有更难克服的许多个人私利，都是完全恢复自由贸易不可抗拒的阻力。"② 这就是一个铭记这一事实——政府的至高目标就是维护社会正常运转最终依赖的正义规则——的法学家的实用主义。亚当·斯密对此作出了这样的总结：

> 一切具有特惠性质或限制性质的制度，一经完全废除，最清晰和最单纯的自然自由制度就能够建立起来。在不违反正义的法律规则的前提下，每一个人都可完全自由地自行其是，可以采用自己的方法追求自己的利益，可以使用自己的劳动和资本与其他任何人或阶级竞争。这样，君主们就被完全解除了监督私人产业、指导私人产业而使之完全适应社会利益的义务。③

亚当·斯密现在准备考虑统治者在国防、司法、公共工程和教育方面所面临的问题以及宗教问题，同时在维护乃至增强公民社交能力等方面扮演的角色。其中的大部分观念均来自他在格拉斯哥大学期间的授课内容，以及他从历史角度分析问题的习惯（这是为了辨识从早期历史延续下来而现在似乎是多余的或价值不大的那些实践和信仰）。他特别感兴趣的是政府在不同方面的管理成本和它们对于税收的影响，并且意识到最能引起公众愤怒的莫过于

---

① 请参阅：《国富论》，第 456 页。
② 同①，第 471 页。
③ 同①，第 687 页。

任意的和不公平的税收制度。促进民众社交愿望和提升社交能力，与确立并维持一种可以接受的税收制度密切相关。

亚当·斯密显然很喜欢这一任务：用推测性的历史去解释在国防、正义和公共工程方面不断变化的社会需求；他在这些讨论中使用了大量例证，而且通常都具有争议性。关于国防的讨论，是为了向认为民兵是国防安全最大保障的自由主义者表明，"只有通过有纪律并接受过严格训练的常备军……才能保卫国家不受贫困和野蛮的邻国的侵略与掠夺。所以，一国要相当长久地甚至永久地保护并延续其文明，只有一个方法，那就是编制常备军"。① 在讨论正义时，他重申了他那显然令人不自在的著名结论："为保护财产而建立的公民政府，实际上是为保护富人免受穷人的侵害而建立的，或者是为保护那些拥有某种财产的人免受那些一无所有的人的掠夺而建立的。"② 他这是在提醒公民和治安官：肩负一种可行的司法制度的任务，意味着维护它的公正性，并且建立经济改良所依赖的社会安全感，这就要求在深刻的非公正性的社会中严格而公正地执行正义规则。亚当·斯密对现代政府的能力的疑虑是无处不在的，这尤其表现在他对于最高统治者在承担商业进步所依赖的公路、运河和桥梁等方面的职责的探讨（在《国富论》后来的著作版本中，他增加了关于贸易公司的补充性章节）。相关资源的成本原本应由使用者和地方组织承担，而不是由纳税人和最高统治者承担。"地方政府和州政府管理地方收入和州收入，固然有时不免发生弊病，但是相比于管理和花费一个大帝国收入而时常发生的弊病而言，这种弊病实在算不了什么。况且，与后者所生的弊病比较，前者的弊病更容易矫正。"③ 亚当·斯密以同样的推理方式认为，维系司法运行的成本始终都可以利用法院和打官司者的手续费而得到解决。真正的问题是国防成本。这注定要对纳税人收取费用，这会给技术性社会带来最沉重的负担，而且在一个不断发生战争的时代，很容易带来毁灭性的影响。亚当·斯密对现代战争成本的恐惧贯穿于其有关管理讨论的始终。

亚当·斯密对最高统治者基本职责的阐述，在很大程度上是从他在格拉斯哥大学期间的授课内容和《国富论》的初稿中提炼出来的。然而，在思考

---

① 《国富论》，第 706 页。
② 同①，第 715 页。
③ 同①，第 731 页。

君主的教育职责时,他转向了一个以前没有探讨过的主题,并采用了自己的学术经验,以及可从苏格兰近代史中得到的经验教训。公民和治安官的教育所需要的中学和大学,应当如何获得资助呢?拥有富有的教会的富国,更有可能拥有像牛津大学(它很快就变成了为教授而非大学生利益运转的具有封闭型企业性质的机构)这样财大气粗的大学。对于像苏格兰这样的贫穷国度而言,那些在财政上经常捉襟见肘的大学,其教授们不得不依赖学生们的学费维持生计,因此他们会自然地更加关注学生的利益。只有像亚当·斯密这样的既有经验又有责任心的教师才能够这样写道:"从整体看来,那样的不均等对于社会大众而言也许是利多弊少。如果欧洲大部分国家的学校和学院组织得比现在更合理,那么大众由此获得的利益将更大。"①亚当·斯密以相当长的篇幅阐述了哲学的历史,这也是他尤其感兴趣的一门学科;和其他未发表的论文不同,他关于这一学科的笔记和论文,逃过了炉火而得以幸存下来。他对于哲学教学在基督教时代如何被神学所扭曲的阐述,对于大多数读者而言应当是很熟悉的,而且它依然非常重要。毫无疑问,那些被神学所玷污过的大学,本应永远致力于培养出公共教育不可缺失的诸多教师。

虽然在这方面没有更多能做的事情,不过对于新教国家的教育的未来,亚当·斯密基本上持乐观的态度,因为这类国家通常都鼓励如美国宾夕法尼亚州教友派*文化和现代苏格兰温和派长老会制体系所特有的独立性和包容性。而像苏格兰这样的国家,教会牧师要获得晋升,不得不依赖其自身渊博的学识、良好的风度以及对穷人和富人发自内心的尊重,而非依赖趋炎附势和政府协助。这样的神职人员所培养出的教师,可能更容易理解那句至理名言:"科学是狂热和迷信这两大毒药的最佳解药。"他们也会理解受过良好教育的人更有可能成为好公民的原因。②"有修养、有知识的人,常比无知而愚笨的人更知礼节、更守秩序。他们都觉得自己的人格更高尚,更能得到他人

---

① 请参阅:《国富论》,第 764 页。
* 教友派又名贵格会、公谊会,兴起于 17 世纪中叶的英国及其美洲殖民地,创立者为乔治·福克斯。该教派的特点是没有成文的教义、圣礼和节日(最初也没有专职牧师),而是直接依靠圣灵的启示指导信徒的宗教与社会活动,因而始终具有神秘主义的色彩。——译者注
② 同①,第 796 页。

的尊敬,因而他们就更加尊敬那些比他们更优秀的人。"① 这其中涉及的教育成本也不会过高,因为大学会从其学生的学费中获得资助。另外,苏格兰那种强制性的教会教育体系的成本可以忽略不计。正是出于这一原因,亚当·斯密评论说:"欧洲各国最有学问、最有礼节、最有独立精神同时也最值得敬重的牧师,恐怕要算荷兰、日内瓦、瑞士以及苏格兰长老教会内的大部分牧师了。"② 事实上,最高统治者在提供普及教育方面能够发挥的唯一积极作用,就是"对更高等和更困难的科学设立一种检验或考试制度,以便任何人在从事某种自由职业以前,或者在被提名候选某种名誉职务或有酬职务以前,必须经过这种检验或考试……其次是增进民众的娱乐",因为"俗众的迷信和狂妄常常源于自身心中的忧郁或悲观情绪。一大部分人的这种情绪可经由绘画、诗歌、音乐、舞蹈乃至一切戏剧表演而得以化解或消除。所以,为了民众的利益着想,在不至于伤风败俗的范围内,一切娱乐活动均应得到鼓励和支持,而从事这些娱乐技艺的人,国家应当予以奖励,或者给予其全方位的行事自由"。③

在著作即将收尾的部分,亚当·斯密探讨了税收和公共债务问题,并最后一次回到贯穿于整本书的那两位哲学家——魁奈和休谟(尤其是后者)——的理论方面。在讨论一个商品化国家的征税问题过程中,亚当·斯密十分关注土地应成为现代税收制度的基础这一流行观点,尤其是重农学派描述的财政体系所依赖的那种所谓的"非常精妙的"的观点——一种(正如我们已经看到的那样)他认为在实践上行不通、在理论上不健全的观点。④他自己的观点基本上是休谟观点的详尽阐述,即一个可行的税制应是那种可以反映国家财富分配而且很容易完成收税的税制,其他任何形式都将被看成是专横的和具有压迫性的。他对英国税收制度的细致考察旨在谨慎地表明,和一些政客和理论家通常坚信的不同,新的税收体系的空间更容易受到限制。不过,虽然它有很多不完善之处,但在欧洲却是最公平的,即那是一种可以改进的体系,但如果要对其加以改变,就必须通过一场大规模的甚至具有乌

---

① 请参阅:《国富论》,第 788 页。
② 同①,第 810 页。
③ 同①,第 796—797 页。
④ 同①,第 830 页。

第 11 章 《国富论》和亚当·斯密对英国商业体系的抨击　　243

托邦色彩的体制革命。

　　在其著作的最后几页，亚当·斯密给出了乌托邦式的理论总结。他更直接的目标是探讨公共信用和战争对公共财政的影响，即《国富论》最后一卷本所讨论的最重要的主题。他的分析所遵循的路径在很大程度上与休谟在 1752 年的分析非常相似。在现代社会，通过抵押未来税收收入和提前垒起后代子孙将不得不承担的大量公共债务而资助战争，对政府而言可以说是太容易了。但是，像有些人所认为的那样，应坚持将这些公共债务看成是"叠加在国内其他资本之上的另一种重大资本，凭借这一资本，商业的扩展和制造业的发展，以及土地的开垦和改良，比靠其他资本所能获得的成就要大得多"，却是一个严重的错误。①归根结底，用于填补"从目前看可能会抑制而从长远看可能会毁掉所有欧洲大国的巨额债务"的成本，将意味着更高的税收和更少的经济活动。②在 1764 年，休谟遵循这一严峻的分析并通过预测土地税收毁灭性增加的情况，得出了一个灾难性的结论：这种状况将导致地主阶级被毁灭，并产生出一个新的致命的专制主义制度。"要么是国家必然会毁掉公共信用，"休谟惊呼道，"要么是公共信用将会毁掉这个国家。正如在一些国家所出现的实际情况一样，它们不可能都同时并存。"③

　　休谟在写到这里时想到了奥地利王位继承战争＊和"七年战争"的成本，而亚当·斯密想到的则是涉及资助一场代价高昂的美洲战争政府所面临的选择。他的分析表明，不能进一步压缩税收体系；货币贬值唯一可能产生的结果，就是在带来巨大经济成本的情况下获得次要收益。在亚当·斯密看来，唯一可行的解决方案，就是一个基于最近的苏格兰税收经验的方案。他问道：相比于和英国的长期贸易，以及议会联盟在 1707 年建立的殖民地之间的自由贸易，还有什么对苏格兰经济增长与税收收入有更大的刺激作用？还有，在英国、爱尔兰和美洲殖民地之间，相似的联盟会不会带来经济和政治上的利

---

① 请参阅：《国富论》，第 924 页。
② 同①，第 911 页。
③ 请参阅：休谟，"论公共信用"，见《政论集》，第 360—361 页。
＊ 奥地利王位继承战，是指 1740 年到 1748 年期间欧洲的一场国际性战争。1740 年，神圣罗马帝国皇帝查理六世去世，因无男性继承人，此前他立遗嘱由女儿玛丽亚·特利莎继承奥地利的所有领地，但普鲁士、法国等国反对，从而引起战争，其结果是奥地利在英、俄等国的支持下，保住了玛丽亚·特利莎的继承权，但普鲁士却夺得西里西亚而成为强国。——译者注

益呢？毫无疑问，这种新的联盟除享有自由贸易这一好处之外，还会获得其他重要得多的利益，譬如：

苏格兰与英格兰建立联盟后，被贵族权力所压迫的中下层人民完全得到了解放。贵族权力在爱尔兰具有更大的压迫性，其受害者更多，而通过与英格兰的合并，人民大多会从贵族的压迫之下获得解放。不同于苏格兰贵族，爱尔兰贵族的形成不是源于门第财产那些自然的或者可以获得尊重的差别，而是源于一种最可憎的差别，即宗教的和政治的偏见。

随着政治力量的重心从美洲殖民地转向英国伦敦，美洲殖民地的居民发现，他们可以"由此免于陷入在小型民主政体下必然会发生的凶恶而残暴的纷争之中，那些纷争往往会分裂人民之间的感情并扰乱政府的稳定"。毫无疑问，爱尔兰和美洲殖民地的税收负担将比现在的更加沉重，但通过一种稳健的税收资源管理，这种负担"可能不会持续下去"。而且英国人很可能会发现，这种新的联盟将有助于延续帝国那种如孩子般幼稚的、由商业利益作为纽带而长期刻意孕育的"金色梦想"。亚当·斯密的结论可能缺少休谟在人生最后几年思考当代政治过程中，所表现出的那种相当典型的而且近乎偏执的怀疑主义特征，但总体而言它仍然是非常悲观的。

一百多年来，英国统治者曾让其人民长期陶醉于这样的想象之中：他们在大西洋西岸拥有一个庞大的帝国。然而，那个帝国的形象迄今为止仍只存在于想象中。没有什么帝国，只有建立帝国的计划；没有什么金矿，只有开发金矿的计划。这样的计划从过去到现在，已使英国耗费了太多成本，假使它今后仍将延续下去，那么将来的费用一定极其高昂，而且毫无利润可言。前面说过，殖民地贸易垄断的结果对于人民大众而言是有害无益的。现在，我国统治者理应实现自己一向沉迷的金色梦想（那也许同样是人民所沉迷的一个梦想），否则的话，自己就应该首先从梦中醒来，并使人民也从梦中醒来。如果制订的计划无法完成，那就应当及早放弃。假如大英帝国有哪个省份不能对维持整个帝国做出贡献,那么政府就应该设法停止为那个省份的自我防御提供拨款,以及日常民政或军事设施费用,并努力使将来的计划适应它的实际情况。①

《国富论》是苏格兰启蒙运动中思想文化最宏大、最持久的纪念碑,它所阐述的理论既涉及透过苏格兰文明礼仪的三棱镜所看到的一般意义上的人类行为,又涉及那些长期致力于精神提升、利益和财产优化配置的人的行为(后者尤其坚信,通过遵循那种似乎是自然而合理的道路,他们正在以某种方式为公共利益服务)。它也是一个卓越的知识阶层的最高成就之一。这个知识阶层所参与的那个重要项目,就是从礼仪文化中提炼出一种社交理论,而其创始人就是亚当·斯密的两位伟大导师:哈奇森和休谟。休谟提供了亚当·斯密的理论所需要的哲学资源,从而使其得以解释共同生活经验如何教会人们成为能够在社会中生存和发展并且拥有正义感的社会动物。是休谟向他展示了怎样描述涉及人类物质、道德和精神进步,以及诸多统治者愚蠢可悲的故事的人类文明进程。亚当·斯密对于这一事业的贡献来自他对商品、服务和情感的交换与流通,以及对人类社会生存和文明进步所依赖的那些文化创造过程的乐此不疲的兴趣。这是一种由极其渊博的学识、他的整部著作所体现的那种突出的精神体系,以及一种深刻而严肃的目标感共同成就的兴趣。因为归根结底,《国富论》就像《道德情操论》以及他的那些授课和讲座内容一样,都是在提醒和呼吁同时代人对于他们自己以及他人的生活进行道德、政治和智力层面的调节和控制。正因如此,除了它的追随者和批评家以外,《国富论》也应当是历史学家密切关注的一部著作。

附:资料来源说明

在过去的一些年时间里,很多研究思想和知识体系的历史学家着意关注了《国富论》的历史背景问题。对于当今的一些学者而言,在这方面所做的第一次重要的尝试,包括邓肯·福布斯具有历史意义的"科学辉格党原则:

---

① 请参阅:《国富论》,第946—947页。

亚当·斯密和约翰·米勒的主张"一文，以及 R. L. 米克的"苏格兰对马克思社会学的贡献"（出自他的《论经济学、意识形态及其他》）。邓肯·福布斯的一些具有开拓性意义的论文，写于亚当·斯密的法学授课笔记（1762—1763）出版之前，而 D. 温奇的《亚当·斯密的政治学》是从历史的角度思考那些历史背景对于了解《国富论》的意义的第一次重要尝试。K. 哈孔森的《立法者的科学：大卫·休谟和亚当·斯密的自然法体系》扩大了讨论范围，而《财富和美德：政治经济学在苏格兰启蒙运动中的形成》（I. 亨特和 M. 伊格纳迪夫主编）使讨论变得复杂化。最近，埃玛·罗斯柴尔德的《经济情操：亚当·斯密、孔多塞和启蒙运动》和亨特的《贸易嫉妒》，都探讨了亚当·斯密的政治经济学的更广泛的欧洲背景问题；本书的讨论都从以上二者受益颇多。

对于那些喜欢将《国富论》作为一部哲学著作阅读的人而言，S. 弗莱施哈克尔的《论亚当·斯密的〈国富论〉：一个哲学伴侣》是一本值得推荐的辅助读物。

第 12 章　休谟之死

可以预见的是，对于《国富论》的反应首先来自亚当·斯密的苏格兰朋友们，他们毫不犹豫地用批评缓和了广大读者对该书的赞美力度和密度。曾回忆起亚当·斯密有一次为他读了该书初稿部分内容的修·布莱尔说，他原本怀有更大的期望，"但我承认，您已经超出了我的期望。在这些主题上，一个又一个作者带给我的只有迷惑。我从未指望过自己会获得一个十分清晰的概念。您带给了我完完全全的满意感，而且，我在警察和财政这两个主题上的观念，已经有了一些重要变化"。对于"所有着迷于商人诡辩哲学的人"的抨击，以及"您对于大学教育真相和原则的基本看法"尤其出色（尽管亚当·斯密对于苏格兰长老会制的文明倾向的评价过于乐观）。它会"给予您谈到的那些不利于人类伟大进步的落后思想体系以极大的帮助"，这是来自一个长老会牧师相对适度但却非常吸引人的说法。不过，布莱尔认为最大的遗憾是亚当·斯密对美洲殖民地问题的探讨，它"很像是一种有些脱离时代背景的论述"。这一评价表明，布莱尔并未意识到亚当·斯密对于美洲问题的探究是如何深刻地嵌入到整体分析之中的。他希望在未来的版本中，亚当·斯密能够加上一个索引，以及一个"通过简短而独立的主题所反映的整体大纲，就像我们在大学授课时使用的那种大纲一样"。① 亚当·斯密采纳了他的第一条建议，但没有采纳第二条，毕竟《国富论》是一部为政治家而非一般学生所撰述的著作。

亚当·斯密在苏格兰朋友圈子里的其他人，也采取了基本相似的做法。就像布莱尔一样，威廉·罗伯森承认，亚当·斯密超出了他的期望，并且认

---

① 请参阅：《亚当·斯密通信集》，第 187—190 页。

为，他甚至有可能使当时的辉格党人的某些庸俗观念获得解放。

您已经就政治科学一个最复杂、最重要的组成部分建立起了一个有序而一致的体系。如果英国人的思想观念能够突破重商主义支持者所引入的并得到他们最喜欢的一些作家（比如洛克）所支持的狭窄框架，那么我认为，在有关警察和财政等几个重要问题上，您的书将引发一种全面的改变。①

一向都希望这本书能够引起争论的亚当·弗格森，尤其期待它会在苏格兰的教会、大学和商界投下重磅炸弹。不过，作为一个支持民兵事业的热情的自由主义者，他警告亚当·斯密说，他本人对其有关民兵的批评性看法持保留意见。"这个国家的绅士和农民，不需要哲学家的权威而使他们变得消极和懒散，并且忽视在一些极端情况下他们可以拥有并利用的每一种资源，事实上，他们承受的压力无处不在。我期待有机会进一步探讨这个问题"。② 这些都是边缘性的批评，而且很明显，更多实质性的观点将被保留到用于未来餐桌上的激烈讨论。约翰·米勒曾对休谟说过，关于亚当·斯密的"贸易无限自由的主导原则"，他是有一些疑问的，并想知道这一原则应在多大程度上被加以利用；制造业者和商人的利益真的一定不同于公众利益吗？③ 在许许多多的意见中，休谟的意见必然是亚当·斯密最想听到的。他对于亚当·斯密的叙述风格并不完全认同，尽管米勒认为休谟的评价太过苛刻，但这终究只是他个人的看法，而且我们对于并未保存至今的休谟的评价的具体内容无从得知。不过，他的那封贺信（发自爱丁堡，1776 年 1 月 1 日）的一个引人注目之处，就是在对其大加赞赏的同时，也提出了他本人对于亚当·斯密价格理论的深切怀疑。

了不起！太出色了！亲爱的亚当·斯密先生，您取得的成就让我无比欣喜，在仔细拜读了您的大作之后，那种强烈的焦虑感已经离我而去。这是一本无论是您的朋友和一般公众还是您本人都赋予了如此多期待的作品，以致对于它在出版后会是什么样子，我一直

---

① 请参阅：《亚当·斯密通信集》，第 192—193 页。
② 同①，第 193—194 页。
③ 引自罗斯的《亚当·斯密传》，第 291—292 页。

都感到不安，但是现在我终于轻松多了。考虑到阅读这类书必然需要注意力高度集中，而公众往往只会集中较少的注意力，所以有一段时间，我一直怀疑它是否从一开始就会受到欢迎。但无论怎样，它的深刻、扎实和犀利，以及如此多有趣的作为例证的事实，必然会吸引公众极大的关注。您上一次在伦敦逗留期间，大概对它作了很多修改和完善。如果您现在能来我家中做客，我会就您的一些观点和您探讨。我不能认为农场租金会成为产品价格的影响因素，产品价格完全是由数量和需求量决定的。在我看来，法国国王不可能从铸币当中拿到 8% 的铸币税……但是，这类问题以及其他一百多个细枝末节，只适合当面讨论，如果您能够尽早地把自己的想法告诉我，我将深感荣幸。我只希望越快越好，因为我最近身体状况很糟糕，恐怕经不起太长时间的拖延。①

这封信开启了那场漫长、亲密而又富有成果的友谊之旅的最后篇章。休谟有一段时间健康状况极差，体重也迅速下降。他在 1776 年 2 月告诉亚当·斯密说，自从 1773 年以来他的体重已经下降了 5 英石*，如果您（亚当·斯密）返回苏格兰的时间更晚，那么"我可能已经完全从这个世界上消失了"。②到了 4 月份，约瑟夫·布莱克诊断出他患了某种类似癌症的疾病，于是他敦促亚当·斯密尽早返回苏格兰，"您的陪伴会给他带来莫大的安慰"。③休谟已经接受了自己即将离开人世的事实，他曾对布莱克说，他的母亲死于同样的疾病，不过他同意为了咨询他的老友约翰·普林格爵士而拖着病体去伦敦一趟并在那里接受水浴治疗。他在 1776 年 5 月前往南部地区，并与到北方旅行的亚当·斯密在莫珀斯**碰面，他们在那里讨论了休谟的遗嘱，

---

① 请参阅：《亚当·斯密通信集》，第 186—187 页。
* 英石，不列颠群岛国家使用的英制质量单位之一（1 英石等于 14 磅），亦被英联邦国家普遍采用（许多北欧国家在采用公制之前也使用英石作为质量单位）。1986 年，不列颠群岛国家废除了英石作为质量单位的法定用法，但在称量体重时，英石仍被广泛使用。——译者注
② 同①，第 185—186 页。
③ 同①，第 190—191 页。
** 莫珀斯，英国东北部的一座城市，位于旺斯贝克河畔。——译者注

以及亚当·斯密作为他的文学遗嘱执行人的职责。休谟非常关心他的哲学和历史作品的未来，而且后来的通信内容表明，他们的讨论集中于如何处理他未发表的论文和已发表的作品的再版事宜。总之，探讨的内容基本上是很明确的。亚当·斯密将确保相关作品在其去世后能够顺利出版，并就《我的人生》（休谟刚刚完成的简短自传）的出版做出适当的安排。他还将确保不会出版休谟在最后五年内没有处理过的任何作品，并将"在您（亚当·斯密）闲暇之际"将其销毁。然而，这当中有一个例外——休谟在1750年到1751年期间所写并在他的朋友圈内传阅的《自然宗教对话录》（因为他当时和他的朋友们一样相信本书并不适合公众阅读），休谟希望亚当·斯密在他死后出版该作品，但亚当·斯密坚决拒绝这样做。在休谟生命的最后几周，这种意见上的不一致为他们的关系蒙上了阴影。

对于休谟而言，最重要的事情莫过于《自然宗教对话录》的出版，因为它在一个精心构建的文学和哲学遗产建筑中开始占据重要地位。在他的作品《我的人生》中，他简短而又相当有说服力地以普鲁塔克*的风格描述了自己的生活和个人性格特征，就如同在其《英格兰史》中每一个英国统治者的统治即将结束时，他对于他们盖棺定论式的总结一样。他将自己描述成是这样一个哲学家：他的《人性论》从出版那一刻起几乎就成了"死胎"；其后他作为一个散文家的职业生涯起步缓慢，随着《政论集》在1752年的出版和《英格兰史》的日益流行，他的声望才开始上升；自然世界给了他一个乐观而平和的脾气；迟来的文学家的名声给他带来了一笔小财富，但也使他无时无刻不在遭受神职人员和党派政治理论家的攻击；关于他在人生最后几年所写的作品，以及他在临终之前仍在对其进行校正的证据，其目的就是要消除不必要的圣像破坏运动者形象，以便维护他始终致力于获得的"公正性"的声誉；他的一篇新的政治论文"论政府的起源"，归纳了他对于政府原则和政治义务的思考；通过出版《自然宗教对话录》，他可以留下他对于自然宗教本质的思考，以及他的遗产就会变得更加完整。

亚当·斯密自有其反对出版《自然宗教对话录》的原因。在某种程度

---

* 普鲁塔克（约公元46—120年），罗马帝国时代的希腊作家，以《希腊罗马名人传》（或《希腊罗马英豪列传》）一书闻名后世。他的作品在文艺复兴时期大受欢迎，蒙田对他推崇备至，莎士比亚不少剧作都取材于他的记载。——译者注

他的反对是出于谨慎的考虑。正如他在休谟死后对其出版商威廉·斯特拉恩所说的那样,出版将引发极大的争议,这会影响到休谟其他著作最新版本的销售,也会使得负责出版任务的亚当·斯密本人被置于尴尬的境地。① 然而,有人认为,亚当·斯密之所以接受休谟的嘱托,成为他的文学遗嘱执行人,是由于休谟提出留给他200英镑,因此他是为了私利才出版《自然宗教对话录》的。② 休谟拒绝接受他的好友的看法,他怀疑《自然宗教对话录》是否真的会引起读者的争议甚至愤怒,并且认为亚当·斯密对于出版一部极不寻常的作品而受到牵连这一担忧,在很大程度上是不必要的。他提出了妥协方案,虽然在其死后是否出版的决定将"完全取决于您",但休谟的意见是:

> 如果在我死后,您决定不公布这些论文,那么您应该把它们密封起来,交给我的弟弟或其他家人,而且还要有类似这样的说明:只要您认为有必要,您有权随时将它们收回。如果我还能再多活几年,那么我将会自行出版它们。我想到了笛卡尔的那句名言:一阵风能吹灭一支蜡烛,也能吹起一场大火。③

亚当·斯密的答复是,他会"尽可能采取一切措施确保您希望保留的东西不会出现任何丢失情况",同时也会确保在休谟去世后将《自然宗教对话录》交给他的侄子。不过休谟还是有所顾虑,他在8月25日去世一周前,要求准备三份《自然宗教对话录》文本,分别留给他的侄子、他的出版商以及亚当·斯密本人。"这不会给您增加任何负担,只是为了更稳妥起见。"在去世前两天最后一封写给"我最亲爱的朋友"的信中,他对亚当·斯密说,他把《自然宗教对话录》所有权留给他的侄子,"以免在我去世后三年内,有任何意外情况导致它不能出版"。信的结尾是"再见了,我最亲爱的朋友"。④

两周之后,亚当·斯密对斯特拉恩作了这样的叙述:

---

① 请参阅:《亚当·斯密通信集》,第216—217页。
② 同①,第206页。
③ 同①,第194—195页。
④ 同①,第208页。

我曾劝说他完全交给我处理,要么是在我认为恰当的时候出版,要么就根本不出版。如果他同意我的这种想法的话,手稿便会得到最为精心的保存,并将在我死后交还给他的家人;但是无论如何,它在我有生之年绝不应该出版。如果您读过它,您大概就会认为,关于这件事去更多地咨询那些谨慎的朋友,并非不合情理。

我会建议在他的个人传记中增加他在上次患病期间有关他的行为的可靠描述。不过,我必然会请求最好不要将他的自传和《(自然宗教)对话录》放在一起出版,因为出于许多原因,我已经决定不去考虑出版《(自然宗教)对话录》。①

要完全理解亚当·斯密在他最亲密的朋友生命最后几周的言行并不容易。这当然和他自己对于宗教的看法没有任何联系。他极少公开强调他的宗教观念,但所有的迹象都表明,这种观念与休谟在本质上并无二致——就和休谟本人一样,亚当·斯密致力于研究休谟有关人性怀疑理论。他也不认为《自然宗教对话录》与其作者有任何不相称之处——他曾对斯特拉恩承认,它实际上"写得非常好"。而且,他对于休谟的死亡方式(它具有典型的休谟式的藐视基督教传统的特征)有着毫无保留的钦佩和赞叹。他告诉一个他俩共同的朋友说:"可怜的大卫·休谟就快要离开人世了,但是乐观的态度、良好的脾气再加上乐天知命的心态,让他远比那些假装顺从上帝意旨但实际上却心怀抱怨的基督徒更加可敬。"② 可是,在格拉斯哥大学、牛津大学和爱丁堡大学的正统论战经历,必然使得亚当·斯密对于具有暴力性的宗教争议,以及他本人或其他任何人的哲学观都无法获得别人认同的那类争论有了一种恐惧感。事实上,人们很可能会怀疑,这大概是因为伏尔泰以其特有的方式对宗教本质展开的无畏攻击,让亚当·斯密成了他的终身崇拜者。不过不管怎样,到1776年,他已准备好向斯特拉恩承认:与《自然宗教对话录》的出版发生关联的前景,一度干扰着他的思绪。③

但是,亚当·斯密通过他为《我的人生》所作的补充,对于他的担忧乃

---

① 请参阅:《亚当·斯密通信集》,第 210—212 页。
② 同①,第 203 页。
③ 同①,第 216 页。

至畏怯做出了实质性的补偿。正如他告诉过休谟的那样,这可以"以我本人的名义对您在那场疾病中的表现加以描述,即便未能完全如我自己希望的那样去做,但我也认为,它应该能够为您最后的时光提供必要的证明"。① 这一致敬之举所采取的形式,是他写给威廉·斯特拉恩的一封信——它作为《我的人生》的一种补充而在1777年出版。它生动而又感人地描述了休谟在生命最后几个月的情形,刻画出了一个顽固的异教徒形象。他能够愉快地面对死亡,"有着十足的自足和淡然"。在信的结尾处,亚当·斯密再次向他最亲密的朋友表达了敬意:他通过下面独一无二的人物素描方式,为我们提供了一个标志性的哲学家和文人的肖像:

> 我们最优秀也最让人难以忘怀的那位朋友,就这样离我们而去了。毫无疑问,有关其哲学观点,人们会作出各种各样的评价。依据他们的观点与他自己的观点一致或者不一致,有的人则会对其表示赞同,有的人则会提出批评。但是,关于其人格和行为,人们几乎没有什么不同意见。事实上,他的性情也许比我所知道的其他任何人都更加平和而沉稳(如果我可以作这样一种表达的话)。即便是在其经济状况进入其人生低谷时,他杰出的人格和必要的节俭作风,也从未妨碍过他在恰当的情况下展示出自己的慷慨和仁慈。他的节俭不是建立于贪婪之上,而是出于对独立性的热爱。他那极其温柔的品性,要归因于他健全的心态或是他稳定的决心。他那经常打趣和揶揄的风格,是他良好的脾性(并辅之以优雅和谦逊)的真正体现,他甚至没有一丁点儿邪恶(它是我们从某些人身上看到的那种被妄称为"智慧"之物的可怕之源)的迹象。他那善意的嘲讽,从来都不是为了羞辱他人,因此他的这种作风不仅远远不会冒犯他人,而且往往会给人带来愉悦和舒适(哪怕是对于他揶揄的对象也是如此)。在经常受到他打趣的朋友们看来,他那出众的和蔼可亲的品质,总是能够让他的谈话变得格外讨人喜欢。而且,那种虽然会给人带来愉悦但却时常带有轻率和浅薄品质的社交作风,在他那里必

---

① 请参阅:《亚当·斯密通信集》,第206页。

然会表现为另外一番样子：最正直的人格，最渊博的学识，最深刻的思想和最突出的悟性。总体而言，无论在他有生之年还是辞世之后，我都会始终记得，他是一个多么平易近人的人，一个多么聪明而善良的人，一个在最大程度上克服了人类各种弱点束缚的人。①

显而易见，就连这最后的致敬之辞，也是具有某种谨慎进而确保不会引起宗教狂热人士愤怒的特征。它是基于最近一次有关休谟最喜欢的著作之一、卢西安*的《对话集》的一次谈话。在休谟去世几天前的8月14日，亚当·斯密向在伦敦的一位他们共同的朋友复述了那次谈话。休谟回忆起卢西安是如何风趣地描述不同的魂儿为了推迟进入阴间，如何向冥府船夫卡戎陈述各自的理由的。

（他）描述了一个魂儿恳求能否稍晚点儿进阴曹地府，因为他还没来得及迎娶邻居家那个年轻的姑娘；另一个魂儿说，他想盖完他刚开始盖的一座房子；第三个魂儿说他还没有孩子。于是我开始思考自己，假使为了获得短暂的拖延，会向卡戎提出什么理由。考虑到我已做完我打算做的所有事情，我承认有一段时间，我想不出一个说得过去的理由。最终，我想我可能会说，好心的卡戎，我一直试图让人们真正睁开眼睛；我希望您能多一点儿耐心，直到我有幸看到教堂关闭，神职人员被打发回家。但是，船夫卡戎会回答说，噢，你这个磨磨蹭蹭的捣蛋鬼，那种事情在未来两百年都不会发生。你觉得我会让你再多活那么久吗？你现在就给我坐到船上去！②

在书中所加入的那封写给斯特拉恩的信中，这个故事被稍作调整，关于教堂和神职人员的措辞也被去掉了。"多一点儿耐心，好心的卡戎，"休谟现在被告知"我"是这样说的；"我一直都试图让公众睁开眼睛。如果我能再多活几年，我可能就会满意地看到一些盛行的迷信制度的垮台。"

---

① 请参阅：《亚当·斯密通信集》，第217—221页。
* 卢西安（约公元125—180年以后），古希腊雄辩家和讽刺作家。——译者注
② 同①，第203—204页。

具有讽刺性的是,当《自然宗教对话录》于1779年在休谟的侄子的授权下最终由斯特拉恩匿名出版时,完全没有引发公众的喧嚣,但是亚当·斯密写给斯特拉恩的那封信本身,却引起了以乔廉·斯西恩·霍恩(马格德林学院院长、牛津大学名誉副校长,未来的约克郡大主教)为首的英国高级神职人员的愤慨。霍恩已将自己视为那种"亵渎性哲学的现代纸建筑"的诅咒者,而且他的小册子《论法学博士亚当·斯密讲述他的朋友大卫·休谟的生活、去世和哲学的一封信》,谴责了亚当·斯密的"可悲的失败",因为他未能将临终前的休谟描述成是一个需要寻求宗教慰藉的人。"你想以大卫·休谟先生为例使我们相信",

> 无神论是精神处于低谷的人的唯一慰藉,是消除死亡恐惧的恰当的解毒药,但毫无疑问,那种会因他的朋友在其在世时这样利用他的才能而自鸣得意,并在其将死之时这样利用卢西安、惠斯特牌*和卡戎而自得其乐的人,必然会冲着废墟中的巴比伦露出微笑,会将摧毁基督教圣迹视为愉悦之事,也会向在红海被推翻的身经百战的埃及法老表示祝贺。①

那是一本引发了出版界短暂风暴的具有巨大争议的小册子,它肯定使亚当·斯密联想到大约在30年前,他在牛津大学经历的那场狂热的争论。根据拉姆齐的说法,那场争论使得一些"尊重他的正直并欣赏他的作品"的爱丁堡朋友把他看成是"一个公开的怀疑论者",这曾给他带来"精神上的极大的痛苦"。②然而,更令人惊奇的是,这些都是亚当·斯密在约翰逊所属的那个俱乐部中的一些朋友的激烈反应。刚刚提到他的老教授是一个"戴着假发的公开异教徒"的詹姆斯·鲍斯韦尔,记述了埃德蒙·伯克(亚当·斯密和休谟的共同朋友)对于《致斯特拉恩的信》的一次轻蔑的抨击。伯克认为,亚当·斯密的悼词是典型的现代异教徒的门户之见。

---

* 扑克牌游戏的一种。——译者注
① 引自雷伊的《亚当·斯密传》,第312—313页。另见阿斯顿的"霍恩和非正统学说:捍卫启蒙运动后期的圣公会信仰"一文。
② 请参阅:阿勒代斯主编的《18世纪的苏格兰》,第1卷,第466—467页。

谈到大卫·休谟，伯克先生嘲笑了他的生活，也嘲笑了亚当·斯密使用的"最正直"之类的修饰性字眼。"他们这么做，"他说，"据说是为了他们自己的那个信仰团体的声誉，但是，没有哪个值得尊敬的信仰团体成员会为了它的声誉而使用夸张的手段。"他说，"其中就有那么一个上了年纪（65岁）的成员（休谟），一直都在设法避免表现出对于死亡的恐惧，他为此做了各种准备，然而却誓与愿违。一般人都会很容易死去……所有的人都有一种模糊的信念和对来世的期望，他们在临终时需要这样的精神支柱。"鲍斯韦尔说："但是死亡是可怕的事情。"伯克先生回答道："是的，对于当下的我们来说。因为那种感觉就像是好好一个人突然被判了死刑。但是，当我们能够逐步为它的到来做好准备时，就没那么可怕了。"当他这样表述时，我的眼前豁然开朗，于是每当想到死亡时，我便多了一种轻松和坚定，甚至不无一种愉悦之感。①

这激起了亚当·斯密对此做出讽刺性的评论："我偶然为我们的朋友休谟先生所作的毫无恶意的悼词（而且仅仅是一页纸的篇幅）而招致的诋毁，竟然比我对大英帝国整个商业体系的猛烈攻击所招致的诋毁多出十倍以上。"②

亚当·斯密以审美学家所能拥有的全部挑剔之态，去解决给他最长久、最重要的友谊带来考验的宗教争议所引发的困扰。哲学家需要用文本本身进行自我证明，需要确保他的哲学不会受到公众世俗性好奇心的玷污，尤其不会受到哲学家本人自我标榜的能力的玷污。他对斯特拉恩的建议——《我的人生》前面应该放上休谟的一些书信内容——感到震惊。"假如休谟先生的一些书信……会得到公众认可，那么用不了多久，所有曾经从他那里收到过只言片语的人的储藏柜必定会翻个底儿朝天。许多不适合曝光并且可能会给当事人带来羞辱和伤害的东西，都会被统统公开。"③ 他同样难以接受休谟为他自己准备的纪念物——由罗伯特·亚当设计的一个极其昂贵的纪念墓（地点是在爱丁堡的卡尔顿墓地）——的粗俗性。"我不喜欢那个纪念墓。那是我在

---

① 请参阅：《鲍斯韦尔的特殊经历（1776—1778）》，第270—271页。
② 请参阅：《亚当·斯密通信集》，第251页。
③ 同②，第223页。埃德蒙·柯尔是历史上一个臭名昭著的传记提刀作者。

我的朋友休谟身上所看到的最虚荣的一个举动。"① 这种对于自我宣传的反感，有助于解释为什么亚当·斯密（在那个苏格兰文人圈中几乎是唯一一个）几乎从来不曾让苏格兰启蒙运动中那些杰出的肖像画家——艾伦·拉姆齐、戴维·马丁和亨利·雷伯恩——为其作画，也可以解释他为什么那样坚定地要销毁几乎所有私人文件。那种相当独特的、将对《道德情操论》最终版本产生影响的斯多葛主义，也成为他这种心态的一部分。

休谟死后所产生的争议渐渐远去。当亚当·斯密在5月或者6月返回柯卡狄以后，他能够把全部注意力都转移到他已经开始的一个项目上来，那就是那本推动他对鉴赏和批评理论进行研究的有关模仿艺术的著作。从他的藏书清单中可知，这是他在一段时期内一直很感兴趣的主题，而且这一主题很自然地来自那种值得关注的需求理论（它曾是格拉斯哥大学授课内容中有关"警察"的开篇部分，不过它最终从《国富论》中被删去了）。在思考劳动分工对于人类文明进步影响的过程中，他又研究了人类的物质进步是如何创造出将由科学和艺术满足的人的审美和精神需求的。他已经用了大约15年的时间努力研究人类物质需求和财富的创造，现在正转向人类的审美需求，以及模仿艺术在满足这种需求中扮演的角色等这类最难以捉摸的问题。

尽管那本书从未真正成形，但亚当·斯密在1788年向格拉斯哥文学学会提交了有关这一主题的两篇论文，并留下了第三篇论文的笔记，它涉及模仿艺术、音乐和舞蹈方面的模仿（这也是在即将到来的文稿炉火中幸免于难的论文）。关于这一主题的最初两次的授课内容表明，亚当·斯密已经是这一得益于休谟的启发并成为他本人哲学兴趣核心的主题的权威，而且他的研究指出了法国学者尤其是卢梭的学说存在的问题。休谟为他带来的启发是深刻而长久的。在《人性论》中，休谟已将批判哲学确定为人性科学所依赖的所谓的"理解哲学"必不可少的组成部分之一，但令人失望的是，他就这一主题仅仅写了两篇内容相当单薄的论文："谈悲剧"和"谈鉴赏的标准"，二者都发表于《政论集》出版五年后的1757年。不过虽然如此，但它们对于解放亚当·斯密的审美思维的重要性，就如同休谟有关贸易的论文对其有关政治经济思考的重要性一样。休谟的论文推动了一场在很大程度上是由法国学者引

---

① 引自罗斯的《亚当·斯密传》，第302页。

领的辩论，其主题涉及人从悲剧中得到的快乐，以及是否可能存在判断艺术品所需的一种固定审美标准的更广泛的问题。对于亚当·斯密而言，那篇有关悲剧的论文尤为重要。休谟在这方面曾指出，我们从悲剧或从任何艺术品中得到的快乐，都是来自对作者表现出的激情的修辞技巧的鉴赏，也来自这样一个奇特的事实："悲剧是一种模仿，而模仿本身总是令人愉快的。"① 在亚当·斯密看来，模仿总是令人愉快的这一观点是夸大其词的，因为它并未考虑到由不同模仿形式所导致产生的乐趣的程度：

> 例如，什么是对于就在我面前的这块地毯的最完美的模仿呢？当然是尽可能地完全按同样的图案加工出另外一块地毯。但是，不管这第二块地毯可能具有什么样的优点或美感，它都仅仅是在模仿，而不可能还原第一块地毯的生产和加工过程。它的诞生过程并不具有原创性，作为一种复制品，它甚至会被看成是原生品优点的某种衰减之物，至于衰减程度是高是低，这要看它本质上理应得到的赞美程度而定。当然，这并不会大幅度减少原来那块地毯的优点，因为在这类微不足道、充其量只有些许美感或优点的物品中，我们并不总是认为维持原创性有多大价值。但对于一块有着精湛工艺的地毯而言，这种复制品却可能造成地毯价值的大幅度衰减。对于价值更大的物品而言，这种精确而缺乏独创性的模仿，会被认为是最不可接受的玷辱之举。建立另一座圣彼得*或者圣保罗**教堂，哪怕是采用和在罗马或伦敦的现有建筑完全相同的尺寸、比例和饰品，也会被认为是对最宝贵的建筑杰作的玷污，而且会被认为是由于（建筑师的）天才和创造力的枯竭所造成的可悲结果。②

---

① 休谟，"论悲剧"，引自《政论集》，第 220 页。
* 圣彼得（？—公元 64 年），耶稣门徒，十二使徒之首，出生于以色列，被认为是由耶稣拣选的第一位教宗门徒并在罗马殉道。——译者注
** 圣保罗（公元 3—67 年），第一个去外邦传播福音的基督徒，被历史学家公认是对于早期基督教会发展贡献最大的使徒，后被罗马皇帝尼禄处死。——译者注
② 请参阅："论模仿艺术"，引自《哲学主题论文》，第 176 页。

如果这种模仿不能带来像一尊杰出的古典雕塑或者一幅精美的荷兰室内装饰画那样令人愉悦的效果，那么，它又如何能够产生如那种很难完全仿制的器乐那种巨大的吸引力呢？他对休谟的这一观点很感兴趣，即人们能够从剧作家或者艺术家的技巧和雄辩中获得审美快乐，但人们通常更愿意把这种快乐看成是来自自己对艺术家表现某种对象的能力的惊奇感。

虽然艺术品的创作很少会从另一个与其相似的同类对象中获得任何优点，但它通常却能够从与其相似的不同类型的对象中获得很多优点（不管那一对象是艺术品还是自然物）。一块装饰性的画布，譬如某个勤奋的荷兰艺术家的作品，能够用奇特的阴影和色调表现出羊毛质地布料的柔软性和饱满性，甚至可能从它与现在就在我眼前那块略有残破的地毯的相似性中获得某种优点。在这种情况下，这种复制品的价值也许（甚至极有可能）会比原创物价值大得多。可是，如果那块地毯作为铺在地板上或桌子上的一个目标对象而被加以表现，并且以那张图画为背景，采用透视法对其光度、色泽和图案加以精确观察，那么，这种模仿的优点还会变得更大。①

这一观点成为亚当·斯密有关源于模仿艺术的审美学理论所依据的公理，这也是他在自己的哲学生涯进程中在这方面提出的最后公理。然而，相比于早期哲学体系所依赖的那些充满自信地提出的公理，亚当·斯密提出这一公理的过程多少有些谨慎甚至犹豫，好像还不太确定它的覆盖面是否足以容纳美学的一般理论："一种艺术品的制作，很少会从它与另一种物品的相似性中获得任何优点……它通常会从一种与其完全不同的物品的相似性中获得很多优点。"② 有关这一公理的覆盖面问题，将清楚地反映在亚当·斯密有关音乐的讨论当中，尤其是关于那些和模仿毫无关联的最抽象的音乐形式——协奏曲和序曲——带来的审美愉悦的讨论。

为了确立他的理论，他回归到1748年在爱丁堡大学第一次探究的语言自

---

① 请参阅："论模仿艺术"，引自《哲学主题论文》，第178—179页。
② 同①，第178页。

然史上面。这一主题一直是他的人性科学的核心。他认为人的语言能力源于自身的需求，并从语言自然发展过程（从孩子或者土著居民的早期手势和声音，到人类文明进步所依赖的高度结构化的语言系统）入手形成一种暗示性的猜测。亚当·斯密使用这一猜测来容纳他对于语言和音乐的起源与发展的描述：它们"或许提供了人类自身发明物所带来的最早期的乐趣"。① 这些乐趣属于休闲世界而非工作世界，属于野蛮社会所特有的狩猎性远征的长期间歇性阶段，以及现代商业社会中少数幸运之人所享有的休闲生活。就其起源而言，所有的音乐可能都属于声乐性质，"因为它（声音）总是最好的，所以它自然而然地成为最早期的乐器"，而舞蹈最初是歌曲的自然伴随物；亚当·斯密评论说，他曾被一个载歌载舞的非洲奴隶的表演所打动，他的"动作和表情是那样地生动而有力，以至于在场的所有女士和绅士都情不自禁地从座位上站起来，完全被他表现愤怒的方式吸引住了"。② 接下来，他回顾了音乐自然历史，并描述了作为一种表达不同情绪的媒介，音乐的声音和节奏是如何发展的，以及当它结合诗歌和散文时，它如何达到模仿能力的一个新阶段。实际上，诗歌和散文只能用来描述一个人的不同情绪，而声乐却具有那种能够模仿它们的独特能力：

> 正是基于这一特征，搭配旋律的歌词文本（尤其是表现某种激情的文本）虽然内容通常不多，却很少像宣叙调*那样直接从头唱到尾；根据作曲家的喜好或者个人判断力，它们几乎大都会被分成几个部分，有的部分会发生变调，有的则多次重复。唯有通过这样的重复，音乐才能发挥其独特的、胜过其他任何模仿艺术的模仿能力。③

事实上，在现代歌剧中，音乐通过它所使用的文字、乐曲和其他表现方式，已经成为一种独特而复杂的模仿手段。亚当·斯密对于参与一个复杂模

---

① 请参阅："论模仿艺术"，引自《哲学主题论文》，第 187 页。
② 同①，第 209 页。
* 宣叙调，或称朗诵调，歌剧或者清唱剧中近似说话的歌唱风格。——译者注
③ 同①，第 192 页。

仿过程的歌剧演员的细致描述，不仅特别具有说服力，而且表明他对于必然是在亨德尔*所在的伦敦和拉莫**所在的巴黎接触到了这种艺术形式并产生了兴趣。

> 在一个好的歌剧演员那里，他的声音的转调和停顿，他的头部和整个身体的每一个动作或者手势，每一个变奏，都要匹配音乐的节拍和速度：他需要匹配对于音乐所模仿的情绪或者激情的表达，而且那种表达也必然要匹配这种节拍和速度。音乐实际上就是赋予他活力的灵魂，音乐会传达他的每一个外表特征，甚至指挥他的眼神。就像一首歌曲的音乐表达一样，他保持自身动作的优雅，会让他所模仿的那种情绪或者动作变得更加新颖、独特而自然。这些由动作、音乐节拍和速度引导的姿态和动作精致而又迷人，这会让那种表达过程变得更加生动而传神。①

到目前为止，亚当·斯密已经指出，是声乐与文字的关联性把声乐变成了一种异常复杂的模仿艺术。事实上，卢梭作为"一个更擅长深刻感觉而非精确分析的创作者"，以此为基础发展了一种基本音乐理论。但是，所有这些都不能解释在任何可识别的感觉方面，那种很少具有模仿特征的纯粹"器乐"的吸引力。正是在这方面，我们能够感受到亚当·斯密具有创新性的观察力。正如古人所发现的那样，音乐本质上的吸引力在于一系列能够唤醒人的精神或者安抚人的心绪的声音和节拍，因为

> 节拍和速度之于器乐，就如层次和条理之于演讲，它们会把音乐分成适当的部分，这样一来，人们就能更清楚地记得前面的内容，

---

* 即乔治·弗里德里希·亨德尔（1685—1759），英籍德国作曲家，1703年起开始从事歌剧创作，1706年以后在汉堡及伦敦两地进行创作，不久成为英国的音乐权威人士。作品有《阿尔米拉》、《哈利路亚》等。——译者注

** 即让-菲利浦·拉莫（1683—1764），法国著名作曲家、管风琴家和音乐理论家，他50岁才走上戏剧音乐的创作道路，于1722年发表和声学教程，然而却奠定了近代和声学理论的基础。——译者注

① 请参阅："论模仿艺术"，引自《哲学主题论文》，第194页。

并且经常能够预见到后面的内容;而且根据某个古代哲学家和音乐家的说法,音乐带来的享受部分源于人的记忆和预见。①

这使他得出了惊人的结论:与声乐音乐相对的器乐音乐的吸引力,颇像一个哲学体系所具有的吸引力。"在感受那些通过某种相当完整和有规则的体系,并经过各种编排和吸收而形成的优美怡人的多样性声音(它们或是重复或是连续)的过程中,大脑实际上所感受到的不仅仅是一种相当突出的感官愉悦,而且还有一种相当显著的智力愉悦,这并非不同于从其他任何出色的科学体系中所感受到的乐趣。"②

这就引发了这样的问题:音乐本身是否可被描述为模仿艺术,或者说,模仿的概念能否支撑起休谟的人性科学所必需的一般美学理论。这可能是亚当·斯密要完成那本书就必须考虑的一个问题。最后一篇未完成的论文旨在探讨舞蹈和悲剧。1788 年,在了解到那几篇论文以后,亚当·斯密以前的一位格拉斯哥大学的学生威廉·理查德森写道:"是的,他将舞蹈设想成是一种模仿艺术。而且我想他是打算证明,希腊的悲剧不过是一种音乐芭蕾。"③ 然而,无论是作为授课内容还是计划中的一本书,它都没有最终完成。1778 年 1 月 24 日,亚当·斯密获得了上议院大法官亚历山大·韦德伯恩所形容的"一个相当不错的公职",在苏格兰海关局的一份年薪 600 英镑的职位。④ 这一任命意味着他要和他母亲及表姐珍妮特·道格拉斯从柯卡狄搬到爱丁堡,而且根据他自己的描述,那不是一份繁重的工作,但却很耗费时间。更糟糕的是,休谟的去世确立了他作为苏格兰启蒙运动标志性哲学家的地位,他将成为那种朋友们总是需要他陪伴、而参观该市的越来越多的文化旅游者希望与他结识的人。对于一个习惯了在相对隔离的环境下工作的哲学家而言,这种情况并不利于他发展出那种必然具有一种不寻常的哲学力量的美学理论。

对于亚当·斯密的这一最新任命,不可能是完全出乎意料的。当修·布莱尔向亚当·斯密祝贺《国富论》的出版时,他已经隐约预见到了某种结果:

---

① 请参阅:"论模仿艺术",《哲学主题论文》,第 204 页。
② 同①,第 205 页。
③ 罗斯,《亚当·斯密传》,第 380 页。
④ 同①,第 227 页。

"我相信他们还是会把你安排到英国的某个部门的。如果他们没那么做,那他们就是傻瓜。"不过,威廉·斯特拉恩准确地判断出,由于玛格丽特·斯密健康状况的下降,他们绝无可能搬到伦敦去居住。① 亚当·斯密并不反对得到公共部门的这种认可。当巴克卢公爵在1777年10月推荐他填补苏格兰海关局的一个职位空缺时,他很快就宣称,"我现在是该机构某个职位的候选人"。巴克卢一家人(尤其是公爵夫人)都曾为他游说。很快,作为财政大臣之一的格雷·库珀确认这一任命基本上已获批准。② 伦敦方面也在传播这一小道消息,正如爱德华·吉本在11月26日所告知的那样:

> 亲爱的先生,在每天都在这座城市传播的各种奇怪的小道消息当中,我今天又听到了一则极不寻常的消息,乃至我很难确知它的真实性。有人告诉我,苏格兰的海关专员一职已经提供给了这样一位哲学家:他对于贸易和收入这两个宏大主题最深刻和最系统的论述(它们曾在某个时期或者某个国家公之于众),不但给他自己带来了荣耀,而且也给人类带来了福祉、给世界提供了启迪。由于我在同时也被告知这位哲学家是我的一位特殊的朋友,我发现自己没有理由不相信,我已经得到了最期待和最渴望的结果。③

当这一任命在1778年1月24日获得正式确认时,亚当·斯密告诉巴克卢,他希望退还公爵正在陆续向他支付的英镑年金。公爵拒绝了这一提议,就如亚当·斯密在写给一位丹麦朋友的信中回忆的那样:"虽然我考虑到我自己的名誉,却没有考虑到他的名誉;他绝不会忍受外界可能有这样的猜测:他为他的朋友谋到职位,就是为了要让自己摆脱这样一笔年金的负担。因此,我现在的经济状况完全像我所希望的那样富足。"④ 在1778年冬天,亚当·斯密和家人搬进爱丁堡教会门的班缪尔楼,并将在那里度过了余生的最后12年。

---

① 《亚当·斯密通信集》,第190、213页。
② 同①,第227—228页。
③ 同①,第228页。
④ 同①,第252—253页。

附：资料来源说明

  雷伊和罗斯都出色地描述过亚当·斯密生活中的这一插曲。另一方面，亚当·斯密关于美学和模仿艺术的作品几乎被完全忽略。关于这方面的其他论文，见 P. 琼斯的"亚当·斯密的美学"（出自《追思亚当·斯密》，琼斯主编）以及 A.S. 斯金纳和 N. 马奇的"亚当·斯密论智慧、快乐和模仿艺术"（出自《亚当·斯密的剑桥伙伴》）。

第 13 章　在爱丁堡的最后岁月（1778—1790）

当亚当·斯密回到爱丁堡时，他早已是一个颇为富有、与伦敦和爱丁堡都有着稳固的政治联系的公共知识分子。作为一个具有某种政治影响力的人，他知道应如何及时有效地使用这种影响力。由于他的朋友大都是上了年岁的文人，因此他的回归颇受欢迎。他们最近遭受了罗伯森所称的某种"残酷的截肢"，这源于大卫·休谟的去世，而且亚当·斯密已从修·布莱尔那里获知，"您具有值得敬重和无可替代的身份和地位，我们常因想到您将回到我们中间而感到欢欣鼓舞"。所以，亚当·斯密能够帮助这座城市重振居民们的精神生活，这也是他很愿意扮演的一个角色。①

到 18 世纪 70 年代后期，这座古老的城市正处于代价高昂而又规模庞大、其文人阶层憧憬已久的现代化大都会的建筑规划过程中。在 1752 年的《爱丁堡市公共工程推进计划》中，他们所设想的这座城市将具有新的公共建筑物，以及在北海湾远端的一个新郊区（以便为一个文明的商业国家的中产阶层提供私人住所）。坐落在议会广场并面对大教堂的皇家交易所在 1760 年竣工，它的顶层以每年 360 英镑的价格租还给王室作为海关局的办公地点。用来保存该国公共记录的规模宏大的档案管理所已于 1774 年开始建造，并最终在 1788 年（在亚当·斯密去世前两年）竣工。财力雄厚的皇家医学院已在新城区建造了新的办公楼和图书馆，并在爱丁堡中部地区的卡尔顿山上搭建起了一个天文台。散发着臭气的北海湾进行了排干和清淤处理，一座巨大的桥梁横跨其上，将老城区与正在那里开发新市镇的海湾远端连接了起来。② 当时甚

---

① 请参阅：《亚当·斯密通信集》，第 193、190 页。
② 扬森，《古典爱丁堡（1750—1840）》，第 61—65 页。那座桥于 1769 年坍塌，距离它启用还不到两年。这一点连同它的长度，以及爱丁堡经常性的大风天气，使许多老城区的居民打消了定居在目前似乎远离公共生活中心的郊区的念头。

至还有正在进行中的一个宏伟规划：将城市南端作为一个新的学术郊区，以那里刚刚修建起来的一系列建筑物取代现有的大学建筑（"残破得无以复加"，威廉·罗伯森这样描述它们）。为了交通方便，将建一条从老城区延伸出来的大道，它也将为这座城市的居民的精神生活提供动力。在 1763 年 "七年战争" 结束后出现的建筑热潮，让这些造价高昂的建设项目成为可能，然而，艾尔银行在 1772 年的倒闭又使它们突然被迫中止。亚当·斯密必然是带着某种兴趣观察到这种情况的：一方面，巴克卢公爵在这座城市拥有计划开发的土地，而且有证据表明，他曾委托亚当·斯密代表他参加某些市政会议。①另一方面，亚当·斯密从童年起就认识亚当家族的成员，家庭成员中的那些精力充沛的知名建筑师参与了该城市建筑发展的每一个方面：皇家交易所和档案管理所便是约翰·亚当的作品；罗伯特·亚当提交了在城市北端建设新市镇，以及在城市南端建设新国道和城市郊区的发展规划，虽然规划最终未被采纳，但他还是赢得了建设优雅而迷人的夏洛特广场*和新的大学建筑楼合同，他预期它们将成为他的杰作。

在择地而居的过程中，亚当·斯密考虑到了自己的身份，以及他那日益老迈和孱弱的母亲的需要。他对于休谟式的某种反常规的生活方式并无兴趣——沐浴着新古典主义的光辉，在相对远离城市生活中心的一个新城区定居下来。他承认，他很希望自己的住所坐落于乔治广场——备受该市社会精英青睐的城市南面的最大的住宅广场。最后，他选择了位于教会门（曾是这座城市的贵族郊区，以其较大的庭院和花园以及更新和更时尚的住宅而闻名）的班缪尔楼。班缪尔楼是 17 世纪后期为一个詹姆斯党贵族成员而建的，是一座规模很大但在建筑风格上毫无特色的房子。它俯瞰卡尔顿山的悬崖峭壁和休谟那过于庸俗的坟墓，从那里也很容易到达海关局和他的大多数朋友的住所。最重要的是，它具有紧挨着教会门教堂这一不可低估的优势，这对于虔信宗教和益发虚弱的亚当·斯密女士而言绝非小事。另外，它大到足以容纳下亚当·斯密和他的母亲、一直照管他在格拉斯哥的房子的表姐珍妮特·道格拉斯，以及他 9 岁的表弟戴维·道格拉斯（他答应监督后者的教育）。而且

---

① 在这方面，我很感激安东尼·刘易斯提供的从爱丁堡城市档案馆中获取的有价值的信息。

* 夏洛特广场，爱丁堡的一个知名花园广场。——译者注

第 13 章　在爱丁堡的最后岁月（1778—1790）

它的位置相当理想，适合在每个星期天下午开放，接待他的朋友以及越来越多慕名而来的拜访者和文化旅游者。"房子气派而且位置极佳，"在 1757 年与埃德蒙·伯克一道前来拜访的威廉·温德海姆＊评价说，"你会产生那种地道的苏格兰家族的强烈印象。"① 亚当·斯密最初所做的事情之一，就是为它提供一个特殊的装饰物：委托前来拜访的画家康拉德·迈慈为亚当·斯密女士所绘的气质威严的标准肖像画。

海关专员这一职位可能报酬优厚而且很有体面，但这并不是一份闲职。在亚当·斯密工作期间，有 800 项会影响到需要监督的海关关税的议会法案及规定，有数不清的需要进行的裁决和需要维系的一整套税收体系。② 除非赶上公共假日，否则根本无休，海关局全年每周有四天开碰头会（正如亚当·斯密所说的那样），而且剩余三天也很有可能被海关局的具体业务所占满。海关局本身规模不大，在 1778 年，它的成员仅包括一名高级专员、四名常规专员、一名宣传员兼监察主任，以及一名主任秘书。它似乎能够提供一个足够和睦的工作氛围；亚当·斯密可能早已认识他的两位常规专员同事：乔治·克拉克·马克斯韦尔——一位知名的农业改良专家，以及一向勤勉的古典主义学者詹姆斯·艾德加。他很喜欢身高达 6 英尺 6 英寸的宣传员兼监察主任亚历山大·奥斯伯恩，据说他是当时苏格兰最高的人（其体形魁梧）。他曾带着奥斯伯恩去看一个街头表演，在街上见到了两个只比他高几英寸的消瘦的爱尔兰巨人。他曾得意地对他的好友亨利·迈肯齐说，那两个爱尔兰人嗅到了一种竞争的气息，当时的情绪显得很紧张。③ 在出席海关局的会议方面，没有哪个海关专员比亚当·斯密更敬业。从 2 月 3 日他宣誓就职，到 1782 年 3 月 19 日他获得四个月的休假时间去伦敦去完成他的新版《国富论》（也可能顺便去检查他的身体），他没有缺席过一次会议。在 1782 年 7 月到 1787 年 1 月 3 日期间，他只错过 24 次会议，其中有 6 次是因为他母亲的去世。后来，随着他的健康状况变得越来越糟糕，他出席的次数也开始减少。④ 总之，作

＊　威廉·温德海姆（1750—1810），英国政治家和文化学者。——译者注
①　请参阅：雷伊，《亚当·斯密传》，第 326—327 页。
②　约翰·布鲁尔在《权力的命脉：战争、金钱和大英帝国（1688—1783）》中，对于伦敦海关局的基本情况做出了令人印象深刻的描述，第 211—217 页。
③　请参阅：汤普森主编的《亨利·迈肯齐的轶事和思想》，第 91—92 页。
④　请参阅：坎贝尔和斯金纳主编的《苏格兰启蒙运动的起源和性质》，第 200—202 页。

为一名海关专员,他的考勤记录表明他认真而严谨地对待本职工作,他了解维护司法规则对于一个国家的安全、繁荣和幸福的重要性。

鉴于他作为一名税收专家的声誉,假使亚当·斯密的任命被财政部视为审查苏格兰海关局在北美战争末期的工作流程的一个机会,这并不会令人感到惊讶。诺斯伯爵以及在他之后的谢尔本伯爵,都深切地关心公共财政灾难性的状况。不久后事实上掌控苏格兰政府的亨利·邓达斯伯爵,当时正承受着来自财政部的压力:提高提供给伦敦的苏格兰税收的回报率。① 然而最终,在战争末期英国政府混乱的政治状态,使得改进过程没有收到多少成效。邓达斯和亚当·斯密似乎于1782年春季在伦敦讨论了苏格兰海关业务,唯一的结果就是亚当·斯密负责完成《皇家自治市公约》的一项要求:规范海关官员在苏格兰不同地区的收费,以确保在苏格兰海湾和河湾的收费标准与英国方面的标准一致。亚当·斯密做了他被要求做的事情,但也极力劝阻财政部实施新的收费计划,理由是这会造成有关官员收入的损失,并将导致更多的商业腐败。

  对于许多官员而言,收入可能会减少到与其社会等级与具体职务完全不相匹配的程度。待遇的大幅缩减,甚至可能迫使他们中的许多人不得不依靠商人生活,这将很快对公共税收体系造成损害,并终将危及更多官员的生存,进而导致这些不幸的人或许会收受不恰当的小费来缓解他们窘迫的处境。

这使得谢尔本的一位朋友报告说,"(亚当·斯密)在海关的待遇很好,但没有什么革新的举措"。事实上,革新是部长而非政府工作人员的事情。

亚当·斯密在1780年告诉一位丹麦记者安德里斯·霍特说:"我每周有四天要去海关局上班,在此期间,我不可能安心去做其他任何事情;在其他三天,我经常会被特别安排的工作任务、我的私人事务,还有社会公共事务

---

① 请参阅:亨利·邓达斯和财政大臣的通信,1782年11月2日,苏格兰国家图书馆,档案编号 MSS/Acc2761。

所打扰。"①这些本身都要耗费足够多的时间和精力。他一丝不苟地遵行当地的惯例，在星期天下午接待他的朋友以及那些带着介绍信的朋友的熟人和旅游者。他和他的两位单身老友约瑟夫·布莱克及地质学家詹姆斯·赫顿一道，建立了一个最初在当地某个不起眼的小酒馆里碰头的周末会餐俱乐部。这就是被其成员称为"亚当·斯密俱乐部"的牡蛎俱乐部*，而且这个以思想交流为主的俱乐部在爱丁堡的知名度，几乎就如同塞缪尔·约翰逊在伦敦的那个同类型的俱乐部，虽然彼此间的风格并不相同。②如果说约翰逊的思想是伦敦文人交流的能量之源，那么，爱丁堡这三位单身汉密集的谈话即为牡蛎俱乐部存在的理由。"他们的谈话总是很自由，"赫顿的传记作者约翰·普雷费尔写道，"往往和科学有关，但从来没有说教或者好辩的性质，而且在很大程度上，这个俱乐部成了与艺术或科学有关的陌生人造访爱丁堡的一个小小的圣地，他们让这个俱乐部的气氛变得格外有趣，让交流内容变得更加多样化。"赫顿谈话的特点是充满热忱甚至激情，布莱克的特点则是冷静而谨慎；事实上，"布莱克最害怕的事情莫过于出错……赫顿最畏惧的事情莫过于无知……一个人总是担心超越真理，而另一个人则总是害怕没有触及真理"。③至于亚当·斯密，杜格尔德·斯图尔特回忆说："在他的朋友圈子当中，他很少精确翔实并滔滔不绝地复述其作品中的那些令人赞叹的论证过程，他通常都满足于依据个人的心境或者愿望，生动而巧妙地对选定的任意主题加以泛泛的和常规性的概述。"这是一个原本就热爱打破常规并从一切大胆设定的前提（无论它们是否经得起系统性的论证）出发而即兴阐述观点的哲学家的日常谈话风格。正如斯图尔特相当刻板地表述的那样，"他的缺点就在于，他那些未经事先慎重考虑的观点要么太过于系统化，要么就是太走极端"。④

作为一个公众人物，亚当·斯密就这样在爱丁堡度过了他人生的最后阶段，而且从那时起就传出了有关他的各种说法。他的朋友们注意到，他与他

---

① 请参阅：《亚当·斯密通信集》，第249—250页。
* 牡蛎（oyster）一词在英语里有"沉默者"的含义。——译者注
② 请参阅：汤普森，《亨利·迈肯齐的轶事和思想》，第124页。麦克尔罗伊的《苏格兰的改良时代》（第168—170页）相当令人信服地介绍了该俱乐部的历史。
③ 请参阅：普雷费尔，"詹姆斯·赫顿传略"，引自《爱丁堡皇家学会记录》，第5卷，第117、112页。
④ 请参阅：杜格尔德·斯图尔特，《亚当·斯密的生平与著作》，第331页。

喜欢的那些人交谈，就如同与他的格拉斯哥大学的学生们交谈一样自由而又随意，但假使面对不太讨人喜欢的人，他的谈话听上去就会略显严谨而刻板。他容易走神的特点成了人们经常议论的一个话题。约翰·肯——一个当地的漫画家——留下了两幅有关亚当·斯密的漫画，其中一幅画于1787年，表现他去海关局上班途中的形象：完全沉浸在思考中的他将文明棍搭在自己的肩上，手里还握着一把鲜花，这或许是为了冲抵爱丁堡当时满大街弥漫着的刺鼻的臭气。① 杰出的小说家和神话创作家沃尔特·斯科特这样描述道：

> 当亚当走在街上时，他有一种自言自语和自我发笑的个人风格，这常常会吸引他人的注意，并唤起他们的好奇或惊讶之感。他提到过这样一个细节：有一次，他听到市场上有个老妇人大叫一声："啊，你看那个人！"她一边叹息一边摇头；她的同伴也颇有同感地说："可他穿的还蛮像样儿的！"她们的惊奇表明了一种看法：这是一个确凿无疑的精神病人，不过外表看去倒还像个绅士，因此他是应该被允许出门走动的。②

在其生命的最后几年中，亚当·斯密一直希望有足够多的时间写作，但这却是一种奢望。他以前的学生戴维·卡伦德告诉杜格尔德·斯图尔特说，他在爱丁堡的朋友们都对他在进入海关局以后"就在某种程度上放弃了写作"而感到震惊，甚至向他提出"抗议"，这大概是因为他们原本预计他会把那个职务当成一个半闲职来对待。卡伦德接着说，亚当·斯密甚至提出过，用他在海关局的职位与他的一个熟人交换一笔数额不大的退休金，"但这一要求遭到了拒绝"。③ 亚当·斯密本人在1780年10月对安德里斯·霍特说："我唯一遗憾的事（就目前的处境而言），就是我的职务给我的学术研究造成的干扰。如果我不做这份工作，我计划创作的几部著作的进度，肯定会比现在快得多。"④ 他在1782年告诉他的朋友、英国著名画家乔什沃·雷诺慈爵士说，他

---

① 请参阅：《约翰·肯先生作品集》，第1卷，第72—75页。
② 请参阅：斯科特，《沃尔特·斯科特爵士杂文集》，第840页。
③ 请参阅：爱丁堡大学图书馆存储系统文件，第429—434、451—452页。
④ 请参阅：《亚当·斯密通信集》，第253页。

即将完成"一篇有关模仿艺术的论文",然而因为他的相关理论体系在 1787 年尚不完善,因而这在当时显然是过于乐观了。① 他在 1785 年写信告诉他的另一位朋友杜克·德·拉罗什富科说,他目前还有——

> 其他两部正在准备中的著作:一部有关文学的所有不同分支,涉及哲学、诗歌和辩论的哲学历史;另一部有关法律和政府的理论及历史。材料都已准备就绪,但我感觉到,与老年相伴而来的怠惰(虽然我不顾一切地努力对抗它)正迅速地向我逼来,因此我能否完成其中的任何一部,都是极其不确定的。②

在 1779 年或是 1780 年,亚当·斯密在爱丁堡的一位老友亨利·迈肯齐,也许意识到亚当·斯密撰写哲学著作的时间已经没有了,遂向他提出建议:是否愿意把有限的时间用于为《明镜》——迈肯齐的一本非常成功的纯文学和伦理学杂志——撰稿。这是一个高明的建议,该杂志推崇的伦理观与亚当·斯密的思想高度契合,而且它的两个固定撰稿人威廉·克莱格和罗伯特·卡伦,是他以前最喜欢的学生,他们都是事业有成的律师(就像亚当·斯密一样,他们用于写书的时间也很有限)。不过,亚当·斯密婉言谢绝了。"他最初基本答应按我的建议去做,后来又告诉我说,他的确试着去写一篇文章,但未能成功。""我目前的写作方式,"他说,"已经不适合写那种作品了,那需要太多的演绎和推理。"③

也许在他经受的所有打击当中,最沉重的莫过于他的母亲在 1784 年 5 月 23 日的亡故。亚当·斯密在整个职业生涯中,都依赖于柯卡狄仿佛与世隔绝的工作环境,以及他母亲所掌管的家庭事务,由此才使得他的哲学研究工作成为可能。如果说搬到爱丁堡扰乱了以家庭环境为主导的那种半隐居状态,那么,他母亲的亡故则是彻底摧毁了这一状态。拉姆齐形容这给他的精神

---

① 请参阅:罗斯,《亚当·斯密传》,第 351 页。
② 同①,第 287 页。
③ 请参阅:"亨利·迈肯齐轶事集",苏格兰国家图书馆 MS2537,引自罗斯的《亚当·斯密传》,第 343 页。

"带来了一种可怕的打击,并使他自认为是一个孤独无助的人……事实上,那个可怜的人就像那些失去了全部希望的人一样悲伤"。① 在一封写给斯特拉恩的信中,他在表达对于延期返还作品校对稿的歉意的同时,也对其发来的慰问信表示了谢意,因为作为一个朋友,后者与他的母亲相识多年,所以很可能比大多数人都更加了解亚当·斯密在生活上是多么依赖他的母亲。我们前面已经大致引用过这封回信的内容,不过值得在此重复一遍:

> 虽然一个人活到 90 岁高龄去世,无疑是最符合自然规律的,因此可以有所预见并为此做好准备,但我必须对您说(就像我对其他人说过的那样),即便是在这个时候,我也不禁感觉到,与一个在任何时候都肯定比其他人更加爱我、而我在任何时候对她的爱和尊敬都要超过其他人的人的分离,对我来说无疑是一种无比沉重的打击。然而即使在这种精神状态下,我也急切地渴望知道,您的健康和精神是否有任何问题。我希望好天气会很快给我们这些人带来实质性的帮助。我的朋友们正在一个个地离开这个世界,我没有发现我的新朋友能够填补他们的位置。

这封信的落款是"致我亲爱的朋友,您最忠实和最虔诚的亚当·斯密"。②

无论亚当·斯密对于落实他更大的哲学规划可能怀有怎样的希望,真正重要的目标是要让两部已出版的杰作尽善尽美。他眼下最关注的是《国富论》的新版本。这部分是因为他在海关的工作正在产生有用的例证材料,部分是因为它的主旨需要根据美国独立战争的灾难性后果而更加明朗化。另外,亚当·斯密的一个最重要的动力之一,就是想对商业体系做最后的攻击。该书的第一个版本问世于英国原本预期会打赢的一场相对受到欢迎的战争的起始阶段,然而,伯戈因将军 1777 年在萨拉托加的失败,以及接下来法国和西班牙加入冲突这一局面,升级了那场许多人开始认为的不可能打赢的、由一个

---

① 请参阅:阿勒代斯主编的《18 世纪的苏格兰》,第 1 卷,第 468 页。
② 请参阅:《亚当·斯密通信集》,第 275—276 页。

无能的和腐败的政府所领导的战争。诺斯伯爵的政府在1782年的倒台，迎来了为期两年的政治动荡，而且一些因素使得这一动荡变得更加令人不安。英属殖民地严重的政治纷争迹象，爱尔兰议会希望从威斯敏斯特那里获得司法独立，并且要和英国实行自由贸易的要求，这一切使得贺拉斯·沃波尔*发出这样的惊呼："如果我们的三位一体政权体系完全解体，如果苏格兰要求退出联盟，我绝不会感到惊讶。如果它没有从我们的困境中获得好处，那才是奇怪的事。"①所有党派的政治家们现在都面临着以下几个最重要的问题：与美国的和平协定，未来的英美关系，未来的盎格鲁－爱尔兰关系，以及使公共财政变得严重吃紧的战争所付出的代价的问题。因为他是高级海关官员，也是亨利·邓达斯、诺斯伯爵、谢尔本伯爵和埃德蒙·伯克的朋友，因此，亚当·斯密为在这动荡的两年中参与讨论这些问题并卷入错综复杂的政治博弈中的不同派别的政治家们（哪怕仅仅是由于其知名度的缘故）所熟知。因为他是一个坚信稳定和有序的政府对于文明进步的重要性的哲学家，因此他能够在1783年10月写到包括他的几个朋友在内的命运多舛的福克斯—诺斯联盟：**

> 我无比欣喜地看到，当今的政府是建立在坚实的基础之上的，它包括这个国家中最有价值和最有才干的人，以及两大贵族集团（它们当初的分裂曾经削弱了……足以导致帝国解体的政府）的领袖。他们的联盟不再是不受欢迎的，而是各方最热切的希望……我相信，在未来的数年里，国王能够与新上任的内阁大臣达成更有效的和解，而不会因为鲁莽和愚蠢的分裂……造成不必要的痛苦。②

---

* 贺拉斯·沃波尔（1717—1797），英国学者和作家。他的《奥特兰托城堡》（1764年）首创了集神秘、恐怖和超自然元素于一体的哥特式小说风尚，使英国浪漫主义文学运动上升到了一个重要的阶段。——译者注

① 请参阅：《贺拉斯·沃波尔通信集》，第12卷，第252页。

** 福克斯－诺斯联盟是英国在1783年期间执政的一个联合性质的内阁政府。顾名思义，该内阁是由分别支持英国辉格党政治家查尔斯·詹姆斯·福克斯和诺斯伯爵的团体结成的一个联盟。——译者注

② 请参阅：《亚当·斯密通信集》，第269页。

1782年3月到7月,亚当·斯密向海关局告假前往伦敦,致力于完成他的《国富论》最新版本,但是首都纷乱动荡的生活显然不利于工作,他不得不于当年的12月向他的现任出版商托马斯·卡德尔道歉说,新的文本还没有准备好。之后他又数次因拖延交稿而进行道歉("我的职务给我带来了持续性的严重干扰,但我始终都在极力加快工作进度"①)。终于,到1783年11月,文本得以完成。该版本于1784年11月正式出版。亚当·斯密在这一版中修改和调整的方面包括:"有关粮食种植和捕鱼业合理模式的新论据;增加了涉及商业体系的总结性章节;还有一个简短的商业发展史,而且我想,这是对于我国几乎所有特许贸易公司的荒谬性和危害性的充分论述",外加一个索引。②亚当·斯密尤为关注最初两个版本的读者能否读到他的最新思想,因此他说服出版商将《亚当·斯密〈国富论〉补充和修改内容》印成一本能够让那些早期读者读到的2.4万字篇幅的小册子。

《亚当·斯密〈国富论〉补充和修改内容》包括亚当·斯密对于商业体系所做的最后的攻击,以及他对于英国在一个后重商主义时代的未来的看法。在"关于商业体系的总结"一章中,他通过一系列批判对象强化了他的攻击——有助于鼓励进口廉价外国原材料这一危险做法的法规(这是尤其为亚麻布织造业者所青睐的一项政策),有助于减少出口并削弱外国竞争的政府奖金的使用方式(这是毛纺织工业长期青睐的一项做法)。亚当·斯密没有提出新的理论观点,但他的讨论引人注目,因为它大量使用了法律法规方面的证据。他显然是在海关局进行过深入研究的那些法律法规表明,议会不只是积极鼓励类似的措施,而且有可能沦为商业游说团体的工具。议会鼓励进口亚麻纱,却无视它对于国内生产者和穷人收入造成恶果的意愿和做法,让他感到无比愤怒。亚当·斯密认为,这种鼓励机制将保持贸易平衡和增加国家繁荣的观点不但是虚假的,而且是对于赤裸裸的私利的一种有效的掩饰。他强调指出,这也是对于议会和自由的一种侮辱。正如他在新版《国富论》中那句颇具伦理深度的著名的法律格言所说的那样:"没有其他任何目的,只是为了促进其他某个公民阶层的利益;很显然,因此而在任何程度上损害其他某个公民阶层的利益,都有违最高统治者对待其所有国民阶层应当具有的那种

---

①② 请参阅:《亚当·斯密通信集》,第266页。

公平和正义。"① 这句格言是在提醒政府,如果不想引起愤怒的话,贸易自由化必须谨慎。

新增加的讨论贸易公司发展历史的第二章,大量吸收和借鉴了"清醒而明智的作家"亚当·安德森*的《商业起源古今编年史》(1764)的内容,并充分展示出亚当·斯密作为一个具有历史意识的法学家的博学多才。② 他探讨的主题是服务于企业主而非公众利益的具有明显寡头性质的公司的基本特征。事实上,所有"貌似规范的公司"都将随着时间的推移而发生变化,从而"在每个方面都酷似在欧洲各国司空见惯的贸易公司那样,成为一种性质不变但规模更大的垄断怪物"。③ 新的贸易公司从政府那里获得"暂时性垄断特权"和军事援助,以使处于危险境地的企业站稳脚跟的做法并不是不合理的,因为这在很大程度上类似于"将一种新机器的垄断权给予它的发明者,将一本新书的垄断权给予它的作者"。④ 但是,允许这些垄断权力几乎变成一种永久之物,从而使得像印度这样的辽阔地区的民事和军政府服从于一个单一商业组织的利益,这是让人不能接受的。

东印度公司当然是亚当·斯密主要的靶子,它的业务自1772年以来就在政治议程上被置于优先地位,而现在正处于一个重要的转折点。随着1772年的银行崩溃事件,它的发展极为糟糕,不得不寻求政府的财政资助,诺斯伯爵愿意为其提供资助,前提是必须采取措施,通过新的体制安排,确保理清南亚次大陆军政府和文官政府与该公司业务之间的关系。亚当·斯密的历史观表明,无论进行什么样的宪法改革,印度文官政府都将受到该公司及其支持者的摆布。"不管如何调整,似乎都不可能使得那些殖民地政府在任何方面适合于接受(乃至主动参与)一个伟大帝国政府的管理,因为它们的大部分成员都必然对那个帝国的繁荣缺乏兴趣,所以也就不可能对如何促进那种繁荣给予认真关注。"⑤ 亚当·斯密的补救方案提出了渐进式地达到一个自由主

---

① 请参阅:《国富论》,第654页。
* 亚当·安德森(1692—1765),苏格兰经济学家。——译者注
② 同①,第744页。
③ 同①,第733页。
④ 同①,第754页。
⑤ 同①,第752页。

义目标的途径。他认为应当撤销那家公司的垄断权并将贸易自由化，而公司的命运将由市场自行决定。他做出预测，"从经验来看，没有了垄断……一家联合股份公司就不可能长期参与任何对外贸易"，并且得出结论：

> 根据议会法案，在偿还债务而且独家特权到期以后，东印度公司有权通过一种股份公司的形式继续经营，并且可与其他同行继续在东南亚地区开展多项业务。但是在这种情况下，私人投资者的高度关注和监督，很可能立刻就会使它们对贸易失去热情。①

东印度公司对于贸易和政府的控制力，将会逐步而平静地削减直至消亡。从表面上看，这在政治和体制改良方面是一个简单的、不起眼的过程，但是它却给英国与东方国家的关系带来了一场重要的革命（就如同美洲殖民地的丧失给西方世界带来的革命一样），并迎来一个新的全球自由秩序的革命。事实上，该公司的统治权将被一个相当偏执、曾寻求运用亚当·斯密的自由主义主张来为其目标正名的帝国政权所取代。

《国富论》新版本在1784年11月的出版，是亚当·斯密精神和思想之旅的一个重要事件，它标志着一部原本针对政治和知识阶层的著作开始面向一个更广泛的市场。前两版的四开本版本大约印刷了1250套，平装本的售价是1.16英镑，精装本为2.2英镑；三卷本的八开本新版本共印刷了1000套，平装本的售价是1.8英镑，精装本为2.1英镑。1786年和1789年的第四版和第五版实际上是第三版的重印版，分别印刷了1250套和1500套，为亚当·斯密在有生之年提供了1500英镑到1800英镑的收入，也为未来出版行业提供了构成后续版本以及译本基础的文本。②

修改《道德情操论》是亚当·斯密最后的文学尝试。这是比修改《国富论》规模更大、在理论上要求更高的任务，而且亚当·斯密必然深知这将是

---

① 请参阅：《国富论》，第755页。
② 请参阅：特莱珀主编的《亚当·斯密的藏书与写作》，第19—20页。

第 13 章　在爱丁堡的最后岁月（1778—1790）

他的最后一项任务。自他母亲去世将近一年后，都不曾有过关于这一学术项目的任何消息。正如他告诉居住在柯卡狄、正考虑在 1785 年 2 月搬到爱丁堡的老友詹姆斯·曼提斯的那样，他的世界正在缩小，"除了一两个老表亲以外，您现在就是我在这个世界上所剩的年龄最大的朋友，因此，我最亲爱的老朋友，想到我还有机会在您的陪伴下度过我最后的时光，会带给我一种最难以言述的满足感。您最诚挚和最忠诚的仆人亚当·斯密"。[1] 在 1785 年 4 月写给托马斯·卡德尔的一封信中，亚当·斯密几乎是很突然地第一次宣布了他打算修改的意图："如果那本书需要出一个新版本，有几个地方可以进行小小的修改，我也会把修改的内容寄给您。"但是，什么事都没有发生。[2] 在 1787 年 1 月，他请了 6 个月的休假，分别在 5 月和 6 月到伦敦看望他的朋友，同时治疗给他带来痛苦、也让他变得虚弱的痔疮和一处肠梗阻。[3] 吉本的一个朋友对他的身体状况感到震惊，他写道："你经常会在阿德尔菲剧院附近见到可怜的亚当·斯密。我说可怜，是因为他看上去非常虚弱，基本上到了职业生涯的尽头；最近他的精神状态似乎有所好转，约翰·汉特也给他做了一些关键性的小手术，但我仍然担心，那台机器已经磨损得差不多了。"[4]

然而，伦敦之行有其可喜的安慰性意义，因为政府现在是掌握在了解并欣赏《国富论》的人的手中的。到 1787 年，威廉·比特所领导的内阁牢牢掌权，并尝试与欧洲主要国家达成一系列旨在实行贸易自由化的协定。在此之前，所谓的"贸易协定热潮"只是导致了在 1786 年与法国之间达成的协定，以及与爱尔兰建立一个自由贸易联盟的一系列无果的磋商。但在 1787 年，它也导致了修改和简化涉及关税的混乱而复杂、威廉·比特将其形容为贸易"绊脚石"的法律的立法。威廉·比特、军队主计长威廉·格伦维尔和亨利·邓达斯都读过《国富论》，并且都与亚当·斯密讨论过这部著作，这也使他作为一个哲学家的名望（其哲学体系似乎在很大程度上是为了从哲学层面解决政府所面临的某些最深刻和最复杂的问题）产生了一个很可能是杜撰的故事。这个故事就像是童年时期的亚当·斯密曾被吉卜赛人抢走的那个传闻一样，

---

[1]　请参阅:《亚当·斯密通信集》，第 280—281 页。
[2]　同[1]，第 281 页。
[3]　同[1]，第 308—309 页。
[4]　引自罗斯的《亚当·斯密传》，第 374 页。

已经成为有关亚当·斯密神话的一个重要组成部分。据说亚当·斯密来到亨利·邓达斯在温布尔顿*的家中做客时,看到比特、格伦维尔和威伯福斯**都等在那里。当他们起身欢迎他时,他请他们坐下。据说比特当时回答说:"不,除非您先坐下来,不然我们就一直站着,因为我们都是您的学生。"①比特,似乎一度把亚当·斯密从一个辉格党的支持者变成比特领导的保守党的支持者。"我觉得比特先生的任何一点儿认可都让我深感荣幸。我可以向您保证,我和他的某些反对者之间长期而严肃的友谊,并没有妨碍我看到他的政府在治理过程中所表现出的勇气、活力、正直和公共精神。"②在更晚些时候,亚当·斯密的好友布查伯爵描述说,他已恢复了他更信赖的辉格党的原则。③

亚当·斯密在 7 月份返回爱丁堡后不久,就体验到了另一种荣誉带给他的欣慰:他在 1787 年 11 月被选为格拉斯哥大学教务长。他写信对校长阿奇博尔德·戴维森说:

> 没有哪一种升迁能给我带来如此大的真正的满足感,没有哪一个人对于一个机构的义务比我对于格拉斯哥大学所负有的义务更大。他们教育了我,他们送我去牛津,在我回到苏格兰之后不久,他们又让我成为他们的成员之一,然后又让我承担起另一个至关重要的、哈奇森博士曾充分展示过他能力和美德的职务。我至今记得我作为那个集体中的一员而度过的 13 年时光,那是迄今为止我生命中最有价值因此也是最幸福和最光荣的一段人生;而现在,在经过如此长久的别离之后,我还能够以如此令人喜悦的方式被我的老朋友们所记得,让我体验到了一种由衷的快乐,我几乎不知道应如何向您表达我的这种快乐。④

---

* 温布尔顿,位于伦敦西南部的一个知名小镇。——译者注
** 即威廉·威伯福斯(1759—1833),英国政治家和改革家,英国下议院主张废除奴隶制的主要发言人。——译者注
① 该轶事最初出自《约翰·肯先生作品集》,第 1 卷,第 74—75 页。
② 引自罗斯的《亚当·斯密传》,第 376 页。
③ 请参阅:《文学周刊情报》,第 3 期,1791 年 5 月 11 日,第 166 页。
④ 请参阅:《亚当·斯密通信集》,第 308—309 页。

第 13 章　在爱丁堡的最后岁月（1778—1790）

正是在这一时期，他打算向文学学会提交三篇有关模仿艺术的论文（最后一篇未能完成）。事实证明，他每况愈下的健康状况和海关局的工作要求再次带来了麻烦。在这种背景下，他最终在 1788 年 3 月开始着手修订《道德情操论》。

亚当·斯密告诉托马斯·卡德尔说，他从海关局获得了四个月的休假时间，"我正在全力以赴"。现在，他的修订计划变得更加详尽而周全，新版本将比之前的版本的篇幅长出三分之一以上。

> 添加的最主要的内容是在涉及责任感的第三部分和有关道德哲学史的最后一部分。考虑到我在世时间很可能所剩无几，因此我很难确定，我是否还来得及完成我计划中的已有某些进展的其他几部作品，所以我想，我最应该做的事情就是确保在我死后，已经出版的那些作品处于最完善的状态。我现在的工作效率极低，很多地方我至少需要修改五六遍才能基本满意。有鉴于此，虽然我认为我的修订工作正在有条不紊地进行着，但恐怕到 6 月我才能够把它寄给您。①

一年后，这一工作还未完成，虽然承诺的截止时间是在盛夏之际——"我对于这一延误深感羞愧，但这一学科涉及的研究工作确实超出了我的预期。"② 结果，卡德尔直到 1789 年 11 月才收到文本。之后，在 1790 年 1 月送到印刷厂，几周以后得以正式面市。那时，亚当·斯密仍在接待像诗人塞缪尔·罗杰斯这样的拜访者，并在家中以及在牡蛎俱乐部与朋友们会面，虽然他的生命即将走到尽头。他以前的学生巴肯伯爵在 1790 年 2 月见到了他，并期待在一年以后再次见到他。"他紧握着我的手说，'我亲爱的（朋友），但愿我到那个时候还能活着，运气好的话，说不定还能再活个五六年；但在此之后，你就再也见不到你这个老朋友了。我发现我的身体越来越糟了，比一具木乃伊好不了多少'。"③ 这年 7 月初，他监督了他的文稿的销毁过程，并在一个星期日的晚餐之后不久去世，时间是 1790 年 7 月 17 日。他被安葬在教

---

① 请参阅：《亚当·斯密通信集》，第 310—311 页。
② 同①，第 320 页。
③ 引自《文学周刊情报》，第 3 期，1791 年 5 月 11 日，第 166 页。

会门的教堂墓地。

亚当·斯密修订《道德情操论》的一个原因，是为了回应他的道德哲学理论自1759年发表以来就遭到的一种批评——他的伦理学思想被显著地降格到公共舆论的水平。在某种层面，这并不是一个完全不合理的指责。他对于道德的起源所作的细致探讨表明，人们对于道德原则的理解要归功于同情、想象和共同生活的经验。他的道德理论的核心涉及某人自己的道德观念与他人发生冲突的情形。亚当·斯密认为，在这种情况下，人们的反应就是求助于自身，这意味着人们能够让自己内心深处那个公正的旁观者主持公道，因为对于人们自身而言，内心深处那个公正的旁观者的认同，有时似乎比现实世界任何真实的人的认同都更有意义。一个基督徒可能会认为，这是因为那个内在的旁观者的声音就是良心或神灵的声音，但亚当·斯密却相当明确地指出，那是一个完全虚构的人的声音，它是人们在窘困的道德状况下所求助的或召唤的一个虚构的人，它能够帮助人们廓清自己的伦理道德观，并使自己按照自我认同的方式行事。严格地说，这意味着那个旁观者所依据的是根植于人们自身及其民族的文明道德生活的规范来主持公道的，因此，将其视为永恒不变的神灵的声音并不正确。这也导致像托马斯·里德（亚当·斯密在格拉斯哥大学的继任者）这样的批评者认为，道德理论"只是对于自私原则所做的一种精巧的改进"，在某种意义上说，无论人们如何欺骗自己相信那个旁观者所说的是有关无私的美德的语言，然而事实上，那都只不过是自己自爱的声音。[①]

作出这种批评很容易，但在亚当·斯密看来，它并没有抓住问题的关键。不管形而上学主义者如何看待人们具有道德感的自爱或仁爱的根源，人类共同生活中的最重要的事情之一，就是当有人评价他人时，人们更加看重自己是听从内心道德感的直接引导，还是仅仅顺从自己周围的人的看法。人们会把前者看成是按照原则行事的人，而把后者看成是其言行出发点只是为了避免他人指责的人。而且，当人们进行自我评价以及听从自己内心而非大众的声音时，就会对自己产生不同的感觉。人们有意识地把自我从舆论世界中抽

---

① 请参阅：里德，《托马斯·里德通信集》，第104页。

离出来，以便尝试按照自我心目中的道德原则行事，尽管人们也知道自己的行为可能会影响自己与周围的人的关系。亚当·斯密认为，关于道德困境的这一反应，任何读者都会将其视为自身面临的一种反应，因此，其可以被描述为人性的一个"自然"特征，而且这一特征是了解一个政治社会的社会化进程和道德经济运行过程的基础。

亚当·斯密的修订工作，旨在通过强调人性的"自然"特征而细化和深化这一分析，并且证明人类文明进程能够把人类变成品德高尚和乐于社交的高级生命。"论美德的特征"这一新的段落，回顾了放在亚当·斯密关于政治经济的最初讨论之前并从《国富论》开篇几页内容中被删去的有关人类的基本需求。他在这里指出，人类的勤劳、智慧和对改良活动的热爱，是对于贫穷和需求的一种反应。正是需求使得原始人学会如何获取食物、衣服和住房，如何改良自然世界提供的原材料，如何创建自身生存和"舒适生活"需求所依赖的合作模式。涉及财产、法律、政府、艺术和科学的各种规则被制定或者发明出来，就是为了更好地满足人类在衣食住行方面的基本需求。亚当·斯密在修订《道德情操论》的过程中，首先就是将这一自然历史的范围延伸到道德伦理学领域。人们从与他人共同生活的经验中，掌握了审慎原则，了解应当承担自身责任的意义。这一经验教会人们将审慎的人视为重视节俭和具有安全性的人，是尊重正义规则的人，这样的人通常睿智、真诚并具有正直的品质，在选择朋友方面有绝佳的辨别能力，而且能说服自己接受那个公正的旁观者的指引。我们将这种审慎看成是"一种最受尊敬而且在某种程度上也是一种受人喜爱的品质，但它从来不会被认为是最可爱或者最高尚的美德之一"。[①] 毫无疑问，它唯一的动力来自自我保护的需要，从这一方面来说，这是一种"低等的"审慎。但是，社会秩序的维护和进步正是依赖于一个审慎的公民阶层的存在，而且它是人们赞美那些一流将军和爱国者所具有的那种更高形式的审慎美德的基础。

在所有这些情况下，审慎都会涉及其他更多的美德，譬如勇气，广泛而强大的爱心，对于正义规则的崇敬，以及所有有助于人们适

[①] 请参阅：《道德情操论》，第 216 页。

度自我控制的美德。这种优等的审慎若要达到最高程度的完美状态，必然要以在每一种可能的情况下都合乎礼仪和道德规范的技艺、才能、习惯和意愿为条件，也必然要以智力和道德的尽善尽美为条件。这意味着最好的头脑和最好的心灵的结合、最完美的智慧和最完美的美德的结合。它在很大程度上构成了学院派智者以及非学院派智者的品格，正如低层次的审慎在很大程度上构成了伊壁鸠鲁*派的品格一样。①

无论基督教道德学家们可能持有什么样的相反看法，亚当·斯密都坚持认为，人们在共同生活中应始终把审慎看成是美德的一个基本组成部分。

可是，一个人对于其他人负有什么样的仁爱和职责义务呢？人们很容易发现自己的同情心和责任感，是如何从自己这里传递给自己的家人、朋友甚至国家的，并且塑造着自己回应别人的仁爱本能的方式（尤其是当人们感觉到自己对于家人的责任，与对于朋友甚至国家的责任正在发生冲突时）。而且他认为，人们对于曾为自己提供过帮助的家人和朋友所表现出的仁爱，总会受到一定程度的自爱的驱使，这是理所当然的事情。现代公民所面对的更加困难的伦理问题，在于确定他应在多大程度上为他的国家效劳。对于国家无条件的热爱，很容易导致他"以充满最大恶意的嫉妒心看待其他任何邻近国家的繁荣和扩张"，而且他和休谟都将一种虚假的爱国主义看成是对于英国和法国的安全、繁荣和公共财政的一个潜在的致命威胁。

> 法国和英国可能各自都有某种理由害怕对方海军和其他军事力量的扩张，但是，它们当中的任何一国对于对方国内的幸福和繁荣、土地的改良、制造业的进步、商业的发展、港口安全性的提高和数量的增加，以及在所有自由艺术和科学领域的成就的嫉妒之心，都是和这两个大国的体面与尊严必然不对等的。这些成就都是我们所生活的这个世界的真正的进步，整个人类将会因此而受益，人性会

---

* 伊壁鸠鲁（前341年—前270年），古希腊哲学家和无神论者，伊壁鸠鲁学派创始人。他的学说的主要宗旨就是要达到不受干扰的宁静状态并学会享受人生之乐。——译者注
① 请参阅：《道德情操论》，第216页。

因为它们变得高贵。面对这些成就，每个国家不仅应当努力追赶和超越，而且应从人类之爱出发去促进而非阻碍邻国的进步。这些都是一个国家应当仿效和超越的恰当目标，而不应当成为国家的偏见或者嫉妒之源。①

各个政党（甚至可能包括教会）和其他组织对于爱国主义诉求的利用方式，让公民对于国家责任这个古老的问题变得复杂化。如同休谟一样，让亚当·斯密尤为担心的是，政治生活就像过去几个世纪的宗教生活一样，变得越来越派系化和意识形态化。他和休谟都对于公共精神会如此轻易地受到某种惯于传播的狭隘的爱国主义、民族主义、乌托邦主义并催生出相应的意识形态，从而使自身"变得更为活跃，乃至经常让公民变得无比癫狂"的精神体系的影响而感到不安。正是这种深刻的休谟式的恐惧促使他坚持认为，

> 公共精神完全由人性和善意所驱动的人，将会尊重传统的权利甚至个人的特权，而且同样尊重国家各个阶层和群体的权利……他将会而且也有能力使他的公共生活安排与他人既定的习惯和观念相适应；他将会而且有能力消除可能因为缺少人们不愿顺从的那些法规所带来的不方便之处。如果他不能够承认那种权利，那他就将不屑于去改正错误。事实上，为了确认和巩固那种权利，就像梭伦*一样，当一个统治者不能建立最好的法律体系时，那他就应当努力去建立人们可以忍受的那种最好的法律体系。②

这些亚当·斯密通常所展开的更为随意和散漫的政治思考，是他探讨道德素质问题的前奏。他认为无论形而上学学者和神学家可能会怎样评价，但道德素质都始终应被视为自我控制能力这一高尚品格至关重要的组成部分。他的分析表明，即使是对于拥有最大善意的人而言，要想不被自己的激情所

---

① 请参阅：《道德情操论》，第229页。
* 梭伦（前638年—前559年），古代雅典的政治家、立法者和诗人，雅典城邦首任执政官，因他制定法律并进行改革，史称"梭伦改革"。——译者注
② 同①，第232—233页。

误导都是困难的,这种激情"有时会逼迫他、有时会引诱他去违背他本人在最清醒和最冷静的时刻所认同的所有规则"。①在《道德情操论》的早期版本中,亚当·斯密认为,人们会把那种具有美德的人看成是一个能够按照那个公正的旁观者指引而行事的人;然而现在,这个定义似乎过于抽象,尤其是在向困难时期的现代公民所提出的经常相互矛盾的要求的语境下。为此,他作了更简单的表述:人们之所以赞赏那些具有美德的人,是因为他们的伦理行为的一致性,以及他们那种按照客观指导而生活的自我控制能力。要获得这种一致性和自我控制能力并不容易;要使人们所负有的自我责任与其在困难时期对家人、朋友、团体甚至对国家所负有的责任相一致,也从来都不是容易之事。这就和防止人们的道德行为不会变得过分僵化或者过分放纵一样艰难。最后,亚当·斯密从美德的思想根源的角度指出,在现代世界,人们会把美德看作是一种建立在审慎、仁爱和对于人性原则的一种休谟式观念的基础之上的品质。它是亚当·斯密思想遗产最后的画龙点睛之笔,是他留给一个商业化时代(亚当·斯密希望它将变成一个高度文明化的时代)的公民和行政官的伦理启示和道德箴言。也许正是因为这个原因,他曾告诉那个很有头脑的年轻议员塞缪尔·罗米利*说,他一向认为,这是一本"比《国富论》重要得多的著作"。②

亚当·斯密的去世没有吸引多少人的关注。罗米利对这种情况"感到吃惊,我有些愤慨地注意到,他(亚当·斯密)的去世(在伦敦)仿佛波澜不惊。对于这件事的关注和报道少得可怜。而与此相对照的是,在约翰逊(于1784年)去世以来的一年多的时间里,有关他的各种颂词却不绝于耳(其中涉及他的生活、信件和各种轶事)"。③爱丁堡的媒体也几乎忽略了这件事。而在伦敦,新闻界也只不过是转载了最初出现在1796年7月31日的《圣杰姆斯纪事报》上的一篇相当简短而且是轶事性质的匿名回忆文章。这篇由某个显然了解亚当·斯密的人所写的挖苦性的文章,指出了他的古怪言行,他的不善

---

① 请参阅:《道德情操论》,第237页。
* 即塞缪尔·罗米利爵士(1757—1818),英国法律改革家。——译者注
② 罗米利,《回忆录》,第1卷,第403页。
③ 同②。

社交，他对于法国百科全书编纂者的敬意，他对于被其视为"迄今这个世界上最伟大的哲学家"、"他的授课遗产令人嫉妒"的休谟的钦佩。《道德情操论》被贬损性地评价为"构思巧妙，但充满幻想"；而《国富论》则作为一个政治经济体系，"和（意大利哲学家）维利、（英国政论作家）约西亚·塔克以及休谟的体系没有什么本质的不同"，它是以来自《大百科全书》的资料为基础的，尽管"比他的前辈使用了更强大的支持性的证据"。由此作者得出结论是："对于亚当·斯密的评价应当是毁誉参半的，因为他传播了很容易将国家财富与国家繁荣混淆起来的一种体系。"而对于亚当·斯密个人形象的经典描述，出自杜格尔德·斯图尔特的《亚当·斯密的生活与创作》，这是他自亚当·斯密去世以后就开始着手准备并在 1793 年冬季提交给爱丁堡皇家学会的作品。它于 1794 年首先以缩略版的形式在该学会会刊上发表，之后又在 1795 年完整地进行了发表。再后来，它作为诸多版本的《国富论》的前言再次发表。正是这一"肖像描述"持续影响着后世的人对于亚当·斯密的个性特征的了解。

斯图尔特非常熟悉亚当·斯密，并充分理解他性格中的难以捉摸之处，他评价说："除非具有娴熟的写作技巧，不然就难以把这一事实传达给公众。"[1] 斯图尔特笔下的亚当·斯密是一个善良、温和而又可爱的怪人，他"显然不适合那种充满商业气息或者过分活跃的社交生活世界"。他是一个天才，他经常沉浸于思考，"从而往往对周遭熟悉的对象和常见的琐事视而不见"，甚至当他置身于人群中时，"他也很容易沉浸在自己的研究中。有时候从他的嘴形、脸上的表情以及手势，你就能够看出他对于写作的激情"。陌生人和约翰逊那个俱乐部的一些成员，都对他似乎没有能力加入大家的日常聊天的性格而感到吃惊，也对他习惯于"用一种演讲的形式传达他的思想"的倾向感到吃惊。斯图尔特的文字描述表明，他只有和亲密的朋友相处时才能真正地感到放松。斯图尔特的描述所缺少的是作为普通人的亚当·斯密，与在本书中作为公共知识分子的亚当·斯密的形象的对比。他作为学术领域的一个权威人士所展示的形象尤其令人印象深刻。当他在演讲时，他知道他是

---

[1] 杜格尔德·斯图尔特以其对亚当·斯密的个性的概括性描述，结束了他的传记回忆录。请参阅他的《亚当·斯密的生平与著作》，第 329—332 页。

通过全新的方式对人性进行研究，而且他充分意识到，他能够借此感知和描述更宏大的哲学世界。他的不同哲学主题所依据的那些公理和原则，都是靠着他非凡的勇气而被确立的，并且凭借着他无可比拟的博学多才而得到确认的。斯图尔特对于这个不谙世故的哲学家的描述，显然并不匹配亚当·斯密作为一个备受尊敬的学术管理者的显著能力，比如，他在为巴克卢的地产管理提供的建议方面所显示的价值，内阁官员在征求他对于保持稳定财政政策的意见时所给予他的尊敬，以及他作为勤勤恳恳的海关专员的职业生涯。尽管普通社交生活和对话的繁文缛节似乎让他厌烦，但从另一方面说，也许是因他的态度太过温和，他的脾性太过优雅，他太缺少虔诚的隐士所具备的特质，以致他从来就不能缺少他人的陪伴，尤其不能缺少他的朋友们的陪伴。他很容易交上朋友，并且终生与他们保持联系。正是因为这些性格特点，斯图尔特写道："他在身体变得越来越虚弱的情况下所享有的宁静和欢乐，他直至生命最后一刻依然保持对新事物的那种强烈的兴趣，他在很多事情上都表现出的对朋友们福祉的关注，将被他那个不大的朋友圈的成员们（只要身体情况允许，他每周都会花一个下午或者晚上的时间与他们相处）永久铭记。对于他们而言，对于他的特殊价值的记忆，仍然维持着一种使人忧伤而又不乏愉悦的情感联系。"

　　也许他的生活和哲学最持久的特征是其谦虚的品行。不管他的哲学体系的范围、目标和价值如何，它都是一个谦虚的人创建的体系。该体系致力于思考一种简单的、显然并不起眼的自然倾向——在各种条件均等的情况下，人们改善自身命运的愿望，以及改善家人和自己所属公民社会的命运的愿望。它是一种平民与贵族、在这个世界上打拼的年轻人与智者和政界元老共有的自然倾向。它将指引一切审慎者为了创造新的世界，如何对常规生活模式以及公共事务管理模式进行渐进式的微调。这种倾向是作为一个物质资料匮乏的物种的一种自然产物，它所具有的平静而又强大的力量的证据，将体现于人类显著的物质、道德和思想进步以及文明发展的进程中。事实上，在出生和成长于苏格兰法夫（那是一个具有进步精神的地主阶层所主宰的人文环境，也是一个不乏改良思想的公民社会）的亚当·斯密看来，那是一种其命运被一种开明的政治联盟*关系逐步影响和塑造的家庭、阶级和国家的自然倾向。

---

*　指英国和苏格兰的联盟关系。——译者注

第 13 章 在爱丁堡的最后岁月（1778—1790）

附：资料来源说明

雷伊和罗斯各自的《亚当·斯密传》都是重要的参考性读物。D. D. 拉斐尔为《道德情操论》的格拉斯哥版本所撰写的前言，全面而细致地探讨了亚当·斯密对该版本的修订情况，虽然它得出的结论与这里的叙述略有不同。

结 语

当亚当·斯密在1773年写下他的第一份遗嘱并委托休谟成为他的遗嘱执行人时,他让后者在自己死后销毁他所有未发表的论文,唯有他相当喜欢的那篇关于天文学史的早期论文可能除外。在他去世之后是否发表这篇文章,由休谟自行决定。到了1790年,他对他未发表的论文的想法发生了改变。他在《道德情操论》最后一版的简介中承认,他现在"已不太指望能够完成"他曾在1759年设想中的那部有关法学的著作,"虽然我当时对于能够顺利做好这件事毫无怀疑。"① 他的课堂讲稿已被销毁,但少数未发表而且是零散的文章"幸免于难",它们的未来也将交由他的遗嘱执行人约瑟夫·布莱克和詹姆斯·赫顿自行裁夺。他们说,这些文章"似乎是他构建过的探索自由科学和高雅艺术计划的一部分。由于涉及范围过于宽泛,他早就发现有必要抛弃这一计划,因此直到他去世前,这些就放在他手边的东西始终处于被忽略的状态"。这可以提醒我们,《道德情操论》和《国富论》乃是超出他的身体能力所限的、有关人性科学的一个宏大计划的一部分。

亚当·斯密似乎意识到,他的学术项目已经进入了正常的发展轨道(正如他和休谟早已预知的那样)。他和休谟都强调了这一结论:使得政治生活和文明进步成为可能的人性、传统、习惯和机构的进程,可以依据一个物质资料匮乏的物种对于无止境的物质需求压力所作出的富于想象力的回应加以解释。休谟从怀疑论的角度为亚当·斯密描述了对于那些旨在教会人们如何在政治社会中生存和发展的过程,从而使这一学术研究项目真正成为可能。确切地说,是休谟揭示了由物质需求驱动人类思想形成的这一观点,这是多么

---

① 请参阅:《道德情操论》,第3页。

深刻地影响了人们对于自然和超自然世界,以及政治、道德和宗教的理解,而且是他正确而全面地诠释了这一理解过程。

休谟将发展这一新型科学的任务留给了亚当·斯密,而亚当·斯密已发表和未发表、已完成和未完成的研究文本清晰地显示,在这个项目上迄今为止具有什么样的进展和成果。他的研究表明,学术界可以通过研究能够从中体现出人性的情感和感觉,来探索人类的思想运转机制和社会化过程。亚当·斯密探讨了人的社交技巧和品性特征如何与人们获得有关礼节、正义、政治责任和审美观的过程密切相关。在此过程中,他分析了一直被现代哲学所忽略的一个简单的、有关人性原则的观察结论:人类在努力摆脱物质资料自然匮乏状态的过程中,始终伴随着对于改良和进步的热爱(只要人感觉到有条件做到这一点)。事实上,正如本书所描述的那样,关于这一原则延伸到人类生活的每一个方面所作的探究,是亚当·斯密对人性科学的独特贡献。他在这一探究中发现,一个合理而稳定的社会,将会遵循一条物质、道德、政治和知识发展的道路,这条道路远比它的统治者各种心血来潮的念头所确定的道路更加自然而安全;而且,是他构想出文明进程的渐进式发展模式,这是他对于人性科学的探索,也是他在哲学、历史学和社会科学领域留下的永久遗产之一。在这方面,这一探索过程是一种具有强烈的伊壁鸠鲁派思想特征的事业进程。

这一伊壁鸠鲁式的事业受多重因素的塑造,其中涉及休谟著名的"知识怀疑论"——"心智是想象的帝国"——这个颇具争议性的主张,以及人们对于教会谋略的那种厌恶。相比于休谟,亚当·斯密的怀疑论更加谨慎,对于教会谋略的态度更加平和;他从未质疑过休谟有关人性理论的一般原则,但他将它们视为可以探究和发展的原则,而不是对其全盘接受。是休谟使他在对于情感研究的基础上而发展出一种人性科学项目成为可能,但最终,是亚当·斯密深入思考了人类通过自己的想象如何对自然与道德世界的各种事件作出回应,并发展出他自己的有关同情的激进理论,从而更好地解释了人类是如何形成自己的社交、生存和幸福的能力所依赖的公正、道德和审美观念的。经由这一探索过程,他得出了尤其具有怀疑性的结论。他的伦理学表明,许多人认为的那种所谓的良心或者神灵的声音,是源于同情感相互作用的复杂过程,这自然使其被降格为必然会让基督徒难以接受的一种自我意识形式。在法学和政治经济学研究中,他通过那种持怀疑态度的观察家的眼睛看待政府事务和政治议程;他倾向于鼓励统治阶级首先开放其公共管理系统,而不是片面地思考有关促进自由和繁荣问题的乌托邦式的解决方案。尽管他从来不曾像休谟那样,享有被视为一个公开的异教徒的名声,但没有多少苏格兰人不清楚他对于宗教的态度。当他在1751年被任命为逻辑学和形而上学教授时,格拉斯哥的神职人员已经感觉到他那种异教徒的特征;埃德蒙·伯克曾嘲笑过他对于休谟那著名的非基督教徒似的临终姿态的支持态度,认为那是现代异教徒抱团意识的一个典型表现;詹姆斯·鲍斯韦尔不客气地称他的老教授是"一个脑后戴着贵族假发的异教徒"。一个笔名为"阿斯卡尼俄斯"的人(有可能是巴肯伯爵)在1791年发表的一篇文章中明确指出了同时代人的看法:"在许多方面,亚当·斯密都是伊壁鸠鲁的一个单纯的信徒,这才是对于那个哲学家的正确理解……啊,作为一个友善而又可亲可敬的人,为什么你就不是一个基督徒呢?"①

并非许多人都认为休谟和亚当·斯密的思想研究,是对于确立了有关任何社会、政治和历史毋庸置疑的真理认知的一种真正的"科学性"的贡献。托马斯·里德以一个基督教哲学家敏锐的智慧而得出结论:休谟已经证明,有关人性科学的研究,必须建立在人对于这个世界的基本信念的研究的基础上,但他同时认为,在信念的形而上学特征和思想形成的研究方面,还有许多工作要做。修·布莱尔和凯姆斯勋爵都欣赏亚当·斯密所强调的审美感对于塑造人的理解力的重要性,但他们确信,它在思想形成方面的根源是固有的和一成不变的,它的影响不能简单地依据有关共同生活经验的巧妙猜测而加以解释。威廉·罗伯森在其有关欧洲和美国历史的著作中,大量借鉴了亚当·斯密对于文明进程的理解,但他更倾向于把这一进程看成是一种神灵(其存在的本质和目的始终难以知晓)推动的结果。在1815年为《不列颠百科全书》*所撰写的有关伦理学发展的那篇有影响力的文章中,《道德情操

---

① 引自《文学周刊情报》,第3期,1791年5月11日,第167页。
* 《不列颠百科全书》又称《大英百科全书》,被认为是当今世界最知名和最权威的百科全书,与《美国百科全书》和《科利尔百科全书》并称为世界三大百科全书,1771年在苏格兰爱丁堡首次出版,它由世界各国学术领域最著名的专家学者为其撰写条目,其学术性和权威性为世人所公认。——译者注

论》遭到不仅睿智而且在许多方面都很具有包容性的詹姆斯·马金托什爵士*的批评,其理由是,它是基于一种回避(而非回答)了更多有关人性的基本特征和驱动力问题的同情理论,因此,很难被看成是一种真正的道德科学的可靠基础。

最重要的是,到 19 世纪初期,《国富论》开始遭到集结在弗兰西斯·杰弗里**的《爱丁堡评论》(该杂志代表着后启蒙时代政治、科学和文学领域最尖锐和最具批评性的声音)周围的那些才智过人的年轻人的攻击。他们中的大多数人都曾是杜格尔德·斯图尔特的学生,他们也曾欣赏过《国富论》对于政治经济全面的哲学性探索,欣赏它措辞的优雅和内容的博大精深,欣赏它所传达的精神体系,尤其欣赏它明确无误的自由主义情感。毫无疑问,亚当·斯密的理论体系似乎是合理的。但它真的正确吗?在非常聪明的弗兰西斯·霍纳***看来,亚当·斯密的思考缺乏严谨性,并留下太多有关政治经济以及政府的性质和管理范围的悬而未决的问题。它在当时更像是一本更多依赖修辞的说服力而非可靠的分析来维持其公理和原则的宣传小册子。他不乏优越感地认为,"这种颇为流行而又貌似合理但也许不够严密的推论,就和其他许多推论一样庸俗"。①

关于大卫·休谟和亚当·斯密的某些怀疑论观点对下一代学者的研究价值,霍纳同样表示出了疑问。他本人以及杜格尔德·斯图尔特的学生中更年轻的一代所需要的那种哲学,应当能够提供更为可行的、有关经济学原则和良性政府管理的政治与经济解决方案,并提出宪法和政治改革的理由,而不是仅仅为了从政治上重新认识和了解前一个世纪的高素质公民和立法者的需求。事实上,关于怎样对《国富论》的原则进行调整、细化和改变,以使之适用于新的政治、经济和思想环境这个问题,将是该著作未来几代编辑的任务。

亚当·斯密准许将其从炉火中拯救出来的作品之一用来发表,即他从

---

* 詹姆斯·马金托什(1765—1832),苏格兰法学家、辉格党政治家和历史学家。——译者注
** 弗兰西斯·杰弗里(1773—1850),苏格兰法官和文学评论家。——译者注
*** 弗兰西斯·霍纳(1778—1817),苏格兰辉格党政治家、记者、律师和政治经济学家。——译者注
① 请参阅:丰塔纳,《对商业社会政治的再思考:〈爱丁堡评论〉(1802—1832)》,第 47 页。另见科里尼的《崇高的政治学:19 世纪知识史研究》(尤其是第 1 章)。

18世纪40年代开始撰写的那篇有关天文学史的论文,在他的知识生涯的大部分时间里都与他相伴左右,而且他在生命的后期显然也在对其修修补补,并不是偶然的。这是一篇亚当·斯密在很大程度上阐述了自己的科学观念的文章。① 这是一篇有关哲学思想起源、哲学体系的创建,以及哲学与公众之间的关系的文章。哲学的根基——亚当·斯密指出——在于解释意外情况或现象,用以满足人的想象力以及将人的心智恢复到认知水平的一种有序和平静状态的心理需求。它并不是一种面向原始人或者长期生活在不安全状态下的人的思想活动(在这些情况下,哲学只会导致惊奇、恐惧和迷信)。只有当人们拥有安全感和休闲能力,从而能够反思世间万物,关注"他们耳闻目睹的各种事件",并且探究自然世界那些难以解释的奇异现象时,哲学才能发挥其心理学和社会学的功能。哲学的动力是好奇心而非功利心,它能够提供的奖赏,就是寻找那个"将所有这些杂乱对象联系在一起的无形链条"的乐趣。因此,哲学史家的任务不是思考哲学对于真理进步的贡献,而是思考"如何让哲学发挥更大作用,使其更能满足人类的想象,并且为自然这个剧场提供一个更加连贯因而也更为壮观的场景"。② 事实上,正是牛顿哲学所享有的荣耀驱使亚当·斯密创建一种征服所有反对者,"并发展为足以控制在哲学领域建立起来的那个最具普遍性的思想帝国的哲学体系。必须承认,他长期推崇的思想原则,具有人们在其他任何原则中都无法找到的某种韧性和稳固性。即便是那些对此最持怀疑态度的人,也会不可避免地感觉到这一点"。③ 这是一个旨在唤起他的同时代人的正义观的哲学体系,因此,正如亚当·斯密本人所暗示的那样,除非那种正义观遭到严重破坏,不然这一哲学体系必将永远存在。亚当·斯密从牛顿哲学中推衍出的结论,和他为自己的哲学体系发展出的主张并无本质不同。无论他的哲学体系的广度和深度如何,它都是一个对其哲学的权威性不存幻想的哲学家的主张。

---

① 请参阅:"引领哲学探索的原则;天文学史提供的佐证",出自《哲学主题论文》,第31—105页。
② 同①,第46页。
③ 同①,第104—105页。

英文参考书目

Aarsleff, H., *The Study of Language in England 1780–1860* (Princeton, 1967).

Allardyce, A. (ed.), *Scotland and Scotsmen in the Eighteenth Century. From the MSS of John Ramsay, Esq. of Ochtertyre*, 2 vols. (Edinburgh, 1888).

Anderson, R.D., Lynch, M. and Phillipson, N., *The University of Edinburgh: An Illustrated History* (Edinburgh, 2003).

Aston, N., 'Horne and Heterodoxy: the Defence of Anglican Beliefs in the Late Enlightenment', *English Historical Review* (1993), pp. 895–919.

Barfoot, M., 'Dr William Cullen and Mr Adam Smith: A Case of Hypochondriasis', *Proceedings of the Royal College of Physicians of Edinburgh* (1991), pp. 204–14.

Berry, C.J., 'Adam Smith's Considerations on Language', *Journal of the History of Ideas* (1974), pp. 130–38.

[Blair, H.] 'Hutcheson's Moral Philosophy', *Edinburgh Review* (1755–6).

Blair, H., *Lectures on Rhetoric and Belles Lettres* (London, 1818).

Bond, D.F. (ed.), *The Spectator* (Oxford, 1965).Bonnyman, B.D., 'Agricultural Improvement in the Scottish Enlightenment: The Third Duke of Buccleuch, William Keir and the Buccleuch Estates, 1751–1812', PhD thesis, University of Edinburgh, 2004.

'Book of the Foulis Exhibition 1913', *Proceedings of the Glasgow Bibliographical Society* (1913).

Boswell's Journal of a Tour to the Hebrides with Samuel Johnson, 1773, ed. F.A. Pottle and C.H. Bennett (New York, 1961).

Boswell. The Ominous Years 1774–1776, ed.C. Ryskamp and F.A. Pottle (London, 1963).

Boswell in Extremes 1776–1778, ed. C.M. Weis and F.A. Pottle(New York, 1970).

Boswell Laird of Auchinleck 1778–1782, ed. J.W. Reed and F.A. Pottle (New York, 1977).

Boswell: The Applause of the Jury 1782–1785, ed. I. Lustig and F.A. Pottle (London, 1981).

Brewer, J., *The Sinews of Power: War, Money and the English State, 1688–1783* (London, 1989).

Brougham, Viscount, *Lives of Men of Letters and Science who flourished in the time of George III* (London, 1845).

Brown, A.H., 'Adam Smith's First Russian Followers', in *Essays on Adam Smith*, ed. A.S. Skinner and T. Wilson (Oxford, 1975), pp. 247–73.

Brown, M., *Francis Hutcheson in Dublin 1719–1730: the Crucible of his Thought* (Dublin, 2002).

Brown, V., *Adam Smith's Discourse. Canonicity, Commerce and Conscience* (London, 1994).

Buchan, J., *Adam Smith and the Pursuit of Perfect Liberty* (London, 2006).

Cameron, A., *Bank of Scotland* (1995) [AQ]

Campbell, R.H. and Skinner, A.S. *Adam Smith* (London, 1982).

Campbell, R.H. and Skinner, A.S. (eds.), *Origins and Nature of the Scottish Enlightenment* (Edinburgh, 1982).

Campbell, T.D., *Adam Smith's Science of Morals* (London, 1971).

Campbell, T.D., 'Francis Hutcheson: "Father" of the Scottish Enlightenment', in *The Origins and Nature of the Scottish Enlightenment*, ed. R.H. Campbell and A.S. Skinner (Edinburgh, 1982), pp. 167–85.

Carlyle, A., *Anecdotes and Characters of the Times*, ed. J. Kinsley (London, 1973).

Chamberlayne, J., *Magnae Britanniae Notitia: or the Present State of Great Britain with diverse Remarks upon the Ancient State thereof* (London, 1735).

Chambers, R., *The Domestic Annals of Scotland* (Edinburgh, 1861).

Chappell, V.C. (ed.), *Hume* (New York, 1966).

Clayden, P.W., *Early Life of Samuel Rogers* (London, 1887).

Clerk, J., 'Memorials', *Scottish Historical Review* [CHECK]

Collini, S., Winch, D. and Burrow, J., *That Noble Science of Politics. A Study in Nineteenth-century Intellectual History* (Cambridge, 1983).

Dascal, M., 'Adam Smith's Theory of Language', in *The Cambridge Companion to Adam Smith*, ed. K. Haakonssen (Cambridge, 2006), pp. 79–111.

Davis, H.W.C., *Balliol College* (London, 1899).

Defects of an University Education and its Unsuitableness to a Commercial People: With the Expedience and Necessity of Erecting at Glasgow, an Academy, for the Instruction of Youth. In a letter to J.M. Esq. (London, 1762).

Defoe, D., *Tour thro the Whole Island of Great Britain*, ed. G.D.H. Cole (London, 1927).

De Marchi, N., 'Smith on Ingenuity, Pleasure, and the Imitative Arts', in *The Cambridge Companion to Adam Smith*, ed. K. Haakonssen (Cambridge, 2006), pp. 136–57.

Denina, C.M., *Essay on the Revolutions of Literature* (Glasgow, 1763), reprinted in the *Scots Magazine* (1764), pp. 465–7.
Dennison, E.P. and Coleman, R., *Historic Kirkcaldy. The Archaeological Implications of Development* (Edinburgh, 1995).
Devine, T.M., *The Tobacco Lords. A Study of the Tobacco Merchants of Glasgow and their Trading Activities c. 1740–90* (Edinburgh, 1975).
Devine, T.M., 'The Scottish Merchant Community 1680–1740', in *The Origins and Nature of the Scottish Enlightenment*, ed. R.H. Campbell and A.S. Skinner (Edinburgh, 1982), pp. 000–00.
Devine, T.M. and Jackson, G. (eds.), *Glasgow. Volume I: Beginnings to 1830* (Manchester, 1995).
Durie, A.J., 'Lairds, Improvement, Banking and Industry in Eighteenth Century Scotland: Capital and development in a Backward Economy', *Papers of the Ninth Scottish Historical Conference* (1978), pp. 21–30.
Durie, A.J., *The Scottish Linen Industry in the Eighteenth Century* (Edinburgh, 1979).
Dwyer, J., *The Age of the Passions: An Interpretation of Adam Smith and Scottish Enlightenment Culture* (East Linton, 1998).
Emerson, R.L., 'The Philosophical Society of Edinburgh 1737–1743', *British Journal of the History of Science* (1979), pp. 154–91.
Emerson, R.L., 'Politics and the Glasgow Professors, 1690–1800', in *The Glasgow Enlightenment*, ed. A. Hook and R.B. Sher (Glasgow, (1995), pp. 000–00.
Epictetus, *The Discourses of Epictetus*, ed. C. Gill (London, 1995).
Eutropius, *Breviarum Historiae Romanae*, trans. and ed. H.W. Bird (Liverpool, 1992).
Faujas Saint Fond, B., *Travels in England, Scotland, and the Hebrides* (Glasgow, 1907).
[Ferguson, A.] 'Of the Principle of Moral Estimation. A Discourse between David Hume, Robert Clerk and Adam Smith', *The Manuscripts of Adam Ferguson*, ed. V. Merolle (London, 2006).
Fitzgibbbon, A., *Adam Smith's System of Liberty, Wealth and Virtue* (Oxford, 1995).
Fleischacker, S., *A Third Concept of Liberty: Judgment and Freedom in Kant and Adam Smith* (Princeton, 1999).
Fleischacker, S., *On Adam Smith's* Wealth of Nations. *A Philosophical Companion* (Princeton, 2004).
Fletcher, A., *Political Works*, ed. John Robertson (Cambridge, 1997).
Fontana, B., *Rethinking the Politics of Commercial Society: the* Edinburgh Review *1802–1832* (Cambridge, 1985).
Forbes, D., 'Scientific Whigguism: Adam Smith and John Millar', *Cambridge Journal* (1954), pp. 643–70.

Gaskell, P., *A Bibliography of the Foulis Press* (London, 1964).
Gibson, J., *The History of Glasgow, from the Earliest Accounts to the Present Time* (Glasgow, 1777).
Godechot, J., *La Revolution Française dans le Midi Toulousain* (Toulouse, 1986).
Griswold, C., *Adam Smith and the Virtues of Enlightenment* (Cambridge, 1999).
Haakonssen, K., *The Science of a Legislator: The Natural Jurisprudence of David Hume and Adam Smith* (Cambridge, 1981).
Haakonssen, K., 'Natural Law and Moral Realism: The Scottish Synthesis', in *Studies in the Philosophy of the Scottish Enlightenment*, ed. M.A. Stewart (Oxford, 1990), pp. 000–00.
Haakonssen, K., 'Introduction', in Adam Smith, *The Theory of Moral Sentiments* (Cambridge, 2002).
Haakonssen, K. (ed.), *The Cambridge Companion to Adam Smith* (Cambridge, 2006).
Hamilton, H., 'The Failure of the Ayr Bank', *Economic History Review*, n.s. vol. 8, 3 (1956), pp. 405–17.
Hochstrasser, T.J., 'Physiocracy and the politics of laissez-faire', in *The Cambridge History of Eighteenth-Century Political Thought*, ed. M. Goldie and R. Wokler (Cambridge, 2006), pp. 000–00.
[Home, H.] *Essays upon Several Subjects concerning British Antiquities ... composed anno M.DCC.XLV.* (Edinburgh, 1747).
Home, H., *Essays on Philosophical Subjects*[AQ]
Home, H., *Elements of Criticism*[AQ]
Hont, I., *Jealousy of Trade: International Competition and the Nation-State in Historical Perspective* (Cambridge, Mass., 2005).
Hont, I. and Ignatieff, M. (eds.), *Wealth and Virtue. The Shaping of Political Economy in the Scottish Enlightenment* (Cambridge, 1983).
Hook, A. and Sher, R.B. (eds.), *Glasgow Enlightenment* (Glasgow, 1995).
Horn, D.B., *A Short History of the University of Edinburgh 1556–1889* (Edinburgh, 1967).
Howell, W.S., 'Adam Smith's Lectures on Rhetoric: An Historical Assessment', in *Essays on Adam Smith*, ed. A.S. Skinner and T. Wilson (Oxford, 1975), pp. 11–43.
Hume, D., 'A True Account of the Behaviour and Conduct of Archibald Stewart, Esq. Late Lord Provost of Edinburgh' (1747). Reprinted in J.V. Price, *The Ironic Hume* (Austin, Tex., (1965), pp. 154–74.
Hume, D., *The Letters of David Hume*, ed. J.Y.T. Greig (Oxford, 1969).
Hume, D., *A Treatise of Human Nature*, ed. L.A. Selby-Bigge (Oxford, 1978).

Hume, D., *Essays Moral Political and Literary*, ed. E.F. Miller (Indianapolis, 1985).
Hundert, E.J., *The Enlightenment's Fable. Bernard Mandeville and the Discovery of Society* (Cambridge, 1994).
Hutcheson, F., *A Short Introduction to Moral Philosophy* (Glasgow, 1753).
Hutcheson, F., *A System of Moral Philosophy*, 2 vols. (London, 1755).
Hutcheson, F., *An Inquiry into the Original of our Ideas of Beauty and Virtue*, ed. W. Leidhold (Indianapolis, 2004).
Ignatieff, M., *The Needs of Strangers* (London, 1984).
Jardine, G., *Outlines of Philosophical Education illustrated by the Method of teaching the Logic ... in the University of Glasgow* (Glasgow, 1825).
Jones, J., *Balliol College: a History* (Oxford, 1997).
Jones, P., 'The Scottish Professoriate and the Polite Academy 1720–40', in *Wealth and Virtue. The Shaping of Political Economy in the Scottish Enlightenment*, ed. I. Hont and M. Ignatieff (Cambridge, 1983), pp. 000–00.
Jones, P., 'The Aesthetics of Adam Smith', in *Adam Smith Reviewed*, ed. P. Jones and A.S. Skinner (Edinburgh, 1992) pp. 56–78.
Kapossy, B., 'Virtue, Sociability and the History of Mankind in Iselin's contribution to the Swiss and European Enlightenment', PhD thesis, University of Cambridge, 2003.
[Kay, J.] *A Series of Original Portraits and Caricature Etchings by the late John Kay* (Edinburgh, 1877).
Keohane, N., *Philosophy and the State in France. The Renaissance to the Enlightenment* (Princeton, 1980).
Knox, J., *The Works of John Knox*, ed. D. Laing (Edinburgh, 1846–64).
Krieger, L., *The Politics of Discretion: Pufendorf and the Acceptance of Natural Law* (Chicago, 1969).
Leechman, W., *The Temper, Character and Duty of a Minister of the Gospel. A Sermon Preached before the Synod of Glasgow and Ayr at Glasgow. April 7th, 1741*, 3rd edn (Glasgow, 1742).
Lieberman, D., 'The Legal Needs of a Commercial Society: the Jurisprudence of Lord Kames', in *Wealth and Virtue. The Shaping of Political Economy in the Scottish Enlightenment*, ed. I. Hont and M. Ignatieff (Cambridge, 1983), pp. 203–34.
Lieberman, D., 'Adam Smith on Justice, Rights, and Law', in *The Cambridge Companion to Adam Smith*, ed., K. Haakonssen (Cambridge, 2006), pp. 214–45.
Livingston, D.W., *Hume's Philosophy of Common Life* (Chicago, 1984).
Loch, D., *A Tour through most of the Trading Towns and Villages of Scotland* (Edinburgh, 1778).

Locke, J., *Two Treatises of Government*, ed. Peter Laslett (Cambridge, 1988).
McBride, I., 'The School of Virtue: Francis Hutcheson, Irish Presbyterianism and the Scottish Enlightenment', in *Political Ideas in Ireland since the Seventeenth Century*, ed. D.G. Boyce and R.R. Eccleshall (London, 1993), pp. 000–00.
McCulloch, J.R., *Sketch of the Life and Writings of Adam Smith, LL.D* (Edinburgh, 1855).
MacElroy, D.D., *Scotland's Age of Improvement: A Survey of Eighteenth Century Literary Clubs and Societies* (Pullman, Wash., 1969).
MacInnes, A., *Clanship, Commerce and the House of Stuart 1603–1788* (East Linton, 1996).
McKenna, S.J., *Adam Smith: The Rhetoric of Propriety* (Albany, NY, 2006).
Mackie, J.D., *The University of Glasgow 1451 to 1951* (Glasgow, 1948).
MacLaurin, C., *An Account of Sir Isaac Newton's Philosophical Discoveries*, ed. Patrick Murdoch (London, 1750).
Maclehose, J., *The Glasgow University Press* (1931)[AQ]
Mandeville, B., *The Fable of the Bees: or Private Vices, Publick Benefits*, ed. F.B.Kaye (Indianapolis, 1988).
Marivaux, P., *Journaux et Oeuvres Diverse*, ed. F. Deloffre and M. Gilot (Paris, 1969).
Marivaux, P., *La Vie de Marianne ou les Aventures de Madame la Comtesse de *****, ed. M. Gilot (Paris, 1978).
Marshall, D., *The Figure of Theater: Shaftesbury, Defoe, Adam Smith and George Eliot*)New York, 1986).
Mason, R.A. (ed.), *Scotland and England 1286–1815* (Edinburgh, 1987).
Meek, R.L., 'The Scottish Contribution to Marxist Sociology', in R.L. Meek, *Economics and Ideology and Other Essays* (London, 1967), pp. 000–00.
Meek, R.L., *Precursors of Adam Smith 1750–1775* (London, 1973).
Mizuta, H. (ed.), *Adam Smith's Library. A Catalogue* (Oxford, 2000).
Montesquieu, C.-L., *The Spirit of the Laws*, ed. A. Cohler, B. Miller and H. Stone (Cambridge, 1989).
Moore, J., 'The two systems of Francis Hutcheson: on the origins of the Scottish Enlightenment', in *Studies in the Philosophy of the Scottish Enlightenment*, ed. M.A. Stewart (Oxford, 1990), pp. 000–00.
Moore, J., 'Natural Rights in the Scottish Enlightenment', in *The Cambridge History of Eighteenth Century Political Thought*, ed. M. Goldie and R. Wokler (Cambridge, 2006), pp. 291–316.
Moore, T.O., 'The Enlightened Curriculum: Liberal Education in Eighteenth Century British Schools', PhD thesis, University of Edinburgh, 1999.
Morice, G.P. (ed.), *David Hume: Bicentenary Papers* (Edinburgh, 1977).
Mossner, E.C., *The Life of David Hume* (Oxford, 1970).

Mudie, R., *The Modern Athens; A Dissection and Demonstration of Men and Things in the Scotch Capital* (London, 1825).

Muller, J.Z., *Adam Smith in His Time and Ours* (Princeton, 1995).

Namier, L.B. and Brooke, J., *The History of Parliament: The House of Commons 1754–1790* (London, 1964).

Norton, D.F., *David Hume: Common-Sense Moralist, Skeptical Metaphysician* (Princeton, 1982).

[Oswald, J.] *Memorials of the Rt. Hon. James Oswald of Dunnikier* (Edinburgh, 1825).

Peters, C.M., 'Glasgow's Tobacco Lords: an Examination of Wealth Creators in the Eighteenth Century', PhD thesis, University of Glasgow, 1990.

Phillipson, N.T., 'Culture and Society in the Eighteenth Century Province: The Case of Edinburgh and the Scottish Enlightenment', in *The University in Society: Europe, Scotland and the United States from the 16th to the 20th Century*, ed. L. Stone (Princeton, 1974), vol. 2, pp. 407–48.

Phillipson, N.T., 'The Civic Leadership of Post Union Scotland', *Juridical Review* (1976), pp. 000–00.

Phillipson, N.T., 'Politics, Politeness and the Anglicisation of Early Eighteenth-Century Scottish Culture', in *Scotland and England 1286–1815*, ed. R.A. Mason (Edinburgh, 1987), pp. 226–46.

Phillipson, N.T., *Hume* (London, 1989).

Phillipson, N.T., *The Scottish Whigs and the Reform of the Court of Session 1785–1830* (Edinburgh, 1990).

Phillipson, N.T., 'Politics, Politeness in the Reigns of Anne and the Early Hanoverians', in *The Varieties of Political Thought*, ed. J.G.A. Pocock et al. (Cambridge, 1993), pp. 211–45.

Pinkerton, J.M. (ed.), *Minute Book of the Faculty of Advocates*. Vol. 2, 1713–1750 (Edinburgh, 1980).

Popkin, R., 'David Hume: His Pyrrhonism and his Critique of Pyrrhonism', in *Hume*, ed. V.C. Chappell (New York, 1966), pp. 000–00.

Pufendorf, S., *The Law of Nature and Nations: Or a General System of the Most Important Principles of Morality, Jurisprudence and Politics*, trans. B. Kennett, 5th edn (London, 1749).

Pufendorf, S., *On the Duty of Man and Citizen According to Natural Law*, ed. J. Tully (Cambridge, 1991).

Rae, J., *Life of Adam Smith* (London, 1895).

Raphael, D.D., 'The Impartial Spectator', in *Essays on Adam Smith*, ed. A.S. Skinner and T. Wilson (Oxford, 1975), pp. 83–99.

Raphael, D.D., '"The True Old Humean Philosophy" and its influence on Adam Smith', in *David Hume: Bicentenary Papers*, ed. G.P. Morice (Edinburgh, 1977), pp. 23–38.

Raphael, D.D., *Adam Smith* (Oxford, 1985).
Raphael, D.D. and Sakamoto, T., 'Anonymous Writings of David Hume', *Journal of the History of Philosophy*, 28 (1990), pp. 271–81.
Raynor, D., 'Hume's Abstract of Adam Smith's *Theory of Moral Sentiments*', *Journal of the History of Philosophy* 22 (1984), pp. 51–79.
Reeder, J. (ed.), *On Moral Sentiments: Contemporary Responses to Adam Smith* (Bristol, 1997).
[Reid, T.] *The Correspondence of Thomas Reid*, ed. P. Wood (Edinburgh, 2002).
Richardson, W., *Discourses on Theological and Literary Subjects. By the late Rev. Archibald Arthur with an Account of Some Particulars of his Life and Character* (Glasgow, 1803).
Robertson, J. (ed.), *A Union for Empire: Political Thought and the Union of 1707* (Cambridge, 1995).
Romilly, S., *Memoirs* (London, 1840).
Ross, I.S., *Lord Kames and the Scotland of his Day* (Oxford, 1972).
Ross, I.S., 'Educating an Eighteenth Century Duke', in *The Scottish Tradition: Essays in Honour of R.G. Cant*, ed. G.W.S. Barrow (Edinburgh, 1974).
Ross, I.S., *The Life of Adam Smith* (Oxford, 1995).
Rothschild, E., *Economic Sentiments, Adam Smith, Condorcet, and the Enlightenment* (Cambridge, Mass., 2001).
Rousseau, J.J., *The Discourses and Other Early Political Writings*, ed. V. Gourevitch
Schneider, R.A., *The Ceremonial City. Toulouse Observed 1738–1780* (Princeton, 1995).
[Scott, W.] *The Miscellaneous Prose Works of Sir Walter Scott, Bart.* (Edinburgh, 1854).
Scott, W.R., *Francis Hutcheson: His Life, Teaching and Position in the History of Philosophy* (Cambridge, 1900).
Scott, W.R., *Adam Smith as Student and Professor* (Glasgow, 1937).
Sedgwick, R. *History of Parliament: the House of Commons 1715–54* [AQ]
Select Transactions of the Honourable the Society for Improvement in the Knowledge of Agriculture in Scotland, ed. R. Maxwell (Edinburgh, 1743).
Shapin, S., 'Property, Patronage and the Politics of Science: the Founding of the Royal Society of Edinburgh', *British Journal for the History of Science*, March (1974), pp. 000–00.
Sher, R.B., *Church and University in the Scottish Enlightenment: The Moderate Literati of Edinburgh* (Edinburgh, 1985).
Sher, R.B., 'Commerce, Religion and the Enlightenment in Eighteenth Century

Glasgow', in *Glasgow Volume I: Beginnings to 1830*, ed. T.M. Devine and G. Jackson (Manchester, 1995), pp. 000–00.

Sher, R.B., 'Early Editions of Adam Smith's Books in Britain and Ireland, 1759–1804', in *A Critical Bibliography of Adam Smith*, ed. K. Tribe (London, 2002), pp. 13–26.

Sher, R.B., *The Enlightenment and the Book: Scottish Authors and their Publishers in Eighteenth Century Britain, Ireland and America* (Chicago, 2006).

Sinclair, J., *Sketches of Old Times and Distant Places* (London, 1875).

Skinner, A.S., *A System of Social Science. Papers Relating to Adam Smith* (Oxford, 1979).

Skinner, Q., *Reason and Rhetoric in the Philosophy of Hobbes* (Cambridge, 1996).

Sklar, J.N., *Montesquieu* (Oxford, 1987).

Smout, T.C., 'The Glasgow Merchant Community in the Seventeenth Century', *Scottish Historical Review* (1968), pp. 000–00.

Smout, T.C., *A History of the Scottish People, 1560–1830* (London, 1969).

Sonenscher, M., *Before the Deluge: Public Debt, Inequality and the Intellectual Origins of the French Revolution* (Princeton, 2007).

Stewart, D., 'Account of the Life and Writings of Adam Smith, LL.D', in *Essays on Philosophical Subjects with Dugald Stewart's Account of Adam Smith*, ed. I.S. Ross (Oxford, 1980).

Stewart, M.A. (ed.), *Studies in the Philosophy of the Scottish Enlightenment*, (Oxford, 1990).

Strang, J., *Glasgow and its Clubs* (Glasgow, 1857).

Stuart, L., *Memoire of Frances, Lady Douglas* (Edinburgh, 1985).

Sutherland, L.S. and Mitchell, L.G. (eds.), *History of the University of Oxford. Vol. 5 The Eighteenth Century* (Oxford, 1986).

Taillefer, M., *Vivre à Toulouse sous l'Ancien Régime* (Libraire Académique Perrin, 2000). [AQ]

[Thom, W.] *The Scheme for Erecting an Academy in Glasgow* (Glasgow, 1762).

[Thom, W.] *The Motives which have determined the University of Glasgow to desert the Blackfriars Church and betake themselves to a Chapel* (Glasgow, 1765).

Thompson, H.W. (ed.), *Anecdotes and Egotism of Henry Mackenzie 1745–1831* (Oxford, 1927).

Thomson, J., *An Account of the Life, Lectures and Writings of William Cullen M.D* (Edinburgh, 1859).

Tribe, K. (ed.), *A Critical Bibliography of Adam Smith* (London, 2002).

Tuck, R., *Philosophy and Government 1752–1651* (Cambridge, 1993).[AQ]

Tytler, A.F. Lord Woodhouselee, *Memoirs and the Life and Writings of the Honourable Henry Home of Kames*, 3 vols. 2nd edn (Edinburgh, 1814).

Vivenza, G., *Adam Smith and the Classics: The Classical Heritage in Adam Smith's Thought* (Oxford, 2001).

Walker, R.S. (ed), *Correspondence of James Boswell and John Johnston of Grange* (London, 1966).

[Walpole, H.] *The Letters of Horace Walpole, Fourth Earl of Orford*, ed. Mrs Paget Toynbee (Oxford, 1913–15).

Warden, A.J., *The Linen Trade Ancient and Modern* (London, 1864).

West, E.G., 'Adam Smith and Rousseau's *Discourse on Inequality*: inspiration or provocation?' *Journal of Economic Issues* 5, pp. 56–70. [AQ]

Winch, D., *Adam Smith's Politics: an Essay in Historiographic Revision* (Cambridge, 1978).

Withrington, D.J. and Grant, I.R. (eds.), *Statistical Account of Scotland by Sir John Sinclair*, vol. x *Fife* (Edinburgh, 1978).

Wodrow, R., *Analecta or Materials for a History of Remarkable Providences* (Maitland Club, 1843). [AQ]

Youngson, A.J., *The Making of Classical Edinburgh 1750–1840* (Edinburgh, 1966).

英文索引

In this index, Adam Smith is abbreviated to AS except in the main entry under his name. His papers and publications appear under their titles; all other publications are given under individual authors. Page numbers in *italics* refer to illustrations in the text.

Aarsleff, Hans: *The Study of Languages in England* . . . 297
Aberdeen, Marischal College 35
Academy of Fine Arts, Glasgow 127, 131
Act of Union 1707 9, 12, 26, 73, 74–6, 263, 277
    effects of 77–8, 122, 235
    see also Anglo-Scottish relations; Scottish politics
Adam, John (son of William Adam) 15, 256
Adam, Robert (son of William Adam) 15, 248, 256
Adam, William 15, 16, 17, 131
Addison, Joseph 97, 107, 148
    on morals/ethics 19, 21–3, 148
    Spectator essays 19, 21–3, 63, 78, 93
Additions and Corrections to the first and second editions of . . . the Wealth of Nations 264–6
    see also *Wealth of Nations*
aesthetics, AS's theory of 248–53, 261, 268, 309

agricultural economies 13, 78–9, 194–5
    France as 186, 195–6, 218
    AS on 174, 176, 197
agricultural improvement 203–4, 207, 218
American colonies, AS on, in *Wealth of Nations* 228–30, 233
    see also Anglo-American relations
Amherst, Nicholas 56
Anderson, John, as Glasgow University Professor of Natural History 301n30
Anderson, R. D., M. Lynch and N. Phillipson: *The University of Edinburgh* . . . 494
Anglo-American relations 201, 258
    American War of Independence 212, 262; effects of 262–3, 266
    AS on 208, 211–13; his memorandum on 212–13, 306n27; in *Wealth of Nations* 211, 212, 228–9, 235–7, 239
    see also American colonies

Anglo-Scottish relations 9–10, 27, 72, 73, 76–7, 277
  Act of Union *see* Act of Union
  Glorious Revolution, 1688 9–10, 26, 31, 32, 45
  see also Jacobite rebellion; Scottish politics
Annual Register 162
Argyll, Archibald Campbell, third Duke *see* Islay, Archibald Campbell
Argyll, John Campbell, second Duke 58, 59, 60, 85, 122
Aristotle 93, 100, 101, 112
the arts *see* aesthetics
Aston, N. 308n18
astronomy, AS's juvenile essay on 209, 279, 283–4
St Augustine 41, 46, 49, 61
Ayr Bank, collapse of 206, 207–8, 256

Bacon, Francis 2, 146
Baillie, Robert, as Glasgow University Principal 30
Balliol College *see* Oxford University, Balliol College
banking system 206–8
Barbyrac, Jean 46
Barfoot, M. 302
Bayle, Pierre 186
  Dictionnaire historique et critique 61, 66
Beattie, Matthew 58
The Bee (journal) 281, 311n2
benevolence 48, 49–51, 52, 53, 54–5, 61–2, 149
Berry, C. J. 297
Black, Joseph 3, 128, 189, 241
  AS and 259; as AS's executor 259
Blair, Hugh
  as Edinburgh University Regius Professor of Rhetoric and Belles-Lettres 36, 81, 90
  AS and 119, 254, 255, 282
  on *Wealth of Nations* 239, 254
Board of Customs, Scotland 255, 257
  AS as Commissioner of Customs 1, 5, 10, 182, 209, 253–4, 260–61, 263, 264, 267, 268, 256; duties 257–9; salary 257
  see also customs/excise
Board of Trustees for Fisheries and Manufactures 13
Bogle, Annie 123
Bogle, Robert 128–9
Bogle family 29
Bonnet, Charles 189
Bonnyman, Brian D.: 'Agricultural Improvement in the Scottish Enlightenment . .' (PhD thesis) 204, 306
Boswell, James 7, 64, 87, 132, 135, 169, 210, 247, 281
  The Applause of the Jury 297
  on Hercules Lindesay 125
Boyd, Zachary 39
Brewer, John: *The Sinews of Power . . .* 310n5
British Coffeehouse, Charing Cross 201, 209, 210
British Museum 201
Brown, A. H. 170
Brown, M.: *Francis Hutcheson in Dublin . . .* 289n19, 291
Brown, V.: *Adam Smith's Discourses . . .* 300
Buccleuch, Duke of 181, 200, 204
  Ayr Bank, investment in 207
  career 200, 203
  in Edinburgh, at Dalkeith House 203

health 198–9
David Hume and 211
marriage 203
Scottish estates 200, 203–4, 207, 306
AS and 200, 202–3, 204, 209, 211, 254, 256, 276, 306
AS as his tutor 76, 159–60, 179, 180–94, 198–9; curriculum 188; in France 183, 185–9, 190–94, 198–9; in Geneva 185, 189–90; in Germany 185; AS's salary 182
on AS 183
Charles Townshend and 183–4, 202–3
Buchan, James, Earl of 10, 132, 268, 281
Buchan, James, author, *Adam Smith and the Pursuit of Perfect Liberty* 287
Buchanan, George 54
Burke, Edmund 126
Philosophical Inquiry into ... the Sublime and the Beautiful 126
AS and 162, 210, 247, 257, 263, 281
on *Theory of Moral Sentiments* 162
Burns, Robert 21
Bute, John Stuart, third Earl 119, 159, 160

Thomas Caddell, as AS's publisher 263, 267
Calas, Jean, execution of 186–7
Caledonian Mercury 89
Callander, David 260–61
Campbell, Ilay 203

Campbell, R. H. and A. S. Skinner: *Adam Smith* 201, 285, 286, 298
Campbell, T. D. 290–91
Adam Smith's Science of Morals 300
Carlyle, Alexander 39–40, 80
on Duke of Buccleuch 203
on AS 184
on Charles Townshend 180–81, 303n8
Carmichael, Gersholm 43
as Glasgow University Professor of Moral Philosophy 34
Catherine the Great 170
Cebes: *Tabula* 19
Chalmers, George 119
Cicero 21, 22, 93, 125, 220
De Officiis 19
De Finibus 149, 299n12
on Stoic ethics 149, 299n12
citizenship 272–3
civil society concept 2, 3, 44–5, 83
civilizing process 49, 50, 54, 141, 156, 157–8, 217, 271
aesthetics and 248–53
trade/commerce and 137, 142, 143–4, 146–7, 175–6, 178, 179
clan system 83, 84–5
Cleghorn, William, as Edinburgh University Professor of Moral Philosophy 102
Clerk, John 30
Clow, James, as Glasgow University Professor of Logic and Metaphysics 126
Cocceii, Henry and Samuel 125
Cochrane, Andrew 40, 129
Colbert, Abbé, Vicar-General of Toulouse 185, 187

Colbert, Jean-Baptiste 195, 198
commerce *see* trade/commerce
Condillac, Étienne Bonnot de 101, 165, 194, 218
  Essai sur l'origine des connoissances humaines 94–5, 103
'Considerations Concerning the First Formation of Languages' 165–6
Craig, William 261
Craigie, Thomas, as Glasgow University Professor of Moral Philosophy 121–2
Crawford, William 128–9
credit supply 207
Critical Review 162–3, 301n7
Crosse, William 84–5
Cullen, Robert 261
Cullen, William 80, 125, 127
  at Edinburgh University 128; as Professor of Chemistry 81
  as Glasgow University Professor of Medicine 121, 125, 128
  AS and 119, 121, 183, 210–11; as AS's doctor 179
Cunninghame, William 29, 122–3
customs/excise 10, 12, 14, 257
  see also Board of Customs; trade/commerce

d'Alembert, Jean le Rond 2, 186, 192
  see also Diderot, Denis and Jean d'Alembert
d'Enville, Duchesse (mother of La Rochefoucauld) 190, 192–3
d'Holbach, Baron 192–3
Dalrymple, Sir David 184, 303n9
Dalrymple, Sir John 129, 159

Davidson, Archibald, as Glasgow University Principal 268
Davis, H. W. C.: *Balliol College* 292
de Boufflers, Comtesse 184, 192–3
de Brienne, Loménie, Archbishop of Toulouse 186, 187
de la Rochefoucauld *see* La Rochefoucauld
de Mandran, Louis 187
De Marchi, N. 309
De Origine Idearum (inaugural dissertation at Glasgow University) 120
defence/war 232
  financing/cost of 187, 198, 212, 213, 232, 235–6, 263
Defoe, Daniel, on Glasgow 25–6, 29, 30–31, 39
Dennison, E. P. and R. Coleman: *Historic Kirkcaldy . . .* 288
Descartes, René 146
Desnitsky, Semyon 170
Devine, T. M.: *The Tobacco Lords . . .* 290
Devine, T. M. and G. Jackson (eds): *Glasgow . . .* 288n2, 290
Dick, Robert 42
Diderot, Denis and Jean d'Alembert: *Encyclopédie* 131, 146, 193
Dinwiddie family 29
'Dissertation on the Origin of Language' 201
division of labour 118, 175, 176–8, 205, 248, 302
  see also labour/labour force
Douglas, David (nephew and heir of AS) 257, 292n8
Douglas, Janet (cousin of AS) 121, 257
Douglas, Margaret *see* Smith, Margaret

Douglas family (of Strathendry) 10, 14, 17
Drummond, Sir George (father of Lilias Drummond) 10
Drummond, Lilias *see* Smith, Lilias
du Pont de Nemours, Pierre-Samuel 193
Dundas, Henry 73, 204
  as Lord Advocate 258
  AS and 204, 258, 263, 267–8
Dundas, Robert 85
Dunlop, Alexander, as Glasgow University Professor of Greek 34, 41, 56
Dunlop, John 124
Dunlop, William, as Glasgow University Principal 32
Dwyer, J.: *The Age of Passions...* 300

East India Company 201, 265–6
economic conditions 12–13, 75–7, 79, 85, 114–15, 117, 177–8, 219–20, 225–6
  capital supply 221–2
  consumption 115–16, 123
  credit supply 207
  in France 185, 186, 187, 272–3
  income levels 122, 123
  money supply 178, 206–8, 222, 225–6
  see also trade/commerce
Edgar, James 257
Edinburgh 73, 78, 79–80, 202
  as the Athens of the North 81–2
  Duke of Buccleuch in, at Dalkeith House 203
  development/expansion 255–6, 309n2
  Enlightenment in 75, 79, 81, 88, 144
  intellectual/cultural life 24, 72, 76, 78–9, 81, 82, 89–90, 119, 255, 259–60
  Jacobite rebellion 1745, effects on 82–5
  learned societies 78, 80, 81, 119, 128
  population levels 26
  public lectures 89; AS's *see* jurisprudence, AS's Edinburgh lectures *and* rhetoric, AS's Edinburgh lectures
  Royal Exchange 255, 256, 257
  AS in, at Panmure House 10, 254, 256–7
  social structure 73–4, 75–6, 78
Edinburgh Advertiser 203–4
Edinburgh Review 145, 159, 282
  AS published in 4
Edinburgh Royal Infirmary 128
Edinburgh University 7, 39–40, 74, 79–80, 82, 256
  academic staff 42, 80, 81, 86, 102; *see also* individual professors
  Joseph Black at 128
  Hugh Blair as Regius Professor of Rhetoric and Belles-Letters 36, 81, 90
  William Cullen at 128; as Professor of Chemistry 81
  curriculum 81, 88
  development/growth 79, 81
  Adam Ferguson as Professor of Natural/Moral Philosophy 81, 128
  Henry Home at 80
  David Hume at 64
  in Jacobite rebellion, 1745 82, 83
  management 79
  Moral Philosophy chair 65, 81

Edinburgh University – *cont.*
  Principals 35, 81, 83, 256
  Public Law chair 128
  reputation 127, 128
  John Stevenson as Professor of Logic and Metaphysics 80, 88, 90
  Dugald Stewart at 128
  students/student numbers 81, 127, 128
  teaching standards, criticism of 80–81, 102
education
  humanist 18–19
  AS on, in *Wealth of Nations* 233–4
  see also individual institutions; universities
Egmont, Lord 57
Elliot, Gilbert 163–4
  AS and 166
  on *Theory of Moral Sentiments* 163, 164–5
Emerson, R. L. 290
English philosophers/philosophy 4, 145–6
  see also individual philosophers
Enlightenment *see* Scottish Enlightenment
Epicetus 19, 22
  Enchiridion 19–20, 21
  on *indifferentia* 20
  his spectator theory 20, 107
Episcopalian Church 30, 31, 58
  see also religious issues
ethics *see* morals/ethics
Eton 167, 168, 183–4, 303n8
Euclidean geometry, AS's study/use of 42, 92, 101
  see also mathematics
Euripides 62

Eutropius: *Historiae Romanae Breviarum* 18

farming *see* agricultural economies
Ferguson, Adam 129
  as Edinburgh University Professor of Natural/Moral Philosophy 81, 128
  AS and 119
  on *Wealth of Nations* 240
Ferguson family (of Raith) 15
fiction, philosophical value of 63–4, 88
  see also literature
Fitzgibbon, Athol: *Adam Smith's System of Liberty* . . . 300
Fitzmaurice, Thomas (son of Earl Shelburne) 302
  AS as tutor to, at Glasgow University 166–9, 183, 188; curriculum 167
Fleischacker, S.
  On Adam Smith's Wealth of Nations . . . 308
  A Third Concept of Liberty . . . 300
Fleming, Rev. Thomas: 'Parish of Kirkcaldy' 11, 12, 288
Fletcher, Andrew 75–7
Fontana, Biancamaria: *Rethinking the Politics of Commercial Society* . . . 282
Forbes, Duncan 84, 307–8
Foulis, Robert and Andrew, as printers to Glasgow University 38, 127, 131, 181, 299
  their Academy of Fine Arts 127, 131
France 45, 185–6, 262, 267
  economic conditions 185, 186,

187, 272–3; as an agricultural economy 186, 195, 218
Enlightenment in 150
government system 102–5, 187, 190
David Hume in 64, 169
monarchy 103–4, 185, 188–9
religious issues 186–7
AS in, with Duke of Buccleuch 183, 184, 185–9, 190–94; in Paris 184, 189, 190–94, 198–9; in Toulouse 185–9, 191
AS's reputation in 191–3
see also French . . .
Franklin, Benjamin 213
free trade 129–30, 136, 178, 193, 205, 228, 231, 235, 263
Quesnay on 194–5, 205, 218
see also trade/commerce
French economists (économistes/physiocrats) 190, 192, 195, 221, 304–5
David Hume on 194, 218
AS and 193–8, 205–6, 217, 218, 219, 230, 234
see also Quesnay, François
French philosophers/philosophy 4, 7, 66, 94–5, 103–5, 186, 192, 194
on aesthetics 249
AS's study of 60–64, 145–6
see also individual philosophers
Friday Club, Glasgow 128, 129

Gaskell, P.: *A Bibliography of the Foulis Press* 299
Geneva 170, 189
AS in, with Duke of Buccleuch 185, 189–90
Germany, AS in, with Duke of Buccleuch 185

Gibbon, Edward 210, 267
Gibson, John 31, 123
The History of Glasgow . . . 123
Glasgow 25–31, 290
city government 26, 29; Provosts 29, 40
Daniel Defoe on 25–6, 29, 30–31
economic development 25–9, 122, 123
Enlightenment in 127–30
learned societies 128–9, 298–9
pietism in 29–31
population levels 25, 26
private academies 127, 130
social life/structure 123
smugglers/smuggling 26, 27, 122
trade/commerce 25, 27–9, 122, 123–4; tobacco trade 25, 27–9, 122–3, 124, 129, 290
Glasgow Courant 120
Glasgow Literary Society 248
Glasgow University 2, 7, 26, 30, 32, 39–40, 128
academic staff 33, 34, 38, 41–2, 56, 120–22, 124, 125, 126–7, 128, 170, 171, 270, 301n30; see also individual professors
Daniel Defoe on 39
development/growth 5, 24, 32, 33, 290
Thomas Fitzmaurice at, under AS's tutelage 166–9
Francis Hutcheson as Professor of Moral Philosophy 34, 36–8, 79, 80, 102, 124, 126, 132, 134; opposition to 37–8, 41–2; his curriculum 31–2, 34, 102
Earl of Islay (later Duke of Argyll) and 33–4, 38, 121, 122, 125, 126

Glasgow University – *cont.*
  Hercules Lindesay as Professor of Civil Law 125, 170, 171
  management/reform 26, 31, 32, 122, 124–7, 170–71
  Principals 30, 32–3, 268
  printing/publishing by 38, 127
  private academies sponsored by 127
  religious issues 30, 31–2, 33, 37–8, 124, 126
  reputation 127, 128; criticism of 130
  Robert Simson as Professor of Mathematics 24, 34, 42, 167, 171
  AS as student 2, 4, 18, 23, 24–5, 39–42, 43, 44, 45, 49, 50, 56
  AS as Doctor of Laws 179
  AS as Professor of Logic and Metaphysics 2, 4, 5, 34, 120–22, 125; controversy over 121, 281
  AS as Professor of Moral Philosophy 2, 4, 5, 34, 119, 122, 130, 131–7, 166–9, 170–79; his curriculum 126, 132–3, 171–2, 175; lecturing style 134–5; John Millar on 132–3, 134–5, 136; resignation 6, 179, 182; replacement 183
  AS as Rector 269
  AS's lectures on jurisprudence *see* jurisprudence, AS's Glasgow University lectures
  AS's lectures on rhetoric 6
  AS's private course on rhetoric and belles-lettres 127, 132
  students/student numbers 32, 127–8, 132; foreign students 170
  student fees 133
Glasgow University Library 130, 171
Glassford, John 29, 124
government
  Henry Home on 112
  David Hume on 69, 110, 140, 179, 242
  Francis Hutcheson on 43, 50, 52–4, 69, 114–15
  international relations 140
  AS's theory of 69, 106–7, 111–13, 116–17, 172, 173–5, 178; in *Wealth of Nations* 230–35
Graham, John 128–9
W. Gray and W. Peter (Edinburgh printers) 299n9
Gregory, David 57
Grenville, William 267–8
Griswold, C.: *Adam Smith and the Virtues of Enlightenment* 300
Grotius, Hugo 2, 7

Haakonssen, K. 291
  The Science of a Legislator... 297, 308
  on *Theory of Moral Sentiments* 300
Hailes, Lord 204–5, 256
Hallam (Duke of Buccleuch's tutor at Eton) 184, 303n8
Hamilton, William 87
Hamilton, Duke of 209
Harrington, James 112
Helvétius, Claude-Adrien 192
Hepburn, Miss (friend of AS) 136
Hertford, Earl of 303n25
  as British Ambassador in Paris 190, 191; David Hume as his secretary 190–91, 303n25

Hobbes, Thomas 2, 7, 54, 101
  on human nature 43–4
Hochstrasser, T. J. 304–5
Hodge-Podge Club, Glasgow 128
Holt, Andreas 201, 259, 261
Home, Henry (Lord Kames)
    (cousin of David Hume) 65,
    85, 86, 94, 125, 213, 256
  career 87
  character 86, 87
  at Edinburgh University 80
  Elements of Criticism 86, 192
  his 'élèves' (protégés) 87, 89, 125;
    see also AS below
  Essays upon Several Subjects...
    102
  David Hume and 65, 86
  on David Hume: *Treatise...* 86,
    138
  intellectual ideas/development
    86–8, 112
  James Oswald and 72, 86,
    305n8
  *Principles of Morality and
    Natural Religion* 86
  his science of man concept 86, 88
  AS and 87–8, 120, 137, 282; as
    his patron 72, 89, 102, 163
  on *Theory of Moral Sentiments*
    163
  on Voltaire: *Henriade* 192
Home, John (cousin of David
    Hume) 119, 160
Homer 111, 181
The Honourable the Society for
    Improvement in the
    Knowledge of Agriculture
    13, 78–9
Hont, Istvan 290
  Jealousy of Trade... 198, 297,
    304n42, 305, 308

Hont, Istvan and M. Ignatieff (eds):
    Wealth and Virtue... 308
Horn, D. B.: *A Short History of
    Edinburgh...* 294
Horne, George: *Letter to Adam
    Smith...On...David Hume*
    246–7
Horner, Francis 282–3
Howell, W. S. 297
human nature 43, 61, 62, 125
  benevolence 48, 49–51, 52, 53,
    54–5, 61–2, 149
  civilizing process *see* civilizing
    process
  French philosophers on 60–64,
    66, 137
  Thomas Hobbes on 43–4
  Francis Hutcheson on 43, 45–6,
    49–55, 66; on moral sense
    51–2
  imagination 96, 113, 157
  as inquisitive 50–51, 52,
    150–51
  Bernard Mandeville on 47–50,
    52, 66
  needs 142, 147–8
  propriety 92–3, 96–7, 151–2,
    280
  psychological analysis of 61,
    63–4
  Pufendorf on 43–5; Francis
    Hutcheson's criticism of 43,
    45–6, 53
  religion and 66–7
  remorse/retribution 154–6
  as selfish 46–9, 50, 51, 54
  Shaftesbury on 46–8
  sociability 101–2, 138, 147–8,
    280–81; *see also* sympathy
    below
  sympathy 67–8, 70, 163, 165,

human nature – *cont.*
    173, 282; AS on 148–54; *see also* sociability above
  see also moral economy; science of man concept
humanists/humanism 18–19
Hume, David 2, 14, 64, 82, 88, 120, 126, 138, 140, 202, 224
  on banking system/money supply 207–8, 235
  character 5, 242, 244–5
  correspondence 5, 184, 187–8, 198, 305n8
  Dialogues Concerning Natural Religion 140, 163–4, 242–4; disagreement with AS on posthumous publication of 242–6
  at Edinburgh University 64
  Enquiry Concerning Human Understanding 140
  Enquiry Concerning the Principles of Morals 140
  Essays Moral, Political and Literary 65, 68–9, 102–3, 111, 140, 141–4, 235
  family 243, 246
  financial position 71, 242, 300, 303n25
  in France 64, 169, 190–91, 303n25
  on French economists 194, 218
  on government 69, 110, 140, 179, 242
  health 241
  as an historian 129, 136, 137, 140
  History of England 129, 136, 137, 140, 188, 191, 242, 300
  Henry Home and 65, 86
  Francis Hutcheson and 65
  influence/importance 275
  intellectual ideas/development 108, 148, 163
  Earl of Islay's opposition to 34
  on justice 70, 113, 179
  on John Locke 103
  on Lucian: *Dialogues* 245–6
  on Bernard Mandeville: *Fable of the Bees . . .* 142–3, 144
  on Montesquieu 102–3
  My Own Life 241–2, 247–8; AS's supplement 244–6
  'Of the Origins of Government' 242
  'Of the Standard of Taste' 249
  'Of Tragedy' 249
  James Oswald and 15, 65, 72, 86, 305n8
  Political Discourses 137, 138, 140–41, 177, 191, 212, 242, 249
  on property 108, 143, 235
  religious beliefs 64, 66, 242–4, 246, 281
  his science of man concept 64, 65–7, 70–71, 96, 138, 140–41, 147–8, 237, 279–82, 292–3
  AS and 71, 72, 119, 126, 128, 136–7, 138, 140, 159, 179, 180, 184, 185, 187–8, 189, 191, 194, 198, 199, 201, 202, 207–8, 241, 242, 243, 296n53; as AS's executor 209, 279
  AS, his influence on 2, 25, 64–71, 89, 101, 116, 118, 119, 141, 234, 237, 249–52
  AS as his literary executor 241–6, 243
  AS on 138, 244–5, 281

on *Theory of Moral Sentiments*
  160–61, 162–3, 301n7
Charles Townshend and 180
on trade/commerce 129, 137,
  141–2, 143–4
Treatise on Human Nature 64–5,
  66–70, 71, 126, 140, 292–3;
  Henry Home on 86, 138;
  Hume's opinion of 65, 242;
  Introduction 299n8; AS's
  reading of 65, 67, 292n28
on *Wealth of Nations* 1, 240–41
his will 241
writing style 65
death 242, 244, 253, 255, 281;
  his tomb 248, 257
Hundert, E. J.: *The Enlightenment's Fable*... 290
Hunter, John 267
Hunter, William 210
Hutcheson, Francis 88, 290–91
  Gersholm Carmichael and 43
  family 53
  at Glasgow University 34
  as Glasgow University Professor of Moral Philosophy 34, 36–8, 79, 80, 102, 124, 126, 132, 134; opposition to 37–8, 41–2; curriculum 31–2, 34, 102
  on government 43, 50, 52–4, 69, 114–15
  David Hume and 65
  influence/importance 42–3, 120, 121
  An Inquiry into the Original of our Ideas... 50, 51, 52
  intellectual ideas/development 43, 45–6, 49–55, 68, 69, 107, 150
  Earl of Islay's support for 34

William Leechman on 42
on Bernard Mandeville: *Fable of the Bees*... 49–50, 52, 146
Viscount Molesworth and 35, 36
on moral sense 51–2, 68, 69
on pneumatology (nature/existence of God) 41–2
publications 38; see also individual titles
Pufendorf, his criticism of 43, 45–6, 53
A Short Introduction to Moral Philosophy 53
AS, his influence on 2, 10, 24, 35, 36, 42, 45, 49, 54–5, 101, 114, 237
A System of Moral Philosophy 53
in Ulster 34–5, 289n19
Hutton, James 3, 259
  AS and 259; as AS's executor 3, 279

Ignatieff, M.: *The Needs of Strangers* 300
imagination 96, 113, 157
impartial spectator see spectator theory
imperialism 3, 45, 212
  anti-imperialism 213
  see also Anglo-American relations
India 201, 265
  see also East India Company
indifferentia
  Joseph Addison on 22–3
  Epictetus on 20
Inquiry into the Nature and Causes of the Wealth of Nations see Wealth of Nations
Invisible Hand concept 117

Ireland 236, 263, 267
  Dublin 34–5
  Francis Hutcheson in 34–5
  Ulster 27, 34
Islay, Archibald Campbell, first Earl (third Duke of Argyll) 26, 33, 73, 78, 159, 167
  Glasgow University and 33–4, 38, 121, 122, 125, 126
  David Hume, his opposition to 34
  Francis Hutcheson, his support for 34
  AS and 120, 121
  Robert Walpole and 26, 33

Jacobite rebellion, 1745 5, 72, 76, 78, 80
  effects of 82–5, 86
Jardine, George, as Glasgow University Professor of Logic and Metaphysics 126–7
Jeffrey, Francis 282
Johnson, Samuel 123, 247, 259
  Dictionary ... 145; AS's review of 145, 146, 299n7
  AS and 210
  death 274
Jones, J.: *Balliol College* ... 292
Jones, P. 309
jurisprudence 3, 54, 71, 88, 265
  causation 103, 105
  Henry Home on 86
  David Hume on 70, 113, 179
  law, definition of 104–5
  Montesquieu on 102–5, 140
  purpose 106
  reform of 102–5
jurisprudence, AS's Edinburgh lectures on 72, 88, 89, 102, 105–19, 120, 296, 297
  importance 119, 126
  as revisionist 106–7, 111
  subject matter (inferred) 89, 105–18, 172–3, 174; economic conditions 114–15, 117, 118; government 106–7, 111–13, 116–17; property 108–11; Roman law 112; trade/commerce 114–16
  see also Lectures on Jurisprudence
jurisprudence, AS's Glasgow University lectures on 4, 6, 157–8, 172–9, 182, 231
  lecturing style 172
  student's notes on 105, 107, 117, 172
  subject matter 105, 172, 173–8; agricultural economies 174, 176; division of labour 175, 176–8; government 173–5, 178
justice, concept/importance of 68–9, 113–14, 115
  David Hume on 70, 113, 179
  AS on 70, 107, 232

Kames, Lord *see* Home Henry
Kay, John, cartoons of AS 260
Kincaid and Bell (publishers) 159
Kirkcaldy 11–14, 120, 267, 305n8
  as a burgh 11–12
  burgh school 17–21, 23, 60–61
  linen industry 12, 13–14
  AS's childhood in 4, 9, 10, 12, 14, 15, 16, 23
  AS in, 1767–73 201–2, 294, 209
  as Margaret Smith's home 10, 16, 56, 201, 261
  as trading/commercial centre 11–14, 17
Knox, John 31

L'Espinasse, Mme de 192
La Mercier de la Rivière (French economist) 193
La Rochefoucauld, François, sixth Duc de 61, 190
  AS, correspondence with 261
labour/labour force 140, 142–3, 205, 221
  cost of 219
  division of labour 118, 175, 176–8, 197, 205, 248, 302
  production levels 197, 218
  as source of wealth 206, 219, 224–6
language/conversation 150
  figurative use of 95–6
  importance of 23, 67–8, 70, 101
  lexicography 145
  propriety in 92–3, 96–7
  AS's theory (conjectural history) of 70, 92, 93–100, 101, 138, 165–6, 201, 251–2, 297
  see also literature; rhetoric
Le Sage, George 189
Lectures on Jurisprudence 108–11, 145
  see also jurisprudence, AS's Edinburgh lectures; jurisprudence, AS's Glasgow University lectures
Lectures on Rhetoric and Belles-Lettres 1, 7–8, 145
  see also rhetoric, AS's Edinburgh lectures
Leechman, William 36–7, 127, 137
  as Glasgow University Professor of Divinity 38, 121, 124
  on David Hume 42
  on Francis Hutcheson 42
  on Presbyterian ministers 37
legal issues 73, 74, 84–5, 102
  see also jurisprudence; justice
Leiden University 33, 79, 80
Leslie, John 292n8
Lewis, Anthony 309n3
Lieberman, D. 297
Lindesay, Hercules 125
  as Glasgow University Professor of Civil Law 120, 124–5, 126
  death 125
linen industry 12, 13–14, 264
Literary Society, Glasgow
literature 78, 97
  fiction, value of 63–4, 88
  poetry 78, 87
  see also individual authors; language
Livingston, D. W.: *Hume's Philosophy of Common Life* 292–3
Locke, John 88, 117
  David Hume on 103
logic/metaphysics 31–2
  see also morals/ethics
London
  Joseph Addison on 22
  AS in, 1776–7 200–201; 1773–6 209–12
  AS's visits to 3, 169–70, 183, 258, 263–4, 267–8
Loudon, John 41, 126
  as Glasgow University Professor of Logic and Metaphysics 41–2, 120
Lucian: *Dialogues*, David Hume on 245–6

McBride, I. 289n19, 291
Macdonald, Sir James 189, 198
MacElroy, D. D.: *Scotland's Age of Improvement* 294, 310n11

McKenna, S. J.: *Adam Smith: The Rhetoric of Propriety* 297
Mackenzie, Henry 257, 261
Mackie, Charles, as Edinburgh University Professor of Civil History 80
Mackie, J. D.: *The University of Glasgow . . .* 290
Mackintosh, Sir James 282
Maclaine, Archibald 42
McLaurin, Colin, as Edinburgh University Professor of Mathematics 80
Maclehose, J.: *The Glasgow University Press* 299
Macpherson, John 204
Mandeville, Bernard 61, 110, 115, 116, 163, 290
  The Fable of the Bees . . . 47–9, 54, 66, 94, 299n9; David Hume on 142–3, 144; Francis Hutcheson on 49–50, 52, 146; AS on 146–7, 148, 149
  on Shaftesbury: *Characteristicks of Men . . .* 47–8, 98, 295n17
Mansfield, William Murray, first Earl (Lord Mansfield) 159
Marivaux, Pierre 86, 88
  Journeaux et Oeuvres Diverse 63, 64
  his *science de coeur* 63
  Spectateur Français 63
  La Vie de Marianne 63–4
the market *see* trade/commerce
Marmontel, Jean François 192
Marshall, D.: *The Figure of Theater . . .* 300
Martin, David 248
mathematics 42
  AS's study/use of 24–5, 42; of

Euclidean geometry 42, 92, 101
Maxwell, George Clerk 257
medical qualifications, AS on 210–11
Medical Society, Edinburgh *see* Philosophical Society
Meek, R. L. 178, 302, 307
  Precursors of Adam Smith . . . 304
Menteath, James 267
method/intellectual order 70–71, 104, 145, 283–4
  didactic 145
  scientific 100
  AS's love of 4, 25, 70, 113, 261
Metz, Conrad, portrait of Margaret Smith 257
Andrew Millar (publisher) 159, 199
Millar, John 90, 104, 126, 183
  as Glasgow University Professor of Civil Law 125, 170, 171
  on AS's Glasgow University Moral Philosophy course 132–3, 134–5, 136
  on *Wealth of Nations* 216, 217, 240
Miller, David
  at Kirkcaldy burgh school as master 17–21; curriculum 17–18, 19, 36; teaching methods 18–19, 60–61
  'The Royal Command . . .' (school play) 18–19
Mirabeau, Marquis de 194
  Philosophie Rurale . . . 193, 195–6, 198
Mirror (journal) 261
Molesworth, Robert, Viscount 35–6, 288n13
  Francis Hutcheson and 35, 36

monarchy/monarch *see* nobility/
      sovereignty
money supply 178, 206–8, 222,
      225–6, 235
monopolies *see* trade monopolies
Montesquieu, Charles Louis de
      Secondat 103, 112, 132, 159,
      174, 194
   De l'esprit des lois 102–3, 140,
      167, 188; David Hume on
      102–3; AS on 103–5, 218
   law, his definition of 104–5
   methodology 104
Montgomerie family 29
Moore, James 291
Moore, T. O. 288
moral economy 2, 4, 6–7, 17,
      23, 54–5, 100, 137,
      220–21
   classical view of 19–21
   in France 193
   Francis Hutcheson on 43,
      49–55, 68
   see also human nature; *Theory of
      Moral Consequences*
morals/ethics 42, 46, 54, 66, 270
   Joseph Addison on 19, 21–3, 148
   Augustinian 41, 46, 49, 61
   classical 19–21, 23, 50
   Francis Hutcheson on 49–55; on
      moral sense 51–2, 68, 69
   justice *see* justice
   logic/metaphysics 31–2
   Sir James Mackintosh on, in
      Encyclopaedia Britannica 282
   Bernard Mandeville on 47–50,
      52, 66
   Shaftesbury on 46–8
   Stoic 19, 21, 22, 23, 45, 51, 54,
      148, 149–50, 300
   see also human nature

Morellet, Abbé 186, 192, 194
   Dictionnaire du commerce 194
Muirhead, George 120
Muller, J. Z.: *Adam Smith in His
      Time and Ours* 286–7
music, AS on pleasure of 251–3
   see also aesthetics
Music Society, Edinburgh 90

Navigation Acts 27, 29, 122, 229
Necker, Jacques 192
Newton, Sir Isaac 80, 100, 101, 283
Nicole, Pierre: 'De la Grandeur'
      61–2, 63
nobility/sovereignty 194, 196
   Montesquieu on French system
      103–4, 188–9
   role/duties 112–13, 185, 189,
      200, 223–4, 235
   see also property
North, Frederick, eighth Baron
      (Lord North) 258, 262–3
Norton, D. Fate: *David Hume . . .*
      293

observation/observers *see* spectator
      theory
'Of the Imitative Arts' 249–53
oratory *see* language/conversation
Osborne, General Alexander 257
Ossian (James Macpherson) 192
Oswald, James (son of Captain
      James Oswald) 15, 17, 90,
      180
   Henry Home and 72, 86, 305n8
   David Hume and 15, 65, 72, 86,
      305n8
   on political economy 15, 16
   AS and 15, 16, 72, 85–6, 120
   Dugald Stewart on 16
Oswald, Captain James 15

Oswald family (of Dunnikier) 13, 15–16, 17, 58
Oxford University 292
  Bodleian Library 60
  curriculum 56–7
  David Gregory as Regius Professor of History 57
  reputation 24, 56–7, 130
  AS on 57
Oxford University, Balliol College 25, 292
  Jacobite sympathies 58
  libraries 60
  reputation 57–8
  AS on 59, 72
  AS as student: reading/studies 60–64; as Snell exhibitor 2, 4, 24, 25, 56, 72; as Warner exhibitor 59
  Snell exhibition 58, 291; *see also* previous entry
Oyster Club (Adam Smith's Club), Edinburgh 257, 259

Paris *see* France
Pascal, Blaise 61, 63
patronage 73, 74, 83, 87, 121, 159–60, 166, 179
  in the church 74
  by Glasgow University 127
  Henry Home: his 'élèves' (protégés) 87, 89, 125; as AS's patron 72, 89, 102
Phillipson, Nicholas T. 288, 294, 494
  Hume 288, 293
  The Scottish Whigs 294
Philological Miscellany 165
Philosophical Society, Edinburgh 78, 80, 81, 82, 90, 128
  Henry Home as vice-president 86–7
  AS as vice-president 119
philosophy, AS on origins of 283–4
  see also moral economy; morals/ethics
Pitt, William 267–8
pity *see* sympathy
Playfair, John 259
Poker Club, Edinburgh 257
political economy
  definition/purpose 158, 198
  in France 192, 195, 304–5; AS's attitude to 193–8, 205–6, 217, 218
  Francis Hutcheson on 53
  James Oswald on 15, 16
  Pufendorf on 43–5; Francis Hutcheson's criticism of 43, 45–6, 53
  AS on 2–3, 6–7, 54, 114, 115, 178, 302
  see also division of labour; *Wealth of Nations*
Political Economy Club, Glasgow 40, 129
political issues 262–3, 267
  see also Anglo-American relations; Anglo-Scottish relations; government; Scottish history/politics
Popkin, R. 292
power
  deference towards the powerful 152–4
  property as 112–13, 114, 172, 194
Pownall, Thomas, on *Wealth of Nations* 1, 229–30
Presbyterian Church
  General Assembly 83, 84
  in Glasgow 29–31
  lay patronage in 74

ministers 37, 38, 83–4
  radical dissent in 30–31, 33;
    Cambuslang Revival 30
  Scottish universities and 31–2,
    33, 37–8
  see also religious issues
price/value, AS's theory of 205, 206,
    219, 240, 241
  determinants of price 219–20
  'The Principles . . . Philosophical
    Enquiries; illustrated by,
    the History of Astronomy'
    see astronomy, AS's juvenile
    essay on
Pringle, Sir John 201, 241
property
  David Hume on 108, 143, 235
  as power 112–13, 114, 172, 194
  AS's theory of 108–11, 112, 172,
    173, 217, 223–4, 235, 280
propriety 151–2
  in language 92–3, 96–7
prudence *see* virtue
public credit *see* taxation
Pufendorf, Samuel von 2, 7,
    34, 43–5, 54, 55, 61, 88,
    106–7, 290
  Francis Hutcheson's criticism of
    43, 45–6, 53
  On the Duty of Man . . . 290
Pulteney, Sir William 90, 208

Quesnay, François 188
  as a medical doctor 192, 198–9
  Physiocratie . . . 193; copy
    presented to AS 193, 304n35
  AS and 192, 193–4, 205–6, 217,
    218, 219, 230, 234; his
    critique of 196–7, 218
  Tableaux économiques 193,
    194–5

Racine, Jean 62
  Phaedre 62–3
Rae, J.: *Life of Adam Smith* 192–3,
    285, 286, 309, 311
Raeburn, Henry 248
Ramsay, Allan (Jr) 248
Ramsay, Allan (Sr) 78
Ramsay, John 87, 132, 133, 135–6,
    247, 261
Rankenian Club, Edinburgh 78, 80
Raphael, D. D. 293, 300, 301-n7
  Adam Smith 286
  on *Theory of Moral Sentiments*
    300, 311
Raynor, David 291, 292n8, 293n17,
    296, 301n7, 304n51, 305n10
Reeder, J. (ed.): *On Moral
    Sentiments . . .* 302
Reid, Thomas 126, 270, 281–2
  as Glasgow University
    Professor of Moral Philosophy
    183, 270
  on *Theory of Moral Sentiments*
    163
religious issues 21, 22, 73–4, 83–4,
    190
  Episcopalian Church 30, 31, 58
  in France 186–7
  at Glasgow University 30, 31
  heresy 31, 33
  on David Hume: *Dialogues
    Concerning Natural Religion*
    140, 163–4, 242–6
  Francis Hutcheson on nature/
    existence of God 41–2
  pietism in Glasgow 29–310
  Presbyterian Church *see*
    Presbyterian Church
  science of man concept and 66–7,
    280–81

religious issues – *cont.*
    at Scottish universities 31, 32, 33, 124, 126
    Shaftesbury on, as a deist 47, 50
    Westminster Confession of Faith 33, 38, 120
republicanism 53, 54, 228–30
Reynolds, Sir Joshua 261
rhetoric 3, 54, 70, 71, 88, 217, 249–50
    classical style 99–100
    dialectical method 100
    purpose 92, 93, 101
    AS's Glasgow University lectures on 6; his private course on 127, 132
    John Stevenson on 93
    see also language
rhetoric, AS's Edinburgh lectures on 74, 84, 87, 88, 89–102, 119, 138, 296, 297
    audience 90, 92, 93, 94
    importance 102, 119, 126
    lecturing style 90, 92
    location 89–90
    students notes on 91, 92, 100–101
    subject matter 89, 90, 92–100; on language 92, 93–6; as mathematical 92; as revisionist 92, 101
    see also Lectures on Rhetoric...
Riccoboni, Mme 192
Richardson, William 132, 253
Ridpath, Rev. George, on *Theory of Moral Sentiments* 161–2
Robertson, J. (ed.): *A Union for Empire*... 294
Robertson, William 160, 255
    as Edinburgh University Principal 81, 256
    AS and 119, 282
    on *Wealth of Nations* 216, 217, 239–40
Romilly, Samuel 274
Ross, I. S.
    Life of Adam Smith 18, 136, 285, 286, 290, 292, 298
    Lord Kames... 294
Rosse, Alexander, as Glasgow University Professor of Humanity (Latin) 34
Rothschild, Emma: *Economic Sentiments*... 306n4, 308
Rousseau, Jean Jacques 146, 150, 152, 156, 157, 170, 189, 190, 194, 218, 249
    Discours sur l'origine et les fondements de l'inégalité... 145; AS on 149, 165–6, 300; his review of 145–8, 299n7
    on human nature 137
    on music 252
Royal College of Physicians 210–11, 255
Royal Observatory, Edinburgh 255
Royal Society 201
    AS as Fellow 201, 210
Royal Society of Edinburgh 275, 286
Russia, AS's reputation in 170

St Andrews University 90
St Clair (of Dysart), General 13, 14–15, 16
St James' Chronicle 274–5
Sakamoto, T. 301n7
science, AS on 283–4
science of man concept
    Henry Home's theory of 86, 88
    David Hume' theory of 64, 65–7, 70–71, 96, 138, 140–41, 147–8, 237, 279–82

religion/theology and 66–7, 280–81, 292–3
AS's theory of 2–3, 4, 6–7, 65–6, 67, 71, 88, 89, 93, 101, 103, 157–8, 190, 221, 237–8, 279–82; as incomplete 3, 6, 261, 279–80; influences on 146; *see also Theory of Moral Sentiments*
see also human nature
Scott, Campbell (brother of Duke of Buccleuch) 189, 199
Scott, Lady Frances 304n51
Scott, W. R.
Adam Smith as Student and Professor 285, 286, 290, 298
Francis Hutcheson . . . 290
Scott, Sir Walter 260
Scottish Enlightenment 5, 39–40, 54, 65, 67, 141, 149, 167, 179, 190, 225, 237, 243
in Edinburgh 75, 79, 81, 88, 144
in Glasgow 128–30
Scottish history/politics 5, 9, 31, 32, 73–7
clan system 83, 84–5
see also Anglo-Scottish relations; Jacobite rebellion
Select Society 81, 87, 113, 119, 145, 155, 180–81, 296n42
Seven Years War, 1756–63 185, 187, 188, 200, 256
Shaftesbury, Anthony Ashley Cooper, third Earl
Characteristicks of Men . . . 46–7; Bernard Mandeville's critique of 47–8, 98, 295n17
as a deist 47, 50
writing style 97–8
Shelburne, first Earl 159, 166, 168, 179, 184

Shelburne, second Earl 169–70, 201, 258, 259, 263
Sher, R. B. 300
Church and University in the Scottish Enlightenment . . . 294
The Enlightenment and the Book . . . 300
Sidney, Algernon 54
Simson, John, as Glasgow University Professor of Divinity 33, 34, 42
Simson, Robert (nephew of John Simson)
as Glasgow University Professor of Mathematics 24, 34, 42, 167, 171
AS, his influence on 24–5
Skinner, A. S. 178, 302
A System of Social Sciences . . . 300
Skinner, Q.: *Reason and Rhetoric* . . . 297
Smith, Adam (AS)
administrative abilities 130, 158, 170–71, 276
biographies of 5–8, 285, 286–7; *see also* individual authors
birth/baptism 9, 16–17
career 1, 2, 4–5; *see also* individual posts
character 1, 3, 4, 5–6, 8, 56, 59, 121, 135–6, 159, 171, 184, 202, 248, 259–60, 275–7, 284, 301n30
childhood 4, 10, 12, 14, 15, 16, 23
correspondence *see* individual correspondents
documentary sources on 4–6; students notes 6–7, 91, 92, 100–101, 105, 107, 172

Smith, Adam (AS) – *cont.*
  education: primary (burgh school) 10, 17–21, 23, 36; university 2, 4, 10, 18, 23, 24–5, 39–42, 43, 45, 49, 50, 56, 59, 60–64, 72, 291
  family 8, 9, 11, 14, 267; *see also* individual family members
  financial position 72, 182, 209, 2`4, 253, 257, 266
  guardians under his father's will 14, 15, 58, 291
  health 2, 3, 4, 16–17, 136–7, 179, 208, 210, 258, 267, 268, 302; as a hypochondriac 2, 179, 302
  intellectual ideas/development 2–3, 4, 7, 23, 24–5, 87–8, 105, 117–18, 296–7
  lecturing style 90, 92, 134–5, 276
  library 18, 19, 59, 131, 248
  linguistic abilities 18, 40–41, 60–61
  papers/publications 2, 3, 4, 6, 89, 105, 145; posthumous destruction of unpublished papers 3, 4, 209, 248, 279; *see also* individual titles
  personal appearance 5, 56
  private life 136, 192–3, 257, 259–60
  religious beliefs 58, 84, 132, 133, 244, 281
  reputation 1–2, 6, 135, 136, 166–7, 170, 253, 254, 260, 263, 267–8, 275–7
  his students, relationship with 135–6, 168, 182–3
  his will 3, 209, 279
  writing style 4, 149, 162, 163
  death 3, 183, 274; obituary notices 274–5; tombstone 278

Smith, Adam (Sr) (father of AS) 9, 15, 19
  career 9–10, 12
  financial position 10
  marriages 10
  his will 14, 15
  death 10, 14
Smith, Adam (III) (cousin of AS) 14
Smith, Hercules (cousin of AS) 14
Smith, Hugh (elder half-brother of AS) 10, 14, 17
Smith, Lilias (née Drummond) (Mrs Adam Smith Senior (I)) 10
Smith, Margaret (née Douglas) (Mrs Adam Smith Senior (II)) (mother of AS) 10, 56, 257
  in Edinburgh 10, 256, 257
  family 10, 14
  in Glasgow 121
  health 256
  in Kirkcaldy 10, 15, 56, 201
  Conrad Metz's portrait of 257
  AS's relationship with 6, 10–11, 17, 39, 179, 261, 262, 291
  death 2, 10–11, 258, 261–2
Smith, William (cousin of AS) 58–9, 85, 222, 291
  AS, correspondence with 59, 222
  'Smith's Thoughts on the Contest with America . . .' 212–13, 306n27
Smout, Christopher 27, 124
Snell, John 58
  AS at Balliol College as Snell exhibitor 2, 4, 24, 25, 56, 72, 291
sociability theory *see* moral economy
Sonenscher, M.: *Before the Deluge* . . . 305
sovereigns/sovereignty *see* nobility/sovereignty

Spain 262
The Spectator see Addison, Joseph
spectator theory of virtue 2, 20–21, 22, 50, 107–8
  company of strangers concept 22–3
  Epicetus on 20, 107
  imagination and 156–7
  AS on 154–7, 164–5, 270–71, 274, 300
Speirs, Alexander 29, 122–3
Stevenson, John
  as Edinburgh University Professor of Logic and Metaphysics 80, 88, 90
  on rhetoric 93
Stewart, Dugald 282, 283
  at Edinburgh University 128
  on James Oswald 16
  AS and 194
  as AS's biographer 2, 3, 4, 10, 42, 58, 60, 94, 104, 105–6, 117, 129–30, 132, 166, 169, 171–2, 183, 194, 260, 275, 276, 285, 286, 292, 298, 304
  on *Wealth of Nations* 216, 217
Stewart, Matthew (father of Dugald Stewart), as Edinburgh University Professor of Mathematics 42
Stirling, John, as Glasgow University Principal 32–3
Stoic ethics 19, 21, 22, 23, 45, 51, 54, 148, 149–50, 300
  Cicero on 149, 299n12
Strahan, William
  on David Hume: *My Life* 247–8
  as a printer/publisher 159, 213
  AS and 159, 213, 247–8; as his publisher 10
  AS, correspondence with 10–11, 242, 243–4, 261–2
Strang, J.: *Glasgow and its Clubs* 298–9
Sutherland, L. S. and L. G. Mitchell (eds): *History of the University of Oxford* ... 292
Swift, Jonathan 97
sympathy
  as deference 152–4
  definition 148–9
  David Hume on 148, 163
  pity and 149–50
  AS on 148–54, 165, 173, 282
  see also human nature

Tacitus, AS on 99–100
Tassie, James, his medallions of AS 5
taste *see* aesthetics
taxation 187, 188, 212, 213
  in France 195–6, 198
  public credit 234, 235
  AS on, in *Wealth of Nations* 231, 232, 234–6
  AS's work on, at Board of Customs 258
  Charles Townshend on 200–201
Temple, Sir William 97
theatre, education and 18–19
Theory of Moral Sentiments 2, 4, 6, 130, 170, 190, 300
  additions/revisions 159, 163, 166, 187, 201, 266, 267, 268–74, 311
  bibliographical history 154, 156, 201, 214, 248, 302
  French translation: *La Métaphysique de l'âme* 191–2
  impact/importance 160–65, 191–2, 238, 275, 301n7, 302;

Theory of Moral Sentiments – *cont.*
  criticism of 269–71, 282; in France 191–2
  print run 159
  publication 159, 160, 300
  on Racine: *Phaedre* 62–3
  reviews *see* impact/importance *above*
  selling price/sales figures 159
  AS on 274
  subject matter 61, 64, 101, 114, 133, 148, 169, 174, 269–74; citizenship 272–3; deference 152–4; spectator theory 154–7, 270–71; sympathy 148–54; virtue 271–4; conclusion 157
  title page 139
  writing of 137, 148, 159, 216
  writing style 248
Thom, William 130
Thomson, J: *An Account of the Life . . . of William Cullen* 125
Thucydides 111
tobacco barons 28–9, 122–3, 129, 290
tobacco trade 25, 27–9, 122–3, 124, 129, 290
Toulouse 186–7
  AS in, with Duke of Buccleuch 183, 185–9, 191
  see also France
Toulouse University 186
Townshend, Charles (father of Duke of Buccleuch) 180, 203, 304n51
  Duke of Buccleuch and 183–4, 202–3
  Alexander Carlyle on 180–81, 303n8
  as Chancellor of Exchequer 200–201

David Hume and 180
  as an economist 188, 200
  as an orator 180–81
  AS and 159–60, 181–2, 189, 199, 200–201, 303n8
  on AS 180, 184–5
  on taxation 200–201
  death 202–3
trade/commerce 9, 22, 23, 74, 76–7, 223
  as civilizing 137, 142, 143–4, 146–7, 175–6, 178, 179
  customs/excise 10, 12, 14, 257
  domestic/foreign, comparison of 224–6, 227
  in France 195–6, 198
  free trade *see* free trade
  in Glasgow 25, 26–7, 122, 123–4; tobacco trade 25, 27–9, 122–3, 124, 129, 290
  David Hume on 129, 137, 141–2, 143–4
  in Kirkcaldy 11–14; linen industry 12, 13–14, 264
  protectionism 227; *see also* trade liberalization
  AS on, in *Wealth of Nations* 114–18, 124, 129, 205, 222–30, 231, 264–6
  smugglers/smuggling 26, 27, 122
  see also economic conditions
trade expansion 3, 11–12, 26–9, 54, 178, 205
trade liberalization 265, 267
  see also free trade
trade monopolies 16, 129, 229, 230, 265–6
trade regulation 158, 195, 229, 264–5
  Navigation Acts 27, 29, 122, 229
trading companies 265–6

East India Company 201, 265–6
  tobacco barons 28–9, 122–3, 129, 290
Tret'yakov, Ivan 170
Tribe, K. (ed.): *A Critical Bibliography of Adam Smith* 302
Trogus: *De Historiis Philippicis* 18
Tronchin, François-Louis 189
Tronchin, Théodore (father of François-Louis Tronchin) 170, 189–90, 199
Tuck, R.: *Philosophy and Government*... 290
Tucker, Josiah 213, 275, 277
Turgot, Anne Robert Jacques 186, 190, 192, 193
  AS on 194
Turnbull, George 35
Tytler, A. F. (Lord Woodhouselee): *Memoirs... of the Honourable Henry Home of Kames* 89, 90, 294

Ulster 27, 34
  see also Ireland
understanding, imagination and 96
United States *see* American colonies; Anglo-American relations
universities 79, 81
  philosophy curriculum 31–2, 34, 40
  religious issues 31, 32, 33, 124, 126; Presbyterian Church and 31–2, 33, 37–8
  role 35
  see also individual institutions
university reform 35–6

value *see* price/value
virtue 43, 154, 271–4
  prudence 271–2
  spectator theory of *see* spectator theory
Vivenza, G.: *Adam Smith and the Classics*... 300
Voltaire, François-Marie Arouet de 58, 170, 189
  on Jean Calas 186–7
  Henriade, Henry Home on 192
  AS and 190

Walpole, Horace 263
Walpole Sir Robert 26, 33
war *see* defence/war
Watson, Robert 90
Watt, James 131
Wealth of Nations 6, 214–38
  Additions and Corrections 262, 263–6
  on Anglo-American relations 211, 212, 228–9, 235–7, 239
  bibliographical history 4, 214, 232, 258, 262, 263–4, 266, 275, 283
  historical context 307–8
  David Hume's influence on 141
  impact/importance 1, 2, 214, 216–17, 230–31, 237–8, 239–41, 254, 267, 275, 306n1; criticism of 282–3
  Introduction/Plan 217–18
  language of 217
  publication 1, 5, 159, 214
  readership 214, 266, 267–8
  reviews *see* impact/importance *above*
  selling price/sales figures 214, 266
  AS on 194
  subject matter 2–3, 4, 16, 57, 101, 114, 133, 172, 177, 214,

Wealth of Nations – *cont.*
216–38; America 211, 212, 228–30, 233, 235–7, 239; banking system 207–8; French economists 193–4, 195, 197, 217, 230; government 230–35; taxation 231, 232, 234–6; trade/commerce 114–18, 124, 129, 205, 222–30, 231, 264–6
    title page 214, 215
    writing of 4, 10, 188, 197, 201, 204, 205, 208, 209, 213, 216–17
Wedderburn, Alexander 90, 136, 159, 210, 213
    as Solicitor General 253

West, E. G. 300
West Indies 228
Wight, Rev. William 129
Winch, D.: *Adam Smith's Politics . . .* 308
Windham, William 257
Wishart, William, as Edinburgh University Principal 35, 83
Wodrow, James, on *Theory of Moral Sentiments* 161
Wodrow, Robert 37–8
women, in French intellectual life 192–3
Woodhouselee, Lord *see* Tytler, A. F.

Young, Thomas 182
Youngson, A. J.: *The Making of Classical Edinburgh . . .* 309n2

译后记

亚当·斯密以其所著的《国富论》和作为自由市场经济的创立者而闻名于世，他也因此被尊为"经济学之父"。他的一些重要思想（譬如"那只看不见的手"）早已成为经典箴言。然而，事实上，亚当·斯密更多的是把自己视为哲学家而非经济学家。这本书表明《国富论》和他的另一部杰作《道德情操论》是如何共同推动建立起一种所谓的"人性科学"体系的——欧洲启蒙运动最具雄心、旨在吸收法律、历史、美学、经济学和伦理学精华的学术项目之一，而且直至亚当·斯密在 1790 年去世，该项目也仅仅完成了一半。尼古拉斯·菲利普森的这部关于亚当·斯密的传记最突出的优点之一，就是他以全新的方式和高超的技巧，回顾和重建了亚当·斯密形成这一体系的过程，并且展示了在苏格兰启蒙运动的重要时期，格拉斯哥和爱丁堡快速变化的精神和商业文化与亚当·斯密的思想发展之间的密切关联性，尤其解释了传主与最亲密的朋友、当时的另一位思想巨人大卫·休谟之间的交流对其理论体系形成的促进作用。

尼克拉斯·菲利普森对于亚当·斯密的长期而深入的研究，使得这本书尤其值得一读。与很多研究者不同，他将《国富论》看成是《道德情操论》的续篇，这在很大程度上是因为政治经济学和社会历史本身，使得欧洲启蒙运动思想者非常倚重道德哲学这一重要的辅助工具。这一结论在作者的叙述中得到了充分体现。菲利普森让我们看到了一个在思想体系创立上雄心勃勃但在私下里却十分谦逊的伟大思想家的形象。他告诉我们，亚当·斯密不仅是一位伟大的经济学家，他更重要的还是一位伟大的哲学家和人文主义者。当然，他更感兴趣的不是探索亚当·斯密的思想体系本身，而是这种体系的起源及其对于世界政治、经济和哲学的影响。他也对传主生活过的苏格兰、英国和欧洲其他国家作了最出色的描述，这也使得这部思想传记充满生机和活力。

亚当·斯密的第一部著作《道德情操论》主要驳斥了卢梭的一个重要观点——是社会把人变成了虚荣和野心的奴隶。他认为，社会可以把人变得更好，这是因为人具有"同情"的能力：感受另一个人的感觉的能力，也就是设身处地地体验他人感受和情感的能力。这是完善道德教育的一个重要前提，因为我们每个人的内心都有一个"公正的旁观者"。相比较而言，亚当·斯密最伟大的著作《国富论》，是对于英国商业政策的一次"猛烈的进攻"，因为那种基于"国家的财富取决于它储存的金银"这一错误信念的政策滥用了英国的资源，削弱了它的殖民地的地位，并将其拖入与邻国长期的恶性竞争中。《国富论》的目标之一，就是改进和完善亚当·斯密所尊敬的重农主义学派领袖魁奈的观点。魁奈是最早将经济看成是一种相互作用的系统的人之一，但他错误地认为，国家的财富仅仅来自农业，商人、工匠和制造商不能创造资本价值。曾生活在被贸易和工业所改变的格拉斯哥的亚当·斯密认为，这一结论并不确切。国家财富并不存在于土地当中，而是存在于按照细分需求合理部署的劳动当中。本书作者尤其对他在这方面的思想进行了深入分析，并恰当地补充了他经过密切观察而获得的大量细节。事实上，本书所涵盖的有关亚当·斯密的生活和时代特征，要比他留给后世人的文本本身所展示的信息多得多，它尤其翔实地刻画了亚当·斯密和休谟的关系，他作为海关专员的工作，他在法国的生活，他和魁奈的接触，以及他对自己母亲的深厚感情。

事实上，恐怕对于任何传记作家而言，亚当·斯密都是一个令人棘手的传记主题。他人生中的大部分时间都是在格拉斯哥大学和苏格兰海关局这样的"男性"机构度过的，他喜欢独处和思考，只有一次出国旅行，而且终身未婚。他在生前烧毁了许多未曾发表的手稿，只给后世留下了一些文本片段、几百封信和两部哲学论著（《道德情操论》和《国富论》）。菲利普森将亚当·斯密作为18世纪的思想者典范而加以呈现，这远远不同于其他专家笔下那个经济先驱的形象。这个新的亚当·斯密，一生大部分时间都致力于构建一个涉及面广的庞大的理论体系："人性科学"。通过这一学科体系，休谟所开创的那种思考模式以及对于古代和现代历史的深入研究，将会揭示社会组织原则的本质、艺术和科学的源泉，以及理想的政府和法律法规。这样一项宏大而艰巨的事业，在18世纪那种远比现代复杂得多的社会背景下注定是无果的，因此在1790年，亚当·斯密是在那种近乎绝望的沮丧心情下离开人世的，虽然他原本希望在生前取得更多的进展和成果。作为研究苏格兰启蒙运动的杰出专家，菲利普森剖析了亚当·斯密的这一心路历程，同时也为我们带来了在18世纪30年代以后，有关苏格兰的工业和商业进程、苏格兰宗教潮流以及英国和法国哲学的重要知识。他的年代叙述方式是独特的。在他的笔下，亚当·斯密在13岁时就在柯卡狄那个有一间大教室的学校里阅读了爱比克泰德的《手册》，并在40年代后期掌握了有关劳动分工和商业自由的基础知识。他将一个"推测性的"章节用于重建亚当·斯密在1750年冬天或许开设过的法学课程内容。这种年代学推定方法得出的一个结论就是，亚当·斯密在二十多岁时就已经完成了一些最重要的人生思考。

与此同时，作者也解释了为什么亚当·斯密的观点在今天仍然适用。他的一些更迂腐的同时代人批评他的思想体系缺乏独创性，在有关商业和贸易领域的最新事实方面未能提供更多的东西。但这种观点显然是带有偏见的。本书作者告诉我们，亚当·斯密始终都是以一个哲学家的身份写作的，他以其发现的事实为基础，努力寻找古代和现代国家的政治经济所依赖的基本原则，因为只有当这些原则被正确理解时，立法者和公民才有望知道，他们可以如何培育或者（像亚当·斯密式的措辞那样）"改进"他们的生活和自由的质量。类似的新颖见解在本书中并不罕见，这同样是它的一个非同寻常的可贵之处。

值得一提的是，能够将本书顺利译成中文并推荐给广大读者，是与蔡建坤、林月平、王伟、孟繁国、曹锦震、高适、高敏敏、谌燕灵、董帝令、董瀚文、黄盛林、来中尉、李晨曦、李焕景、李健、李俊、李莉、李世峰、李莹、廉付哲等30余位亲朋的大力支持与协助是分不开的，在此谨致由衷的谢意！

于海生
2016年年初

亚当·斯密财富论丛

晏智杰　主编

《亚当·斯密的思想之旅》

（英）尼古拉斯·菲利普森　著　于海生　译

《道德情操论》

（英）亚当·斯密　著　赵康英　译

《晏智杰解读〈道德情操论〉与〈国富论〉》

晏智杰　著

《国富论》

（英）亚当·斯密　著　贾拥民　傅瑞蓉　译（待出版）

《亚当·斯密如何改变你的生活》

（美）罗斯·罗伯茨　著　贾拥民　译（待出版）

图书在版编目（CIP）数据

亚当·斯密的思想之旅/（英）尼古拉斯·菲利普森(Nicholas Phillipson)著；于海生译. --北京：华夏出版社，2019.8
（亚当·斯密财富论丛）
书名原文：Adam Smith: An Enlightened Life
ISBN 978-7-5080-9761-9

Ⅰ.①亚… Ⅱ.①尼… ②于… Ⅲ.①亚当·斯密(Adam Smith 1723-1790)—传记 Ⅳ.①K835.615.31

中国版本图书馆 CIP 数据核字（2019）第 091486 号

Adam Smith: An Enlightened Life
Copyright © Nicholas Phillipson, 2010
Simplified Chinese edition copyright © 2019 by Huaxia Publishing House Co., Ltd.
This edition published by arrangement with David Higham Associates Ltd.
Through Bardon-Chinese Media Agency
All rights reserved

版权所有 翻版必究
北京市版权局著作权合同登记号：图字 01-2015-5539 号

亚当·斯密的思想之旅

作　　者	［英］尼古拉斯·菲利普森
译　　者	于海生
责任编辑	李雪飞
责任印制	顾瑞清

出版发行	华夏出版社
经　　销	新华书店
印　　装	三河市少明印务有限公司
版　　次	2019 年 7 月北京第 1 版　2019 年 7 月北京第 1 次印刷
开　　本	720×1030　1/16 开
印　　张	21.5
字　　数	346 千字
定　　价	68.00 元

华夏出版社　地址：北京市东直门外香河园北里 4 号　邮编：100028
网址：www.hxph.com.cn　电话：（010）64663331（转）

若发现本版图书有印装质量问题，请与我社营销中心联系调换。

助残精准服务指南

北京市残疾人社会服务指导中心 ◎ 编

图书在版编目（CIP）数据

助残精准服务指南 / 北京市残疾人社会服务指导中心编. --北京：华夏出版社有限公司，2022.1

ISBN 978-7-5222-0203-7

I.①助⋯ II.①北⋯ III.①残疾人－社会服务－中国－指南 IV.①D669.69-62

中国版本图书馆 CIP 数据核字（2021）第 227809 号

©华夏出版社有限公司 未经许可，不得以任何方式使用本书全部及任何部分内容，违者必究。

助残精准服务指南

编　　者	北京市残疾人社会服务指导中心
责任编辑	张红云　李亚飞
特邀编辑	许　婷
出版发行	华夏出版社有限公司
经　　销	新华书店
印　　装	三河市少明印务有限公司
版　　次	2022 年 1 月北京第 1 版 2022 年 1 月北京第 1 次印刷
开　　本	720×1030　1/16 开
印　　张	12
字　　数	178 千字
定　　价	59.00 元

华夏出版社有限公司　地址：北京市东直门外香河园北里 4 号　邮编：100028
网址：www.hxph.com.cn　电话：(010) 64663331 (转)

若发现本版图书有印装质量问题，请与我社营销中心联系调换。

《助残精准服务指南》编写组

王响平　杨志强　王静奎　刘　莉　刘　锦
史菁培　程耀武　汤明瑛　周　滢　马慧琴

前　言

随着残疾人事业的不断发展，北京市针对各类残障者的服务政策不断完善，服务的精准程度不断提高，残障服务体系"大厦"的结构已具雏形。这一切都是基于残障服务的"深层逻辑"，即如何从残障者的需求出发，对接到不同的政策和资源轨道上。要想使这个大厦各个空间的资源有效流动起来，需要以个案管理的服务模式为基础，这是打通各个空间的必要阀门。

个案管理服务模式的有效运作，需要两条腿走路，一方面需要工作机制的系统重塑，另一方面需要各个节点上的人员掌握技术要领，前者是管理层面的架设，后者是人员专业能力的提升。残疾人工作者精准助残能力的培训项目正是应后者需要而生。2018—2020年，北京市残疾人社会服务指导中心连续三年实施针对助残社会组织和残疾人专职委员的精准助残服务能力提升培训项目。在2018年探索的基础上，2019年、2020年的培训在课程安排、师资方面做了进一步的调整优化，本书是三年培训成果的直接产出。

正如一位学员在第一次培训现场提出的问题："能力建设具体指什么能力？"其实这个问题恰是我们这一路走来希望找寻的答案。因为精准助残需要的不是某方面的单项能力，或者某些具体知识点的储备，而是一种新的理念和视角，一套新的思维框架和习惯，一系列索取信息和整合资源的能力，再加上一些专业技巧，综合构成了新时期残疾人工作者的从业要求。因此该培训整合了康复、医疗、心理、社工等不同的专业资源，涵盖了不同残障类别的需求和服务原则，从理念到实操，从政策到案例，我们希望尽可能给学员搭建一个完整的知识框架，并通过发现问题和解决问题，来一点点建构残疾人工作知识库。

本书是各个培训板块内容的集合，以各个障碍类别为单位，进行技术手法和服务资源的重新组合梳理。本书包含四章内容：第一章介绍视力障碍、听力及言语障碍、肢体障碍、智力障碍和精神障碍等不同残障类别的基本知识，明晰残障分类和服务基本原则，梳理汇总各残障类别的有关资源，便于查阅标准和指导依据；第二章通过社工体系内个案服务管理的理论阐述与应用指导，详细讲解如何做好社区精准助残服务，打通服务需求和资源的连接，这是本书的核心部分；第三章引入社区康复理论，进一步辅助读者提升康复理念、精准助残意识；第四章汇编 10 个典型案例，示范解读专业服务技巧和经验。当前，残障服务领域既有的知识体系是按照服务领域（而不是障碍类别）划分的，这些板块化的知识来自不同领域的专家，因此还只是完成形式上的集合，尚未达到逻辑上的耦合和完全接轨。这是撰写本书面临的第一重挑战。第二重挑战，也是真正的难点，即残障者个案管理需要的专业技术还未能从现有的社工专业体系中被清晰地"剥离"出来，达到可以为大家所认识和应用的程度。因此，如果说第一重挑战在于将既有知识进行重新组合，那么第二重挑战就在于要"创造"知识，要将残障服务技术从模糊凝结于个体经验的状态之中提炼出来。因此，尽管这一培训项目开展了三年，但以个案管理为载体的残障服务技术的挖掘和梳理仍然处于初级阶段，这也是本指南的局限性所在。

本书中所搜集的相关资源、案例，仅供各位读者参考了解更丰富的专业服务信息，出版方与其他相关方无利益关联。

本书根据法律政策、服务领域及服务人员专业背景的不同，灵活使用"残疾""残障""障碍"等词汇，不做专门区分。

感谢所有参加培训的学员，是大家的积极参与让这个过程变得丰富且充满挑战，极大地拓展了我们的探索领域。

感谢本领域的先行者们，是他们的经验让培训更有针对性，他们的心得分享也给学员们做了很好的指引。

目 录

第一章 不同残障类别基本知识和服务原则 ……………………………… 1

视力障碍基本知识和服务原则 ……………………………………………… 3
  视力障碍基本知识 ……………………………………………………… 3
  视障服务 ………………………………………………………………… 4
  案例分享 ………………………………………………………………… 7
  相关资源 ………………………………………………………………… 12

听力及言语障碍基本知识和服务原则 ……………………………………… 15
  听力及言语障碍基本知识 ……………………………………………… 15
  听障服务 ………………………………………………………………… 18
  案例分享 ………………………………………………………………… 24
  相关资源 ………………………………………………………………… 26

肢体障碍基本知识和服务原则 ……………………………………………… 29
  肢体障碍基本知识 ……………………………………………………… 29
  肢体障碍服务 …………………………………………………………… 32
  案例分享 ………………………………………………………………… 42
  相关资源 ………………………………………………………………… 46

智力障碍基本知识和服务原则 ……………………………………………… 47
  智力障碍基本知识 ……………………………………………………… 47
  智力障碍者服务 ………………………………………………………… 49
  案例分享 ………………………………………………………………… 50
  相关资源 ………………………………………………………………… 55

精神障碍基本知识和服务原则 ……………………………………………… 58
  精神障碍基本知识 ……………………………………………………… 58

   精神障碍者社区康复服务…………………………………62

   案例分享……………………………………………………72

   相关资源……………………………………………………75

第二章 社区精准服务技术和技巧……………………………………79

  个案服务与管理…………………………………………………81

   社会工作通用过程模式及预估的概念……………………81

   障碍者需求及评估…………………………………………82

   残障社会工作服务…………………………………………92

   个案管理工作………………………………………………94

   服务计划设计………………………………………………97

  社区资源与整合…………………………………………………99

   什么是社区…………………………………………………99

   如何认识和调查社区……………………………………100

   社区资源地图……………………………………………100

   社区资源动员……………………………………………100

   社区资源整合……………………………………………103

   案例分享…………………………………………………104

  社区服务中的小组工作………………………………………106

   小组工作概述……………………………………………106

   案例分享…………………………………………………109

第三章 社区康复……………………………………………………113

  康 复……………………………………………………115

   定 义………………………………………………115

   对 象………………………………………………116

   领 域………………………………………………117

   途 径………………………………………………117

   原 则………………………………………………118

社区康复 ··· 119
　　　　国际上的社区康复 ··· 119
　　　　我国残障者社区康复 ··· 120
　　　　各类障碍社区康复要点 ··· 122
　　　　相关资源 ·· 123

第四章　残障服务案例汇编 ··· 125
　　案例一：为中途失明人士导入社群支持 ····················· 127
　　　　案例展示 ·· 127
　　　　案例启发 ·· 128
　　案例二：辅助中重度肢体障碍者进行生活重建 ········· 129
　　　　案例展示 ·· 129
　　　　案例启发 ·· 130
　　案例三：如何获得精神障碍者的接纳 ························· 131
　　　　案例展示 ·· 131
　　　　案例启发 ·· 132
　　案例四：如何为精神障碍者做有效的需求评估 ········· 134
　　　　案例展示 ·· 134
　　　　案例启发 ·· 137
　　案例五：重塑精神障碍者的家庭价值 ························· 139
　　　　案例展示 ·· 139
　　　　案例启发 ·· 140
　　案例六：为残障儿童家庭"用足"政策资源 ················· 141
　　　　案例展示 ·· 141
　　　　案例启发 ·· 142
　　案例七：为残障孤寡老人搭建社区支持网络 ············· 143
　　　　案例展示 ·· 143
　　　　案例启发 ·· 144
　　案例八：残障家庭互助服务模式 ································ 145

案例展示 ··· 145
　　案例启发 ··· 147
案例九：社区里的精准服务阵地 ··· 150
　　服务内容 ··· 150
　　运作模式分析 ·· 156
　　运作逻辑解读 ·· 158
案例十：从服务视角走向发展视角 ··· 160
　　运作现状 ··· 161
　　服务视角和发展视角 ·· 165
　　两种视角下的运作模式 ·· 167
　　从服务视角进入发展视角的路径规划 ······························· 168

附录 ·· 171

后记 ·· 181

第一章

不同残障类别基本知识和服务原则

视力障碍基本知识和服务原则

为了给视障者提供精准服务，并设计出最适合视障者需求的服务项目，建议在此之前先了解以下知识。

视力障碍基本知识

视力障碍定义

视力障碍是指由于各种原因（先天、后天、外伤）导致视觉器官或大脑视神经中枢的构造或功能发生部分或完全病变，引起单眼或双眼不同程度的视力损失、视野缩小、失明等，导致视功能难以像健全人一样在从事工作、学习或进行其他活动时应用自如，甚至丧失。

我国法定的视力残疾是优眼最佳矫正视力低于0.3（不包括0.3）或视野半径小于10°。

导致视力障碍的疾病

导致视力障碍的疾病主要有白内障、青光眼、视网膜色素变性、视网膜脱落、角膜病变、黄斑变性、糖尿病等。

视力障碍的分级

视力障碍一般分为盲和低视力两类。我国视力障碍的分类标准与世界卫生组织（WHO）制订的标准对照表如下：

最佳矫正视力（a）	中国标准（类别）	中国标准（级别）[①]	WHO标准（类别）	WHO标准（级别）
无光感	盲	一级	盲	5
无光感 < a < 0.02	盲	一级	盲	4
0.02 ≤ a < 0.05	盲	二级	盲	3
0.05 ≤ a < 0.1	低视力	三级	低视力	2
0.1 ≤ a < 0.3	低视力	四级	低视力	1

视障服务

视障服务是指社会各界的爱心人士、志愿者、社会组织为有需求的视障者提供协助及服务，并使其从中受益的一种有偿或无偿的活动。

视障服务需求

视障服务是非常多样且细致的，为设计出最适合视障者需求的服务项目，需要服务者设身处地从视障者需求出发，与视障者交朋友，做好事前评估；设想视障者在日常生活、工作及参加活动中可能遇到的各种困难或障碍；遵循平等、共享、参与的服务原则；多方了解往年开展的视障服务项目及经验。

以下为设计项目时需要考虑的相关需求：

1. 口述环境：因受视力障碍的限制，视障者对于外部环境信息的获取有较大局限性，在沟通交往时，服务人员通过口述环境来满足视障者对外界环境了解的需求，以进行有效沟通并建立信任。

2. 出行引导和定向行走训练：协助购物、陪同就医、接送站、引导出行等。

[①] 本书中关于我国残疾人等级的划分，均按照我国《残疾人残疾分类和分级》国家标准（GB/T26341-2010）进行。

3. 协助阅读及书写。

4. 协助各类场景内引导就座及用餐协助：当组织视障者进行外出活动（会议、培训等）时，需要考虑将其引领至座位；当活动提供用餐服务，尤其是自助餐时，则要做好协助取餐工作。

5. 无障碍：信息无障碍、交通无障碍。

6. 辅具：盲杖、语音导航、智能手机、读屏电脑等辅具培训。

7. 导盲犬：了解导盲犬的相关知识，接纳、宣传导盲犬。

8. 视障家庭：心理状况、经济状况、子女健康、邻里关系等。

视障者沟通和支持技巧[①]

在帮助视障者之前，要询问视障者是否需要你的帮助。 如果视障者的回答是肯定的，那么就要知道视障者需要什么帮助以及怎样帮助视障者。有些视障者可能只需要部分帮助，有些视障者可能在特定的情况下才需要帮助，而有些视障者则可能根本不需要帮助。因此，在帮助视障者之前，一定要征求视障者的意见。

避免视觉动作。 和视障者交流，要使用语言和肢体动作。可以直接告诉视障者应该做什么，或者通过轻轻的触碰来提示视障者。同时，还要注意，视障者在家庭、学校、办公室这些熟悉的地方愿意独立行动，所以你一定要了解视障者在不同场合的不同需求。

在机场、火车站、商场这些大型公共场所如何帮助视障者？ 在行走时让视障者抓住或摸着你的手肘。手肘的活动会让视障者感觉到行走的方向、高低和速度。如果你慢下来，视障者就会知道面前可能有障碍物。在上滚梯或上下楼梯时，要将视障者的手放到扶手上，这是因为扶手的倾斜方向可以让视障者知道是在上楼还是下楼。此外，在引导视障者行走时，一定要为视障者描述周围的景物。描述的景物包括路标、商店、餐馆、地标性建筑等。这不仅可以帮助你与视障者拉近关系，还能帮助视障者熟悉周围

---

① 中国视障者协会.如何有效地帮助视障者？[EB/OL].2018-02-27[2021-04-10].http://www.zgmx.org.cn/newsdetail/d-67180-19.html.

的情况，并确定方向。

在外出就餐时如何帮助视障者？ 最先遇到的问题是如何描述菜单。有时，视障者会在自己的手机上通过语音播报查看菜单，如果视障者没有这样做，就要为视障者读菜单。点好餐后，就该下单了。如果一起就餐的视障者要买单，那就请视障者下单。饭菜上来后，要看是否需要帮忙布菜。在大部分餐馆，服务员都会摆好餐盘。餐盘摆好后，要告诉一起就餐的视障者菜品的位置。这时，可以通过常用的时钟定位法，来告诉视障者每样食物的位置。比如，沙拉在3点的位置，蔬菜在12点的位置，鸡肉在9点的位置，等等。此外，还需告诉水、餐具、餐巾纸、盐的位置。结账的时候要先检查账单，再请视障者付款。最后，询问一起就餐的视障者是否还需要其他帮助。

怎样在办公室接待视障者？ 事先告诉保安和接待人员有视障者来访，需要他们将视障者送到相应的会议室。视障者到后，将他们引领到座位旁边，把他们的手放到椅背上。这样视障者比较容易落座，不需要更多的帮助。最好把房间里的人介绍给视障者，并简单告诉视障者房间的布局。

怎么帮助视障者使用卫生间？ 可以陪视障者去卫生间，询问视障者是大小便还是洗手。如果是男性视障者要小便，可以让他摸下小便池的隔挡，然后帮他站好位置。如果视障者要大便，则可以告诉视障者便池、卫生纸和冲水开关的位置。最后，把视障者带到水池边，告诉他们水龙头、肥皂和擦手纸的位置。也可以帮视障者打开水龙头，或者直接将视障者的手放到感应龙头下面。

视障服务如何有效开展

1. 做好需求调研，设计符合视障者需求的项目计划；
2. 精细项目预算；
3. 配备适宜的项目执行团队成员及财务人员；
4. 开展助盲服务培训，以避免服务风险；
5. 为服务双方购买意外保险；
6. 做好切实可行的活动实施方案，充分考虑服务对象视障因素，重视活动安全，做好应急预案。例如，在爬山活动或外出郊游活动中，要提前做好路线规划，实地考察，确定活动路线。既要适合视障朋友出行，又要在关键位置安排志愿者站位，保证视障人士出行安全的同时使其获得最大程度的体验感。

案例分享

案例一：除了讲电影外，视觉讲述还能用在哪里——关注视障人群的基础需求

很多朋友都知道视障者可以听到影视作品中的台词和声响等声音信息，但却无法捕捉其中的动作和表情。尽管有一些声音在生活中经常出现，但因为时长短，视障者无法向家人朋友询问求证，也就无法对应声源是什么。因此，由专业的服务人员或志愿者为视障朋友提供讲电影的服务，不仅能够丰富视障者的文化娱乐生活，还能帮助他们完善周围包括视觉信息、声音信息甚至触觉信息在内的各种生活信息。

由此可见，视觉讲述的内容不仅限于电影、歌剧、戏剧、话剧等，也可以把讲述的理念放到日常的视障服务工作中，通过口述环境信息来满足视障者对外界环境理解的需求，以进行有效沟通并建立信任。比如：在视障朋友参加活动时，服务人员可以用语言描述的方式告知视障者"今天的天气怎么样，今天的活动大概多少人，现场的环境是什么样子的，活动的内容是什么"，这些都是他们非常感兴趣的。再比如：当第一次跟视障老年人接触，彼此还很陌生时，可以告诉对方"我今天是来做什么的，今天穿的什么衣服，是什么发型，如果你愿意可以触摸我"。通过介绍和沟通，对方会觉得你特别尊重他，以消除陌生感，建立信任。

案例二：视障引导中的不愉快——服务视障人员，沟通先行

有一次在视障者的专场招聘会现场，一名志愿者向现场指导老师跑过来，抱怨刚才自己好心去拉一位视障者，请她坐下，对方却猛地一下把言

甩开。志愿者感觉既委屈又生气，自己本是好意，但对方还无缘无故生气。指导老师让志愿者再次去找刚才那位视障者，但要求志愿者先拿胳膊轻轻碰她，然后跟她说："你好，我是今天咱们活动的志愿者，可以为您提供引导服务，那边有座位，您需要坐下休息一会儿吗？"

过了几分钟，志愿者特别兴奋地回来跟老师说："老师，您可真神，她很高兴，还跟我说谢谢，然后就坐那儿了。"随后指导老师说："如果做一个实验，把你自己的眼睛用眼罩蒙住，然后我什么也不说，过去拉住你就走，你会是什么感受？"志愿者听了后，自己也笑了。

点评：在陌生环境中，如果服务人员在为视障者服务之前未对自身信息进行说明，视障者就无法判断服务人员的性别及体貌特征，也就无法对服务人员产生信任，甚至出现拒绝服务的情况。因此，在服务时，与视障人士的语言沟通是第一位的，要让对方先了解"你是谁，你要做什么"；同时，在沟通时，一定要注意语气，因为视障者是通过语言获取信息、建立信任，所以服务人员在与他们沟通时，即使工作再累、再辛苦、再着急，也要注意说话语气和态度。如果态度僵硬，机械地完成对话任务，将无法与视障者拉近距离、建立信任。而当信任一旦建立，即使服务过程中有些小疏漏，视障者也会理解和包容。

案例三：尽心尽力反被埋怨，问题出在哪里——信息沟通的重要性

在红丹丹视障文化服务中心开展"心目影院"服务时，有一位视障阿姨不管刮风还是下雨，一直坚持来参加活动。有一次下大雨，一位常年服务的志愿者照常引导着阿姨从公交车站往举办活动的小院走，服务负责人郑老师在小院里听到视障阿姨边走边喊"哎呀呀，我这满脚都是水，你是怎么领路的呀"。志愿者听着埋怨声心里非常委屈但也没有说话，还是拽着阿姨尽量走水最少的地方进屋。服务结束后，志愿者拉着郑老师走出屋，说："郑老师，我再也不给你们做志愿者了，再也不管他们了，他们为什么这么没良心？我服务了这么长时间，还真没见过这么不通情达理的。你看刚才下雨，一路过来都是水，我的鞋全都湿了。我领她走水最浅的地方，但浅

的地方也有水,不可能一点都不湿,可她却不依不饶大喊大叫说我给她往水坑里带。"志愿者边说边流下委屈的眼泪。郑老师在安抚志愿者情绪的同时也询问她是否把这个过程告诉给视障阿姨了,志愿者一愣,说道:"没有啊,我还真没给她说。"郑老师开导道:"如果你跟她说'这个雨很大,我带您走水洼浅的地方,可能会湿一些,但不会湿很多',在这种情况下,她还会埋怨你吗?她感激你还感激不过来,对吧!"志愿者听后说道:"哎呀,我还真是没想到,你还真是专业呀。"之后,志愿者又把自己的这段经历分享给其他团队成员,大家结合这个小故事回想起以往服务过程中遇到的和视障者发生的一些小矛盾,也都开始释怀了。

点评:在服务视障群体时要充分理解他们与其他残障类别的不同,即使是在非常熟悉的环境里,出现了新事物,不跟他们讲,都有可能成为他们的障碍,要格外注意根据环境的改变进行细节沟通。服务人员/志愿者与视障群体沟通的顺畅程度实际上是对机构整体专业能力的考验。

案例四:公交车上是否要给视障者找座位——"可选择性"帮助,尊重视障者自身能力

很多志愿者或服务人员会问:"和视障者一起乘坐公交或地铁时,我是否要给他们找座位?"有些人的第一感觉是出于安全考虑,找座位很有必要,有人却说没必要。在跟视障朋友一起乘坐公共交通的时候,有没有必

要找座位始终是服务的一个争论点。

点评：对视障朋友来说，除非是老、幼、病、孕或主观需要，否则从他的实际角度出发，其实并不需要你给他找座位。因为大多数视障者认为"我自己和别人一样，并不太需要特殊照顾"，但是也有个别人会有"我不方便，你赶紧给我找个座位"的心理。那为视障朋友找座位到底有没有必要？第一，要看视障者的年龄。如果是年轻人，则完全没必要，只要没生病，身体健康，仅是眼睛看不见，可以为他找一个能够扶着的把杆。在公交车和地铁上有横、竖两种安全杆，尽量扶竖杆。第二，可以征求他的意见："需要给你找一个座位吗？"如果视障者说："我需要，我今天身体不舒服。"这时，服务人员再跟旁边的乘客说："麻烦您给这位视障朋友让个座位。"如果视障者说"我不需要"，那就真的不需要。服务中有很多尴尬的事情，很多服务人员出于好心去请旁边的乘客让座，但视障朋友却很尴尬，一方面认为"我身强体壮，为什么非要别人给我让个座"，另一方面又担心如果不坐会浪费别人的一番好意。

案例五：社区里送不进门的定向行走训练——残障认同和独立意识先于技术培训

作为视障者走出家门的必备技能——定向行走，在社区开展此项培训服务时，即使服务人员送教上门，很多视障者或家属也都不愿意参加。

点评：首先分析社区内服务对象的特点，社区内绝大部分视障群体是老年人，很少有年轻人。因为年轻人基本不会等着别人来做培训，除非是后天刚失明，否则他们会为了走出家门，想尽各种办法参加培训。从老年视障群体来看，当他们眼睛看不见以后，对外界环境十分恐惧，可能原因如下：第一，目前社会环境中普遍缺乏对残障的认识，所以老人因年老失明后多缺乏独立意识，认为"我都看不见了，还怎么可能像以前那样"，并不认为自己要有独立出门的能力，也并没有意识到独立出门能给自己的生活质量带来何种改变；第二，他们没有就业需求，只是在社区里生活，每天外出次数有限甚至不外出，即便是外出，也有家里人陪同；第三，缺乏自身残障认同，不愿意拿着盲杖外出，被别人指指点点，到处"求人"问路。

因此，进行定向行走培训前的第一步工作是帮助受助对象及其家庭建立残障意识，提高残障认同，帮助视障者树立独立出行要比靠别人方便得多的观念。可以尝试同伴干预的方法，比如将社区视障者及其家属聚集在一起，请一个在工作和生活中都很独立的视障者来分享自身经历，激励他们有"我要回归社会，我要学习定向行走能力，我要学习再就业能力"的意愿。第二步是针对老年朋友，设计适合他们并能够在社区开展的培训内容，注重易学及实用性。

案例六：残障家庭社会融合项目——两类孩子共同成长

2015年，一个服务机构跟某国际企业合作开展员工家庭与视障家庭的融合亲子活动。一方面，为两类家庭的家长举办座谈会，让他们彼此分享如何教育孩子；另一方面，由老师带领50多个6~10岁的孩子开展游戏活动，其中包括20多名来自盲校和孤儿院的视障儿童。所有儿童被分成五组，每一组有一名提供支持的服务人员。

在第1个游戏环节，孩子们之间没有交流，由服务人员带动安排。第2个游戏需要彼此合作，在老师的引导下，视力正常的小朋友开始有意识地去接近视障小朋友。比如玩球的时候，会主动询问对方是否需要帮助。前3个游戏结束后是茶歇环节，有的小朋友已经去帮助视障小朋友拿茶歇了。第5个游戏结束的时候，他们已经完全玩在一起，成为了朋友。游戏结束后有一个分享环节，视障小朋友特别高兴地说："我今天认识了好多新朋友，平时玩的小朋友只有一两个人，今天总有小伙伴帮助我，我也希望能帮助他们。"视力正常的孩子说："从来没想过视障小朋友还能跟自己一起做游戏，自己还可以帮他们做很多事情，感觉特别自豪。"活动结束两周后，机构对家长进行随访，视力正常的学生家长反馈，"孩子以前在家什么都不做，现在会在家里帮大人做事了"。这样的活动给孩子们留下了深刻印象。

相关资源

微电影《相信》(口述影像版)

该片改编自台湾地区首名通过高考的全盲心理咨询师朱芯仪与父亲间的感人故事。朱芯仪在17岁失明前曾参加台湾地区科学展,获得生物组第一名,担任学校乐队指挥,并且是舞蹈、游泳、赛跑、跳高及跳远运动健将。在初三那年,她被确诊罹患脑瘤,导致左眼仅剩光感、右眼全盲,右耳失聪、右侧肢体无法自主灵活行动。但朱芯仪不仅在台湾师范大学特教系以第一名成绩毕业,还完成两次环岛行,挑战潜水、高空弹跳、拖曳伞等一般人都少有勇气尝试的活动。这一切都归功于朱芯仪有个看似残忍的父亲。在她失明后,父亲并未加倍保护,反而要求她学习独立,甚至在跌倒时也要她自己站起来。因为真正最好的爱护,是让她学习独立及自我保护的能力。在这部微电影中,可以看到视障者从事按摩行业以外工作的可能性。重要的是,通过主角父女间的微妙情感,提醒大家对待视障朋友的时候,不只是为他们提供机会与创设友善的环境,还要相信他们具有工作能力。

微电影《两束光》

该片讲述了一群内心乐观强大的视障者的故事。电影中有一个名叫"想象俱乐部"的眼疾患者俱乐部,这个俱乐部里的每个人都被不同程度的眼疾所困扰。在志愿者的帮助下,大家学会了用视觉以外的感官去发现生活中的美好,用心拍摄美丽的世界。男主角徐仁秀是RP患者(视网膜色素变性),因为眼疾而不得不放弃钢琴梦,但他仍然想要与钢琴相伴,于是成为了一名钢琴调音师。女主角安秀英是一名职业调香师,虽患有眼疾,但是秀英还是每天乐观积极地活着。

电影讲述了两人的爱情故事。导演在拍摄时并没有回避视障者的一些敏感而又脆弱的心理表现,影片中徐仁秀会拒绝和陌生人的接触,会抵触一些玩笑胡闹,整部片子用平实的镜头语言扩大精神能量的辐射,淡淡的温馨带给人如春风拂面般和煦的感动,视觉障碍者也能拥有和普通人一样的生活。有时候过度的怜悯反而会打扰他们的自立生活,我们要做的就是尊重他们,在必要时帮助他们。

电影《逆光飞翔》

该片根据台湾地区首位盲人钢琴学士黄裕翔的真实故事改编。天生眼盲的裕翔,首次离家北上念书,他钢琴弹得很好,却坚持不参加任何比赛,因为不想被同情,他只想跟大家过得一样。此时,他遇见梦想成为舞者却因现实所迫在奶茶店打工的少女小洁。暖阳般的裕翔走进她的世界,融化了小洁冰冷的心。勇敢的裕翔深深吸引着小洁,而小洁带领裕翔经历不曾有过的冒险。他们填补彼此遗失的力量,就算梦想遥不可及,也不再是独自面对。他们朝着最初的梦想,迈开步伐,逆光而行。男主人公由黄裕翔本人出演。

电影《听见天堂》

该片根据意大利盲人音效师米可·曼卡西的真实故事改编,讲述了一个失明的孩子如何成为世界一流声音剪接师的故事。

米可在一所与世隔绝的学校长大,在20世纪70年代的意大利,失去视力就意味着失去一切希望,只能学习成为一名电话接线生或编织工。为了获得校方对视障者的尊重与实现自我梦想的权利,学生们不断地与学校进行抗争。

导演将一个人在坦然面对身体上的缺陷并建立起自我认同后，向社会既有体制抗争的美丽故事转化成了电影。

电影《天堂的颜色》

该片讲述了对生活充满热诚与希望的视力障碍孩子穆罕默德短暂的一生。八岁的穆罕默德是盲人学校里最用功的孩子，视障也没能妨碍他对自然万物的独特感受力，他时常虔诚地用双手去找寻心中的真主安拉。然而，命运却喜欢同他开玩笑，母亲离去多年后，父亲为了再娶，决定甩掉他这个拖油瓶。该片中父亲对儿子从讨厌到爱怜，几度反复，由此带来婚姻、母子关系的危机，这也是伊朗家庭与社会问题的综合呈现。

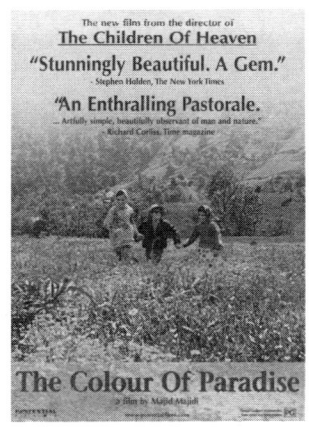

小说《推拿》

该书是国内少有的以盲人群体为题材的文学作品。作者毕飞宇本着对盲人的尊重与理解，描述了一群盲人按摩师的独特生活，细微而独到地深入到了这一特殊群体的心灵。

在这群鲜活的人里，有野心勃勃的创业者沙复明、张宗琪，有陷入爱情为结婚发愁的王大夫、小孔，有陷入欲望和伦理纠葛中的小马，有在传奇爱情中受伤的泰来，有大胆泼辣不远千里地主动追求爱情的金嫣，有美得不可胜收却突然"凋零"的都红。每一个故事都透露着凄美与动人，无不表现了尊严、爱、责任、欲望在人生中的纠结。而这些人生的矛盾与挣扎，在黑暗的世界里似乎显得愈发敏感。该书展示了现实生活中盲人按摩师私密而真实的世界，展现了人们甚少了解的盲人群体的人生悲喜。小说中尤其强调的是，障碍者有着和健全人一样的爱恨情仇、酸甜苦辣，有着同样需要尊重和关注的精神世界。作者写出了障碍者的快乐、忧伤、爱情、欲望、狂想，打破了我们对障碍者情感认知的牢笼。同名电影于 2014 年 11 月 28 日在全国上映。

听力及言语障碍基本知识和服务原则

海伦·凯勒曾说：盲，隔绝了人与物；聋，隔绝了人与人。正如这话所表达的，听力障碍如同一个"玻璃罩"。听力损失越严重，"玻璃罩"就越厚，健听人与听障者之间的障碍就越大。我们要根据服务对象的不同、"玻璃罩"的不同提供有针对性的个性化支持服务。

听力及言语障碍基本知识

听力障碍定义及分级

听力障碍是指人由于各种原因导致双耳不同程度的永久性听力障碍，听不到或听不清周围环境声及言语声，以致影响日常生活和社会参与。

按平均听力损失，听觉系统的结构、功能，活动和参与，环境和支持等因素分级（不配戴助听放大装置），具体如下：

1. 一级：听觉系统的结构和功能极重度损伤，较好耳平均听力损失大于 90 dB HL，不能依靠听觉进行言语交流，在理解、交流等活动上极重度受限，在参与社会生活方面存在极严重障碍。

2. 二级：听觉系统的结构和功能重度损伤，较好耳平均听力损失在 81～90dB HL 之间，在理解和交流等活动上重度受限，在参与社会生活方面存在严重障碍。

3. 三级：听觉系统的结构和功能中重度损伤，较好耳平均听力损失在 61～80dB HL 之间，在理解和交流等活动上中度受限，在参与社会生活方面存在中度障碍。

4. 四级：听觉系统的结构和功能中度损伤，较好耳平均听力损失在 41～60dB HL 之间，在理解和交流等活动上轻度受限，在参与社会生活方面存在轻度障碍。

我国听力障碍的评定标准如下：

听力障碍者评定标准		
级别	听力损失程度（dB HL）	别称
一级	≥91	一级聋
二级	81~90	二级聋
三级	61~80	一级重听
四级	41~60	二级重听

与分贝值对应的场景如下：

分贝值对应表	
分贝值	对应场景
20	窃窃私语
50	正常谈话
70	街道环境
80	嘈杂的办公室环境
90	嘈杂的酒吧环境
80~90	喧嚣的马路环境

由于听力损失的不同、选择的沟通途径不同，听力障碍者分为手语使用者和口语使用者。手语使用者是指以手语为主要沟通手段的听力障碍者，口语使用者是指以口语、看话为主要沟通手段的听力障碍者，也有听障者同时使用手语和口语。

言语障碍定义及分级

各种原因导致的不同程度的言语障碍，经治疗一年以上不愈或病程超过两年，而不能或难以进行正常的言语交流活动，以致影响其日常生活和社会参与。包括失语、运动性构音障碍、器质性构音障碍、发声障碍、儿童言语发育迟滞、听力障碍所致的言语障碍、口吃等（3岁以下不定残）。

按各种言语障碍不同类型的口语表现和程度，脑和发音器官的结构、功能，活动和参与，环境和支持等因素分为四级，具体如下：

1. 一级：脑和/或发音器官的结构、功能极重度损伤，无任何言语功能或语音清晰度小于或等于10%，言语表达能力等级测试未达到一级测试水平，在参与社会生活方面存在极严重障碍。

2. 二级：脑和/或发音器官的结构、功能重度损伤，具有一定的发声及言语能力。语音清晰度在11%~25%之间，言语表达能力等级测试未达到二级测试水平，在参与社会生活方面存在严重障碍。

3. 三级：脑和/或发音器官的结构、功能中度损伤，可以进行部分言语交流。语音清晰度在26%~45%之间，言语表达能力等级测试未达到三级测试水平，在参与社会生活方面存在中度障碍。

4. 四级：脑和/或发音器官的结构、功能轻度损伤，能进行简单会话，但用较长句表达困难。语音清晰度在46%~65%之间，言语表达能力等级测试未达到四级测试水平，在参与社会生活方面存在轻度障碍。

言语障碍者的听力是正常的，面对面沟通时，需耐心等待他们用写字板或手机回答。还有一些朋友是借助人工喉、气管食管瘘和食管发音重新获得讲话的机会，发音可能不清楚，需要耐心倾听。[1]

我国听力言语障碍者发病情况

根据《2006年第二次全国残疾人抽样调查主要数据公报》[2]，我国有听力障碍者2004万，多重障碍者中的听力及言语障碍者有776万，合计听力障

---

[1] 中国聋人协会.与听力残疾人相处小常识[EB/OL].2020-11-18[2021-04-10].https://mp.weixin.qq.com/s/QP3qiPUVPMwEWK_y-wWohw.

[2] 中国残疾人联合会.2006年第二次全国残疾人抽样调查主要数据公报（第一号）[EB/OL].2008-04-07[2021-04-10].https://www.cdpf.org.cn/zwgk/zccx/cjrgk/7c88bb7a042e40a5a13f3add5e478c43.html.

碍者共有 2780 万。每年约有 3 万名听力损伤的新生儿诞生。

造成听障的原因是多种多样的，如基因突变、药物中毒、高烧、中耳炎、外伤、噪音、功能退化等。按损伤时间则可分为先天性和后天性。在孩子确诊听力障碍后，许多家长为其选择助听设备，因了解甚少，往往未能结合孩子的具体情况进行个性化选择，错过最佳康复时期。这些问题都值得引起注意。

听障服务

听障服务需求

作为一线残障服务人员，最基础的是要做好心理构建，即从心底里接纳听障者，其次是培养诸多技能，如手语。除手语外，在沟通时也要注意肢体语言、口型及表情的运用，这些是真正能与听障者沟通情感的交流工具。而最好的服务，就在于满足需要，一线残障服务人员需要掌握可以为听力障碍者提供服务的资源和信息，以便能够提供转介服务。

在康复方面，北京市有残疾儿童少年康复服务和成年残疾人康复服务政策，障碍者可以在定点康复机构进行康复，并根据当年的政策享受补贴。具体康复机构名单和补贴办法可以咨询各级残联的康复部门。

在辅具方面，听力障碍者可以在"北京市残疾人辅助器具综合服务平台"购买沟通和信息类以及生活辅助类辅具，并获得相应的补贴。该平台产品丰富，从几十元的助听器电池到几十万的人工耳蜗共 200 多种。助听设备只能帮助听障者听到和分辨更多声音，无法彻底解决他们的言语表达问题。重视孩子语言能力的发展，不要刻意地规定他们使用哪种语言。应根据孩子自身特点、残余听力程度、对语言形式的偏好、天赋、所在社区的资源、父母对于孩子失聪的反应以及所具备的语言能力来选择教育模式。

听障者的根本问题不是听力障碍，而是由听力障碍所带来的沟通障碍。这种障碍不仅表现在有声语言的发展，还表现在个体社会化方面。沟通障碍是听障孩子社会适应发展迟缓的关键因素。

不同年龄段听障者的需求重点如下：

1. 学龄前阶段

早发现早干预，这对听障儿童的语言、认知、动作及社会性发展具有重要作用。越早进行干预，效果越好，对儿童发展影响越深远。早期康复和教育是学龄前听障儿童的最迫切需求，可通过语言康复训练、人工耳蜗植入、学前教育、特殊教育、家庭教育、家庭支持等手段满足儿童及其家庭的需求。家长是儿童的合作者，彼此必须发展出一套有效的沟通系统促进儿童语言的发展，这要求家长根据孩子的具体情况选择沟通语言，包括口语、手语、双语等。

2. 义务教育阶段

在义务教育阶段，目前我国有三种教育形式，聋人学校、普通学校特殊班级（普校特教班）和普通学校普通班级。对听障儿童及其家庭而言，最为重要的是选择适当的教育形式并制订个别化教育计划。虽然融合教育是当前特殊教育的发展趋势，但并不适合所有的听障儿童。目前融合教育中仍存在普校老师特教专业知识储备不足、无法有效应对和支持听障儿童教育，激励机制不完善等问题。在这个阶段，需要继续开展与儿童相匹配的康复训练，如香港中文大学手语及聋人研究中心的手语双语共融教育计划。

3. 就业阶段

随着科技的发展，以语音转文字为核心功能的APP（如讯飞、音书）和以远程手语翻译为核心功能的APP（如手之声）等都极大地降低沟通成本，辅助听障群体弥补功能缺陷，因此听障群体的就业工作需要从雇主培训（企业能够与听障者有效沟通）、就业技能提升等方面来推动。

一些适合听障者工作的岗位或职业包括肯德基天使餐厅、无声面包房、文字校对、静默咖啡厅、星巴克手语店等。

4. 老年阶段

老年群体中的听障比例较大，这是人体衰老带来的功能退化或疾病造成的。因此，老年阶段更需要重视耳聋筛查、社区预防和宣导。

与听障者沟通原则及技巧[①]

1. 对于使用手语的听障者

（1）环境：他们靠视觉识别语言，所以光线在语言交流中很重要

- 需在明亮的场所与听障者交流，他们会因为黑暗而看不见手语。
- 他们会因为光线刺眼而看不清手语，而适宜的光线能够衬托出服务人员的面部表情和手的动作。
- 在和他们对话的空间中，不能有面对面的遮挡物。比如，如果在圆形会议桌或者餐厅圆桌中间放花篮或花瓶，他们会因为中间的遮挡物看不见圆桌对面人的手语。

（2）手语：了解手语作为视觉语言的特征

- 学会一点手语，会让听障者们感觉更亲近。
- 如果不谙手语，请以笔谈方式交流，如主动提出用纸笔、手机输入、电脑录入。
- 如果会手语，在对话时，要注意表情与所说的事情相符，还要注意不要由于心情不好将情绪表露出来。
- 看着听障者的眼睛说话，在看他们手语的时候，不要东张西望。如果确实需要转移视线，要以表情或动作告知。
- 有些先天耳聋的手语使用者，在打手语时会伴随手势表达，口部会有相应动作配合（术语称之为"口动"），这是手语的一个特点。只是有些人由于对声音的掌控不好，口动的时候会发出一些异常的声音，如果环境有要求（比如重要会议需要安静），请悄悄地指着喉部提醒他"噤声"。
- 听障群体单独组织会议或者活动的时候，可能会出现大家举起双手摆动的场面，这是他们的"鼓掌"方式，要了解他们的文化。
- 听障者使用手语交流时，因为听不见，难以意识到在聊得兴起时自己发出了一些奇怪的声音或尖叫。如果看到这样的情况，请对他们发出的异常声音给予理解。

[①] 中国聋人协会. 与听力残疾人相处小常识[EB/OL].2020-11-18[2020-04-13].https://mp.weixin.qq.com/s/QP3qiPUVPMwEWK_y-wWohw.

（3）礼仪
- 当服务人员带听障者去有关部门办事并为他们做手语翻译时，在与办事人员口语交流的同时，也需用手语翻译刚才说的内容，避免相互之间的信息有出入。
- 有些听障者的倾诉欲望和好奇心很强，如果他们感觉服务人员态度友善，可能会不停地与服务人员打手语倾诉或提问题，这个时候可以礼貌地告诉他们自己还有其他事要忙，他们一般会给予理解。
- 服务人员与听障者在一起的时候，若条件允许，可以尽可能向他们翻译所听到的一切，无论是用手语还是用文字，都会很受他们欢迎。
- 当听障者背对服务人员时，如果需要打招呼或给予提醒，请轻轻拍几下他们的肩膀、胳膊或背部，不要碰身体其他部位；当双方面对面时，挥挥手引起他们的注意。
- 若是室内会议，会议间歇再重新开始时，他们可能在座位上聊天没有发现会议已经继续进行。这个时候可以连续按动室内电灯开关，以光线的变化提醒他们。

（4）手语翻译
- 尽量请当地聋协推荐的手语翻译员，外地手语翻译可能存在不了解当地文化而产生误会等问题。
- 在对重要会议或讲座进行翻译的时候，不要中途询问他们是否能看明白。可以寻找适当的机会，如会后听取他们对翻译质量的意见。
- 切忌安排使用口语且会手语的听障者在重要场合进行手语翻译，他们的听力不充分，容易产生信息漏听、传递不及时等问题。在一对一、一对二或一对三的场合可以请他们协助做手语翻译工作。

2. 对于使用口语的听障者

（1）环境：避免噪音干扰，提供良好照明
- 与口语使用者对话时，请关掉周围音响，或者到安静的角落。若他们人数较多，最好是找个安静的房间。
- 若白天房间光线较暗，请打亮灯光，或者大家一起到户外聊天。
- 对话距离在一米左右，不要超过两米。因为人工耳蜗和助听器的最佳拾音距离在两米以内，离得太远则会让声音减弱，难以分辨。

- 讨论会的场所尽量选择安静的房间，避开嘈杂的餐厅、容易产生回声和混响的大型会议室。身为会务工作人员，请主动询问他们是否需要将座位调整到主讲人和其他主要发言人附近，是否需要将拾音外挂放在主讲人旁边。

（2）动作：请让他们看到服务人员的面容和口型

- 如果戴着口罩，对话前请取下，以便他们看清服务人员的口型和表情。
- 请面对他们说话，不然他们不能确定服务人员是否在与他们对话。表情自然，唇形清晰，没必要故意夸张。
- 打算开始一次对话前，如果他们背对着服务人员，请走到他们正面，或者从后方以比较明显的响动走近，轻轻碰他们的触肩或胳膊，示意想和他们聊一聊；如果距他们正前方两三米外，不妨试试呼唤示意，但是在离他们很近的身后突然高声呼喊，或者是在他们毫无察觉时突然冒出来，可能会吓到他们，也比较失礼。

（3）音质和对话：发音清晰平和，速度和缓，注意双方互动

- 安静环境下，发音清晰，音量比平时大一点儿即可，不必刻意拔高嗓门。因为助听辅具（助听器和人工耳蜗）已经调整好了声音补偿额度，大声喊叫只能让他们听起来非常难受，反而无助于提高言语识别率。
- 嘈杂环境下，记得就说话音量是否合宜和他们进行沟通。如果对方觉得服务人员的声音还是太轻，试试彼此站得更近一点。
- 语速比自己平时说得慢一些，但如果太慢也会让对方费解。越自然越好。
- 请说普通话，或本地人熟悉的语言。
- 如果他们告诉服务人员，刚才提到的某个词或者句子没听清，请服务人员直接换个表达说一遍。比如"我们很支持你办这个会"，里面的"zhi""chi"都是高频音，要是他们追问了，就换成"我们非常赞同你办这个会"，他们马上就会明白服务人员要表达的整体意思。如果某个词在重复两遍后，他们仍表示听不清，意味着这个词已经落入他们的听损频段了。

翻来覆去地复读同一个关键词，会让他们更紧张，更听不明白。

- 他们的发音或多或少存在病理性腔调，这是由于听损造成他们听到的声音有缺失。切忌嘲笑他们的发音，攻击性地问"你说话怎么大舌头""你是哪国人"之类的问题。
- 一开始双方对话接不上，服务人员只要继续说就行，在这个过程中，他们的听觉中枢在下载服务人员的语音数据包并进行初始化。几分钟后谈话质量就会有改善。不要一看到他们面露困惑神色，就马上掏出纸笔或打手势。
- 讲到关键信息时，强化重音，多重复两遍。
- 如果谈话内容很长，请服务人员就关键部分适当向对方提问，以确保信息有效传达。要是只为了追求快速传递信息，噼里啪啦讲一大堆，事后发现对方理解出了偏差，就指责他们"不专心听"，这其实很不公平。
- 他们要是实在听不清服务人员在说什么，会根据自己听到的关键词主动提问，对此一定要正面回答"是"或"不是"。
- 当服务人员和别人聊得特别高兴，听障者问"你们在聊什么"时，如果能为他们复述大体意思，他们会非常感谢。

（4）各种助听辅具和辅助沟通方式：创造友善的使用环境

- 当面交流时，未经允许，切忌触碰对方佩戴的助听辅具。
- 如果他们请你使用蓝牙麦克、FM 系统等用于拾音的助听辅具配件，不妨欣然接过夹在衣领上，以便让自己的声音更好地传到他们的助听器或人工耳蜗里，改善谈话效果。
- 请将重要事情写下来，或用电子邮件、微信、短信、QQ 留言等方式来提醒确认。
- 他们的辨听能力千差万别，使用助听器或人工耳蜗，是为了获取更多声音来辅助交流，他们非常依赖看听结合。如果对方提出通过写字沟通，请配合这样的请求。

（5）电话、视频、语音留言等远程电子语音沟通：使用前征询对方意见

- 如果一定要打电话，尽量用手机，少用座机。
- 打电话前，请用微信、短信之类给他们发文字留言，提前询问。

- 打电话时确保附近噪音不能太大,也没有其他人同时在说话。
- 部分听障者听力损失较重、十分依赖看口型,虽然能够当面交流,可是无法接听电话。尽可能选择短信、微信、QQ、面谈等方式与他们沟通,效率更高。对可以接听电话的听障者,尽量用短句,语速平缓。

3. 对于言语障碍者

言语障碍者(失语、喉部障碍、唇部肌肉障碍等)的听力是正常的,面对面沟通时,请耐心等待他们用写字板或手机回答。还有一些言语障碍者是借助人工喉、气管食管瘘和食管发音重新获得讲话的机会,发音可能不清楚,请耐心倾听。

综合以上三种情况,通常需要注意如下四点:

(1)平等对待才能互相尊重。拿听力和发音问题调侃对方属于失礼之举。

(2)无论是与听障者对话,还是当着他们的面与他人交谈,都务必让听障者看到服务人员的表情、口型和手势。除前文提到的注意事项之外,说话时低头不看人,嘴里含着东西讲话,目光斜瞥,视线游移不定,冷漠、厌恶、不悦、嘲讽的神情等都会影响沟通效果。

(3)当服务人员忙于接待其他人时,看见听障者进来,要以目光示意并点头,表示知道他来了。如果面无表情、仅仅口说"稍等",听障者可能会以为你不理他。

(4)有听障者参与的会议,必须安排速记服务,以便他们通过同步字幕更方便准确地获取会议信息。

案例分享

案例一:视障导医与听障导医服务——需求不同,服务模式不同

某市残联通过政府购买服务的方式购买了视障导医和听障导医两个服务项目,某公司由于流程化服务的优势通过公开投标中标。该公司使用相同的模式服务两类障碍者,即接单—派服务人员—陪伴就医的流程化服务。

项目实施半年后，视障者对该项目反映较好，满意度很高，但听障者对该服务不甚满意。

点评：究其原因，并不是听障导医需求小，而是这两个服务项目虽然仅差一字，都是导医服务，却是完全不同的两类服务。

视障导医是满足身体不适状态下的视障者走出家门到医院就诊这一过程中的辅助需求，因此陪伴和保障交通安全是服务的重点。从场合来说，是从家到诊疗室的全过程；从人员上看，接受过半天视障导医培训的无安全风险的人士均可提供服务。视障者住院后，该服务可由医院护工接手。

听障导医应满足听障者与医生的高质量沟通需求，因此在诊疗室中的翻译质量是项目的重点。从场合来说，听障导医的服务地点是诊疗室；从人员上看，需专业手语翻译员提供服务，线上和线下方式均可。听障者住院后，仍需手语翻译持续介入。

案例二：失败的手语培训项目——在沟通中平等的态度先于沟通方式

北京某公司通过公开投标中标了某街道温馨家园的服务包，在该街道开展一年的延伸服务。根据障碍者的需求，该公司制订了手语志愿者为听障者导医的服务。几次服务之后，残联接到一位60多岁听障者的投诉，表示不想再接受该公司的服务。该公司项目负责人通过短信询问得知，障碍者无法和志愿者沟通，比自己去看病还费劲。调查发现老人使用的是自然手语，而志愿者使用的是通用手语。于是该公司设计了一个通用手语培训项目，邀请街道的听障者参加，结果无人参与。该公司到结项时仍然想不通，通用手语是听障者需要掌握的沟通语言，为什么没人来学。

点评：这个案例就像去大山里扶贫，不会方言没法与当地人沟通，却组织大家学习普通话是一样的。通用手语确实需要普及，但目的不是为了能够接受服务，特别是对那些已经具有一定与人沟通能力的障碍者。上文中的听障者能够通过自然手语和手机文字开展有效沟通，却被服务机构为了服务而服务。这不仅体现了服务的不专业，也体现了一种优越感，而这种优越感是导致残障服务项目失败的主要原因之一。

案例三：如果不会手语，是不是就服务不了障碍者——平等沟通建立良好关系

深圳的听障者潘某前些年在深圳广播电视大学攻读法律专业，获得陪读志愿者的服务是他被特批入学的主要原因之一。这个志愿者团队有40多个人，他们大多数成员并不懂手语。每到上课前几天，会有专人"排班"，安排陪读人员。潘某上课时，一名志愿者将老师讲解的要点敲在笔记本电脑上，另一名志愿者则用笔在书本上记录重点。潘某时而看看手写的笔记，时而看看电脑。当他有疑问时，会举手示意老师，将写有问题的纸条递给老师，志愿者再将老师的讲解敲在电脑上。条件允许时，老师会用手写传字条的方式回答他。

点评：这个案例很好地展现出平等的沟通是一切良好关系建立的前提。尽管志愿者们不懂手语，但是他们的服务从心出发，真心想陪听障大学生一起完成学业，通过文字等语言形式为障碍者提供了最有价值的服务。

相关资源

微电影《沉默的孩子》

该片是一部讲述听障儿童故事的短片，获第90届奥斯卡最佳真人短片奖。四岁的莉比（Libby）是一名先天性听障儿童，来自英国郊外的一个中产家庭，父母及兄弟姐妹都是健听人，因父母不懂得如何照顾莉比，只能一直让她活在安静的世界里。随着莉比的渐渐长大，从未与人沟通过的她出现了一些情绪及行为问题，使她与父母及外界更加渐行渐远。直到社工乔安妮（Joanne）出现后，莉比才开始学习手语并学会与人沟通。这部

20 分钟的影片深刻揭示了亲子关系之间的问题：面对残障孩子，家长既迫切望子成龙、望女成凤，又不付出应有的照顾和陪伴，在冷漠中伤害孩子，导致了这个沉默孩子的悲哀。

电影《听说》

该片讲述了秧秧和便当店男孩黄天阔互相以为对方是听障人士，由此发生的一段奇妙美好的爱情故事。影片中天阔阳光积极，他在某次送便当时，认识了秧秧。秧秧的姐姐小朋是一位听障游泳选手。为了让姐姐能够专心练习，秧秧承担起沉重的家计。秧秧对亲人的无私支持感动了天阔，于是他决定追求秧秧。除了帮她送便当之外，还认真学习手语。正当秧秧为天阔的热情所感动，准备接纳他的时候，一场沟通上的误会、姐姐在火场的意外，让两人的交集越来越少……

该片灵感来自导演郑芬芬在 2007 年看到的一篇读者投稿。读者描绘了自己作为听人，爱上一位听障朋友的心情。影片中的许多故事参考了真实的田野调查和国外的案例。

电影《贝利叶一家》

该片讲述了出生于残障家庭的宝拉，一边支撑着家庭，一边追寻音乐梦想的故事。农场主贝利叶夫妇和他们的儿子都是听障者，在日常工作和生活中，需要依靠女儿宝拉充当手语翻译。宝拉的音乐老师发现了她的天赋，鼓励她去参加法国电台的歌唱比赛。向往着去巴黎继续音乐之路的宝拉将与家人分离。这个人生必经的成年礼，对于贝利叶一家有着更为特殊的意义。

小说《静默》

该书的作者维罗妮克·普兰（Véronique Poulain）居住在巴黎，父母为听障者，多年来她致力于手语戏剧表演。《静默》是她的处女作，也是她对自己成长经历的回忆。"我的父母是听障者，我不是。""成长在这样特殊的家庭，我注定有着比一般人更多的烦恼。""有时候，我会因为父母而感到羞耻和厌烦。但他们却用爱驱散了我心中所有的不安。"《静默》会如此打动人，也许是因为它太过真实，那种想要保护自己的父母，在骄傲、羞愧和愤怒之间摇摆的情感，是有着听障者父母的作者真实的流露。

肢体障碍基本知识和服务原则

世界卫生组织发布的《社区康复指南》中明确说明，社区康复的重要内容包括指导、训练家庭和社区成员参与和促进障碍者的康复。本节的内容正是满足了此要求，强调将肢体障碍者家人和周边的社区人员转变为为其提供服务的人员，充分调动家庭和社区的力量。

需要注意的是，本节内容来自众多服务机构的社区服务实践和经验，并不能回答与肢体障碍者有关的所有问题，也不提供医疗及技术治疗建议，所以在应用中需适应性采纳。

肢体障碍基本知识

肢体障碍定义

肢体障碍是指由于人体运动系统的结构、功能损伤造成四肢缺损或四肢、躯干麻痹（瘫痪）、畸形等，从而导致的人体运动功能不同程度丧失以及活动受限或参与的局限。

肢体障碍的主要类型包括：上肢或下肢因伤、病或发育异常所致的缺失、畸形或功能障碍；脊柱因伤、病或发育异常所致的畸形或功能障碍；中枢、周围神经因伤、病或发育异常造成躯干或四肢功能障碍。

肢体障碍的分级

按人体运动功能丧失、活动受限、参与局限的程度分级（不配戴假肢、矫形器及其他辅助器具），具体如下：

1. 一级

不能独立实现日常生活活动，并具备下列状况之一：

（1）四肢瘫：四肢运动功能重度丧失；

（2）截瘫：双下肢运动功能完全丧失；

（3）偏瘫：一侧肢体运动功能完全丧失；

（4）单全上肢和双小腿缺失；

（5）单全下肢和双前臂缺失；

（6）双上臂和单大腿（或单小腿）缺失；

（7）双全上肢或双全下肢缺失；

（8）四肢在手指掌指关节（含）和足跗跖关节（含）以上不同部位缺失；

（9）双上肢功能极重度障碍或三肢功能重度障碍。

2. 二级

基本上不能独立实现日常生活活动，并具备下列状况之一：

（1）偏瘫或截瘫，残肢保留少许功能（不能独立行走）；

（2）双上臂或双前臂缺失；

（3）双大腿缺失；

（4）单全上肢和单大腿缺失；

（5）单全下肢和单上臂缺失；

（6）三肢在手指掌指关节（含）和足跗跖关节（含）以上不同部位缺失（一级中的情况除外）；

（7）二肢功能重度障碍或三肢功能中度障碍。

3. 三级

能部分独立实现日常生活活动，并具备下列状况之一：

（1）双小腿缺失；

（2）单前臂及其以上缺失；

（3）单大腿及其以上缺失；

（4）双手拇指或双手拇指以外其他手指全缺失；

（5）二肢在手指掌指关节（含）和足跗跖关节（含）以上不同部位缺失（二级中的情况除外）；

（6）一肢功能重度障碍或二肢功能中度障碍。

4. 四级

基本上能独立实现日常生活活动，并具备下列状况之一：

（1）单小腿缺失；

（2）双下肢不等长，差距大于等于 50mm；

（3）脊柱强（僵）直；

（4）脊柱畸形，后凸大于 70°或侧凸大于 45°；

（5）单手拇指以外其他四指全缺失；

（6）单手拇指全缺失；

（7）单足跗跖关节以上缺失；

（8）双足趾完全缺失或失去功能；

（9）侏儒症（身高小于、等于 1300 mm 的成年人）；

（10）一肢功能中度障碍或两肢功能轻度障碍；

（11）类似上述的其他肢体功能障碍。

肢体障碍的特点

肢体方面的障碍往往伴随着肢体、脊柱等形状或者功能受限，所以也有人称肢体障碍为"动作障碍"或"行动障碍"。

1. 身材过于矮小，腿部的长度与楼梯等常规设置不匹配时，行动方面的障碍就会产生。按照世界卫生组织 1996 年建立的残疾分类体系——国际功能、残疾和健康分类（ICF）中的障碍划分标准，如果公共设施依照身材矮小者的身高标准进行建设，这种障碍就不会存在了。

2. 上肢障碍者的障碍主要为操作上的障碍，例如无法使用需要细巧动作的设施或设备；下肢障碍者的障碍主要为平衡、移动、通行上的障碍。一些下肢障碍者因肌肉萎缩，腿脚常呈现细小状，上肢由于轮行运动等原因而显得比较壮实；上下肢各有缺失的障碍者常会遇到平衡的问题。

3. 由于血液循环等问题，肢体障碍者常出现下肢冰冷、知觉感差的情况，所以肢体障碍者通常要注意保暖，避免在没有察觉的情况下受外伤。

4. 在通道狭窄或人多拥挤的地方，持拐者不易观察杖尖状况，他人亦无法察觉杖尖的存在，两种情况都可能造成下肢障碍者失控而跌倒。使用楼梯时，楼梯过窄、梯级过高、踏面过浅或突出，都可能给下肢障碍者造成障碍。下肢障碍者使用楼梯时更加依赖扶手以保持平衡和辅助前进，因此，下肢障碍者无法安全地使用未设置扶手或扶手过粗的楼梯。下肢障碍者在开启过重的门时可能存在障碍，通行速度可能比较缓慢；自动门或升降机开关门速度过快，也可能会给下肢障碍者的使用带来障碍；在面对半截式双向推门（男用洗手间经常设置此种门）的进出时，下肢障碍者也会遇到障碍。由于下肢障碍者行动时比非下肢障碍者更加耗费体力，所以如果道路标示不明或路线设计不当，会加重下肢障碍者往来奔波的负担，增加行动不便。

肢体障碍服务

肢体障碍服务的基本原则

在服务肢体障碍者时要发自内心地尊重与提供帮助，需要注意以下事项：

1. 目光与视线

坦然面对服务对象；不要长时间注视残障部位；不要上下端详打量；对于坐轮椅的障碍者包括对身材比较矮小的障碍者，蹲下来跟他们说话，保持目光平视。

2. 沟通注意事项

初次见面时，一般不要主动涉及"残障"的话题；在与肢体障碍者交流时，以"我"字开口；给肢体障碍者打电话时，电话铃声多响几次，便于他们接听。

3. 其他注意事项

未经同意，不要随意触碰辅助设备。

注重肢体障碍者的隐私，与他们合影时，首先征得其同意，同时避免对残障朋友的残障部位做特写拍摄。

上下车为肢体障碍者提供便利。

力所能及，不"干预"。很多障碍者有较强的自理能力，不需要别人帮助，所以让他们做一些力所能及的事，也是一种尊重。

肢体障碍服务的支持技巧

1. 上肢障碍的支持技巧

服务人员如果观察到上肢障碍者的日常生活需要帮助，在询问之后，可以帮助其进行拿取物品、开瓶等需要上肢劳作的活动。

如果障碍者双手手腕以下缺失，在为其准备水或饮料时，不要使用外壁导热材质或者软材质的杯子，如玻璃杯、纸杯等。障碍者可能需要双腕部直接接触杯壁，通过压力与摩擦力抱起杯子。准备杯子的同时可以配备吸管，方便障碍者喝冷水使用。如果障碍者手指部分缺失，但是可以进行简单的劳作，在为其准备水或饮料时可以提供有把手的杯子，在就餐时准备叉子和勺子。

对于双上肢完全缺失或有平衡问题的障碍者，在其需要使用矮桌供脚操作等情况下给予相应支持。

2. 拐杖使用者的支持技巧

拐杖被视为拐杖使用者身体的一部分，不要私自触碰或者移动拐杖。如果需要移动拐杖，请询问使用者后再进行移动。

一般情况下，不要搀扶拐杖使用者，尤其是上下楼梯时，搀扶可能会使其因为失去平衡而摔倒。服务人员可以在有需要时，站在其身侧后方防护。特殊情况下，如拐杖使用者身体不适或者使用不熟练，可以考虑搀扶。

如果拐杖使用者使用的是双拐，往往无法手提东西。服务人员应注意准备背包，有需要时为其开门，在获得允许后帮助其搬运物品。

3. 轮椅使用者支持技巧

推轮椅的技巧是垂直站立，握牢车把，腰部着力，平稳前行。在不同地面情况下推轮椅的注意事项如下：

（1）平地的时候直接推着走，遇到坑洼路面和沙石路面，倒着往后拉或翘起前轮往前推。因为前轮很小，只要遇到小障碍，就会出现制动，人就会翻出去。推轮椅的人一定要保持眼睛往前看，关注前方路况。

（2）推轮椅上下坡时，上坡正着推轮椅，下坡倒退着推轮椅。坐轮椅的人可以不用往后看，但是推轮椅的人务必往后看。如果轮椅的推把上带刹车，一定要握住刹车。

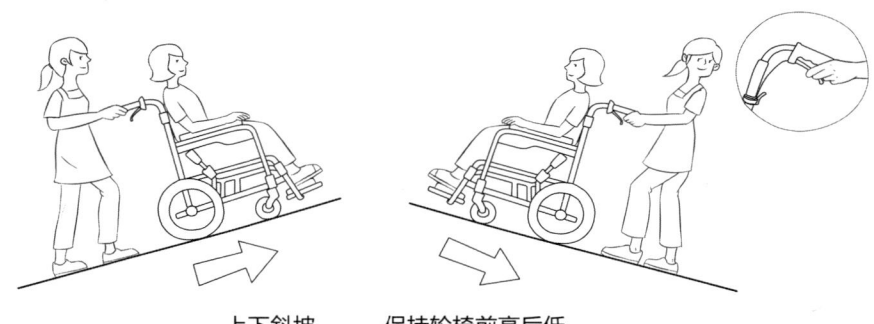

上下斜坡　　　保持轮椅前高后低

要注意轮椅类型（如下图），图中右侧的轮椅后面的把手是用来把靠背放倒的，这时候是不能握把手的。

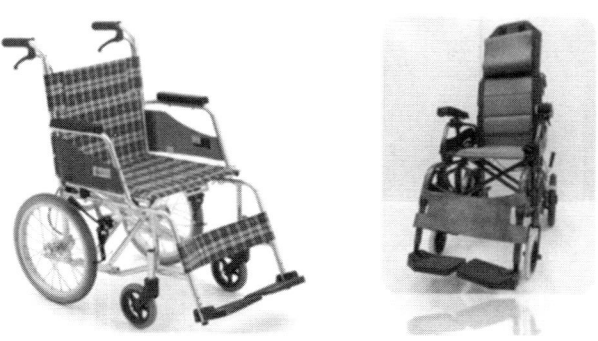

（3）推轮椅上下台阶——正上倒下法（如下图所示，按从左到右的顺序上台阶，按从右到左的顺序下台阶）。上台阶时先把小轮翘起来（护理型轮椅，后方有脚踏，踩一下即可抬起），放到台阶上，再用推力推上去（不要往上抬，一抬坐在轮椅上的人容易往前扑出去）；下台阶时倒着下，

大轮先下,并说提示语"请你抓好扶手",最后小轮放到地面上。如果是颈椎受伤的人,手部没有力量,需要加装安全带,胸部靠后绑好,再上下坡。

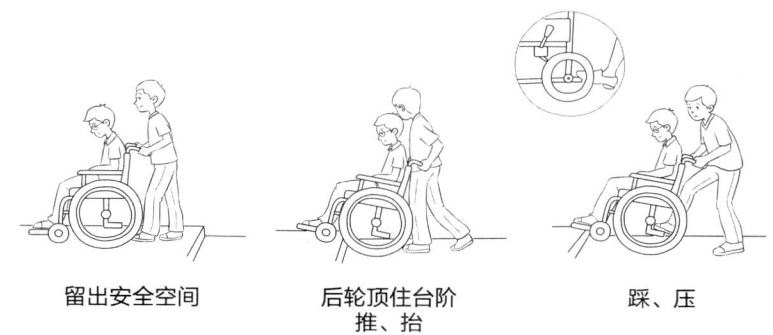

留出安全空间　　后轮顶住台阶　　踩、压
　　　　　　　　　推、抬

(4)推轮椅上下台阶——翘轮倒上正下法(如下图所示,按从右到左的顺序上台阶,按从左到右的顺序下台阶)。正着下时,前轮一定要翘起,使坐轮椅的人感觉是水平的。

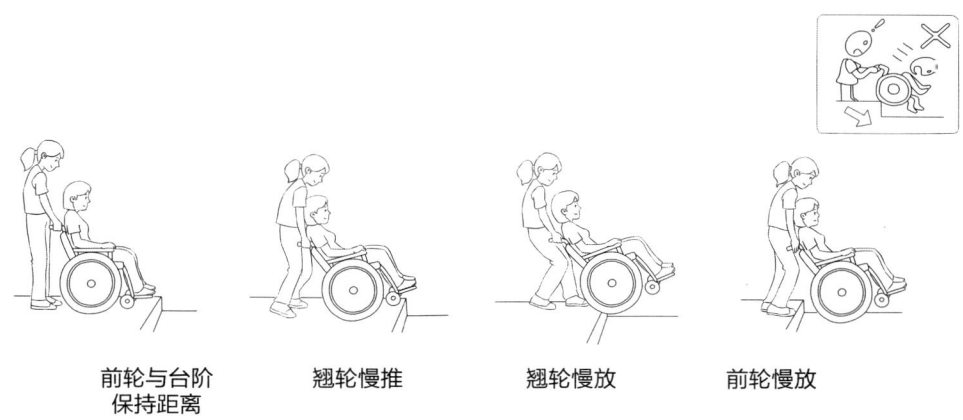

前轮与台阶　　翘轮慢推　　翘轮慢放　　前轮慢放
保持距离

(5)双人协助上下多级台阶——倒上正下法。倒着上时后面的人要成弓步稳住、往上拉轮椅,前面的人用推力,以台阶为支点,将轮椅一阶一阶推上去;下来时正着下,后面的人把前轮翘起,前边的人保持障碍者不会滑落,一阶一阶下去。

・抓握位置
・同时发力
・控制速度
・推拉力

特殊情况下使用轮椅时需注意的风险和技巧如下：

特殊情况	狭窄空间	前轮遇障	停车制动	座位水平
风险点	电梯 卫生间 狭窄过道	缝隙 小坎 小石子 坑洼	上坡 下坡 不平整路面	斜坡 台阶 楼梯 高门槛
注意事项	躲避碰撞 防止碰脚	视线注意前方路面 防止小轮卡住	轮椅停留要锁刹车 防止溜车	不要前低后高 防止前栽

协助移位的注意事项如下：

（1）轮椅与床、坐便器、车的转移——单人协助。服务对象体重较轻时，采用单人抱。首先让对方坐到床边上，把他扶起来。长期卧床的人易骨质疏松，关节是半脱位状态，因此在扶他时尽量不拽胳膊，以免脱臼。服务对象体重较重时，从背部或肩膀将其扶起。如果服务对象手部还有一些力量，轮椅与床成30°~45°夹角，让他一手握住轮椅，服务人员托住臀部、夹住腿，和他同时发力，将其从床转移到轮椅上。注意要夹住腿，因为有些障碍者存在骨质疏松，不夹住腿，容易产生二次损伤。

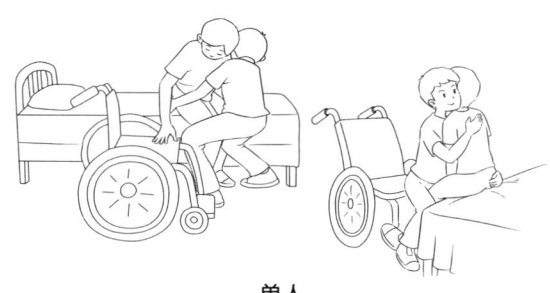

单人

（2）轮椅与床的转移——双人协助。第一种协助方法是双人前后抱。让服务对象将手臂并拢，后面的人双臂穿过他的腋下，双手握住他的手臂或双手。前面的人抱着他的双腿，两人共同发力，将其从轮椅转移到床上。第二种协助方法是双人公主抱。两人一左一右站在服务对象两侧，一边托住他的腿，一边扶稳背部，共同发力转移。当服务陌生对象或异性时，建议采取此种方法。

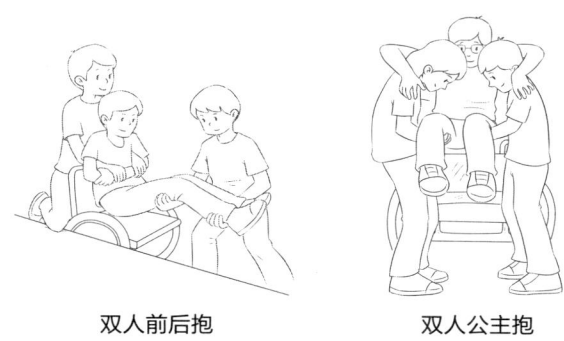

双人前后抱　　　　双人公主抱

（3）地面与轮椅的转移。当服务对象手部有一定支撑力时，采用单人抱，从后面拽住他的裤腰，将其提上去。如果服务对象双手无力，则采取双人前后抱、公主抱的形式。

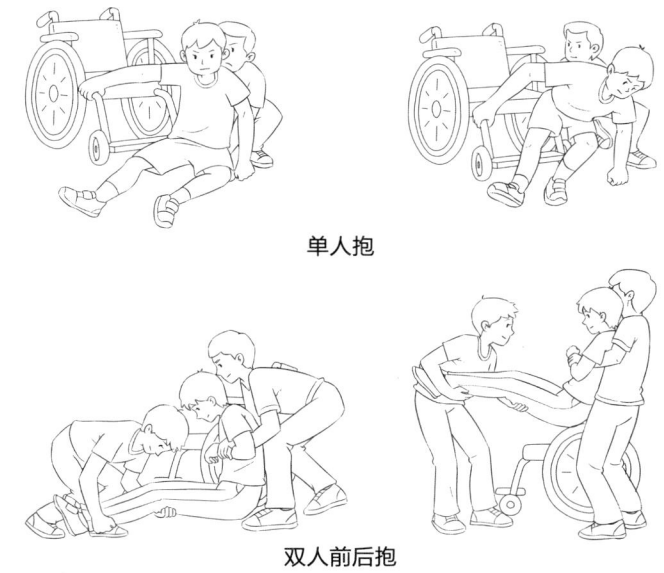

单人抱

双人前后抱

 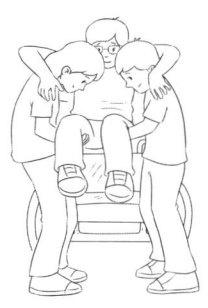

双人公主抱

使用轮椅并不代表使用者一定缺失下肢,有些人使用轮椅是因为其他原因导致无法长时间站立,或者无法进行中长距离的行走,如患有心脏疾病、肺动脉高压症等。所以,当一位轮椅使用者从轮椅上站起来并行走一段距离的时候,不要惊讶,更不要质疑。

轮椅被视为轮椅使用者身体的一部分,如非必要,不要触碰轮椅。如果轮椅使用者不在轮椅上,此时又需要挪动轮椅,要先征得轮椅使用者的同意。切忌毫无提醒直接移动轮椅。

服务人员在搬抬轮椅前,要确定轮椅的活动部位已经被固定好,确认安全后再进行搬抬。因为有些轮椅的侧挡板和踏脚都是可移除的活动部件,如果在没有固定的情况下搬抬轮椅,有可能会造成轮椅的损坏,更严重的可能会造成对轮椅使用者的伤害。

不要站在轮椅前面,或做出其他阻挡轮椅前进或轮椅使用者视线的行为。在与轮椅使用者交谈时,服务人员应直接与轮椅使用者对话,而不是只与其陪行的家属或朋友对话。轮椅使用者视线可及高度通常在110cm～130cm之间,因此服务人员在与轮椅使用者交流时,可以弯腰或者坐下,保持双方视线水平,平视的交谈更舒适。

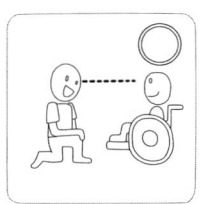 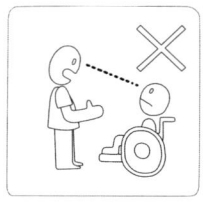 

轮椅使用者受限于坐姿，手部的触及范围有限，因此寝具的高度一般需要在38cm～45cm，轮椅走道宽度需在100cm以上。

服务人员陪同轮椅使用者出行前需要事先了解目标场所的无障碍设施位置，留意无障碍标识（如无障碍洗手间的位置），以便在有需求时能够及时引导轮椅使用者到达和使用无障碍设施。如果目标场所没有无障碍洗手间，轮椅使用者可能需要一些特别的帮助，如依靠服务人员从轮椅平移到马桶上。此时如非轮椅使用者要求，服务人员一定不要盯守在马桶旁，可以在保证能够听到障碍者说话的距离内耐心等待。许多轮椅使用者因为不想麻烦别人，常常憋尿，久而久之导致罹患膀胱炎。所以，一些老年人或者无法控制尿意者会使用成人尿布。

如遇户外活动，服务人员可以为轮椅使用者预备一些毛毯。秋冬季节，在户外久坐会让轮椅使用者双腿倍感寒冷。有经验的轮椅使用者会自己备有毛毯御寒，而暂时性轮椅使用者（骨折、重病）和没有户外长时间活动经验的轮椅使用者，可能并不会注意到这一点，这时一条事先预备好的毛毯会让他们觉得温暖许多。

有些下肢行动障碍者同时也有手部活动受限的情况，他们无法用双手进行精细动作。当遇到行动障碍者时（如轮椅使用者），不要先入为主地认为他们只有下肢障碍，如果观察到他们同时具有上肢（含手部）障碍，应适时提供相应帮助。

一些下肢障碍者、腰部活动障碍者因为身体状况对座椅有不同的要求，可以根据障碍者的不同要求提供不同的座椅，如固定的、活动的（老板椅）、硬质的、软质的（沙发）、带后背的，等等。因为下肢障碍者（拐杖使用者、跛行者）和腰部活动障碍者下肢很难发力，会遇到起身困难的情况，这时带有扶手的座椅可以给予他们很好的支撑，帮助他们起坐。如果轮椅使用者需要换到座椅或床上，可为其提供无扶手型座椅，方便轮椅使用者移动（要确保能够安全地坐稳）。

4.脊髓损伤者的居家康复护理

随着世界各国经济水平的发展，脊髓损伤发生率呈现逐年增高的趋势。脊髓损伤是脊柱损伤最严重的并发症，往往导致损伤节段以下肢体严重的功能障碍。脊髓损伤不仅会给患者本人带来身体和心理的严重伤害，还会给社会造成经济负担。针对脊髓损伤的预防、治疗和康复已成为当今医学界的一大课题。

脊髓损伤不是骨头损伤，而是从脑干到脊柱中间的脊髓损伤，是神经损伤。其最严重的后果是感觉和运动功能完全丧失。每个人的损伤严重程度取决于受伤位置的高低。

脊髓损伤者是肢体障碍者中比较特殊的一类，与先天残疾和生命早期伤残不同，脊髓损伤者多在中青年时期或老年阶段意外伤残。中青年时期伤残的脊髓损伤者具有良好的受教育基础、丰富的生活和就业经验，是极具潜力创造社会价值的残障群体。

脊髓损伤者的并发症有痉挛、自主神经异常反射、神经痛、压疮、大小便失禁、泌尿系统感染（肾、泌尿管、膀胱等感染，肾衰竭）、心肺功能退化等。

脊髓损伤者居家康复护理的注意事项如下：

（1）压疮处理

压疮是皮肤由于长时间的压迫而血液不流通，短时间内温度升到很高，造成肌肉组织或者皮肤坏死。压疮是从里到外产生，皮肤没有破，但表皮下面可能都是大坑。

压疮分级包括：压疮一级，表现为皮肤完整，泛红，在受压发红区手指下压，皮肤颜色没有变白；压疮二级，表现为皮肤损失表皮或真皮，成表浅性溃疡（水泡，擦伤等）；压疮三级，表现为伤口侵入皮下组织，但尚未侵犯肌膜，伤口呈火山状；压疮四级，表现为伤口坏死至肌肉层、骨骼、肌腱等，可见到骨头；不可分级的表现为全皮层缺损，有焦痂或腐肉覆盖。

出现一级，赶快减压，并在皮肤上涂抹水性的乳液；出现二级，使用敷料；当出现三、四级，则不能居家处理，一定要尽快就医，否则可能会出现败血症，甚至导致死亡。

减压方式包括躺姿和坐姿，躺姿的压力点如下图，减压时在压力点放减压垫。

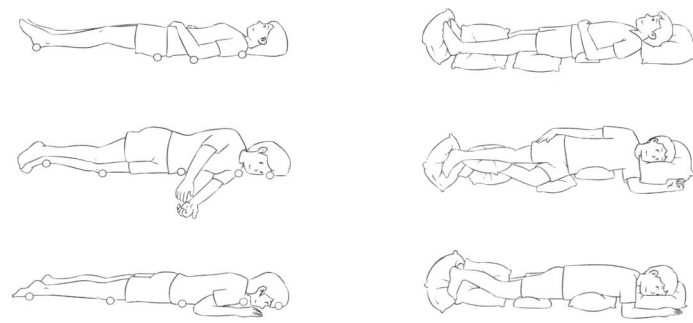

坐姿时常发生压疮的部位点如图：

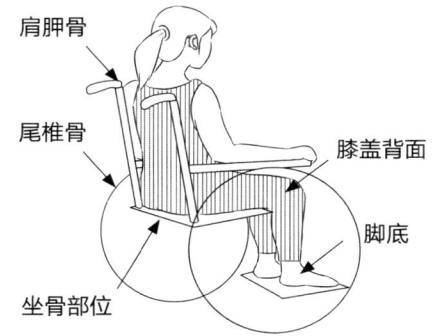

一般坐在轮椅上半个小时就进行减压，减压的时间比例是 10:1，即每坐 10 分钟进行 1 分钟的减压。如对方已经坐了 30 分钟，就要减压 3 分钟，建议使用防压疮坐垫和防压疮床垫。日常减压姿势如图：

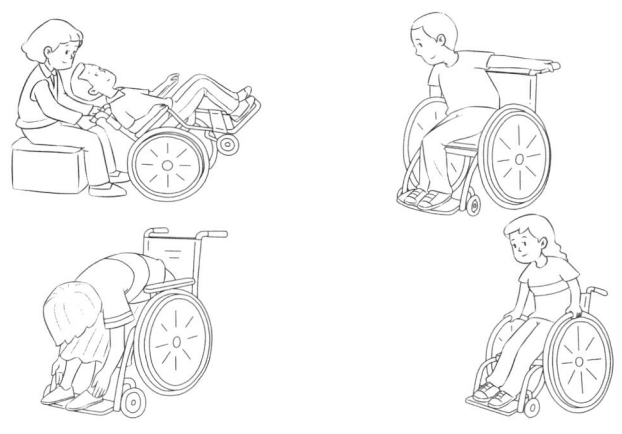

（2）二便照护

间歇导尿是每隔几个小时（建议3～4个小时或依个人情况）从膀胱里将尿液导出来。留置导尿一般一个星期或者半个月换一次。还可以通过尿套将尿液引流出来。

（3）拍背技巧

长期卧床的人会出现咳痰的情况，如果咳不出来肺部就会有大量的痰。

让服务对象仰面平躺，双手压在肋骨下方，首先让被服务对象深呼吸，然后数1、2、3，数3的时候往肩胛骨方向推，然后让他努力咳。或者让服务对象侧面躺，服务人员以空心掌由下到上，由外及内叩击肋骨处，帮助肺震动。不能使用手掌拍打，以免造成肋骨骨折。

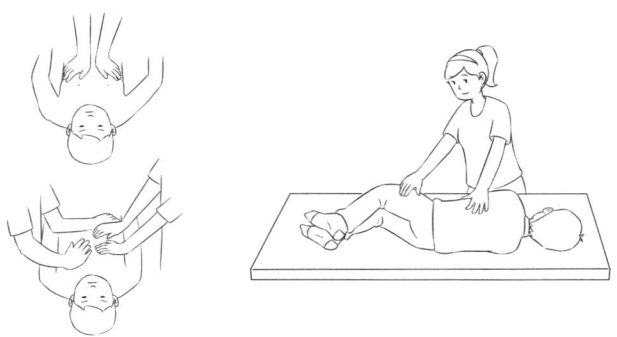

案例分享

案例一：一个脊髓损伤者的故事（根据唐占鑫[①]女士本人口述整理）

我本人特别喜欢笑，我也特别喜欢看到周围的人笑。但是在2004年受伤以后，我就不爱笑了。(当时)我在德国留学，毕业回国之前去奥地利，从奥地利回德国的路上司机睡着了就翻车了，结果我成了脊髓损伤（中途致残）终身瘫痪。我本来是留学硕士，前途不能说是灿烂无比，但是我觉得

---

① 唐占鑫，北京脊髓损伤者希望之家主任。

还是很好的。没有想到的是，因为司机睡着那短短几秒钟造成了我的终身瘫痪。我无法接受这个事实，就将自己在家中封闭了5年，不跟任何人接触。我当时的想法就是如果这辈子不能再站起来，我就不想再走出家门了。所以就把所有的精力、财力、人力全部投入到了各种医疗治疗，希望自己能够再次站起来。但是事实就像大家今天看到的一样，我还是没有站起来。

当年，我连起床穿衣都需要别人照顾，所有的移动全都靠人抱。因为吃了各种蛋白粉，也变得特别胖。有一次父亲带着我去医院复查，他把我往车上抱的时候，没有站好，我们俩都摔到了地上，他自己蹲到地上，但他的胳膊还把我举在空中。就那一刹那，我发现他在逐渐变老，受伤的4年，亲人的头发都白了。我就觉得"哎呀，我都做了什么呀！至少为了我的亲人，我也应该去改变！"

从那一天开始我就决定要改变，怎么改变呢？首先至少我要学会照顾自己。第二天我就想要试着自己起床，然后我就试着用双手撑着自己起床，我成功了！

前几年，每天早上都是我妈给我穿衣服，把我从床上扶起来，从床上抱到轮椅上，再给我做所有的锻炼，就是恨不得把吃的放到我嘴边，我只是做"吃"这么一个动作。这就是当年的我。因为那时候回到国内，所有的人告诉我：我终身瘫痪，我唯一要做的就是找人在家照顾我，让我的父母多去挣点钱，找个阿姨照顾我，别得并发症。所以在此之前我从来没有想过自己要去干点什么，唯一想的是"如果这辈子我站不起来，我不想再走出这个门"。但是因为那一天我和我爸的这个事情，我开始不停地去尝试。之后，我能自己去穿衣服，发现其实穿袜子、穿裤子、穿衣服没有那么难。第一天我坐在床上不平衡，晃晃悠悠，但是第二天就平衡了。以前我妈要把我从床上抱到轮椅上，但是我发现我在坐稳后自己一撑，我妈只需要一个很小的力，我就过去了。我就这样一点一点地尝试、尝试、再尝试。通过努力，我的生活已经可以自理。通过学习网上的视频，跟大家的交流也达到了流畅状态。2009年，我就开始出来工作，去了一个单位。

还是因为刚才说的，我特别爱笑，在我回归社会以后，我就发现我的伤友们很少笑。我去过很多康复医院，发现大部分像我一样的脊髓损伤者都是在被人照顾，躺在床上或坐在轮椅上。他们和家人的眼神里看不到任何希望，特别空洞。我相信大家都是一线的服务人员，一定见过那种眼神，我特别害怕那种感觉。我当时就产生一个想法，如果有能力，我一定要让他们笑。所以为了这个目标，我慢慢找寻机会，创造这个条件。我不知道该如何让我的伤友再次笑起来，但是我的想法是我要让他们有机会再次笑起来，让他们的家人有机会再次笑起来。

终于在第三年的时候，我找到了跟我一样有这个想法的伤友。从2013年到2014年，我们就在探索到底要做什么。当时有一个项目叫中途之家，就专门帮助像我一样的伤友，组织一帮障碍者去做锻炼，但很多伤友说他们不太喜欢这种模式，那我就思考我们要做一个什么样的模式？如何让服务有效起来？想到我自己的那种方式，我说至少得让他们能够生活自理，所以我们就去学习，到底如何能让伤友自理起来？我们开始了不停地学习，2014年我们去了台湾地区。

后来我们成立了自己的民非、基金会，还有一家企业。用民非对接我们的社会服务、对接政府购买服务，去探索规范、模式，用基金会来推动社会资源，帮助更多的伤友，然后用企业帮助障碍者就业。现在我们机构一共有专职和兼职服务人员34名，其中有26名都是像我一样的脊髓损伤伤友。我们的业务已经涉及8个领域，比如帮助像我一样的伤友进行生活重建。生活重建在北京市已经变成了一个成人康复政策，比如职业重建、无障碍。我们把全北京的地铁、公园、商场、酒店全部都跑遍了，一年出

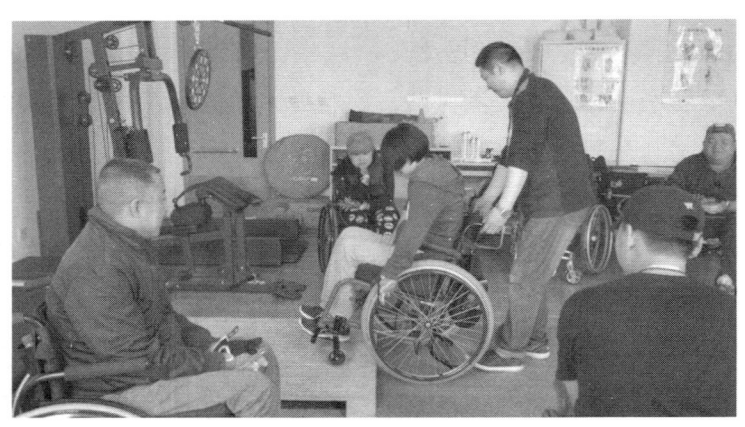

一本无障碍手册，去帮助更多的障碍者走出来。我们还在做新媒体运营，等等。现在机构大概有8个项目，8个项目的负责人全部都是我们的伤友。

案例二：居家康复项目——激活康复意愿是康复训练的起点

某区第一医院康复科连续三年承接了政府购买居家肢体康复项目，服务对象多为农村患者，第一年完成康复300人次，第二年完成800人次，第三年完成200人次。通过实践，医院发现为期几个月的居家康复治疗，并没有改变障碍者对康复的认识，反而有些服务对象更加依靠或依赖政府力量进行康复。

另外一家康复机构，想方设法将障碍者请出家门，自行前往温馨家园接受康复训练。有一些障碍者动员了很久才同意过来，而且一开始很抵触训练，觉得没有用。经过一段时间的康复训练后，他们的躯体功能大大改善，同时也与其他障碍者建立起了互动，心态和康复意识都发生了改变，从而愿意主动配合康复训练，生活能力也大幅提升。

点评：对于很多肢体障碍者来说，康复周期长、见效慢、投入成本太大易导致病人对康复失去信心，康复训练的积极主动性也差，不能长期持续、自主坚持训练。加之家中不具备康复条件，部分障碍者出院回家后残疾程度不断加重。

这些情况出现的最根本原因是患者及其家属对康复的认识不足。因此，首先要让服务对象意识到康复的重要性，培养他们的康复意愿，帮助他们养成康复习惯。这个过程需要医疗专业技术和社会服务技术同时进行支撑，相伴随的心理疏导、康复知识的普及、家庭成员的康复指导等都是不可或缺的服务。

其次，需要解决如何实现有效的康复训练的问题。在院康复是肢体障碍者康复的必要阶段，也是关键期，但是出院以后在更为长期的日常生活中，居家康复占据了重要位置。需要将专业的康复知识和简单易学、直观易操作的技术手法教给障碍者和家属，并进行跟踪指导和督促，保证居家康复的持续性和有效性。

相关资源

书籍《微卓越：汶川地震伤残者的记录与反思》

该书以鲜明个性化的写作风格，结合哲学、社会学、心理学等专业知识，对汶川地震致残的5个人的命运进行跟踪与分析。这些障碍者都经历过近乎相同的命运：因震致残，得到过国家领导人的接见或鼓励，也获得过社会公益力量的支持。他们最终走出了人生的低谷，积极地追求自己的生命价值。正是在这样的普通人的人生轨道上，我们看到了生命价值的体现以及生命力量的来源。

电影《触不可及》

该片改编自真人真事。迷恋跳伞的富翁因事故造成颈部以下瘫痪，于是高薪聘请一位全职陪护，在诸多应聘者当中，他却出人意料地选择了一位毫无经验且刚从监狱释放的混混。身边人都不理解，他给出的回答是：他总是忘记我瘫痪的事实，我要的就是这样的人，没有怜悯、没有特殊对待、没有歧视。在这部电影里，生与死都不再是拿来当噱头的泪点。在生命有限的时光里，宁愿心随我动的放肆，也不愿随时像一个垂死者一样向旁人乞求帮助，这是一种对生命的敬意与尊重。在这个故事里，人性的光辉闪耀，并不在于他们之间谁为谁做出了更大的牺牲，而在于：你给我我所想要的安静与尊严，我给你你所希求的认可与提携。他们的学识、身份、地位迥异，却在这一点上有着空前契合的态度：不要用你以为的善意，去让对方感激。

智力障碍基本知识和服务原则

对于智力障碍者,普遍存在着一种迷思,即认为他们不做某件事就代表他们没能力做某件事,而事实真的如此吗?下面将就智力障碍基本知识与服务原则展开介绍。

智力障碍基本知识

智力障碍定义

智力障碍是指智力显著低于一般人水平,并伴有适应行为障碍。此类障碍因神经系统结构、功能障碍产生,使个体活动和参与受到限制,需要环境提供全面、广泛、有限和间歇的支持。

智力障碍包括在智力发育期间(18岁之前),由于各种有害因素导致的精神发育不全或智力迟滞;或者智力发育成熟以后,由于各种有害因素导致智力损害或智力明显衰退。

智力障碍分年龄段,按发育商(DQ)、智商(IQ)和适应行为能力(AB)分级:

0~6岁儿童:发育商小于72的,直接按发育商分级;发育商在72~75之间的,按适应行为分级。

7岁及以上儿童:按智商、适应行为能力分级;当两者的分值不在同一级时,按适应行为能力分级。

《世界卫生组织残疾评定量表Ⅱ》(英文全称 WHO Disability Assessment Schedule Ⅱ,简称 WHO-DAS Ⅱ)分值反映的是18岁及以上各级智力障碍者活动参与情况。

我国智力障碍分级见下表：

级别	智力发育水平		社会适应能力	
	发育商（DQ）0~6岁	智商（IQ）7岁及以上	适应行为（AB）	WHO-DAS Ⅱ分值 18岁及以上
一级	≤25	<20	极重度	≥116分
二级	26~39	20~34	重度	106~115分
三级	40~54	35~49	中度	96~105分
四级	55~75	50~69	轻度	52~95分

适应行为表现：
极重度——不能与人交流、不能自理、不能参与任何活动、身体移动能力很差；需要环境提供全面的支持，全部生活由他人照料。
重度——与人交往能力差、生活方面很难达到自理、运动能力发展较差；需要环境提供广泛的支持，大部分生活由他人照料。
中度——能以简单的方式与人交流、生活能部分自理、能做简单的家务劳动、能参与一些简单的社会活动；需要环境提供有限的支持，部分生活由他人照料。
轻度——能生活自理、能承担一般的家务劳动或工作、对周围环境有较好的辨别能力、能与人交流和交往、能比较正常地参与社会活动；需要环境提供间歇的支持，一般情况下生活不需要由他人照料。

社会对智力障碍者的一些误解与事实

误解 一旦被诊断为智力障碍，将终身都是智力障碍。

事实 个人的心智功能程度是会发生改变的。尤其是轻度智力障碍者，经过系统的教育训练可以取得不同程度的进步，甚至不再被视为智力障碍者。

误解 根据智力测验的得分确定个人是否为智力障碍者。

事实 最常用的定义指出，确定个人为智力障碍者必须满足两个标准：低智力功能和低适应技能。

误解 大多数情况下，能够很容易确定智力障碍的成因。

事实 我们仍然难以准确判断出许多智力障碍者的障碍成因，尤其是轻度智力障碍者。

误解　最好等到智力障碍者上初中后再开展职业技能的教学。
事实　有专家认为，在小学阶段将职业内容介绍给智力障碍学生是适当的。

误解　智力障碍者工作失败通常是因为他们没有足够的工作技能。
事实　智力障碍者工作失败通常是因为他们缺乏合宜的工作态度以及社会能力，而非缺乏工作技能。

误解　不应该期望智力障碍者在竞争性职场工作。
事实　通过支持性就业，越来越多的智力障碍者能够胜任竞争性职场工作。

智力障碍者服务

智力障碍者服务原则

对于智力障碍者来说，陪伴即是对他们最好的支持。陪伴智力障碍者，需要我们先进入他的世界，用他习惯的方式与之互动，再从他的世界走出来，用他能够理解的方式带他领略这个世界。具体来说，服务原则有以下几点：

1. 改变智力障碍者之前，服务人员要自我转变；
2. 对智力障碍者保持积极的信念；
3. 选用合适的评估工具，找出智力障碍者内在的真正需求；
4. 围绕智力障碍者的个性化需要、兴趣喜好，规划以个人为中心的服务方案；
5. 根据服务方案，善用各种支持，开展丰富多样的活动；
6. 与智力障碍者互动，保持敏锐性，重视道歉、道谢、表达爱；
7. 处理行为之前，先处理心情；
8. 要求智力障碍者做的，服务人员要先做到；
9. 定期进行检验和成果评估，提升智力障碍者的生活品质。

智力障碍者沟通和支持技巧[1]

1. 聆听技巧

（1）集中精神聆听，和他们保持目光接触；

（2）排除环境中的干扰；

（3）有需要时可以复述所接收的信息。

2. 说话技巧

（1）内容要与他们相关，例如符合他们的年龄、兴趣和生活习惯的内容；

（2）以开放式问题反问他们是否明白，或观察其反应、神情；

（3）避免说话内容与表达方式不一致；

（4）用字及语句宜简单、直接、清楚；

（5）说话速度不宜太快；

（6）配以动作、图片或实物来辅助理解。

3. 引导智障人士表达的技巧

（1）不明白的时候可做出反问；

（2）用手势、神情去鼓励表达；

（3）集中话题，切勿离题；

（4）重复想表达的重点，以便让他们掌握；

（5）给予足够的鼓励和肯定，增强他们与人沟通的自信心；

（6）当他们主动与人沟通的时候，给予赞赏；

（7）有需要时可配合动作、图片或实物来辅助表达。

案例分享

案例一：一盘蛋炒饭——劳动让障碍者体现价值、收获尊重

在一次宣传倡导活动中，有一位企业的工作人员谈到自己的一段经历。

---

[1] 特殊教育网. 与智障人士相处和沟通的技巧和一些心得[EB/OL].2009-02-19[2021-04-16]. http://www.spe-edu.net/Html/zhizhangxinli/200902/16291.html.

他曾经去无锡的一家福利院，看到许多智力障碍者，觉得他们的生活很是艰难，一些脑瘫患者行动不便，说话也不是很流利。这位工作人员最开始心里有点不舒服，觉得他们和自己不一样，很同情他们。后来福利院让障碍者们做了蛋炒饭，当他看到孩子们把一盘一盘的蛋炒饭端出来时，觉得特别感动，明白他们通过这个方式去做事，也是在创造价值。之后他就不再一味地同情他们了，更多的是尊重。

点评：当一些成年智力障碍者还不具备就业能力时，可以通过劳动等让他们收获价值感。同时也能让社会看到他们的价值，感受到生命的能量，从内心尊重障碍者，而不是以怜悯、迁就的态度对待他们。

案例二：想当警察的唐氏学员和想帮厨的脑瘫学员——尊重障碍者的自主选择和意愿

某社会服务机构中有一名37岁唐氏学员，他的职业梦想是当一名警察，大家都觉得不太可能实现。他的愿望非常强烈，机构的服务人员就开始挖掘背后的原因。原来是因为警察穿着制服的样子，他觉得很帅。机构就给他找到了一个岗位——在大学里面当保安。保安也穿制服、戴帽子，他每天都这样在大学里面工作，觉得非常棒。至今，他已经在这个岗位上工作了好多年。

机构内还有一位学员是视力障碍和脑瘫的多重障碍者，肢体也有损伤，需要坐轮椅。机构千方百计地想给他开发一个劳动项目，让他通过劳动来获得成就感和价值感。服务人员跟他沟通，表示有保洁工作、帮厨工作，请他去了解相应的岗位该做什么，看他喜欢哪个岗位，然后再去岗位上开发他能力范围内能做的事。他当时选择了帮厨。但是他看不见，肢体也有些障碍，能在厨房做什么呢？服务人员结合他的能力，终于给他开发了一个这样的岗位：当食堂每次做蛋炒饭或者番茄炒蛋的时候，就让他去厨房帮忙打鸡蛋。他打鸡蛋的时候会感觉到鸡蛋圆圆的，打到碗里后拿搅拌器去搅拌，再用手指去摸一下打好的蛋液，有滑滑黏黏的那种感觉，这些操作都会丰富他感官上的体验。其他伙伴把油烧热后，他把鸡蛋倒到锅里，通过别人对炒蛋的好评，他就可以知道自己把蛋打得非常好。

点评：该案例展示了服务智力障碍者时如何根据障碍者的需求开发岗位和劳动。面对他们看似不切实际的要求，服务人员没有回避和否定，而是能够以尊重他们自身选择的态度和理念，了解背后的原因，再去开发既符合其兴趣又符合其能力的岗位或劳动内容。

即使障碍者能够参与的事情非常少，但他们也能通过一些细小的事情感受到自己的价值；即使在很多地方都需要他人支持，但是他们也可以有机会服务他人。而我们能够做的就是在点滴之处帮助障碍者增强自信心和能力。

案例三：成年智力障碍者的自主生活

某机构有一位重度智力障碍者，为了增强其自主生活能力，机构设计了一个活动：带他和其他同伴一起去超市。在去之前每个人都做了计划，写明自己要买什么。第一次带他去超市之前，服务人员有很多担忧：过去他会把桌上摆好的东西扒拉到地上，担心他去超市后也会把货架上的东西都扒拉到地上。但是真正进去超市之后，他表现得非常好。跟普通人逛超市一样，根据计划他知道自己要买什么，在没有看到自己要的东西的时候，他也会拿起其他感兴趣的东西看一看，但当被问到在原计划要买的东西和其他感兴趣的东西里最终选什么的时候，他还是会选择自己计划好的东西。

还有一次，服务人员带一位有情绪表达障碍的小伙子去餐厅就餐。他平常会发出一些异样的声音，服务人员担心周围的人会因此对他有意见。为了避免这样的事情发生，服务人员精心设计了就餐计划：选餐厅的时候问清楚是否有包间，什么时间段用餐客流小，确定好后在合适的时间带他去。经了解，餐厅11点开餐，11:00~12:00人最少，于是定于12点之前去。因为小伙子在人多嘈杂的环境里会比较激动，所以在环境和空间上做了一点点调整后，他就能更好地适应。服务人员还为他介绍菜单，让他自己慢慢选择。

点评：成年智力障碍者的自主生活从娱乐生活开始，慢慢发展到工作和就业。机会多了，经历丰富了，他们在适应陌生环境上表现得越发自如。能够掌控环境后，就可以逐渐尝试更复杂的计划。

案例四：成为旅行家的智力障碍者——为成年智力障碍者提供自主生活的机会，让他们在过程和目标中收获价值感（来自北京市丰台区利智康复中心工作人员的自述）

我们机构里有一名智力障碍学员，他想做一名旅行家，丰富自己的旅行经历。第一次我们跟他讨论的时候，他做了一个去重庆的旅行计划，并要求有工作人员一对一地支持他，可以看出他根本没有想过这个事情的难度有多大。当时大家听完之后，由于成本费用等问题，机构内部在是否要为他提供这次支持上有很大争议。我们跟他沟通，是否可以由工作人员支持他和另外几个障碍者一同去，但他坚持只能一个工作人员和他两个人去。后来工作人员经过商讨，决定尊重他的想法。

这位学员是2003年来的机构，他提这个想法的时候是2017年。在此期间，我们从来没有看到他笑过。每次拍照让他笑的时候，总感觉他是"皮笑肉不笑"。但是后来支持他去旅行的同事发回一张他的照片，我们全部都震惊了。他笑得非常开心，跟过往的笑都不一样。我们更深刻地感受到在他自己做了一个计划并实现的时候，他是多么开心！

他去旅行，不是完全找家长、找机构要钱去的，他自己也做了很多努力。他为这次旅行，做了一个6天的旅行计划，大概需要3000多块钱。大家问他"这么多钱怎么办？"他说找妈妈要。工作人员说："你看你是一个成年人。你看我也是，我要去旅行，我不会跟我爸妈要钱，我要去挣钱。你有没有办法可以挣一点钱，然后让妈妈补给你一部分，我们再去想办法筹一点。"他说可以。接着工作人员又启发他想想在家里、在机构能做哪些小的事情。其实这位学员以前在机构里一直有擦地的工作，但是总是擦不好，心情好的时候擦，心情不好的时候就不擦。于是工作人员鼓励他试试看能不能去擦地挣钱。他很爱干净，所以愿意做这个工作。最开始的时候，他负责擦楼上楼下过道的地板。经过考核，他擦得不是很干净，只能挣3块钱。他会自己安排这3块钱怎么花，每天会花1~2块钱买冰棍，剩下的

1块钱存起来。他存钱也很有一套：他不去银行存，只用一个记账本，每天用"+1"的方式在上面记录好，最后用计算器算出总数，把账本和钱放在一个他信任的人那里。但是他真的很厉害，用这样的方式存了1000多块钱。慢慢地，他的技能变多了，也越来越娴熟。他在机构的生活中心做饭，一顿饭给他6块钱，加上擦地后每天能挣12块钱。等到一天挣12块钱的时候，他仍然会自己安排：6块钱花掉，夏天买冰红茶、冰棍，冬天买糖葫芦，剩下6块钱存起来。他用两年的时间存够了钱，马上就去了重庆。他不光实现了去重庆的梦想，还通过自己的劳动，实现了自己的价值。

后来他每年都会有旅行计划，而且每年支持他的工作人员也都不一样，他会根据自己的需求去调整。每次旅行至少三分之一的费用需要他自己攒。

他还去了青海。去青海的原因很简单，有个同事跟他相处有十年时间，他们两个人关系很好，之后那个同事结婚生子回青海老家了，他想和父母一起去看看老朋友。2018年国庆节，他们一家去了青海。

2019年夏天他又去了青岛。从青岛回来的时候，同事给他拍了照片。照片上他背着一个大的旅行包，肩上挎一个皮包，一只手拎着一个袋子，另外一只手拎着两个袋子，所有袋子满满地装着沿路捡回来的塑料瓶！有人问和他一起的同事为什么让他一路上带这么多垃圾，同事说："没关系呀，反正他也不影响我，也没有影响其他的人，他自己把塑料瓶装得很好，也没有让我帮他，也不用我帮他拎。"

点评：很多成年智力障碍者的家属只希望他们能听话，但每个人成年后，都有了自己的主见，生活需要由他自己来决定和掌控。服务人员要充分给予障碍者自主生活的机会，不要掌控他们，放手让他们成长。从他们的需求出发，引导他们在实现目标的同时，提升规划能力、劳动能力和社会交往能力，在过程中收获价值感。

自主生活的三个内涵：以个人兴趣、喜好和向往的生活为支持核心；人在生活中持续体验和成长；人有权利经历人生中的每一个历程。在自主生活的过程中为障碍者创造机会实现自主选择、自主决策和自主负责。

案例五：一位后悔的父亲——接纳孩子的现状，了解并尊重孩子的身心变化

某社会服务机构开展了很多与青春期特殊儿童有关的、他们感兴趣的活动和培训。通过培训发现，很多家长对青春期孩子的生理变化是完全不了解的。例如，有一个男孩的爸爸分享，在进入青春期后，孩子有时会出现晨勃，爸爸当时并不能正确看待这件事，觉得自己孩子都这样了，怎么还能有这种反应，如果让别人知道了怎么去看他。在没有参加培训前，这位爸爸的处理办法就是直接拿小棍子去敲孩子的阴茎，认为自己的孩子不应该有这样的行为。父亲在叙述的时候，为当时对孩子正常生理反应的无知而采取的错误举动感到非常难过。

点评：可以看出，家长在照料障碍孩子的过程中也承担着巨大心理压力。家长因为孩子的缺陷忽略了孩子作为一个个体本身的正常发育现象，甚至还存在很大的认知误区。服务机构要真正尊重障碍者，关注、接纳和尊重障碍者各方面的需求，同时借助项目丰富家长和孩子的业余生活，在专业上支持、陪伴他们，使他们在心理上得到缓解和释放。

相关资源

电影《篮球冠军》

该片根据西班牙 Aderes Burjassot 障碍者篮球队的真实故事改编而成，讲述了西班牙职业联赛一支球队的助理教练来到一个由智力障碍、唐氏综合征队员组成的篮球队当教练，带领球员共同拼搏的故事，片中智力障碍者的角色均为障碍者本色出演。

影片中马尔科·蒙特斯是西班牙职业篮球甲级联赛重要球队的第二教练，但在联赛比赛中，因为与第一教练的一场争吵，他被解雇了。后来，他醉酒驾车撞向一辆警车并因此被捕。在审判中，法官让马尔科决定选择一项惩罚：在监狱度过 2 年或提供 90 天社区服务。马尔科选择了后者，

不情愿地开始训练一支由多名智力障碍球员组成的名为"Los Amigos"的篮球队,并得到了社区中心主任朱里奥的帮助。与此同时,马尔科也在试图挽救他与索尼娅的婚姻。在与一群"特殊"队员们相处时,生活经历的差异让他们之间碰撞出剧烈火花,交谈时频繁陷入"鸡同鸭讲"式的对话,训练或比赛也常因出现奇葩行为而无奈中断。但是,经过一段时间后,马尔科渐渐地被这群可爱的智力障碍球员治愈,学会用豁达平和的心态去解决婚姻和事业危机。同时,他也在无形中帮助智力障碍人群突破生活的困境,带领球员们一起改变自我、克服恐惧,享受篮球比赛带来的真正快乐。

电影《我是山姆》

该片讲述了一个智力障碍爸爸山姆,与有关部门争夺孩子抚养权期间发生的故事。在星巴克工作的山姆,虽已成年,但智力相当于7岁孩子水平。一次偶然的机会,他收留了一个流浪女。该女子与山姆生下了一个女儿后消失得无影无踪。他给女儿取名叫露西,因为他最喜欢甲壳虫乐队的《天空中戴钻石的露西》这首歌。他非常疼爱露西,在山姆的细心呵护下露西慢慢地长大了。女儿渐渐懂事,也逐渐看到了自己的爸爸和身边人的不同。父女俩的生活非常幸福,但地区的教育官员发现了这个特殊的家庭。他们认为山姆没有能力照顾露西,就把露西带走了。伤心至极的山姆一心要争回露西的抚养权,于是他去找了该地区最好的律师。

该片探讨了父母该如何养育孩子，以及怎样的父母才能或者有资格养育自己的孩子。它也探讨了人性，为什么保育局的员工自以为是地认为自己在帮助孩子，要让孩子离开爱自己的爸爸。在创作剧本期间，导演和编剧曾频繁造访成立于 1969 年的 L. A. Goal（一家专门为障碍者提供服务的非营利机构）。该机构为影片的完成提供了很大的帮助。

电影《我的一级兄弟》

该片根据真实事件改编。朴东久擅长游泳，但因智商只相当于 5 岁儿童的，被妈妈遗弃在游泳池后进入了"责任之家"。姜世河 2 岁时因事故导致颈部以下全部瘫痪，一级肢体残疾，需要依靠他人才能行动，但他拥有聪明的头脑。两名被家人遗弃的残疾少年，没有血缘关系，在责任之家里 20 年来就像亲兄弟一样相互依靠着生活。如福利院的主管神父所说——弱小的人相遇了，于是开始相互扶持。但神父去世后没多久，政府决定关停这所福利院，世河和东久将被送往不同的地方生活，不得不面临分别的命运。除了温情之外，《我的一级兄弟》也打开了普通观众的视野。跟随女主角美贤的视角我们会发现，同一个世界，在障碍者的眼中，是如何截然不同。导演通过一些细致入微的镜头语言，去讲述某些喜剧场景，展现因为身体不便，障碍者在生活中面临着怎样意想不到的困境。

精神障碍基本知识和服务原则

精神障碍基本知识

精神障碍定义

精神障碍是指各类精神疾病持续一年以上未痊愈，存在认知、情感和行为障碍，影响日常生活和活动参与，即同时满足以下三大要素：第一，必须患有精神疾病；第二，疾病持续了一年以上且未能痊愈；第三，导致社会功能缺损，影响到日常生活和活动参与。

18岁及以上的精神障碍者依据《世界卫生组织残疾评定量表Ⅱ》（WHO-DAS Ⅱ）分值和适应行为表现分级，18岁以下精神障碍者依据适应行为的表现分级。

1. 一级：WHO-DAS Ⅱ值大于或等于116分，适应行为极重度障碍；生活完全不能自理，忽视自己生理、心理的基本要求。不与人交往，无法从事工作，不能学习新事物。需要环境提供全面、广泛的支持，生活长期、全部需他人监护。

2. 二级：WHO-DAS Ⅱ值在106～115分之间，适应行为重度障碍；生活大部分不能自理，基本不与人交往，只与照顾者简单交往，能理解照顾者的简单指令，有一定学习能力，监护下能从事简单劳动。能表达自己的基本需求，偶尔被动参与社交活动。需要环境提供广泛的支持，大部分生活仍需他人照料。

3. 三级：WHO-DAS Ⅱ值在96～105分之间，适应行为中度障碍；生活上不能完全自理，可以与人进行简单交流，能表达自己的情感。能独立从事简单劳动，能学习新事物，但学习能力明显比一般人差。被动参与社交活动，偶尔能主动参与社交活动。需要环境提供部分的支持，即所需要的支持服务是经常性的、短时间的，部分生活需由他人照料。

4. 四级：WHO-DAS Ⅱ值在 52～95 分之间，适应行为轻度障碍；生活上基本自理，但自理能力比一般人差，有时忽略个人卫生。能与人交往，能表达自己的情感，体会他人情感的能力较差，能从事一般的工作，学习新事物的能力比一般人稍差。偶尔需要环境提供支持，一般情况下生活不需要由他人照料。

精神障碍的病因

精神障碍的病因包括生物、心理、社会三方面因素。生物性因素包括遗传易感性、多巴胺功能系统失调、额叶功能过低、认知缺陷、免疫功能障碍、神经解剖学变化等。心理性因素包括社交困难、情感淡漠、决定困难、自我概念的变化、应激反应和应对能力下降等。社会性因素包括经济状况下降、心理压力和社会孤立等。

日常生活里大家口中的精神病，一般是指精神疾病已经达到比较严重的状态，在临床上的症状表现为：精神功能受损的程度已经达到自知力严重缺失，日常生活功能严重受损，无法实现正常的社会生活，并且出现严重的幻觉、妄想、行为离奇、思维怪异。

神经症、神经病、精神病的区别[①]，见下表：

名称	病因	常见病种
神经症	又称神经官能症，一般认为与心理压力和性格特征有关	焦虑症、恐惧症、强迫症、疑病症、神经衰弱等
精神病	通常与遗传、社会环境影响、性格特征及脑部某些神经生化改变等有关	精神分裂症、偏执性精神障碍、心境障碍、反应性精神病等
神经病	多与神经系统的炎症、变性、肿瘤出血等有关	多种颅脑损伤、感染、肿瘤、脑血管病、重症肌无力、癫痫等

---

① 李永庆. 神经症、神经病、精神病有区别[N]. 健康报，2007-07-06(004).

常见重性精神病有六类，包括精神分裂症、双相情感性精神障碍、分裂情感性精神障碍、偏执性精神障碍、癫痫所致精神障碍、严重精神发育迟滞。其中最为常见的为精神分裂症和双相情感性精神障碍。

1. 精神分裂症

精神分裂症是由一组症状群所组成的临床综合症，它是多因素的疾病，目前其病因尚不明确。

常见病因：家族史、环境因素、疾病、压力、心理等因素。

常见症状：幻觉、妄想、易激惹、抑郁及焦虑、认知缺陷。其中幻觉与妄想较为常见，幻觉最常见的是幻听，包括命令性幻听和议论性幻听；妄想较常见的为被害妄想症，妄想患者往往多疑，认为周围事物都与自己有关，故而常常会有被动情（认为别人喜欢自己）、被跟踪感、被议论感等体验。

2. 双相情感性精神障碍

既有躁狂发作又有抑郁发作，一般为发作性病症，间歇期多为正常，虽有反复发作倾向，但不出现精神衰退。

常见病因：生物学因素、心理与社会环境等诸多因素，其中应激性生活事件是重要的社会心理因素。

常见症状：躁狂发作，以情绪高涨或易激惹为主，主要表现为注意力不集中或随境转移、语量增多、自我评价过高或夸大、精力充沛、不感疲乏、活动增多、难以安静，或不断改变计划和活动、鲁莽行为（如挥霍、不负责任，或不计后果的行为等），等等；抑郁发作，以心境低落为主，主要表现为兴趣丧失、无愉悦感，精神衰弱或疲乏感，自我评价过低、自责或有内疚感，反复出现想死的念头或有自杀、自残行为，等等。

轻型精神病包括神经衰弱、癔症、焦虑性神经症、恐怖性神经症、强迫性神经症、抑郁性神经症和疑病性神经症。

精神病的特点

了解精神病的各大症状，可以有效做到早发现早治疗，提高精神病的治愈率。

1. 思维破裂。患者思考问题时没有中心，第一个念头和第二个念头之间缺乏联系，讲话时前言不搭后语，颠三倒四，有头无尾，缺乏条理。医生完全无法与思维破裂的患者进行语言交流和医疗检查。

2. 情感障碍。对亲人疏远、冷淡，甚至敌对。对一切事物十分冷淡，漠不关心，整天闷坐，胡思乱想。情感障碍明显的患者完全失去自我管理的能力，严重影响进食、睡眠和休息，对患者自身的健康造成严重的危害。

3. 幻觉妄想。幻觉中以幻听为多，患者听到空中或房顶有人跟他讲话，或听到一些人议论他。其行为常常受到幻觉的影响，甚至服从幻觉的"指令"做出一些危险动作。幻觉妄想可导致突发行为改变，会突然出现自杀、自伤、冲动、出走、无自知力等精神症状。

精神病的危害

1. 被害妄想

这是所有精神病人最常见的症状之一，多数病人采取忍耐、逃避的态度，少数病人也会"先下手为强"，对他的"假想敌"主动攻击。对此，最重要的是弄清病人的妄想对象，即病人认为是谁要害他。如果病人的妄想对象是某个家里人，则应尽量让这位家属远离病人，至少不要让他与病人单独在一起。

2. 抑郁情绪

精神病病人在疾病的不同时期，可能出现情绪低落，甚至悲观厌世的现象。特别需要注意的是，有相当一部分自杀成功的病人，是在疾病的恢复期实施自杀行为的。病人在精神病症状消除以后，因自己的病背上了沉重的思想包袱，不能正确对待升学、就业、婚姻等现实问题，感到走投无路，因此选择了轻生。对此，家属一定要防患于未然，要尽早发现病人的心理困扰，及时疏导。

3. 极度兴奋

病人的精神症状表现为严重的思维紊乱、言语杂乱无章、行为缺乏目的性，这类病人也可能出现自伤或伤人毁物的行为。由于病人的兴奋躁动是持续性的，家属有充分的思想准备，一般比较容易防范。家属要保管好家里的刀、剪、火、煤气等危险物品。但最根本的办法，是遵医嘱服用抗精神病药物来控制病人的兴奋，如服药后仍难以控制或护理困难，应尽量住院治疗。

4. 药源性焦虑

抗精神病药的副作用之一是可能引起病人莫名的焦躁不安、手足无措，并伴有心慌、出汗、恐惧等现象。这些表现多是发作性的，多数发生在下午到傍晚时分，也有的病人在打长效针以后的两到三天内出现上述表现。这种时间上的规律性，有助于家属判断病人的焦虑情绪是否由于药物所致。

所以，精神疾病的早发现非常重要，早发现早治疗，更容易痊愈与康复。因此通过发展社区服务，可以动员社区早发现。

精神障碍者社区康复服务

社区康复服务介入的层面

第一，服务对象因为疾病导致其社会功能缺损，所以除进行医疗康复外，在病情相对稳定的情况下，还要对其缺损的某些社会功能进行恢复重建。因此，精神障碍者的社区服务内容涉及基本的食物、衣物、住房、医疗康复与照护、特殊教育、职业与就业培训、交通工具、无障碍环境、辅助用具、法律维权等方面。

第二，社区康复服务的最终目的是，通过服务让精神障碍者能够稳定、平等、便利地在社区正常生活，最终实现精神障碍者对社区、家庭的适应和自我照料。

根据其最终目的可见，对于精神障碍者群体来说，社区康复服务涵盖了精神障碍者群体本身、家属以及社区三个层面。

精神障碍者本身的社区康复服务内容

1. 医学康复

利用抗精神病药物等医学手段促进康复，目的是消除症状和防止复发，要监督精神障碍者服药，培养良好的药物依从性。除了服务人员外，家属也可以在家监督他们是否服药，定时给他们服药。当精神障碍者不愿用药时，要通过适当的方法使他们认识到药物治疗的好处，帮助其应对用药带来的一些副作用（如流口水、便秘、手抖）。

2. 心理康复

帮助精神障碍者认识疾病，调节心态。例如：对疾病的认知和态度，如何面对歧视、提高心理承受能力、纠正性格缺陷等。在家庭中，精神障碍者大多表现为高情感表达（训斥、埋怨）和低情感表达（不理睬、不沟通）两类。在社区中，他们可能遭遇到较多歧视，解决这类问题的能力也比较差。因为疾病，他们对语言的接收、理解和加工能力都受到了损害，不能选用合理的词语来恰当地表达自己的观点，所以就容易出现一些矛盾。家庭和社区的交往环境容易造成障碍者孤僻的性格。

3. 社会康复

运用社区资源帮助精神障碍者恢复生活自理、人际交往和学习的能力，使他们能如常人一样扩大社交圈，在社区中独立、有尊严地生活。

4. 职业康复

包括就业咨询、职业技能评估与培训、在工作中发现自我价值等，以帮助精神障碍者恢复就业能力及取得就业机会。

综上，精神障碍者本身的社区康复具体包括：疾病知识教育、规范用药和治疗依从性教育、精神障碍者心理支持、家庭心理教育、防复发计划、个人生活能力训练、居家生活训练、社会交往训练、学习劳动训练、职业训练等。

精神障碍者家属的社区康复服务内容

服务目标——教家属如何做一个称职的精神障碍者家属

1. 正确认识疾病，尽快尽早去精神疾病专业防治机构就诊

家属对疾病的情绪反应一般会经历"否认—愤怒—焦虑—抑郁"四个阶段。在意识到出现疾病征兆时，感到震惊、害怕和担心，极力去拒绝接受这一现实；在征兆明确时，感到无可奈何和不知所措；在万不得已时，

觉得和精神病院打交道有些神秘、恐怖。

服务人员要做的是帮助家属打消顾虑和担心，一旦怀疑有精神问题就立即咨询，做到"早发现、早诊断、早治疗"。

2. 接受现实、稳定情绪

当家里有个精神障碍病人后，家属担心和面临的问题包括：确诊后，自己增添了一个新的角色——精神障碍者家属；家里有精神障碍者，是否随时会有不可预测的事情发生；如果别人知道了这件事，会怎么看；病人的工作、学习怎么安排；是否需要编一个理由为他请假；病人看病的费用；忙于带病人看病；督促病人服药；照顾病人的日常生活；到相关部门办理各种手续。

以上种种问题是家属以前不曾想，也不愿意想的，突如其来的变故会给家属造成巨大的心理压力。所以，常常会听到家属抱怨"家里有个精神病人，我自己都快得精神病了"，我们能做的就是帮助家属接受现实，稳定情绪。

3. 了解精神障碍的疾病知识和监护知识

由于精神障碍者家属绝大多数缺乏精神疾病常识，导致面对精神障碍者时不知所措、担惊受怕，要么无原则地迁就，要么过分地斥责。所以，应该对家属就精神疾病的一般常识进行普及，使其掌握精神疾病相关知识和技能，包括：什么是精神障碍；精神障碍的发生、发展的规律；各类精神障碍的主要症状；各种抗精神障碍药物的特点和副作用；家庭护理/康复的注意事项；复发的先兆症状/如何防止复发；如何进行心理、社会康复。

4. 清楚所需扮演的角色

精神障碍者家属不单单是作为其家属而存在，还需要扮演各种角色并完成不同角色所需承担的责任，如医生要观察病情、讲解各种药物的作用、督促精神障碍者遵医嘱服药；护士要关心、照料精神障碍者生活，教授生活技能，心理慰藉，药物监管等；朋友要跟他们诚恳地交换意见、讨论问题；长者（长辈）要引导精神障碍者去完成那些他不愿意做却必须要做的事情，比如按时休息、生活自理、门诊复查、按时按量服药等。

精神障碍者服务风险控制原则

首先，制订详细的服务计划和方案。例如：如何针对突发事件进行风险管理、明确现场负责人及相关人员职责等。组建多专业背景（精神科医生、心理咨询师、社工等）的服务团队，对服务对象进行筛选，充分了解服务对象的诊断和行为特点，与当地社区卫生站精防医生、社区民警和社区工作人员建立工作联系。

其次，提供精准化、个性化的康复服务。

最后，为精神障碍者提供标准评估。通过评估制订康复方案，在实施过程中持续评估，监测康复方案的效果，并根据评估结果进行下一步调整。

精神障碍者的社区服务原则

1. 尊重原则

精神疾病并不可怕，不要谈之色变。不要歧视、嫌弃或拒绝，应视精神障碍者为正常人，尊重他们，平等、礼貌地交往。鼓励、邀请或陪伴他们参与活动。

2. 宽容原则

即便病情稳定状态下，部分精神障碍者仍然带有精神疾病症状，如幻觉、妄想、思维障碍等；出现一些莫名其妙的举动，包括傻笑、自言自语、怪异行为、懒散等。这是疾病造成的，不易消除，对此我们不必大惊小怪。

3. 理解原则

真正了解服务对象，设身处地关心服务对象。要体谅、接纳他们的不稳定情绪和焦虑问题，体会精神障碍者的心境。

4. 期望原则

期望值适度，只制订短期目标；计划尽可能明确具体；所有参与的服务人员要保持一致；鼓励为主，尽量避免抱怨和责备。

5. 自控原则

学会控制情绪，忽略无法改变的事实，给予精神障碍者活动的空间和机会。

6.坚信原则

给予精神障碍者正面的支持及赞赏，相信他们总有自己的位置；不要过分照顾，对他们有信心，让他们学习独立。

精神障碍者的社区服务技巧

1.接触精神障碍者的要点

（1）了解和掌握精神障碍者的状况

首先要详细了解他们的疾病状况，做到心中有数，以便在交往中处于主动位置。要掌握他们的姓名、性别、年龄、面貌、职业、文化程度、兴趣爱好、个性特征、生活习惯、婚姻家庭状况，熟悉其症状、发病经过以及相关的特殊注意事项等。根据他们的不同特点和有关情况分别采取适当的方法。

（2）熟练掌握与精神障碍者接触的技巧

为了能顺利地完成服务任务，减轻精神障碍者的痛苦，消除其精神负担建立安全感，必须加强接触技巧的基本功练习。此外，在执行服务任务时严肃认真、谨慎细致的工作态度也能体现出服务人员对康复效果的坚定信心，这种信心会传递给精神障碍者。

（3）尊重精神障碍者的人格

要在语言上尊重精神障碍者，消除精神障碍者的不安和抵触情绪。要尊重精神障碍者的人格，平等相待不歧视，这是与精神障碍者接触中最起码的要求。不管精神障碍者的症状表现如何，不能流露出半点轻视态度。服务人员要举止大方，按不同精神障碍者的姓名、性别、职业等给以恰当的称呼。要对精神障碍者的合理要求应尽量满足，对不切实际的无理要求进行委婉解释、恰当处理，特别要注意保持信用，有时会起到事半功倍的效果。

（4）树立良好形象

服务人员在工作时，要注意自己的仪表，作风稳健、态度友好、精神饱满、情绪乐观，给精神障碍者以振奋和愉快的感受。特别注意保持稳定的情绪，绝不可让精神障碍者的情绪影响了自己。

（5）讲究语言的艺术性

有目的地与精神障碍者交谈，不宜急于求成，说话时态度诚恳，要说得明白、准确，充分发挥语言表达能力，使其达到"良言一句暖三冬"的效果。

（6）具有同理心，体会精神障碍者的心境

同理心能够帮助服务人员进入精神障碍者的内心世界，从他们的认知角度看待事物，也就是"设身处地、将心比心"。精神障碍者的内心体验一般多表现在情绪和行动上，以致服务人员难以理解和体会精神障碍者的内心痛苦。事实上，精神上的痛苦有时较躯体上的痛苦更难以忍受。在精神障碍者出现反常行为时陪在他们身边，即使不说话，也会使他们感到有一种力量在支持他。

（7）保持持续性和一致性的态度

持续性指在服务期间由相对固定的服务人员为精神障碍者提供服务，经常与其接触沟通，使其得到关心、支持、安慰。

一致性指服务人员对同一精神障碍者应前后一致或对不同精神障碍者要始终以一样的真诚态度接纳、对待；一致性还指服务团队中所有成员都要以一致的方式处理精神障碍者的问题。

（8）认真贯彻保护性服务

精神障碍者在病态心理的支配下，常表现为敏感多疑，易产生顾虑。因此，在精神障碍者面前不要与他人耳语，以免引起猜疑；不要谈论与工作无关的人与事；不可透露或讨论精神障碍者的疾病表现，对精神障碍者所谈的事情必要时要保守秘密；不要随便议论精神障碍者的缺陷、家庭问题等。

（9）需要保密事项

服务人员的地址；服务人员的私生活；其他精神障碍者的病情及隐私；团队内发生的事情及其他问题。

2. 如何接触精神障碍者

（1）眼神要正视对方

用期待、关切的目光注视着精神障碍者的头面部，真诚地倾听精神障碍者讲话。切勿面无悦色或只顾手中的工作，或者表现出心不在焉的神态，这会使精神障碍者感到不被尊重而不愿讲话。

（2）表情要自然

服务人员的情感流露不宜过于丰富，表情要自然，如在赞同精神障碍者叙述的内容时，可微微点头。交谈中切勿随意发出笑声，更忌眉飞色舞地大笑，也不可低头哈腰、流泪或叹气。

（3）姿态要稳重

举止要文雅，距离要恰当，坐姿要自然、稳重而有精神，切勿垂头弯腰、萎靡不振，或手势过多、动作过大，如手叉腰、腿抖动、站立不宁，这样会使精神障碍者感到服务人员不可靠、不稳重、不能信赖。

（4）语态要有修养

要善于运用安慰和鼓励性语言。说话时语气要轻柔、和善。语速不要过快，吐字要清晰。不使用教育或命令的语气，也忌娇声娇气、有气无力或者强词夺理、语言粗俗。

（5）善于倾听精神障碍者的诉述

精神障碍者讲话时不要随意打断、插话。这既显得不礼貌，又易伤害精神障碍者的自尊心，也易打断他们的思路，甚至会激怒他们，影响服务关系。要耐心听，让精神障碍者把意思表达完整。

（6）善于引导精神障碍者的话题

要善于利用精神障碍者讲话的间隙，针对精神障碍者说谈的内容不断提问，使精神障碍者觉得服务人员喜欢听他讲话，也可把话题引向预定的方向。对未听清楚的内容不要随意点头以示了解，而应明确告诉精神障碍者，让其重复一遍。切忌追问精神障碍者不愿意交谈的话题，否则会使谈话陷入僵局。

（7）适当运用沉默的沟通技巧

适当的沉默可以给精神障碍者时间思考、调整思路，有时沉默比语言更能稳定精神障碍者的情绪。如精神障碍者因伤心悲痛而流泪时，劝慰的话反而可能使精神障碍者感到被同情而更伤心。

（8）适当运用肢体接触

必须根据精神障碍者的年龄、性别、宗教、文化、病情等具体情况而采用不同的触摸方式，如握手、轻拍手背等，使其感受到被接纳，促使交谈更融洽。但年轻的服务人员对同龄精神障碍者应慎用肢体接触，以免引起误会或反感，造成麻烦。

（9）对交谈困难的精神障碍者要运用灵活的服务方法

与老年精神障碍者或听力不好的精神障碍者说话时，要适度靠近，声音大一点，语速要慢。对语言表达困难的精神障碍者，要用期待、热忱的目光鼓励精神障碍者慢慢说，耐心倾听并高度专注，切勿不耐烦或敷衍，更不可讥笑。

（10）善于察言观色

观察精神障碍者的情绪变化，注意精神障碍者的神态表情、语速、语气、声调、姿态、举动等，探索精神障碍者的心理活动，便于适时地转移话题。

（11）善用复述、归纳的交谈技巧

当交谈告一段落或者一个主题结束时，将精神障碍者所述内容进行归纳，重述讲给精神障碍者听，让精神障碍者知道服务人员在认真听并理解他所表达的意思。若有误解也可及时得到纠正。

3.不同状态精神障碍者的应对方法

对于妄想患者，要相信其感受的真实性，只关心，不反驳；对于躯体化患者，要淡化不适感，正向暗示；对于敏感多疑的患者，要解释、保证、不厌其烦；对于有自杀倾向的患者，要敢于讨论自杀、加强看护；对于兴奋躁动的患者，要口气平和，安抚为主；对于抑郁、自责的患者，要态度和蔼，耐心解释，减压；对于依赖型患者，要让他先做决定，进行启发式谈话，保持距离；对于要求多的患者，要坚持原则，话到为止，软中带硬；对于易激惹的患者，要出言谨慎，连哄带夸。

4.信息采集方法

（1）基本方法：倾听、引导、提问

（2）基本要求：真实、客观、全面、准确

（3）基本目标：了解和掌握服务对象的主要异常表现、发病和治疗经过以及服务对象的生活经历、人格、家庭和社会关系；确认信息提供者的心理状态和信息的可靠性；处理家属的疑问和顾虑，建立信任关系。

（4）方式：观察与面谈

观察侧重的是服务对象的所见所闻所感，不仅对服务人员的技巧有要求，对态度也有较高要求；面谈侧重的是了解服务对象最近的基本情况，要做到交谈能进行下去且有实效。面谈主要有一般性面谈、深入性面谈和结束性面谈三种。

一般性面谈是指了解服务对象的合作程度、服务对象的说话方式、服务对象最先说出的问题等。

深入性面谈包括开放性面谈和询问性面谈。开放性面谈是指尽可能让服务对象自主诉说，以便更好地观察和判断；询问性面谈指根据需要采集信息，对服务对象未能提及的部分进行有针对性的询问。

结束性面谈是根据患者所能接受的程度告知患者康复训练的必要性和理由，告知康复训练可能产生的反应和效果，但不要做出不恰当的承诺。

（5）服务对象基本情况分析：个人卫生水平、衣着搭配及仪表、角色职能、家庭职能、生活能力、疾病症状应对、药物依从性、社交、礼仪等。

对于孩子刚被确诊为孤独症的家庭的需求分析

孤独症孩子是很特别的群体，他们主要有语言障碍、刻板行为和社交障碍，具体表现为：

- 通常第一眼看不出来有什么特殊；
- 眼神交流、面部表情、躯体姿态及社交手势等方面有显著困难；
- 与同龄儿童缺乏应有的同伴关系；
- 很少主动炫耀、分享、合作、提出要求等；
- 缺乏感情交流；
- 没有危险意识；
- 有要求时，会拉别人的手或以其他行为来代替开口提要求；
- 刻板地重复一些动作或者没有意义的词语、句子；

- 对刻板的程序异乎寻常地执着；
- 虽然会说很多词语或背诵很多课文，但很难与别人进行对话交流。

对于孩子刚被确诊为孤独症的家庭，要帮助家长建立对孤独症的正确认知，同时做好心理疏导。很多家长都会有愧疚心理，比如"可能是因为我长期不陪伴孩子，看目前这个状况，干脆我辞职好了"。根据家长的情况，如果说家里有老人可以带孩子，考虑到孩子的障碍不是一个短期可以解决的问题，一般不建议家长辞职。服务机构可以就这个方面跟家长聊一聊他的需求，聊一聊孩子，例如：如何进行康复干预、孩子未来可能的发展方向等。可以给家长推荐一些书籍或者影片，让家属对孤独症多一些了解。一些家长也会找一些资源，如康复机构、同类家长群，寻找哪个治疗方法有效，并跟相关工作人员验证信息的准确性。另外可以告知家长相关政策，询问是否需要申请政策上的帮助，可能会涉及补办证件或者办证报销的问题。

当你要和一位孤独症孩子进行交流时，可以参考以下原则：

- 如果是第一次见到他，应该多与家长交谈，了解他的能力发展水平和兴趣所在，否则将花费很多时间、尝试很多次、失败很多次才能获得这些信息；
- 不要发脾气，他不听你的指令不是故意和你作对；
- 给他的指令应该简洁，而且确保他已经听到；
- 时刻注意他的行踪，防备他攀爬到高处或突然冲向马路；
- 当他完成你的指令，哪怕是简单的指令，也要热情夸奖，如"告诉我你叫什么名字"，不要以为这是这个年龄段孩子肯定能做到的；
- 当他与其他孩子交往时，帮助他保持对这段交往的兴趣（防止他突然离开），必要时可以一句一句教他怎样回答问题，以及手把手教他怎样与别人合作游戏；
- 不要使用反问句、有言外之意的语句，这样会让他特别迷惑；
- 尊重他对特定事物和行动程序的执着，无需试图改变。

案例分享

案例一：为精神障碍者服务真的很可怕，万一发病了怎么办——服务精神障碍者的常见心态

温馨家园的工作人员经常说，在为精神障碍者服务时，自己真的很害怕，经常有精神障碍者失控伤人的事件上新闻，但他们又不得不与精神障碍者打交道。朝阳区的一位专职委员告诉大家："害怕是正常的，因为这样的风险真的存在。我第一年走上工作岗位的时候，不知道精神障碍者的'可怕'。第一次到温馨家园，当我在向其中一个人伸手打招呼的时候，街道残联的理事长一把拉过我，把我护在了身后。后来她私下告诉我，那个人是精神障碍者，最近在躁动期，要注意。在温馨家园工作的这几年，我们经常邀请朝阳第三医院（一家精神病专科医院）的医生和专家来给我们做培训，教我们一些专业知识，现在我们能跟精神障碍者正常相处了，其实他们也不'可怕'，他们也是有思想和感情的平常人。"

点评：这个案例给社区工作者提供了很宝贵的服务经验。精神疾病知识属于医学范畴，专业性强，需要精神科医生为大家讲授。在不了解这些的前提下，对精神障碍者有恐慌情绪是正常的。如果具备相关专业知识，了解他们的发病特征、预防发病的方法、相处的方法，将大大降低服务风险。

案例二：因为好心打招呼被送进医院——在服务精神障碍者的同时也要服务社区

曾经有一位精神障碍者在出院一个多月后又重新被家人送入医院，医生很不解，为什么好端端地出去了一个多月，病情稳定，家里人又把他送过来，而且这次还是警察陪着一起来送？这位障碍者也很委屈，说自己也不愿意来，自己也不是没吃药，也没犯病，但是家人还是叫警察把自己强制送过来。在医生耐心的沟通下，他把整个事情和盘托出。

他因为生病七八年，没能好好孝敬父母，所以出院后的一天早晨下楼想给家里人买早点。买早点回来的路上，看见一大帮大爷大妈围着花坛，聊天的聊天、择菜的择菜、逗孙子的逗孙子。他自己打小在院子里长大，院里的叔叔阿姨也都是看着他长大的，所以他就上前想去跟他们打招呼。结果这些人一看见他走过来，吓得轰的一下全跑了，其中有一个大妈把菜一扔往前跑的时候，被菜篮子绊倒摔成了严重骨折。老太太的儿子找到他家里索要赔偿，家里人埋怨他又闯祸，结果他就跟对方吵起来了，对方还报了警。警察来了之后得知他有精神病，认为他肯定是犯病了，就把他送到医院。之后医生跟他的家属和民警进行了沟通，希望能跟受伤者家属去协商，先让他在这住几天，稳定一下情绪，没什么问题再回去。

点评：这个案例说明不但要在社区为精神障碍者服务，还要为社会大众服务。在社区开展精神疾病知识普及活动，加强对精神障碍者融入社会的关注和环境建设，同时我们也要教会家属如何判断障碍者是否发病、如何沟通。精神障碍者主动跟社区居民接触，但由于社区居民的不理解、不接纳或恐惧害怕的心理，又把他送进医院，反而加剧了事情的严重程度，不利于其康复。

案例三：精神障碍者的职业困境

一位精神障碍者在病情稳定后参加工作，当过家乐福卖场的销售状元、年度销售冠军，非常厉害，但是他的职业生涯最多的是三年，最短的是半年。为什么他可以胜任一些工作，但职业保持这么困难呢？主要是因为后期的疾病管理出现问题。精神障碍者往往承受比普通人更多的压力。例如：在卖场工作时晚上10点才下班，在工作的8个小时里几乎不能闲着。原本他晚上9点要服药，但是一服药就会困倦，导致商品折扣率的计算经常出问题，所以他就推迟到下班以后再吃药。吃完药坐地铁回家时犯困就容易坐过站，出了地铁找不着方向，不知道家在哪边。相比于未患病的人，上班时间太长对于他们来说是比较大的问题。另外在大庭广众之下吃药，别人也会好奇，一旦让其他人知道他在吃抗精神病药物，工作立马就保不住，所以也是很有压力。

点评：在支持精神障碍者职业康复时，要了解疾病情况和服药时间，选择适合的工种。支持他们与外界环境的沟通，服务机构可以在其工作期间持续跟踪障碍者的状况，给予定期、及时的疏导和减压。同时，指导家属和患者关注病情变化，当出现波动时能主动求助。

案例四：一颗烟头——理解和宽容精神障碍者，讲究语言的艺术

去社区服务时，一位服务人员看到一位服务对象蹲在地上捡烟头，走上前去一脚就把烟头踩住说道："脏不脏呀你！"服务对象当即就跟他翻脸嚷道："你管得着吗？我脏不脏跟你有什么关系呀！你算干什么的呀！"因为此事该服务人员无法开展后续服务，被调离工作团队。

点评：作为服务人员，要理解障碍者因为疾病原因会做一些奇怪的动作行为。当碰到他们有与捡烟头类似的行为时，要宽容一些，不要对他们太过苛刻。可以用一些委婉体面的方式解决，例如这样说，"老王不错，还知道搞卫生，来把烟头扔到垃圾桶里。为了健康，一会儿记得洗手啊"。

案例五：如何应对障碍者的"邋遢"行为

在某街道精神障碍者照料项目中，有一名服务对象张某。最开始的时候，他一说话就往下流口水（药物副作用），搞得衣服上全是口水。老师对他说："张哥，咱们换个方式，"边说边掏出一张纸巾，"说话的时候拿手纸擦一下再继续说，要不然人家笑话你。张哥长得这么帅气，让人家笑话不合适吧。"

第二天，张某来的时候拿了个手绢，说话前先擦一擦。但有时候说着说着，口水还是会流下来。后来老师还教他如何跟别人解释，如"对不起，因为药物副作用，我说话的时候流口水，我挡着点，没有别的意思"。有一次副乡长跟张某打招呼，并跟他说，以前经常看见他但都没来得及打招呼，这次看他状态很不错。张某听到之后特别高兴。

点评：在为障碍者服务时，要了解服务对象行为背后的原因，沟通态度一定要诚恳，千万不要露出嘲笑、轻视的眼神和表情。指导精神障碍者在社会交往时如何面对自己因疾病带来的不良反应，例如：在交往时可以先给别人介绍一下自己的行为是怎么回事，让他人理解，避免被嘲笑。

相关资源

电视剧《我们与恶的距离》

该剧讲述的是一个精神病患随机杀人之后,受害者家属、加害者家属、辩护律师及其家属、其他精神病患及其家属、公共媒体以及精神病院如何面对这一事件,重建生活的故事。

品味新闻台编辑主管宋乔安的儿子是两年前李晓明无差别杀人案件的罹难者,先生刘昭国是某报刊的创办人,夫妻在儿子去世后因现实磨难渐行渐远,准备离婚,但11岁女儿天晴的行为却日渐失常,为了女儿,二人不得不重新检视自己身上的伤口。李晓明的辩护律师王赦,在李晓明被判定死刑之后,仍想要了解其犯罪动机,锲而不舍的他,开启了众人命运的连结。

电影《一念无明》

该片改编自香港真实新闻案件,从一个家庭悲剧入手描绘社会大众对精神病患的漠视与不友善,讲述一对怀着沉重愧疚的父子如何面对过去的故事。黄世东(阿东)罹患躁郁症,日常就是战场,在情绪里反复煎熬。爸爸黄大海离家不顾,留下久病的妈妈,家门就是栅栏,一点点碰撞摩擦都会让母子俩恶语相向。有一天,阿东帮失禁的妈妈冲洗,却意外结束了她的生命,之后被判入住青山医院接受治疗。大海在愧疚之下决

定接出院的儿子阿东回到自己独居的小室一起住，两个心怀愧疚的大男人一起生活在拥挤的陋室中。阿东重投社会，却遭到身边的朋友歧视，他尝试平复自己，同时想尽方法，希望找回当年接近谈婚论嫁的谭思慧 Jenny。没想到找到 Jenny 时，却已是另一番景象。

电影《海洋天堂》

该片讲述了一个父亲倾尽所有，守护孤独症儿子的感人故事。

汪洋大海之上飘荡着一只孤舟，一位踌躇的父亲带着有天生缺陷的儿子，孤独地坐在船上，无望地看着辽阔的大海，然后牵起儿子的手，两人一起跃身跳入大海。

这位 47 岁的父亲，名叫王心诚，他 22 岁的儿子大福从小患有孤独症，完全活在自己封闭的世界里，无法独立生活。大福的妈妈在大福年幼的时候，因为承受不了儿子患病的打击自杀离世，王心诚独自一人把大福抚养长大，与儿子相依为命。然而此时，王心诚被确诊癌症晚期，生命只剩几个月的时间，如何安置好大福的生活，成了他日夜焦灼的心头大事，他甚至想到要带着大福一起离开这个世界……

小说《好吃的悲伤：怎样靠自己战胜抑郁症？》

该书是一名心理医生的个人回忆录，作者安妮塔·佩雷斯·索耶曾是一名内心充满黑暗和悲伤、有着自杀倾向的抑郁女孩。她曾被误诊为精神病并被送入精神病院，期间遭受了 89 次电击治疗，病情急剧加重。为了搞清楚自己到底怎么了，她开始阅读心理学书籍，尝试自我的内在探索，逐渐改变了自己的认知和行为。病情有所好转后，她以优异的成绩考入耶鲁大学。博士毕业后，她成为一名受人尊敬的心理学教师和心理医生。

第二章

社区精准服务技术和技巧

个案服务与管理

社会工作通用过程模式及预估的概念

社会工作通用过程模式

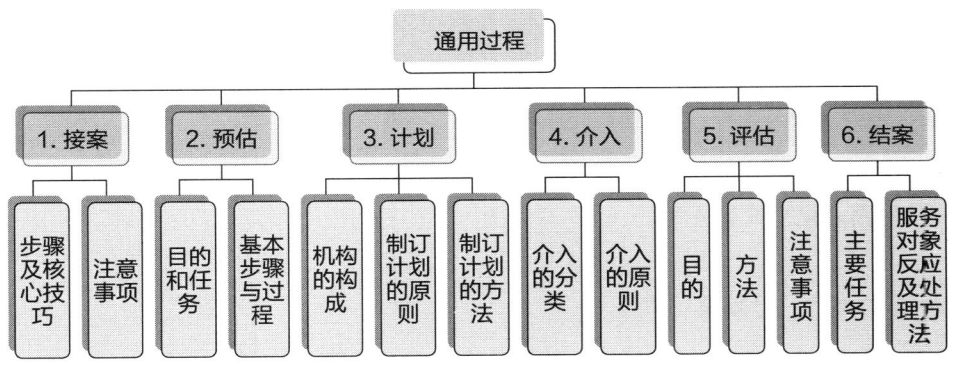

需求评估

依据既定情境中的事实与特点，推论出与服务对象相关问题的暂时性结论的过程。旨在了解服务对象、服务对象的问题及其所处环境，建构一个计划去解决或消除问题。预估的目的是进行服务对象的需求评估，是服务计划的制订、执行、总结评估的基础。

1. 什么是需求评估

对服务对象的情况进行事先了解，在综合分析的基础上，确定其需求满足情况及其成因，形成暂时性评估结论的过程，是形成工作计划的基础。

2.需求评估怎样做

（1）需求评估的任务

识别服务对象问题的客观因素，识别服务对象问题的主观因素（服务对象的背景资料、所处环境、问题的发生与持续时间、为解决问题所做的努力），识别服务对象问题的成因及使问题延续的因素，识别服务对象及环境的积极因素，决定提供服务的方式和内容。

（2）需求评估的基本步骤

①探究服务对象的情况、问题与需求，具体包括：描述服务对象的问题与需求，探索问题如何发生、原因是什么、发展状况如何，服务对象处境及生活中的社会系统，服务对象不能解决问题的原因，服务对象的生命历程及发展阶段，鉴定服务对象的资源状况。

②分析服务对象的资料并撰写需求评估摘要，具体包括：对服务对象的问题与需要做出解释，列出服务对象的目标及先后次序，决定介入的策略，撰写摘要。

障碍者需求及评估

障碍者定义及分类

障碍者指身体、心理、人体结构上，某种组织、功能丧失或者不正常，全部或者部分丧失以正常方式从事某活动能力的人。我国《残疾人残疾分类和分级》将残疾人分为视力残疾、听力残疾、言语残疾、肢体残疾、智力残疾、精神残疾、多重残疾。

障碍者的需求及面临的问题

1.权利

康复权、受教育权、劳动权、文化生活权、社会福利权、环境友好权等。

2. 基本需求及问题

（1）类别化需求

- 经济需求：收不抵支、纯收入低、物价太高等。
- 住房需求：没有住房、住房太小、亲人住房太远等。
- 医疗需求：疑难杂症确诊、医药费高、看不起病、治疗无效等。
- 照料需求：生活照料、机构托养服务、居家服务等。
- 活动需求：对活动设施、活动便利、外出活动的需求。
- 无障碍需求：对辅具、无障碍环境等的需求。

（2）个性化需求

个性化需求包括精神需求和就业需求（自理能力欠佳、不稳定性）。

障碍者需求评估工具

障碍者需求评估工具没有统一的标准，本书中借用国际助残联盟（法国）北京代表处使用的需求评估记录表（详见附录《个案需求评估和服务转介工具表》，以下统称《需求评估工具表》）作为示例，对需求评估的内容、记录和作用等进行介绍，具体的评估工具可由专业服务人员自行开发。

障碍者个人的参与度受其自理能力、社会活动参与能力的影响，也受其所在环境因素的影响。为了能够更有针对性地为障碍者提供服务，让他们能够更好地融入社会，可以开发"个性化社会融合计划"。"个性化社会融合计划"主要分为需求评估和个案记录两个部分。《需求评估工具表》由具有专业知识和技能的服务人员填写使用，以保证评估的科学性、严谨性，也便于深入了解受访者（障碍者）的具体情况。

《需求评估工具表》需要填写的内容有基本信息，健康信息（残障特征描述、残障原因、对生活的影响等），个人自理程度及家务活动调查，社会融合度调查以及就业、教育和社交调查等。

1. 如何正确使用需求评估工具表

（1）直接向受访者提问问卷上的问题。原则上尽可能地让受访者自己作答，这样能够更好地表达他自己的意愿。但如果受访者无法回答，可以求助于他的照顾人员来帮助作答。

（2）说明填写要求。《需求评估工具表》中每个部分都有明确的标准和指标，可以在了解受访者情况后，对基本信息进行填写和补充。在改进计划及满意度板块中进行具体的反馈，尽量填写完整。在调查影响日常生活的因素、个性化社会融合方案部分，根据具体的要求和标准来进行填写。

（3）要确保受访者的回答尽可能地反映其真实情况。由于问卷内容详细，可能短时间内无法全部完成，建议分成几次去了解并填写，逐渐完善和补充，这样也能更好地去了解受访者的具体情况。

（4）与受访者一起制订计划应优先选择最重要的问题解决。可能会出现受访者需求较多的情况，在这种情况下需要与受访者共同探讨，列出优先需要帮助解决的问题，然后通过直接服务、转介以及综合性手段等方式来解决问题。

（5）制订计划时主动与受访者讨论他本人可以完成的事情，鼓励他独立完成。在制订计划时一定要让受访者参与，跟他讨论哪些事情可以由他本人完成，必要时可以找谁获取支持。如果居住地无人提供支持，可以到哪里去找到帮手（家庭成员、邻居或其他社区居民、社区工作者、当地服务机构等）。鼓励受访者独立办事，有助于培养其独立自主性，也是受访者本人能力的一种体现。

2. 在填写《需求评估工具表》时需要注意以下四点：

（1）进行前期文件资料准备。在进行入户探访前应该对受访者及其家庭成员进行初步了解，同时做好应对突发事件的准备。

（2）信息的填写尽量详细。例如，在填写健康信息即残疾描述时，描述残疾类别的同时可以加上持续时间以及原因（先天残疾还是后天致残）。对残疾情况了解得越详细，越有助于后期针对性地开展帮扶工作。在填写过程中可以采取举例说明的方式，既详细具体又清楚明了。

（3）设身处地为受访者考虑，聆听受访者诉求。例如：填写个人自理程度时，除通过社工的访谈去了解之外，也可以着重观察受访者的具体情况，尽可能地发现受访者的困难和障碍，帮助他解决能够解决的困难和障碍。在探访过程中，要注意自己的言行举止，避免对受访者及其家人进行说教和批判。

（4）多与受访者及其家人进行沟通。无论是在探访过程中还是探访结束后，都应该主动与受访者及其家人进行沟通，与他们建立良好的关系。在探访结束后主动表示感谢，并提前说明下一步需要跟进的事宜，给予受访者充分的反馈时间。

社会工作理论视角下的障碍者需求评估实例

1. 任务中心模式——工伤致残者案例分析

在当今时代，工伤致残是任何人都不愿意看到却又无法完全避免的事情。工伤致残后，障碍者需要应对的不仅有突遭残疾的巨大心理打击，还有巨额医疗费、生活压力大等许多棘手的现实问题。社工要给予障碍者心理上的支持，引导其走出心理上最灰暗的时期，还要帮助障碍者处理许多具体的事务，使其顺利度过生活中最困难的时期。任务中心模式强调对问题的解决采取快速见效的调适方法，以便在有限的服务时间内协助障碍者达成自己选择的、明确而有效的目标，因而是解决这类障碍者问题较好的社会工作模式。

（1）基本情况

44岁的孙某在工厂装运货物时，被货车上滑落下来的集装箱砸到了腰背部及右腿，造成脊椎骨折和腿部严重粉碎性骨折，因伤势严重，右腿只能截肢。在手术和治疗期间，单位支付了孙某的大部分医疗费用，但却对工伤赔偿的问题一再拖延。更不曾料到的是，一个月后，在伤势未痊愈的情况下，孙某突然急性脊髓炎发作，经医生诊断需立即进行手术。孙某只得再次向单位申请治疗费用，但单位以此手术与自己无关为由，拒绝支付。万般无奈之下，孙某只好四处筹钱进行手术。所幸手术顺利，孙某现今在家休养，身体比较虚弱。

由于身体突然残疾，孙某的心理落差严重，情绪十分低落。再加上单位拒绝支付后续的手术费用，对工伤赔偿问题也持拖延态度，使得孙某的情绪问题更加严重。据家人反映，截肢后孙某经常沉默不语，基本处于自我封闭状态，而且变得十分暴躁，动辄就对妻子和儿子大发脾气。这一系列的变故使得孙某变得非常消极抑郁，情绪极不稳定。妻子反映，孙某还说过"自己现在变成了这个样子，活着还有什么意思"之类的话，悲观绝望，消极厌世，甚至出现过自杀的念头。

孙某目前的家庭经济状况十分糟糕。孙某原是装运工，收入较低。妻子在一家面馆打工，收入也十分微薄。儿子读初中二年级，生活及教育方面的开销比较大。自从孙某出事后，妻子必须留在家中照顾父子俩的生活，无法外出工作，家中没有了收入来源。日常生活费用、儿子读书的费用、手术借款以及拖欠医院的医疗费等，使得家中负债累累。

妻子见孙某的情绪越来越消沉，而且对自己的劝导十分排斥，于是求助于社工，希望社工一方面能做孙某的思想工作，使他重新树立对生活的信心，走出低谷；另一方面，能够帮助他们与单位协商，解决孙某的手术费用和工伤赔偿等现实的经济问题。

（2）问题分析与预估

本案例中，孙某由于意外导致身体残疾，致使情绪极其消沉和低落，甚至产生因无法继续承担压力而轻生的念头。孙某的残疾对这个家庭来说也是一场大的变故，给家庭造成了很大的冲击。因此，社工应该为其提供直接的心理援助，及时排解他心里的烦恼、痛苦和压力，增强其挫折应对和承受能力，并使其掌握一些自我调适的方法和技巧等，从而走出情绪的低谷，为下一步问题的解决做准备。基于以上理念，社工首先对孙某应对困境的方式进行干预，并对其情绪问题进行调适。

首先，由于孙某面临的困境多且比较严重，情绪反应也比较强烈，因此需要帮助孙某掌握控制和缓解不良情绪反应的方法，为其提供心理援助，以减轻对身心的伤害。在这方面，社工主要应做好以下三方面的工作：

① 与障碍者建立良好的关系。社工可以通过启发、引导，让孙某自我监测思维、情感和行为，树立正确的认知和求助动机，以开放的态度接纳社工并与社工建立良好的合作关系。

② 矫正障碍者的不良认知。要想使孙某不再纠结于过去的事件上，就需要发展新的认知和行为来代替不良的认知和行为。这需要社工帮助孙某找到既有问题的解决办法，然后指导其将个人的精力放在问题的解决方面，而不是沉浸于消极的情绪中。

③ 帮助障碍者建立新的认知。要使孙某认识到，追究过去的事情或者

消极地应对都不是解决问题的办法。应该积极、主动地与单位协商，来解决医疗费用和工伤赔偿的问题。在这个过程中，孙某要学习相应的法律知识，必要时可以诉诸法律以维护自己的合法权益。

其次，孙某目前最需要的是解决问题的具体、有效的方法，必须培养孙某应对困境的方法和能力。

最后，干预中应包括对日常生活挫折的一般应对干预和对重大生活变故的特殊应对干预。在本案例中，社工主要承担以下四种角色：

① 使能者的角色。孙某缺乏对工伤及障碍者相关信息和政策法规的了解，难以运用各种资源和方法，这降低了其应对困境的信心。因此，信息干预应成为首要步骤。社工应给孙某介绍有关工伤赔偿的相关法规，告知他赔偿流程和正确计算赔偿费的方法，指导其通过合适途径向公司索赔医疗费和伤残补助金。

② 增权者的角色。除了从外部为孙某提供更多的支持外，还应该使孙某增强权利意识以及提高利用各种社会资源的能力。只有提高了主动寻求社会支持的能力，孙某才能真正有效地获得并利用更多支持，弥补个人资源的不足。

③ 调解人的角色。在解决医疗费拖欠问题时，社工在孙某和责任方之间进行协调、沟通，使双方互相理解，这是处理医疗费用拖欠问题的关键之一。只有有效地解决了医疗费拖欠问题，才可能使医院和病人继续发挥各自的功能。

④ 催化者的角色。对孙某今后的生活进行指导和规划，以开发孙某的潜在资源，实现其新的社会功能。由于孙某康复后无法继续工作，社工建议他用赔偿款开一个小杂货店，由妻子帮助他照看店面。这样既能够解决家庭生活和孩子成长所需费用等问题，又可以帮助孙某恢复社会功能，参与社会活动，回归社会。

2. 生态环境改善模式——肢体障碍者抑郁情绪案例分析

在 21 世纪的今天，抑郁症被称为"心理杀手"。2014 年，据世界卫生组织统计，世界十大疾病中抑郁症名列第四位，世界范围内有 4 亿抑郁症患者，每年自杀死亡人数估计高达 100 万人，1000 万～2000 万人有自杀倾向，而且患有抑郁症的人数在不断增加。据卫生部统计，我国每年至少有25万人死于自杀，另有200万人自杀未遂。而在自杀人群中，有近八成的人患有抑郁症，抑郁症已成为我国15~34岁人群的第一大死因。它不仅给患者本人带来痛苦，也给患者家庭和社会带来无尽的困扰和沉重的负担。同样，对于障碍者来说，残障本身是个问题，如再患有抑郁症，无疑是雪上加霜。因此，对于抑郁症患者，药物治疗是必不可少的。另外，对其心理内外环境的改善也是重要的解决途径。

（1）基本情况

刘某，女，小时候得了小儿麻痹症，腿有点跛，身体较虚弱。高中毕业后，曾在一家福利工厂做财务工作，因单位效益不好下岗，之后又找了好几家单位，都是因为身体残疾而遭到拒绝。

由于经济条件不是很好，刘某结婚后一直和母亲住在一起。但是母亲和刘某的丈夫之间经常出现摩擦，因此，她很希望有自己的房子，这样就可以避免家庭矛盾，也可以给儿子提供一个较好的学习环境。

于是，她很努力地找工作，最终找到一家私人企业，工资不高，但工作很辛苦，从财务到供销，老板都让她一人负责，最后她累倒了。经诊断，她患了子宫肌瘤，手术后整整在床上躺了一个月。虽然身体恢复了，但她像变了个人似的。原本充满活力的她，现在没有了精神；原来对谁都热情的她，现在却谁也不理，好像世界上只有她一个人似的；衣着邋遢，不修边幅；什么也不愿意干，整天躺在床上；有时因为芝麻大点儿的小事就嚎啕大哭。家人都以为她身体不舒服，带她去医院检查，也没有查出什么疾病，家人感到很茫然。后来经医院确诊为抑郁症。刘某服用抗抑郁药物之后，病情得到了控制，但是情绪仍很低落。

（2）问题分析与评估

严雪是刘某所在社区的社工，工作经验丰富，当她得知这一消息后，决定利用社区的力量帮助刘某走出抑郁的困境。

第一步：收集资料

首先，严雪整理已有的资料，大致了解了刘某的基本情况，如残疾程度及其家庭基本状况；同时严雪查了不少有关抑郁症的资料，如抑郁症的症状表现、起因以及如何治疗，特别是有关心理干预方面的资料。

其次，严雪和刘某所在居委会取得了联系，访问了她的邻居、亲友和同事，了解了她患病前后的表现。大家一致认为刘某尽管有残疾，但却是一个能干要强的人，为人热情，有爱心，现在她遇到了困难，应该及时给予帮助，使其身心得到康复。

最后，严雪进行了家访。

第二步：问题预估与分析

严雪对已搜集到的信息做了分析归类，认为刘某的抑郁症病因主要有以下六点：

① 自身的残疾。由于跛腿，刘某不仅自小就受到别人的歧视，而且在婚姻大事上也屡受挫折，使她形成了既好强又自卑的心理。

② 家庭的矛盾。母亲和丈夫的矛盾是引发刘某抑郁的重要因素，家庭和睦对于她来说非常重要。在外工作已经很辛苦，回到家后不仅没有得到安慰，还要面对剑拔弩张的家庭气氛，她想到的最直接的解决办法就是搬出去住，但这又会给她带来更沉重的经济压力。

③ 儿子学业上的失败。儿子学习不好，让她感到很内疚，认为是自己只顾工作，没有好好照顾儿子造成的。

④ 社会大环境的压力。近些年来，许多国有单位不再由国家提供资金，而是自负盈亏。这对福利工厂来说，困难重重。福利工厂的工人基本上都是障碍者，大多数从事的是手工操作，其技术水平、工作效率都不高，让福利工厂参与市场竞争，实在是勉为其难。像刘某这样的障碍者就不得不面临失业的境地，为了再就业，她必须付出比别人多得多的努力。

⑤ 身体的疾病。患子宫肌瘤是刘某患抑郁症的导火索。在未生病前，她虽然身体较弱，但还能勉强坚持工作。尽管感到非常辛苦、非常累，有时想放弃，但不至于绝望。手术后她在床上躺了整整一个月，认为梦想全破灭了，自己不再像从前那样有用了，成了家里的负担。这种内疚的心理导致她对生活失去了信心。

⑥ 认知上的误区。刘某是个有责任感的人，她易于将家里的不幸遭遇都归因于自己，引咎自责。大病初愈，精神状态欠佳，容易多疑、焦虑、

敏感，易引发抑郁症。

第三步：确定辅导目标

辅导的根本目标在于适度满足障碍者的基本需求，帮助其改善所处的环境，在借助社会力量支持的基础上，使其能勇敢地面对挫折，增强其有效处理问题的能力，树立健康快乐的生活目标。

根据辅导的目标，严雪确定了具体的辅导内容：

① 建立信任关系，使刘某能宣泄心中的情绪，减轻其焦虑和不安；

② 进行抑郁症病情知识教育，使刘某和家人了解抑郁症及其病因，树立信心，配合药物治疗，在生活和心理上给予积极支持；

③ 和刘某谈心，帮助她认识到问题的症结；

④ 鼓励刘某参加社区活动，增加和别人交流的机会，以提高其自信心；

⑤ 提供社会支持，充分利用刘某的特长，为其安排适合的工作，使之回归健康向上的社会生活。

3. 认知行为疗法——中度智障人士服务案例分析

智力障碍者在我国残障人群中占有相当大的比例，是我国残障社会工作的主要对象之一。由于智力上的缺陷和环境支持的不足，他们对一些生活事件无法独自形成正确的认识，常常伴有情绪和行为问题。离家出走在智障人群中发生率较高，这是一个值得社会工作者关注的问题。然而，绝大多数智力障碍者仍具有一定的理解能力和社会适应能力，他们的许多异常行为，如离家出走也是有原因可寻的，只要根据他们的具体特点选择有针对性的解决方法，注重支持性生活环境的营造，并从家庭、学校、社区多方面争取力量，实行干预，他们大多数的心理行为问题是能达到较好的干预效果的。

（1）基本情况

14岁的小丽患有中度智力障碍，目前在特殊教育学校读六年级。她的性格有点专横，情绪波动大，受到批评会大喊大叫，甚至打人，但只要能够及时安抚也较易恢复平静。自小丽进入特殊教育学校就读后，一、二年级由父亲每日接送。但自从三年级小丽独自上学和回家开始，便出现在途中乘坐其他公交车不去学校或不回家、离家出走的情况，几乎每次都走失。巡警发现出走的小丽，或是将其带回公安局，或是送入儿童福利院，常常要几经辗转小丽才能回家。但找回来后没过多久她又会出走，最严重的一次是在四年级时，小丽出走长达一个月，这种情况持续了两三年。

小丽出生时并无异常。4岁因高烧入院，经脑断层扫描确诊为癫痫，之后一直服用抗癫痫类药物直至13岁月经初潮停药。除6岁时复发过一次癫痫外，小丽未再发病，但有时有头晕的情况。她曾入读社区普通幼儿园，而后按正常途径就近上小学，但只念了半个学期就因学习跟不上，被推荐转入特教学校就学。

小丽的父亲现年74岁，摆摊修补鞋伞。母亲现年57岁，无业，轻度智力障碍，她生育小丽时已属高龄产妇。父母双方离异后，法院判决小丽随父亲生活，父亲要求母亲不得探望女儿。之后不久，母亲再嫁，母女数年不曾见面。在生活中，父亲对小丽要求较高，经常不满意她的行为表现，一直用打骂的方式来管教她。而以前，母亲则是一味地溺爱，以夸奖、表扬为主，也正是因为这样，小丽对母亲言听计从，母女俩感情非常深。小丽在来校或回家途中的出走几乎没有明确的目的地，问其原因，小丽自称是去找妈妈，甚至曾悄悄攒钱只为了能坐车去找妈妈。

（2）问题分析与评估

了解小丽的情况之后，社工对其进行了分析和评估。社工认为，导致小丽离家出走的内在原因是家庭环境缺乏温暖。虽然小丽是一个智障女孩，但是她也需要家庭的温暖，尤其是来自母亲的关爱。也正因为小丽是一个中度智障儿童，她的想法非常简单幼稚，所以她往往会采用一些极端的方式来看待问题和解决问题。辅导时，可以从她大部分的行为来推断她认知上的动因，通过改变其认知上的错误来帮助她改变行为。对此，社工决定主要采用认知行为疗法来进行辅导，并提出了以下三项辅导措施：

① 促成母女见面，缓解小丽的分离焦虑；

② 对小丽进行认知行为辅导，让其认识到擅自出走的危害性，学会用恰当的方式解决要见母亲的问题，使出走的行为减少直至不再发生；

③ 了解父女关系，对父亲的教养方法加以指导，让其多与小丽沟通，关心小丽的心理需求，并能为小丽提供与母亲见面的机会，根除小丽再次出走的心理动机。

知识拓展

本案例介绍了社会工作者采用认知行为疗法干预一例智障少女离家出走行为的过程。智力障碍者在理解情感、认知及行为之间的关系时存在困难。因此，社工必须在日常生活中对智力障碍者开展适当且有意义的认知行为治疗，并将其认知模式与其自身经历相结合。

认知行为疗法认为，心理紊乱一部分是由于错误的思维模式，一部分是由于错误的学习和环境经验所引起的。这种方法的基本前提是，来访者及其家人对于自己所处环境的看法决定了他们如何对环境做出反应。

认知行为疗法认为，错误的思维模式包括认知调节不足、认知内容歪曲（如不正确的信念）以及认知过程歪曲（如非理性思维和错误的解决方法）这三种。这些是治疗中需要改变的目标。

认知行为治疗的主要目的就是识别适应不良的认知，从而以更具适应性的认知去取代它们，教会当事人在特定的场合中应用恰当的认知和行为策略，帮助他们学会调节自己的行为。

在日常生活中，智力障碍者会受到更多的限制，这给治疗带来了很大的挑战。在对智力障碍者进行认知行为疗法干预时，工作重点应该是用他们能接受的最直白的语言，直接指出其问题行为背后的想法的错误性，强化其对该事件正确的认识和做法，并运用各种实物和精神奖励塑造正确的行为。

残障社会工作服务

残障社会工作的概念

残障社会工作的定义是克服缺陷、构建支持系统、融入社会生活、提升整体生活质量。目标是尊重权利，促进参与，体面工作与尊严生活，提升素质、亲和力文化、整体生活质量。功能是直接物质帮助、能力建设支持、服务于残障组织发展、社区障碍者社会支持、障碍者社会政策变迁、社会资本和亲近障碍者文化。

残障社会工作的发展

残障社会工作的发展包括理论转型和方法转型。理论转型涉及个人责任理论、社会责任理论、社会标签理论、社会照顾理论等。方法转型涉及供养理论、回归社会理论、个案模式、综合服务模式等。当前障碍者社会工作涉及个案管理和社会融入。

残障社会工作的主要内容

1. 发展本土视野下的社会工作服务,涵盖理念、机制、队伍、文化等多方面。
2. 构建保障合法权益的政策体系,主要包括预防和"社会补偿",涵盖康复、教育、就业、扶贫、社会保障、维权、文化体育、无障碍环境、残疾预防等领域。
3. 提供教育、职业、社区康复服务。

残障社会工作的主要方法

1. 个案管理

了解残障发生的心理反应阶段:震惊、否认、沮丧及怀疑、焦虑恐惧、愤怒攻击、认同并适应;

建立服务关系的特殊性:信任和耐心;

明确步骤:建立关系、评估、制订服务方案、获得整合性资源、整合实施、结束。

2. 社区康复方法

传统的赤脚医生、工疗站可以被认为是社区康复。现在常见的社区康复有社区卫生服务中心、职康站等。社区康复的原则是社会化、低成本广覆盖、因地制宜、因陋就简、因势利导、康复对象及其家庭积极参与等。社区康复的内容包括残疾预防、康复评定、全面康复服务。

3. 社会康复方法

社会康复是帮助障碍者全面康复并回归社会生活的主要方法。主要内容包括：协助康复医师，提供基本医疗设施，家庭照顾方案，与相关机构协调，权益维护、职业培训和特殊教育。

4. 职业康复方法

职业康复是一种特殊工作方法，目的是帮助障碍者获得并保持一种适当的职业。包括咨询、评估、培训、指导四个环节。

5. 教育康复方法

重点是从出生到入学年龄前的残疾婴幼儿和少年儿童的早期干预，以及义务教育阶段后的与职业康复、就业安置等相关工作中的教育工作。

从障碍者、障碍者家属以及服务于障碍者的社会组织、机构的工作者这三个方面进行。

6. 就业权利实现

通过树立社会角色榜样、法律确认基本人权、全社会支持等形成障碍者积极认同，保障障碍者就业权利。障碍者就业场所包括福利企业和庇护工场、市场化途径（分散就业）和社会福利路径（集中就业主导）。

个案管理工作

个案工作的定义

个案工作包含着一连串的协助与工作过程，以个人与家庭为切入点，有计划地协调个人/家庭与社会的关系，进而提高个人/家庭的社会生活能力。

由此定义可知，个案工作本质上是一种助人的直接方法，主要对象是有问题的个人或家庭，视服务对象为独立的个体，以个别化为工作原则，协助个人/家庭与外在社会环境达到协调的状态，目的是为了协助服务对象处理生活问题，并增强生活适应能力。

个案工作的基本原则

1. 接纳

相信每个人都有与生俱来的尊严和价值。

以服务对象为中心，尊重服务对象的思想、意愿和感受，让服务对象感受到被接纳和尊重。

2. 个别化

每个人都是独特的个体，根据服务对象的需要，灵活地运用社会工作的方法和技巧，提供合适的服务，体现每个人的基本价值和尊严。

3. 同理心

正确了解服务对象的感受和情绪。

同理心就是将心比心，也就是设身处地去感受，去体谅服务对象。

同理心并非等于同情心。

4. 自决

相信每个人有能力和动力去改变自己，对自己的行为负责任。

服务人员协助服务对象为自己做出选择和决定，让服务对象了解有关的资源和各种选择的可行性，以及可能带来的影响。

5. 保密

服务人员不能将服务对象资料向其他人透露，包括文件和档案等。

6. 不批判

不对服务对象的对与错或在问题上所需承担的责任加以批判。时刻保持警惕，不以自己的价值观和偏见来批判服务对象。

7. 关注服务对象的情绪表达并恰当回应

这是建立关系的重要部分。给予服务对象空间去表达情绪，营造一个有利于表达的气氛。服务人员需要真诚地面对服务对象的情绪，不要把问题简单或复杂化，或是提出毫无根据的保证。

个案工作的过程

个案工作的过程主要包括申请与接案，搜集资料，需求预估与问题确认，拟定计划，执行计划，结案与追踪。

个案工作的具体操作技巧

具体操作技巧包括无条件接纳、幽默、聆听、自我表露、建立关系、忠告、澄清、反映感受。

个案工作的对话语言

1. 合作和参与的语言

社工：今天你想要为你自己做什么？

社工：你今天比较关心的是什么事情？希望我们谈什么？

社工：今天可以一起做些什么，能够达成你想要为家人做的事情？

2. 聚焦和深化的语言

服务对象：那样让我感觉舒服多了。

社工：这样的改变对你而言，怎么带来了舒服的感觉？

服务对象：我觉得很好。

社工：请你具体说明一下，这样的改变怎么让你觉得很好？

3. 正向的重新描述和尚有其他可能性的语言

服务对象：我就是这德行，改不了这坏脾气。

社工：看来你是一个特别直率的人，对自己的期望也很高，希望自己和别人都满意，是吗？

4. 焦点解决和优势取向的语言

社工：你从什么时候开始有这个问题，对这个问题你有做过什么？什么时候你会觉得自己不像平时那么忧郁？什么时候或最近哪个时刻，你觉得和家人相处很融洽和快乐？你如何使自己做到的？

社工：你还记得上次发生这样的事情时，你是怎样坚持过来的？

其他实务方法

其他实务方法包括日常生活的观察和肯定，过去正向经验的唤回和重温，负面言语行动的解构和重建，关键人物的媒介与催化，优点的具象化、强化和维持。

个案计划

个案计划中应包括简单背景、目标、具体策略、需要运用的原则、所需资源、如何评估等内容。

服务计划设计

服务计划是一个理性思考以及做决定的过程,包括制订介入目标和选择为了达到目标而采取的行动。

服务计划的构成

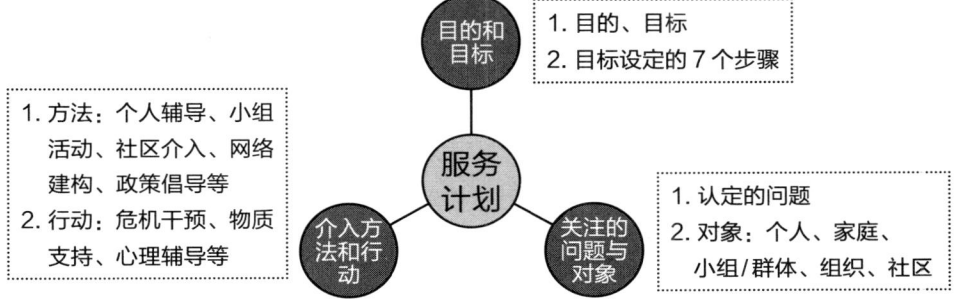

制订服务计划的原则

1. 要有服务对象的参与;
2. 要尊重服务对象的意愿;
3. 计划要尽可能详细和具体;
4. 要与工作的总目标、宗旨相符合。

制订服务计划的步骤

1. 设定目的和目标

(1)确定服务对象的需要和问题;
(2)向服务对象解释设定目标的目的;
(3)共同选择适当的目标;
(4)目标陈述要明白易懂,重在促进服务对象的成长;
(5)目标要可测量、具有操作性和现实性;
(6)与服务对象探讨目标的可行性和可能的利弊;

（7）确定目标并决定目标的先后次序。

2. 构建行动计划

（1）选择介入的系统；

（2）选择介入的内容。

项目计划书

社区志愿服务创意大赛×××项目计划书（示例）

1. 基本信息

项目周期		项目实施地	
负责人		受益人群	
项目背景			

2. 进度安排

时间	地点	项目内容	具体目标	人群/规模	备注
		活动一			
		活动二			

3. 项目预算

活动名称	支出内容	单价	数量	金额	备注
活动一：老年人之家成立大会	挂牌	150	1	150	
	水果饮料			200	
	……				
	合计				

社区资源与整合

什么是社区

社区的定义

社区是指由一定数量居民组成的,具有内在互动关系和文化维系力的地域性的生活共同体。地理、人口、组织结构和文化是社区构成的基本要素。地理要素指自然地理条件和人文地理条件;人口要素指人口数量与质量、人口结构、人口的分布与流动;组织结构要素指社会群体、社会组织之间的构成方式及其相互关系;文化要素包括历史传统、风俗习惯、村规民约、生活方式等。

社区的类型

按地域划分为农村社区、集镇社区和城市社区等;
按功能划分为经济型社区、文化型社区、旅游型社区等;
按发展水平划分为传统社区、发展中社区、现代社区等;
按社区发育成熟度划分为初型社区、成型社区等;
按社区形成方式划分为自然型社区、法定型社区(行政区域)等。

社区的功能

社区的功能包括社会服务的功能、人的社会化的功能、社会参与和社会民主的功能、社会控制和社会稳定的功能。[1]

---

[1] 徐永祥,孙莹. 社区工作 [M]. 北京:高等教育出版社,2004.

如何认识和调查社区

服务人员可采用社区行走观察法（实地考察法）、文献分析法、深入访谈法、问卷调查法、绘制社区资源地图法来认识和调查社区。

社区资源地图

什么是社区资源地图

社区资源地图是指把社区中的资源状况通过直观的绘图的形式表达出来，是一种帮助梳理社区资源的工具，目的是描述一定区域内的自然资源、基础设施分布，了解社区资源利用现状，寻找社区资源利用中存在的问题及发展的资源潜力，确定资源的合理利用方案。

社区资源地图的要素

社区资源地图的要素包括社区边界，地理景观（植被、水域、道路），聚集场所（小广场、小公园），社区单位，宣传场地。

绘制社区资源地图的步骤

1. 社区调查、走访、观察等，注意留存图像记录；
2. 社区资源分析，分析调查资料，将资源归类；
3. 构建指标体系，按照资源类型进行归类，建立图示体系；
4. 绘图，采用手绘或电子绘图。

社区资源动员

社区资源动员的主体与对象

1. 社区资源动员的主体包括党政组织、社区组织、驻区单位与群团组织、社会组织、传媒组织。

2. 社区资源动员的对象包括居民、驻区单位与社会组织、传媒。

实施社区资源动员的基本策略——以动员居民为例

1. 发现居民的共同诉求

（1）名义小组法

请小组成员先独立思考，要求每个人尽可能把自己想到的社区需要或问题写下来。社区工作者按次序请每人发表自己的意见，但先不进行讨论，社区工作者记下所有条目。所有人发表意见完毕后，社区工作者请大家讨论，解释有关报告内容。小组成员对提出的全部建议或条目进行投票。根据投票结果，赞成人数最多的条目即可视为共同需求。如果对结果分歧较大，也可以再次重复前面的步骤，直至得出结论。

（2）问题分析法

先确定问题，再将参与者分成若干小组，进一步分析问题。每组可以选择五个最重要的问题，以此区分出问题的轻重缓急。各小组将问题填到《问题与对策分析表》（下表）内，小组成员一起商量，对问题进行分析，提出解决问题的办法，列出需要获得的支持。

问题与对策分析表			
问题	原因	解决方法	需要支持

2. 构建社区资源动员结构

明确居民参与社区事务的角色与行为。主要分为社区领袖、积极参与者、被动参与者、积极响应者、被动响应者和不响应者。培养核心行动者后，制订行动策略。

3. 直接接触与间接发动

直接接触是指如果知道目标对象的联系方式和名字，可以短信通知、电话联络或登门拜访。如果不知道，可以设立咨询站点或者小区广播、流动宣传车等，上门"洗楼"，户外"呼叫"。

间接发动是指借助大众传媒、展板、广告宣传、电视新闻、灯箱广告、海报条幅进行动员。

社区资源动员的具体方式

社区资源的具体方式包括组织性动员、宣传型动员、活动化动员、精英式动员。

社区资源整合的途径——社区动员

1. 了解社区

了解社区资源，包括服务、人力、物力和财力，并进行利益相关者分析。

首先了解社区内都存在哪些利益相关方（机构、企业、学校、政府部门的政策和服务等），制作资源地图。按照障碍者的需求，在了解各利益相关方情况（服务、资金、态度、政策等）时进行优先级排序，了解他们的意愿，向他们介绍服务项目。根据利益相关方分析制订社区动员方案。

2. 在社区内建立信任

首先获得当地领导的许可；根据社区动员的方案针对不同的利益相关方进行深入的沟通；定期分享服务项目信息；不向社区承诺服务项目做不到的事情。

3. 在社区内提高认识（让障碍者直接参与）

在社区内开展各种关于残障的认识和理解的意识提升活动；支持障碍者用各种形式在社区内进行自我倡导，让社区成员了解障碍者的需求、能力，等等。

4. 创造机会使社区参与

与妇联、高校、志愿者团体、老龄委、卫生所、居委会等开展合作。

5. 将利益相关方聚集在一起

定期召开利益相关方会议，分享成果，讨论困难，共同寻找解决方案；确保弱势群体在社区的发展计划中。

6. 在社区内进行能力建设

针对社区的主要成员进行关于残障的培训，如社区卫生站的医护人员、居委会成员等，提高他们的残障意识以及对残障群体的重视程度。目的是使社区内的主要利益相关方了解障碍者的需求，促使他们主动把障碍者纳入服务范围。

7. 成果展示

在社区内举办成果展示，继续吸引和激励社区各个相关方积极参与社区康复，同时吸引更多的社区内成员加入。

社区资源整合

社区资源是指一个社区能够具体掌握、支配和动员的各种现实的社会资源。社区资源为社区服务提供资金保障和物质支持，可以将社区内的人力、物力、财力等多种资源合力投入并科学配置，展开长期有效的社区服务。

社区资源整合实际上是资源共享的问题。资源共享可以解决社区内不同资源分布不均的问题，增强社区成员的认同感，也可以增强社区工作的凝聚力。

所谓社区资源共享是指整合社区内的资源，由社区居民共建共享，使闲置的资源得以开发利用，社区资源得以调整优化，最大幅度提高资源效益。

整合社区资源要树立资源意识、经营意识、前瞻意识、效益意识，发挥政府的主导作用、社区居委会的主体作用、社区单位的协同作用、信息技术的整合作用。

残障工作和社区资源整合的关系

当前所提倡的是社区康复模式下的残障工作。社区康复是帮助残疾人康复，实现机会均等，减少贫困和增强社会包容的一种社区发展战略。障碍者社区康复需要通过障碍者自己、家庭、组织、社区以及相关的政府部门、其他服务主体共同努力，使障碍者获得和社区中其他人同样的服务。

社区资源整合的目的

社区资源整合旨在将尽可能多的相关部门聚集起来，提高人们对残障工作专项计划的了解和认识，在资源分配及服务方面提供帮助；合力解决社区内的障碍，确保社区能够包容障碍者，使障碍者享有平等的权利和机会。

社区资源整合的四个预期成果

- 社区认识到障碍者及其家庭成员的需要，并积极地改善其生活质量；
- 在社区中减少或消除对障碍者及其家人的歧视；
- 社区参与服务计划、方案的制订与实施；
- 促进社区发展。

社区资源整合的四个关键因素

社区动员是一个长期的过程，需要持续的投入；定期了解社区内利益相关方的情况；有针对性地制订社区动员计划并定期回顾，查漏补缺；帮助障碍者在社区内获得更多服务的同时，积极地组织障碍者参与社区活动，展现障碍者的能力，改善社区对障碍者的认识和态度。

案例分享

2017年11月，北京市房山区长阳镇残疾人职业康复站承接了北京市残联社区障碍者自组织孵化培育试点项目，为农村地区障碍者提供个性化服务。借助项目，长阳职康站开展了系统的资源整合工作。

在社区里，服务人员进行了细致的走访动员，收集社区内各类服务资源的信息并绘制社区资源地图，动员社区里能提供服务的组织为障碍者提供便利服务，如便利店、药店提供免费配送服务，理发店为障碍者提供上门服务和价格优惠，附近的企业在工作日提供一些上门志愿服务。在社区外，长阳职康站积极联系社会资源，除了北京仁德医院外，还联系了长阳镇民政科、镇妇联、镇老龄办等部门，争取他们的资源支持。

注：图片来源于北京市房山区长阳镇残疾人职业康复站

点评：相比城市社区，农村社区资源相对缺乏，但是将思路打开就会发现，在哪里都有很多潜在的服务资源。能否利用好这些资源，关键在于社区工作人员是否有这种意识以及有没有发动资源方的参与。动员很困难，需要跨越三个难关：一是能否挖掘到障碍者真正所需要的资源；二是能否通过邀请障碍者参与活动和志愿服务、发挥社区人际关系和交往等功能，动员资源方为障碍者提供支持；三是能否让资源方在"贡献"的同时也有收获，让他们能够长期、深度为社区障碍者提供支持。如果解决这些问题，社区服务资源就能够慢慢发展起来。长阳职康站的探索实践提供了一些经验，值得参考和借鉴。

社区服务中的小组工作

小组工作概述

小组工作的概念

《国际社会科学百科全书》对小组（团体）的界定可以概括为五个要素：有两个或两个以上的人；有整体意识，且将会维持一段时间；互相影响；有明确规范或规则；有一套角色。

小组工作是社会工作的基本方法之一，由社会工作者策划和指导，通过小组活动中组员之间的互动和经验分享，帮助小组组员改善其社会功能，促进其改变和成长，以达到预防和解决有关社会问题的目标。

小组的特征

由两个或两个以上的人组成；有共同的目标和利益；组员间相互交往，形成关系；组员间相互依赖，相互影响；组员有归属感、认同感；小组的组员有特殊的责任、地位和角色体系；有一定的规范、准则等社会控制；小组要经历不同的发展阶段；有小组文化与氛围；有相当程度的凝聚力。

小组的类型

根据不同的分类标准，社会工作小组可分为不同类型，如下表所示：

分类标准	社会工作小组
小组形成	组成小组　自然小组
组员参与	自愿小组　非自愿小组

续表

分类标准	社会工作小组
组员特点	同质小组　异质小组
小组结构	正式小组　非正式小组
成员界限	封闭小组　开放小组
小组性质/目的	社交小组　　　教化小组 服务或志愿者小组　兴趣小组 任务小组　　　意识提升小组 教育小组　　　成长小组 治疗小组　　　社会化小组 自助互助小组　社会行动小组

小组的功能

小组的功能包括社会功能、学习功能、矫治功能、预防功能。

如何开展小组工作

开展小组工作的过程

小组筹备阶段的主要工作

小组筹备阶段的主要工作包括小组设计、需求评估、组前面谈及组员的筛选等。筹备阶段要完成的具体工作主要有：明确小组目标、评估小组的经费情况和小组组员潜力、吸收小组组员、组成小组、协助组员了解小组、签订契约、为小组环境做准备。

小组的构成

筹备小组需要明确小组的构成，主要包括以下因素：

1. 小组的组合方式是同质性小组，还是异质性小组。
2. 小组的性质是开放性小组，还是封闭性小组。
3. 小组的规模是大还是小。
4. 小组的时限、频度和次数。
5. 小组的空间，即聚会的场所。

组成小组

1. 组成小组应考虑的主要因素

组成小组时应考虑的因素很多，包括年龄、性别、文化程度、民族、健康状态、是否参加过小组、组员间的关系等。

2. 组员的筛选

通常来说，筛选组员的标准包括问题或需求的性质、社会人口学上的特性、参与的形态、组员的能力与经验、机构目标、外在限制。

小组方案设计

1. 制订计划书

小组计划书的内容包括小组名称、理论阐述、小组目标、小组成员、小组特征、初步拟定的活动计划和过程、招募计划、需要的资源（资金除外）、预料中的问题和应变计划、经费预算。

2. 小组游戏或活动

开展小组游戏或活动，要了解服务对象的需求，拟定目标和主题，决定选用什么活动。要了解活动背后的信息、主题和活动的关系，进行有目的的编排，然后串联不同游戏。注意安全第一，不熟悉的活动宜多练习。同时，活动要有目的，以解说等手法带出主题。

3. 小组活动的基本原则

一般来说，活动的开展必须符合这些基本原则：小组的独特性原则、适合组员需要原则、符合组员能力和兴趣原则、符合小组及组员的目标原则、适应组员社会心理发展阶段原则、适应小组发展阶段原则。

案例分享

案例一：康复效果突出的精神障碍者同伴支持小组

北京市朝阳区第三医院支持区内的社区卫生服务中心和温馨家园，曾招募评估稳定期的精神障碍者，组成10~15人的同伴支持小组，由状态较好、能力较强的精神障碍者带领小组定期开展活动。他们开"茶话会"，聊病情，聊用药，聊兴趣爱好；他们办"晚会"，吹拉弹唱，书法绘画，十八般武艺各显神通；他们开讲座，社区精防医生、三院的精神科医生等都是他们请来的专家；他们也组织春游，一起做户外运动，强身健体。

参加同伴支持小组的效果也很明显：住院次数减少，服药依从性提高，情绪更加稳定，生活技能和社会功能都有所改善。以小然为例，小然于2018年10月加入同伴支持小组。2019年3月，社区精防大夫了解到小然自己曾主动说同伴活动让他快乐，让他对生活有热情，和同伴在一起沟通后，他意识到服药的重要性。现在，小然能主动就医、主动服药，在同伴活动过程中常常现身说法，给其他同伴说明服药的重要性。

点评：这是一个成功运用小组工作手法的案例。把同质性强的稳定期精神障碍者聚集在一起进行社区康复，充分发挥了同伴支持的作用。首先，精防医生跟组支持，把控用药和确认成员状态，在保证小组活动效果的同时控制了风险。其次，支持小组自主决策和自由发展。小组组长是精防医生综合病情、个人能力和性格等因素"选"出来的，在医生指导下，组长知道可以做什么、不可以做什么，他能充分发挥自己的特长和小组成员的特长，自行组织活动。这个过程中，组内互相传递的经验、能量、技能，都会使成员的状态越来越好。

案例二：病友的力量——从小组到社群再到自组织

这是北京爱力重症肌无力罕见病关爱中心成长探索的故事。

重症肌无力是一种神经—肌肉接头处所发生的神经传导功能障碍的自体免疫性疾病，特点是骨骼肌无力和易疲劳，该病种比较罕见，目前没有明确的发病原因，可治疗不可治愈。

2006年以前，国内没有服务重症肌无力患者的正式机构，病友多通过QQ群、百度贴吧等开展线上交流。中心的发起人之一清昭，通过QQ群和很多重症肌无力病友、台湾地区肌无力关怀协会建立了联系。经过一段时间的线上交流，清昭和其中几名网友申请到烟台市红十字会的一个医疗救助项目，于2006年组织了海峡两岸第一届重症肌无力病友交流会。来自台湾地区的28名病友及陪护，同来自山东、山西、河南、江苏、上海、湖南和重庆等地的16名病友相聚烟台。这场交流会将线上的病友交流带到了线下，给了病友们个人难以获得的社会康复效果。此后，大家希望自己能有个正式的组织。

经过2010年和2011年两届海峡两岸肌无力病友线下交流会，社群里的积极分子逐渐涌现出来，愿意为大家做些事情的病友义工越来越多，随之而来的就是需要帮助的病友越来越多。他们的需求是广泛的，并不只是心理支持和信息分享，最突出的问题是病友在疾病急性期的医疗介入需要高昂的费用。缺少资金延误治疗，可能导致病友的障碍加重甚至死亡，病友们的经济压力让义工们看在眼里，急在心里。大家意识到只有成立一个正式组织，才能够合法地通过开展项目募集资金，帮助更多的病友。

2012年2月8日，清昭和来自肌无力网络社区的20多位病友义工倡议建立自己的组织——爱力，以帮助更多的病友解决问题。清昭说："这个组织其实就是一个QQ群，集合了一些想一起做事的病友，当时机构还没有注册，只是单纯地为病友募集治疗费用，既不规范，也没有非营利组织的管理运营思维。"同年5月，清昭、海连和晓慧等9位病友来北京参加了由瓷娃娃罕见病中心主办的2012年罕见病组织能力建设交流会，参会的还有其他一些罕见病病友的自发组织。瓷娃娃从障碍者使用专业化方法解决自身问题的经验出发，开展了机构管理培训、财务管理培训和罕见病发展网络建设讨论。交流会后，爱力的病友们还前往支持社会组织构建透明公开财务的透明鱼实验室进行了拜访和学习。爱力的创始人根据学习和讨论的结果开始设计组织的内部治理框架、管理框架和项目模式。同年，他们参加了首届中国慈展会，向更多的社会组织学习，并开始尝试向一些基金会推荐自己的项目。

2013年2月8日，爱力重症肌无力罕见病关爱中心在北京注册。中心自成立以来，按照社群发展、行业推动、政策及医学研究推动的发展方向，开展了医疗与生活救助、健康教育、医学与政策推动、社群发展及领域推动、社会倡导与融合等一系列服务重症肌无力病友的项目，项目逻辑清晰、机构管理规范。之后，爱力得到了中央财政资金、政府资金和中国扶贫基金会的支持。在各方支持下，爱力逐步搭建起了为肌无力病友服务的平台，包括编写国内首套重症肌无力患者健康教育手册、发布首份《中国重症肌无力患者生存状况调查报告》、建立首个重症肌无力400-0234-615热线、确定首个"6·15重症肌无力关爱日"、开创重症肌无力多学科医学论坛、研发首套重症肌无力患者康复课程、建立重症肌无力患者支持网络、筹办重症肌无力患者大会暨海峡交流会、建立重症肌无力门户网站和拍摄重症肌无力科普动画片《爱力水手的故事》等。

点评：乍一听这是一个少数人抱团取暖的故事，但实际蕴含着丰富的社会服务的道理。相似的困境和求生的意志让重症肌无力患者更容易相互理解和聚集。这与大多数自组织形成的起因一致，需求相同更容易产生共同的目标。他们聚集在一起产生了1+1>2的力量，既相互传递经验、知识，彼此鼓励积极向上、自立自强，又将资源有效整合，推动政策制定和研究进一步发展。

第三章

社区康复

康 复

定 义

2006年世界卫生组织（WHO）指出，康复使障碍者能够实现和保持最大程度的自立，充分发挥和维持体能、智能、社会和职业能力，充分融入和参与生活的各个方面。应当组织、加强和推广有综合性、适应性的训练和康复服务方案，尤其是在医疗卫生、就业、教育和社会服务等方面。2011年世界卫生组织、世界银行出版的《世界残疾报告》提出：康复是帮助正在经历着或可能经历残疾的个体，在与环境的相互作用中取得并维持最佳功能状态的一系列措施。

康复的目的

康复的目的是提高障碍者个人能力，恢复其独立生活、学习和工作的能力，使障碍者能在家庭和社会过有意义的生活。要达到全面康复，不仅涉及医学科学技术，而且涉及社会学、心理学、工程学等学科的技术和方法。通过提高障碍者的个人功能水平、生活自理能力、学习能力、劳动能力以及社会参与能力等，最终实现与所有人一样的平等、参与和共享的权利。

康复的分类

1. 全面的康复：从身体、心理、社会生活、职业、业余消遣方面帮助患者发展潜能。

2. 按需的康复：根据障碍者或伤患者的客观需要和主观需求（个人愿望、生活计划），有针对性地拟定康复目标。

3. 积极的康复：积极运用各种手段，尽可能使障碍者或伤患者各方面的潜能得到最充分的发展。

4. 可行性康复：康复的目标应同时考虑到可能性、可行性。在障碍者身体缺陷和环境条件许可的范围内，客观拟定康复目标。

康复与恢复的区别

在日常语言中，康复（Rehabilitation）与疾病后的恢复（Recovery）容易混淆。恢复是指患病后健康水平下降，经过医学干预，健康达到病前水平。康复是指伤病后发生功能障碍，参与家庭、社会生活较困难，而采取各种措施，其目的是改善身体功能，提高生活自理和社会融合的能力。香港地区把"康复"译为"复康"，台湾地区译为"复健"。

对　象

康复的对象包括障碍者、老年人、慢性非传染性病人和普通公众等。

障碍者。指在心理、生理、人体结构上，某种组织、功能丧失或者不正常，全部或者部分丧失以正常方式从事某种活动能力的人。

老年人。世界卫生组织对老年人的定义是60周岁以上的人群。老年人随着年龄老化带来的功能衰退，慢慢有了各种各样的功能障碍，也是重要的康复对象。

慢性非传染性病人。主要指患有心血管疾病、代谢性异常、精神异常和精神病、遗传性疾病的人群等。高血压、糖尿病、高尿酸、高血脂等病症在后期可能会导致各种心脑血管的疾病和心脏疾病，从而造成功能上的一些缺陷。

普通公众。广义上讲，所有的人都是康复的对象，因为每一个人都需要正确认识残障问题，了解康复知识，从而正确地对待残障问题和障碍者。

领　域

康复的领域包括医疗康复、教育康复、职业康复、社会康复等方面，体现全面康复理念。

医疗康复指应用医学技术和方法对伤病者或障碍者进行康复诊断、功能评估及康复治疗、护理，促进身心康复。医疗康复也包括使用临床康复手段的部分。

教育康复使障碍者（首先是学龄残障儿童和青少年）在教育上达到康复的目标，既能够接受普通教育或特殊教育，同时也能够通过接受学校教育促进全面康复。

职业康复使符合法定就业年龄且有就业需求的障碍者在就业和工作上达到康复目标，包括就业前的职业能力评定和训练，帮助就业上岗或自谋生计，就业后在工作上的评估和支持等。

社会康复使障碍者在享有公民的社会权益和在社会生活上达到康复的目标，也就是能够有平等的机会参与社会生活，在教育、就业、医疗、住房、交通、政治经济生活、文化生活等方面不受歧视，并能履行力所能及的社会职责。

途　径

康复的途径包括机构康复、社区康复、延伸服务、信息服务。

机构康复指利用先进的设备和较高的专业技术，对障碍者或伤残者开展康复医疗、功能训练、心理疏导、辅助用具服务、职业和社会适应等多方面的康复，一般在综合医院的康复科或专门康复机构（如康复医院、康复中心）进行。

社区康复是社区建设的重要组成部分，是指在政府领导下，相关部门密切配合，社会力量广泛支持，障碍者及其亲友积极参与，采取社会化方式，使广大障碍者得到方便、及时、有效的全面康复服务，以实现机会均等，充分参与社会生活的目标。

延伸服务是指以康复资源中心为基地，组织康复技术人员，到障碍者或伤残者家里或社区进行康复技术指导和实际技术操作培训，解决康复中的疑难问题，是一种有计划的辐射服务，包括家庭病床、包户服务、医疗队等形式。

信息服务指通过多种媒体、信息网络、远程教育等现代传播设施和技术，把康复知识和技术发送到康复机构、社区和家庭，为障碍者或伤残者提供服务。

原　则

障碍者康复应坚持功能训练、全面康复、融入社会、提高生活质量四大原则。

功能训练着眼于保存和恢复人体的功能活动，包括运动、感知、心理、语言交流、日常生活、职业活动和社会适应等方面的能力，重视功能的检查和评估，采取多种方式进行训练，尽可能满足障碍者和功能缺陷者对功能康复的需求。

康复的对象不仅是有功能障碍的器官或肢体，更重要的是整个人。从这一意义上来说，全面康复即整体康复，在医疗康复、教育康复、职业康复、社会康复等领域全面地得到康复。

康复最重要的目的是使障碍者通过功能和环境条件的改善，能重返社会、融入社会、参加社会生活、履行社会职责。

生活质量反映障碍者日常各方面的能力水平和个人感受，包括健康状况，职业和工作状况，经济状况，婚姻、家庭及居住环境状况，业余休闲生活状况，参与社会和政治生活状况，个人对生活的心理感受等方面。

社区康复

国际上的社区康复

1976年，世界卫生组织提出一种新的、有效的、经济的康复途经，即社区康复（英文简称 CBR）。它顺应了全球疾病患者的康复需求，在发展中国家得到了迅速发展。社区康复利用本社区的资源，因地制宜地开展社区和家庭的康复，主要提供病、伤、障碍者恢复期及后期康复服务，开展残疾预防工作，同时也提供教育、社会、职业康复。对患者而言，社区康复方便、快捷，而且价廉，有利于他们回归家庭和社会，是普及康复服务的基础和主要形式。

社区康复以社区为基地开展障碍者康复工作。它是一种康复方式和制度，与过去一向实行的"医院康复"完全不同。

1994年，世界卫生组织、联合国教科文组织、国际劳工组织联合发表了一份关于社区康复的意见书，对社区康复做了解释，清楚地说明了社区康复的性质、目的和依靠力量。具体内容如下：

社区康复是属于社区发展范畴内的一项战略性计划，它的目的是促进所有障碍者得到康复，享受均等的机会，成为社会中平等的一员。社区康复的实施，要依靠障碍者自己和他们的家属、所在社区以及相应的卫生部门、教育部门、劳动就业部门和社会服务部门等的共同努力。

2004年，世界卫生组织、联合国教科文组织、国际劳工组织更新了社区康复的定义，体现了社区康复方法从提供服务到社区发展的转变。

社区康复是"为受伤病人及障碍者实现康复、机会均等、减少贫困和融入社会的一种社区发展战略"，需要"通过病人及障碍者自己、他们的家庭、组织、社区及相关的政府和非政府的卫生、教育、职业、社会和其他服务部门的共同努力"，推动社区康复项目的完成。

根据《社区康复指南——以社区为基础的康复》，社区康复由五个部分组成：健康、教育、谋生、社会、赋能，每个部分又有五个要素，如下图所示（图引自该书）。

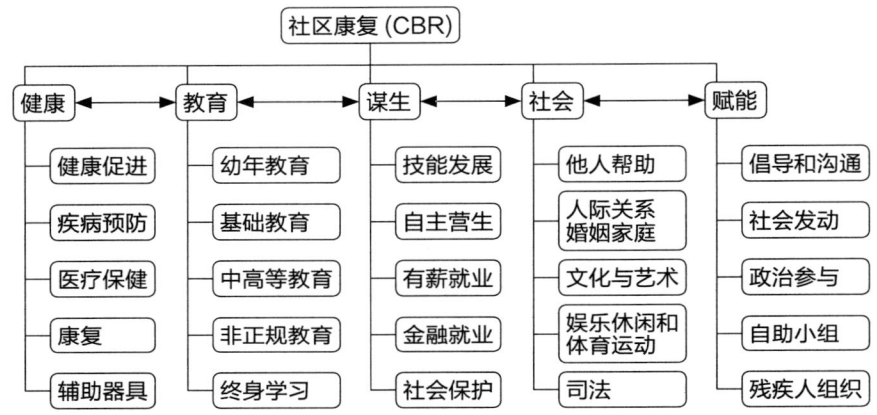

我国残障者社区康复

根据第六次全国人口普查、第二次全国残疾人抽样调查，推算 2010 年末我国残疾人总数 8502 万人，其中视力残疾 1263 万人、听力残疾 2054 万人、言语残疾 130 万人、肢体残疾 2472 万人、智力残疾 568 万人、精神残疾 629 万人、多重残疾 1386 万人。残疾人中，重度残疾 2518 万人、中度和轻度残疾人 5984 万人。①

我国残疾发生具有以下特点：

• 我国的残疾发生水平很高，残疾类别构成有所变化。肢体残疾和精神残疾的比重有了较大幅度的上升，而听力、言语残疾和智力残疾的比重则有了大幅下降。

---

① 中国残疾人联合会.2010 年末全国残疾人总数及各类、不同残疾等级人数 [EB/OL].2012-06-26[2021-05-03].https://www.cdpf.org.cn//zwgk/zccx/cjrgk/4c0d47abe6a3414790d4ee786553fb65.html.

- 致残原因以后天获得性残疾为主，非传染性疾病致残占很大比重，并且随着年龄增长这一趋势更加明显。在各类残疾中先天性残疾所占比例不到10%，后天获得性残疾则占到3/4。
- 不论是残疾分布还是致残原因都存在着较大的地区差异、城乡差异和性别差异。
- 不同年龄人口面临着不同的致残风险，需要有针对性地重点防范：婴幼儿——先天性残疾；受教育年龄段——传染性疾病、创伤；老年人——非传染性疾病、退行性变化。

我国在1986年开始开展社区康复工作。2006年《残疾人权利公约》出台后，我国社区康复的原则以此为基础，形成了以下格局。

社区康复工作队伍的组成包括：康复工作管理人员，区、县级及以上康复机构专业人员，社区、乡镇卫生中心康复人员，社会力量兴办的康复机构人员，辅助技术人员，特教老师，社区康复协调员，社会工作者，志愿工作者，障碍者及其亲友。

社区康复服务流程包括：社区康复协调员协助基层卫生人员入户筛查，掌握康复需求；将障碍者转介到康复机构进行功能评定；建立康复服务档案（含纸质、电子）；在障碍者及家人参与下制订康复服务计划（康复目标、服务内容、服务人员、服务时间、效果评估等）；按康复计划提供服务；对有复杂和疑难情况的服务对象进行会诊、转诊；在全面康复方面，因人而异提供转介服务；评估康复效果；结案；数据统计、汇总、电子化。

社区康复服务的内容包括：动态掌握辖区障碍者基本情况（人数、障碍类别、分布、经济状况等）和康复资源（数量、分布、水平、服务内容等）；入户了解障碍者基本康复需求，力所能及地在现场解决问题，建立障碍者个案档案；对障碍者及亲友进行心理疏导，减轻压力、焦虑，正确面对残疾，积极进行康复；协助专业人员、辅具人员、家居无障碍改造人员入户服务；普及知识，提高社区残疾预防、障碍者康复意识和康复能力；宣传并落实有关康复政策；掌握社区及周边康复资源和渠道，适时转介；配合做好社区康复站、工疗站、日托中心等障碍者的康复服务；多种形式开展障碍者及家庭成员的培训；组织社区康复活动，促进障碍者融入社会。

各类障碍社区康复要点

视力障碍

- 眼科检查，疾病诊断治疗；
- 白内障手术复明；
- 低视力者配戴助视器，进行视功能训练；
- 盲人定向行走训练指导；
- 辅助器具指导。

听力障碍

- 听力检测、诊断；
- 听障儿童人工耳蜗植入手术及训练；
- 助听器验配（儿童、成人）；
- 听力语言训练及指导。

肢体障碍

- 临床检查、诊断、功能评定；
- 矫治手术、早期康复；
- 功能训练（运动功能、姿势矫正、日常生活活动训练、社会适应能力训练）；
- 提供辅具、无障碍环境改造建议。

智力障碍

- 早期发现及科学诊断；
- 对智力障碍儿童进行以下训练和教育：日常生活自理能力训练、沟通交流能力训练、社区安全教育、生活常识教育、文化教育、职业技能训练、职业规划、融入社会；
- 对智力障碍成人进行以下训练：生活自理能力训练、简单劳动技能培训、社会适应性训练、参与社区活动。

精神障碍

> 诊断、治疗、早期康复；
> 指导社区及家人叮嘱患者按时服药；
> 定期随访，及时发现复发病例；
> 指导日间托养中心开展康复活动（生活自理、情绪控制、社会交往、职业技能等）。

相关资源

《社区康复指南——以社区为基础的康复》

该书总结了三十余年全球发展中国家社区康复实践经验，反映了发展中国家残疾人工作的最新理念和模式，提出了发展中国家残疾人康复的最迫切需求和可行的解决办法。同时提供了世界各国生动、有趣的案例，特别是一些贫穷和发展中国家的实践案例，对我国开展社区康复具有借鉴意义。

《社区康复的中国实践》

该书兼有严谨、详实的社区康复理论和生动、有趣的现实案例。上篇介绍了社区康复的基本理论和知识，下篇结合云南的实践案例，总结了社区康复的实践经验，能够给一线工作者提供参考线索。

第四章

残障服务案例汇编

案例一：为中途失明人士导入社群支持

中途失明人士是一类特殊的残障群体。他们原本拥有完整的视觉能力，整个世界一片光明，但突然的失明让世界一下子灰暗下来甚至一片漆黑。这时候的他们是茫然无助的，从生理上到心理上都需要足够的支持，在生活技能方面需要尽快地适应黑暗环境。社群在此时便具有重要的作用，一方面能提供共同体的心理支持，另一方面提供过来人的经验分享，这会让中途失明者适应新环境的过程更快。

案例展示

北京新途社区健康促进中心的贾老师 2018 年开始被派驻到西城区的一个温馨家园工作，在入户工作中接触到一位刚刚失明的大姐。大姐六十多岁了，2017 年白内障手术后视力极度恶化，突然间书本、电视上的文字都看不到了。她以前很喜欢出门见朋友，喜欢参加单位的活动。现在怕自己摔倒受伤，也很怕被别人瞧不起，所以不敢出门，基本每天都待在家里。

经过数次的了解、评估，贾老师觉得大姐需要一个与人交流的平台，同时视力突然退化对她带来的打击也需要引导和疏解，由此一步一步为大姐提供了以下服务：

多方打听，了解专业的视障服务机构，为大姐联系了"声波帮帮盲"[①]，帮助提供接送站、就医、定向行走培训等服务，帮助她尽快适应视力突然

---

① 编注："声波帮帮盲"是北京一加一文化传播有限公司提供的专业服务项目，该公司由视障人群自行发起建立并提供服务。

退化、正常生活受影响的状态。

在跟大姐多次聊天中发现，她爱好文学和唱歌。贾老师就邀请大姐每周参加温馨家园的活动，发挥她的兴趣爱好和特长，跟大家一起唱歌、参加茶话会。一段时间后，大姐的精神状态饱满了许多。

辅具换新方面，因大姐比较节俭，舍不得花钱买辅具（即便北京市辅具平台补贴50%也不考虑，也不舍得自购），贾老师准备试着劝大姐的子女为其解决。

贾老师提供了这些服务后，通过温馨家园的活动、每月2~3次的电话或当面沟通，持续关注着大姐的状态。

贾老师分享了他在服务中的一些经验：秉承"助人自助"的社工理念，用集体文化活动等吸引大姐自发走出家门，适时"赋权"，在活动中帮助她拓展社交面，逐渐找到聊天的伙伴。通过与他人沟通，慢慢让她认识到残障的普遍性，减少自卑感，并在优秀康复者的带动下发掘自身优势，逐步建立自信，助其"增能"，引导共同康复的热心残友同路返家，提供附近适合转介的服务机构及活动等的详细介绍，供其选择和参与。

案例启发

社群支持对于视障人士康复具有重要意义。"声波帮帮盲"的服务人员都是视障人士，对大姐的情况感同身受，同时又有丰富的经验，能够帮助大姐积极认识"以后都看不清了"的处境，为她重建生活技能。

残障服务的核心工作方法是让障碍者愿意接纳外人的接触，摸清需求，"赋权""增能"。这些目标需要在有设计的服务中实现，即服务方案的设定要"有意为之"。贾老师能够理解大姐的心理状态，花功夫走进她的内心世界。综合温馨家园、社区、专业服务机构的支持，为大姐提供资源对接和转介。同时，适当开展个性化服务，在每次活动设计时考虑到每个康复者的不同情况，有针对性地在活动中"赋权"。在温馨家园，贾老师邀请大姐参加她感兴趣、有基础和擅长的活动，慢慢帮助大姐打开了心扉。这一连串的活动设计都是为了让其摆脱自卑，面对障碍，重新建立自信。

案例二：辅助中重度肢体障碍者进行生活重建

中重度肢体障碍者往往不能自理，吃饭、穿衣、如厕等都需要别人的帮助，大多处于"被家人照顾"的状态。因为身体的障碍，也面临自卑、情绪低落的精神状态。不能自理——自卑、自暴自弃——跟家人越来越疏离——功能进一步退化，这种恶性循环常常发生在中重度肢体障碍者身上。因此，对中重度肢体障碍者进行生活重建，增强他们的自理能力是很关键的第一步。

案例展示

北京市房山区馨悦残疾人综合服务中心的工作人员许大姐在2018年执行一个康复项目的过程中，经过村委的介绍，认识了大华先生。

第一次入户的时候，许大姐带着水果上门探望大华先生。许大姐跟大华先生聊天，想了解他的需求。大华先生说自己很好，没有什么需要帮助的。许大姐听了感到很焦虑，因为根据观察，大华先生并不像他自己所说的那样没有任何需求，他衣服凌乱，家里也不干净。大华先生早年丧偶，2000年患颈椎瘤导致严重肢体障碍，不能出门，情绪失落，对什么事情都没有兴趣。他有一个儿子，但是儿子因工作常年在外，他整天都是一个人在家。后来，她又陆续通过打电话、上门的形式跟大华先生聊天，关心他的生活状态。慢慢了解到，大华先生在没有得病之前是一个特别能干的人，以前是开车的，自从患病不能出去工作，认为自己成了别人养着的"废物"，心情很糟糕。

许大姐认为机构本身在做的康复服务能够帮助大华先生的肢体功能得

到改善，想邀请他到机构来。一开始大华先生拒绝了，觉得没什么用，也不想出门。许大姐就三天两头打电话给他，不仅说服儿子帮忙，还托村委工作人员上门游说，最后大华先生同意来参加一段时间康复活动。

到机构以后，康复辅导员了解了大华先生的身体情况，发现他行走困难，身体无力，为他制订了康复计划。经过长时间训练，大华先生在身体功能方面有了改善，走路也平稳了许多。在机构的一年内，他还接受了生活技能训练，到 2018 年底可以独立用餐具进食、穿脱衣物、拿取物品、择菜、洗菜等。他自己在家的时候可以出门买菜，做饭，自己照顾自己。在机构的时候，大华先生能够积极参与各种活动，敞开心扉与大家分享自己的感受，也结交到很多朋友，变得爱说爱笑了。

案例启发

在这个服务案例中，许大姐的很多做法值得借鉴。

首先，开展个案服务的第一步是与服务对象建立深厚的信任关系，这个过程需要一些策略。通过关心生活、聊家常、持续跟进的方式往往比程式化的上门—访谈—记录—评估更有效。

其次，服务对象说的话不完全代表他的需求，服务对象的需求需要综合各种信息进行判断。在这个案例中，大华先生的康复训练需求、生活技能提升需求、社交需求都是服务人员在跟他持续沟通的过程中发现的。

最后，为服务对象提供服务要从他的实际需求出发，结合服务机构自身资源提供。服务机构有肢体康复的专业资源，能够提供相应的支撑。机构也有与人交往互动的空间，因而能比较全面地给服务对象提供支持。

案例三：如何获得精神障碍者的接纳

精神障碍者有自己的世界。他们或静，无论身边多嘈杂都没有反应；或动，说着别人听不懂的话；或暴躁，一言不合就挥拳头……为他们服务，内心需要足够柔软，才能走进他们的世界。

案例展示

北京市昌平区昌雨春童康复中心的李老师是一名社工，在社区的介绍下认识了精神障碍者王先生。刚开始李老师入户的时候，王先生根本不与她交流。她就多次入户，跟王先生的母亲反复沟通。王先生的母亲提供了一些信息，得知王先生生活得还比较有规律，每天在家主要就是看电视，很少出门，平时不爱说话，表情比较呆板，有一定的文字阅读能力，喜欢安静。王先生能按时服药，与小区周边的邻居接触不太多。社区经常会组织一些活动，但是他不愿意参加。王先生的姐姐前些年出嫁，现在母子两人同住，与母亲关系和睦，知道对母亲进行日常照顾，比如母亲腰疼时，他会主动做饭。

后来，入户多了熟悉之后，王先生跟李老师也有了一些交流，他说自己喜欢骑自行车、钓鱼、有学习电脑的意愿，也表达了想要找对象、入党的需求。一开始，李老师很苦恼，因为找对象和入党都是她解决不了的问题。后来在督导的引导下，她决定把服务方向转向引导王先生多参加社区活动上。

李老师多次邀请他作为志愿者参与机构的活动，王先生都拒绝了。李老师一直没有放弃，后来王先生无奈之下答应参加了一次。现在王先生能时不时地参与机构的志愿活动，整个人开朗了许多。

李老师回忆自己为王先生服务的过程，说道："刚开始去他家，都跟他说不上话，大多数时候是在跟他妈妈聊天。慢慢地去的次数多了，尝试直接跟他沟通，我一开始也很害怕，怕他突然犯病，所以跟他说话很小心谨慎。后来我就把他当正常人，聊他的兴趣爱好，聊他的生活，拉家常，慢慢地也就熟悉起来了，相处起来也很轻松。我们了解了他的病因和疾病管理以后，默默关注他的服药状况和状态，引导他参与我们机构的活动。现在他在我们机构当志愿者，整个人的状态跟我们一开始见到他的时候完全不一样。"

案例启发

精神障碍者的服务难度相对较高。因障碍原因比较隐蔽，他们的行为表现和性格特征具有迷惑性，因疾病导致的脆弱、敏感使他们更加封闭，因而服务精神障碍者具有更高的挑战性。

因服务精神障碍者有潜在的危险性，很容易引起服务人员的恐慌，对待精神障碍者需要更高的服务技术。

首先，服务人员内心需具有柔软的特质，能够正常看待和尊重他们，才容易被他们所接纳。李老师有一条经验就是"把他当作正常人"。王先生用药稳定，能够正常交流，李老师通过鼓励其参与社交活动来改善生活状态。社工的接纳和平等的态度，对于引导其走出家门有很重要的促进作用。

其次，要掌握一些专业知识，了解服务对象的病因、发病的表现和服药情况。这方面可向家人或者社区精防医生了解，保证服务的专业性。

最后，要有技巧地回应和支持。第一，对待不同行为表现的精神障碍者，要根据其性格特征"区别对待"。对于经常处于亢奋状态的精神障碍者，要观察和找到他的兴奋点，在日常互动中不过分关注和鼓励其兴奋点。对于经常独处、多数情况下无反应或者反应冷淡的精神障碍者，要找到让他有反应的点，找到后就通过这些点刺激他的参与。第二，引导性的同伴支持能发挥正向的相互影响的效果。把几个有类似精神疾病的障碍者聚集到一起，以共同体的方式创造一个比较积极和保持稳定状态的场合。把谈话内容引到大家共同关注的一些话题上，比如平时是怎么吃药的，大家一下子就会步入到良好的轨道上，打开他们心门的门槛会相应变低。为精神障碍者服务的小组一开始最好是封闭性小组，由精神障碍者构成，在此基础上开展其他服务，也会更加顺利和可控。

案例四：如何为精神障碍者做有效的需求评估

目前，机构进行需求评估的常见做法是参照相关调查问卷或评估量表，通过一次性的访谈或问卷填表了解服务对象的基本情况及其需求。但这种需求评估的精准性往往偏低，原因是服务对象一次性在较短时间内的需求表达会受到诸多因素限制，要么不愿表达、不会表达，要么所表达的需求超出项目服务范围。尤其是当服务机构面临精神障碍者这类需要花费较多精力才能建立信任关系、了解真实身心状态的人群时，如何提高需求评估的精准性并最终提升整体服务的有效性，是服务开展过程中必须要解决的问题。

案例展示

北京益翔文化传播有限公司在朝阳区某乡温馨家园内开展为期两个半月的稳定期精神障碍者日间康复照料服务项目。在服务对象招募阶段，根据街道残联的推荐，40多岁患有精神分裂症的小明（化名）在其母亲的陪同下与服务团队中的精神科医生进行了面谈，讲述自己在家的生活情况和目前最大的困难。鉴于一般情况下家属对精神障碍者的评价与他的自评有差异，为了防止可能出现的一些矛盾，医生又单独跟其母亲交流，从侧面了解家属对他自评的认可程度，并从多方面了解障碍者的生活状态。

母亲反映，小明与自己一起居住；爱饮酒，饮酒量和次数都较为随意；精神状态不好，交代给他做的事情，往往会忘；睡眠不规律，每天总是游走于街巷，回家倒头就睡；日常处于疾病波动的状态；社交方面，不跟街坊邻居打招呼，表情僵硬，别人也不敢跟他说话；不注重个人、饮食卫生，生活自理能力较低。

在了解小明本人情况、评估其短期内可以改善的方面后，医生和工作人员现场跟家属反馈了病人的状态、项目可能采取的手段和需要家庭辅助的工作，并对家属就其参与项目的态度进行了进一步沟通。医生以"先去玩玩，去看看，去和大家交流交流"这种较为轻松的方式建议小明尝试参与项目，并不直接告诉他项目提供哪些康复服务，避免造成他对项目的抵触。母亲患有脑血管疾病，右手没有力量，希望儿子能够在生活中帮助到自己，因而对于小明参与项目持比较积极的态度。但小明本人对于项目的态度则是可去可不去。小明最开始就以"去不去都可以，既然你让我去看看，我就去看看，能不能坚持也不好说"的心态开始参加活动。

第一周的康复活动设计比较轻松，以鼓励为主的方式开展，以建立工作人员与服务对象以及服务对象之间的熟悉和信任关系为目标。同时在活动中逐步加深服务对象对项目本身康复目标的了解，增加接纳程度。在活动中，工作人员观察服务对象的情况、性格、目前存在的行为问题，分析短期内可以解决的问题，并确定问题的解决方式。在初期，服务对象都有或多或少的阻抗，有的人不愿意把自己的疾病表现说出来。对此，工作人员一方面引导大家做自我介绍和自由交流，另一方面请精神科医生围绕大家日常生活中出现的睡眠、药物服用等问题开展健康教育讲座，结合案例进行分析，引导大家正确认识自身情况，表达对自己病情的看法。

一周活动结束后，精神科医生和项目工作人员再次跟小明沟通他参与项目的想法，包括对活动的看法、活动优缺点以及自身的服务需求等。然后，医生根据短期内能改善的方面提出建议，在征求小明意见、认可的情况下共同制订康复目标和方案。小明在交流中提出自己睡眠不好，希望改善；他还提到感觉有些孤单，没有人能理解他，希望能跟别人交流；另外自己也想做一些事情，比如照顾母亲，但又觉得自己做不好。在听取小明本人的想法后，医生和他一起分析每个问题背后的相关生活习惯。比如，睡眠不好的原因是饮食饮酒不规律，每天都在重复饮酒——睡觉——吃饭——睡觉这种恶性循环，严重影响其睡眠和精神状态。另外，结合健康教育讲座，让他认识到服用抗精神病药物期间不能饮酒以及饮酒可能出现的问题，减少饮酒量会对整个精神状态和睡眠有改善。在小明理解并接受后，服务人员制订了康复方案，建议其首先保证作息规律，从按时参加活动开始；其次，自我约束，通过记录饮酒的次数和饮酒量提醒自己不要过多饮酒；再次，针对他健忘的情况，建议他养成记录的习惯，把要做的事写在小纸条上随身携带；最后，改善仪表和穿着，不要邋里邋遢，这样在社区里大家会比较容易接纳他。

制订完方案后，医生和服务人员又进行了一次家访，跟家属详细沟通服务对象的状态、短期能够改善的问题和改善方法、需要家属配合的内容，同时再深度了解服务对象的家庭状况（家庭成员构成、生活环境）。跟小明的母亲说明要监督他每天的饮酒量；在药物管理方面提醒他按时、按量服药；在家务方面，母亲觉得"他一个大老爷们在厨房炒菜，老觉得他做得不好，碗、盘也刷得不干净"。项目人员开导道："您看您这么大岁数了，陪不了他一辈子，他还是要自己做一些事情的。"建议母亲原本自己凑合能做的事情，要尽量拉上小明，让他协助，锻炼他的生活自理能力，对于他的改变要适时给予表扬和鼓励。

开始执行康复方案后，工作人员制订阶段性的家庭作业。前期，每天询问小明作业完成的情况。随着习惯的养成，改成三天、五天询问一次。最后服务对象能够主动做得很好了，每周汇报一次即可。与此同时，在群组成员内部熟悉后，彼此之间对每个人的具体问题和康复内容有所了解，所有成员定期都会交流自己在项目中的收获，并对自己的表现、其他成员的表现，以及项目内容、方式、方法做出评价。前期每三天一评，后期每周做一个回顾。所以当小明尝试改变时，群组成员就会给予他积极正面的评价："孙哥今天来了，身上没那么大酒味了""精神头好呀，没有像前几天那么迷迷瞪瞪地没睡醒似的"。医生和工作人员也会引导小明自己意识到，"我通过减少饮酒量和次数这个小方法，立马就改变了不少，大家都对我有好的评价，我相信我自己肯定能变好"。医生和服务人员每周也会根据某个人的情况进行有针对性的评估，同时回应大家提到的一些问题，调整康复方案。针对小明生活状态的改变，项目工作人员逐渐增加家庭和社区康复活动的内容并提高难度。例如，之前只需每天跟居民打招呼，现在还需参与社区休闲娱乐（如下棋）。经过三个月的服务，小明的睡眠状态有了明显改善，在家能很好地控制自己的饮酒量，每周只喝一次酒，也能承担日常买菜做饭等家务，并基本保持每天参与简单的社区休闲活动、与居民聊天。

案例启发

在服务初期，通过不断服务和近距离观察，摸清服务对象需求。该项目在需求评估环节，除利用专业量表了解服务对象个人和家庭的基本情况外，更注重在项目初期 1~2 周的服务过程中对障碍者心理和行为特点进行近距离深入观察，摸清服务对象的具体需求，并评估哪些需求在服务周期内可以得到较充分的满足。

通过调动服务对象参与的方法，提高其对需求评估结果的认可度。在社会服务中，很多时候会出现服务人员费劲心思地服务，对方却拒绝接受的情况。这其中的关键环节是，服务机构需求评估的结果必须得到残障人士自身的认可，即不能是你觉得他需要，而是他觉得他自己真的需要。尽管很多残障人士最开始走入项目的心态是"我先来看看"，但通过项目初期 1~2 个星期的服务，机构协助服务对象建立起对自身病情、生活和社会交往状态的正确认知；随后在一对一的沟通中，工作人员通过引导使服务对象能够较为清晰地表达出自身的

精防医生与服务对象沟通康复方案

项目团队开展家访工作

需求；最后，通过共同商讨评估在该项目中可以实现的需求即康复目标。通过这样一种参与式的方法，不仅能使服务对象认可需求评估的结果，提高了服务匹配的精准度和有效度，还激发了服务对象的主体意识，逐渐形成自身的目标感，提高在后期康复活动中的配合度。

将服务对象的需求告知家属，争取其配合。针对满足服务对象的真实需求（例如改善睡眠质量，提高自理和人际交往能力），该项目不仅要在服务阵地上开展各类康复服务，还需要将服务延展至家庭内部，支持服务对象在家里提高自我管理能力，而这离不开家属的配合和督促。因此，在服务过程中让家属知晓服务对象的需求和后续的康复方案也是重要的一环。

评估贯穿整个服务的始终。需求评估最主要的作用是为康复方案和活动的制订提供依据，而随着康复活动的开展，服务对象的状态和需求也会随之改变。因此，需求评估并不只在项目开展初期进行，而是随着服务对象的改变持续进行，这样才会保证康复活动的针对性和有效性。在该项目中，定期采用自评、互评和专业测评等评估方式，不仅有助于工作人员根据评估结果制订相应的康复方案，还能够使服务对象看到自己的康复效果并明确下一阶段的具体需求和康复目标，增强其康复的自信。

项目团队组织服务对象自评和他评，评估康复效果

案例五：重塑精神障碍者的家庭价值

目前，在社会的大环境中，精神障碍人士有时面临着污名化的问题。有些家属为了降低疾病波动产生的风险，希望精神障碍人士"别生事"就好，很少让他们承担家庭责任，于是精神障碍人士在家中就处于被供养的状态。事实上，这不仅加重了家属的照料负担，也使精神障碍人士慢慢丧失生活自理的能力，削弱其自身价值感。因此，在服务过程中，如何使精神障碍人士从家庭的"负担"转变为"贡献者"，对他们自身及其家庭都有着重要的意义。

案例展示

北京益翔文化传播有限公司在某乡温馨家园内开展为期两个半月的稳定期精神障碍人士日间康复照料服务项目时，接触到了一位中年女士何姐（化名）。

何姐对人际交往有很强的抵触情绪，家庭关系处理得也不是很好，和母亲的关系最为僵硬，容易发生冲突，不愿意相互走动。项目人员对其母亲进行走访，母亲因常年照顾何姐本就有许多抱怨情绪，甚至何姐的孩子从小也是由她照顾。现在何姐的父亲生病，照料的负担又加重了，何姐不仅不会帮忙还老添乱，母亲就觉得她是个累赘。

在了解到何姐和父亲的关系还不错时，服务人员引导何姐回家多看看父亲，了解父亲有什么需要，并当着父母的面问问自己能做点什么。通过帮父母做些事把自己的能力展示出来，让家里人意识到自己也不是一点事都做不了。

在项目开展过程中，服务人员会跟她沟通回家做了什么，家里人对她的态度和她自己的感受。在项目后期，母亲对她的态度有了一定好转，虽然她还不能辅导孩子学习，但最起码能给孩子做饭、洗衣服。

案例启发

精神障碍人士在社会公众眼中属于"高危人群"，经常与"危险""暴力""情绪化"等字眼相联，相对于其他弱势群体而言，较难获得社会的关心和支持，家庭支持对其自身的康复而言更显得弥足珍贵。通过该案例我们可以看到，精神障碍人士在家庭中地位往往较低，因为家人长期照料其生活起居而容易引发家庭矛盾，甚至进一步导致精神障碍人士自我隔离、切断与外界的交往，并加重家属对其"什么都不会干、什么都干不了"的负面评价。而该案例中服务人员在了解到障碍人士的家庭情况后，捕捉到了家属对减轻照料负担的需求，通过指导和引导，使障碍人士主动承担力所能及的家务，在减轻家属照料负担的同时缓和家庭关系。障碍人士通过自身对家庭的"贡献"，赢得家人的尊重和认可，营造有利的家庭支持氛围。

值得一提的是，在服务各类弱势群体时，通过支持其成为家庭的"贡献者"对建立其自身价值感也有积极作用。

案例六：为残障儿童家庭"用足"政策资源

当前针对残障人士的很多政策是局部性、碎片化的，需要人为地加以组合和争取，才能让残障人士家庭享受最大的政策福利。专职委员作为专门负责残联工作的社区工作者，掌握着对残障人士来说最重要的政策资源。面对种类繁多、业务归口多样的政策，如何让政策真正尽可能最大化地惠及残障人士呢？

案例展示

小雨，出生于 2010 年，是一名脑瘫儿童。小雨一家的经济状况很差，生活非常艰难。母亲张某，智力残疾四级，因需要照顾小雨的生活，待业在家。父亲是智力残疾三级，在环卫队工作，月收入只有 2500 元。家里还有小雨的奶奶，一位 73 岁的老人，肢体残疾四级，月收入仅有退休金 500 余元。2018 年，小雨已到了上学年龄，但是由于不能站立，双手也不能很好控制，无法自理，不能自行入学接受教育。

按照户籍归属，小雨一家由昌平区南邵镇残疾人专职委员胡姐负责联系和服务，胡姐通过残联登记造册的信息，了解和认识了小雨一家，多次入户走访。根据小雨一家的需求，胡姐做了很多工作。

小雨家门口有台阶，全家出入不便。胡姐代他们向区残联申请了无障碍改造，并为小雨申请了轮椅、矫形鞋、腋拐等辅具器具，帮助小雨尽快学会站立与行走。

对于小雨的手术矫治费用，胡姐最先向镇残联申请，但是镇残联没有足够的资源能够解决。胡姐又跟民政的同事打听，看有没有适合的资源。

连续好几个月，胡姐都在为小雨的手术矫正费用跑渠道、找资源。但在当时，胡姐未找到适用小雨的政策，无法筹集到进行手术矫治的费用。胡姐和同事们没有放弃，继续多方打听，最后决定通过水滴筹帮助小雨解决手术费用。

为了让小雨就近上学，镇残联和家长一起到附近的小学进行了多次沟通，但是学校以无法提供无障碍设施及陪护、担心小雨跟不上学习进度、怕小雨在学校有危险为由，拒绝接收小雨到该校就读。后来胡姐又找到附近的特教学校，将情况告知该校。该校领导根据小雨的情况，安排了老师送教上门。虽然一周只有两次，但是孩子和家长都很开心，小雨终于能学习了。同时，镇残联还向志愿者组织提出申请，请大学生志愿者为小雨进行义务教学。

这个过程中，没有一个问题的解决是容易的，胡姐和镇残联的同事从没有放弃，尽力为小雨"用足"了政策资源。

案例启发

关爱残障人士的政策很多，但并不能直接为残障人士所用，需要专职委员进行政策对接，打通执行环节。残联的工作人员长期与残障人士接触，能够比较全面了解到残障人士面临的困难和需求。因为工作性质，残联工作人员也能掌握政策资源，联动政府部门为残障人士提供服务。这个案例中，胡姐依靠镇残联，为小雨申请了无障碍设施改造、辅具等，同时协调民政、妇联、学校等相关部门，积极解决小雨的康复治疗和教育需求。

政策保障多为兜底性的，残障人士还有很多超出政策以外的需求，专职委员也需要掌握社会化解决问题的工作方法。这个案例中，胡姐除了用好政策，还尝试社会化途径，比如通过水滴筹为小雨筹集手术资金、联系志愿者为小雨补习等。

可见，全面掌握政策内容，能帮助残障人士解决政策覆盖到的需求，超出政策范围的需求则可以通过社会服务来满足。

案例七：为残障孤寡老人搭建社区支持网络

社区里常常会有这样的"隐形"老人：他们独居、性格孤僻，基本没有社会交往，很少参与社区公共生活，也很难有人能够进入老人的家庭开展服务。逢年过节社区的干部、爱心人士会带着生活用品上门探访，但这些探望很零散，老人长期仍处于相对封闭的状态中，与外界信息交换甚少。一旦发生紧急情况，如突发疾病，很难第一时间被发现并得到及时救助。

案例展示

田大爷，80多岁，肢体残疾四级，平时靠机动轮椅车出行。一生未婚，没有子女，喜欢独来独往，很少接触邻居，平常总是一个人在家。

北京慈爱嘉养老服务指导中心的艾姐从2018年开始被派驻到田大爷所在地区的温馨家园工作，社区主任把田大爷介绍给艾姐，希望温馨家园能够为田大爷提供服务。

艾姐第一次上门的时候，田大爷给社区主任面子，让艾姐进来了。田大爷听力有障碍，需要别人大声说话才能听到，艾姐说了很多，但是田大爷基本不搭话。艾姐没有灰心，采取"迂回"策略，带着志愿者定期上门跟田大爷唠嗑，陪他解闷。三天两头打电话，关心他的生活。随着入户次数的增加，服务人员和田大爷的沟通逐渐增多，得到了回应。艾姐也越来越了解田大爷的需求，提供了相应服务：

• 田大爷家住老旧楼房，无电梯，日常更换煤气存在困难，艾姐就为他留下便民服务卡，以保证需要帮助的时候可以随时联系到他们。

• 田大爷独自在家，一个人不愿意做饭，每天吃饭成问题。艾姐就联系了社区养老送餐的人，为他直接送餐上门。

每次去走访，艾姐和志愿者都受到田大爷的热情接待。田大爷将志愿者的电话贴在墙上最显眼的地方，看得出他对志愿者十分信任。艾姐也经常邀请田大爷参加温馨家园、社区的活动，田大爷的生活越来越丰富。在入户的过程中，艾姐也会跟田大爷的邻居接触，请邻居在他们无法到来的时候给田大爷帮忙。

艾姐说，在服务中她积累了很多经验。如初次见面，一般不主动涉及残障的话题，不上下端详打量，不长时间注视残障部位，坦然面对，尊重差异，适度服务。给老人打电话，电话铃声多响几次，便于他们接听。工作人员不能长期在身边，也可以帮他们建立与邻居的互动，让大爷能就近就便有人帮忙。

案例启发

服务人员具有对社区资源的把握和动员能力。对于深入社区的服务人员来说，掌握丰富、全面的社区资源，调动社区资源为服务对象提供服务是必须具备的能力。艾姐将社区主任、社区志愿者、邻居这些能够为田大爷提供服务的人调动起来了，同时还将社区里为老人提供送餐、便民服务的信息了解得很全面，这些为她开展工作提供了很多帮助。

服务人员为孤寡老人搭建社区支持网络。这个案例中，田大爷面临多重困难：出行不便、年事已高、孤寡一人。艾姐通过志愿者的长期跟进入户，了解他的需求，一点一点帮助老人建立起与社区各个服务相关方的联系，搭建起社区支持网络。

案例八：残障家庭互助服务模式
——用家庭带动家庭

在近几年北京市各级残联的政府购买服务项目中，有许多服务机构为了能够快速动员残障人士参与服务，已经开始有意识地挖掘残障人士中的活跃骨干分子，让他们加入到服务团队中，并在组织活动的同时鼓励其根据自身需求自行策划开展服务。但许多成员仍是以配合机构完成项目为出发点，投入程度低；有的残障人士与其家属之间也未形成良好的沟通纽带，在项目结束后，内部的活跃度大大降低。接下来的案例中，我们将看到一个由残障人士家属作为骨干组成的志愿服务团队，尽管他们中的许多骨干成员并没有较高的学历或专业背景，却能积极投身于各类社会志愿服务活动中，并带动许多原来不愿参与活动的残障人士及其家属走出家门参与活动，甚至从"受助者"转变为"助人者"。

案例展示

通州运河星志愿服务队成立于2013年，2017年正式注册为民办非企业单位，团队在多年助残、助老和相关社区服务的实践中吸引了来自各行业热衷公益的普通志愿者，以及众多来自残障家庭、失独家庭及困境家庭的志愿者。2018—2019年，团队承接了某街道温馨家园的服务项目。在开展项目期间，一些智力障碍青少年的父母作为团队核心骨干表现得非常活跃，在补贴极少甚至没有补贴的情况下，仍能够热情饱满地积极持续参与服务活动。该团队带动当地许多以前很少外出的残障人士及其家属持续参与温馨家园的日常活动，甚至通过活动吸纳了更多残障人士成为志愿者。

根据团队核心成员张姐介绍，这些父母最初也是整天忙于自己的残障孩子，开展的聚会主要是为了孩子之间的同伴交往。在生活中，张姐看到了太多智力障碍者的父母放弃治疗，因为孩子吵架甚至分离，因此她在组织家长自学康复知识和技能的同时开始举办父母俱乐部，组织家长开展一些兴趣爱好活动，让他们有机会喘息放松。一次偶然的机会，经一位热心人士介绍，张姐带领几个家庭到一场活动中帮忙。在活动中，两个爸爸负责看孩子，六七个妈妈进行了分工，负责礼仪、签到和引导等会务工作。通过这次活动，家长们发现原来自己除了在家看孩子外也还能干点其他事，之后又以志愿者的身份参与了许多活动。

不管是在单次活动还是在温馨家园长期服务项目中，在安排工作内容时，负责人都是根据大家的自身兴趣、性格特点或特长进行分工。"假如说我们要去入户，入户的一个小组人员里，必定有一个会开车的，有一个能说会道、会安抚情绪的，有一个能够拍照的，有一个文采好的。我们重视你的能力，能干这个你去干，不能干那个还非得安排你，那是不可能的。"在这样的组合安排下，爸爸妈妈们用各自所擅长的一面开始进行入户调研和动员，因为有相类似的残障家庭生活和情感经历，在接触陌生的残障人士及其家庭时往往能较快地找到共同话题，另外爸爸妈妈们自身家庭的改变对于其他残障人士及其家庭来说也较有说服力。通过动员，有的残障人士不仅愿意来参加活动，还愿意一起当志愿者，协助活动的开展。还有一些残障人士通过接受服务，自身的社会交往能力慢慢得到改善后，也在感染下逐渐参与一些志愿服务。有位女士因抑郁症在家七年，最开始在温馨家园时，她不爱说话、不笑也不让别人拍照，最近她改变很多（在温馨家园综合项目开展7个月后），能正对着镜头让拍照了，后来还一起去参与服务老兵的志愿服务。

另外，家长团队内部也在延续浓厚的学习氛围。团队会鼓励残障人士家属志愿者学习相关康复理念、知识和技巧，以便更好地在日常生活中对家庭中的残障人士进行照顾和康复。已经有专业基础和实践经验的家长也起到了积极的推动、带领作用。团队也会努力联系相关资源或举办一些职业技能培训项目，让残障人士及其家属参与。在温馨家园的项目开展中，还有一些家长开始学习相关社会工作方法，以便能更好地为各类残障人士提供专业的社会服务。

很多残障人士及其家属在参与服务的过程中，慢慢从"配角"和"助手"转变为"主角"，从原先的被动等待、接受任务到开始主动承担。团队正式承接温馨家园项目后，有太多人发生了很大的变化，吕姐的变化就特别大，她自己给自己压了担子，觉得自己是团队骨干，所以很多事都不再像以前一样老缩在后面，而是积极地听取别人的意见，多学习敢出头。

在父母的影响下，智力障碍青少年们也都开始穿上志愿者的服装，在活动中帮着大家做些力所能及的事。当遇到有的活动组织方因为不了解智力障碍青少年，担心有风险不愿意让其参与志愿服务时，团队负责人也会想办法创造机会让对方接触这些青少年或看到其表现，为他们争取更多参与社会生活的机会。

很多残障人士家庭的整体精神面貌也都发生了变化。在团队的纪录短片《星星的焰火》中，一名唐氏综合征女孩说道："在成为志愿者之前我们也是受助者，因为我们是困难家庭，生活对我们来说都是很难的，有眼泪有辛酸，这些不容易在我和妈妈成为志愿者后，妈妈就不让我说了，妈妈说我们是志愿者，我们要传递正能量。"另外一名12岁唐氏综合征男孩的家长说道："这12年我们都生活在一种很压抑的状态下，加入志愿者团队，可以说我们从压抑的情绪中走出来了，感觉到这个社会还是能够接受我们，也还是需要我们的，我们需要的不是同情与怜悯，而是尊重与关爱，更是融入社会、创造价值的机会，我们需要的恰好是被需要。"

案例启发

通过力所能及的任务设置让微小人物展现自身价值。很多机构在挖掘残障人士骨干时，往往首先会关注那些日常社会化活动参与程度较高，或有一定特长、技能，愿意服务他人的残障人士及家属。而在该案例中我们看到，最初残障人士家属成为"助人者"并不是因为自身能力较强，很多都是常年在家、社交范围有限的残障儿童家长。他们参与服务的主要原因，是能从日复一日、年复一年照顾残障人士的生活中找到一个突破口，缓解自己的生活压力和精神压力；另外，通过承担一些对技术能力要求不高、自己较为擅长的任务来体验再次回归社会的感觉，展现个人的价值。负责人在根据残障人士及其家属的能力匹配适当工作任务的过程中，不仅传递出了对大家的尊重，还展示了对其价值和付出的认可。

促进残障家庭自我发展，增强责任主体意识，残障人士及家属在展现个人价值的基础上，进入一个更高层次的发展通道。首先，在根据兴趣、性格、特长匹配力所能及的工作后，鼓励、组织残障人士家属往康复、社工等专业方向发展，为智力障碍者等残障人士提供就业技能培训，这不仅有助于团队内残障人士家庭自身的发展，还有助于服务更广泛的残障人士及家庭。其次，提供机会和空间让残障人士及家属成为服务活动策划、组织、开展的责任主体。这种自主负责和自主发展的意识不仅能够在工作中发挥作用，更能在其生活中萌芽、发展和壮大，使残障人士家庭逐渐体验自我掌控生活的积极力量。

服务提供了残障人士家庭融入社会的载体。通过案例我们还可以看到当残障人士及家属被带动着走出家门开始，就迈入了一条融入社会的通道。尤其在成为"主动服务人员"后，面临着更多与外界互动的机会。服务的递送给残障人士及其家属提供了一个平台，帮助形成与其他更多残障人士家庭连接的同时，建立与外界资源的联系，进行有目标的互动。

残障人士及其家属在服务中建立更紧密的支持网络。残障人士及其家属志愿者之间不仅因为相似的生活背景较为容易建立情感连接，更由于在服务中相互配合而加深了纽带连结，家庭之间形成了更深的信任和支持关系。值得一提的是，因为整个群体积极氛围的建立，也使他们与社会中其他行业和领域的人士构建了良好的支持网络。

残障青少年家长在社区儿童之家提供服务

残障青少年家长慰问老兵

残障青少年在残疾人产品展卖会中为客户介绍香皂花礼盒

案例九：社区里的精准服务阵地
——以天坛温馨家园为例

服务内容

北京市东城区天坛温馨家园服务于辖区 12 个社区 3115 名残疾人，是集行政事项办理、社区活动、技能培训、残疾人士自组织孵化与培育为一体的综合服务平台。

行政事项办理

目前提供一卡通激活、法律维权、辅具租借、图书借阅、信息转介、入户访视等服务，让残障人士就近就便完成必办事项，每年行政服务 6000 人次左右。

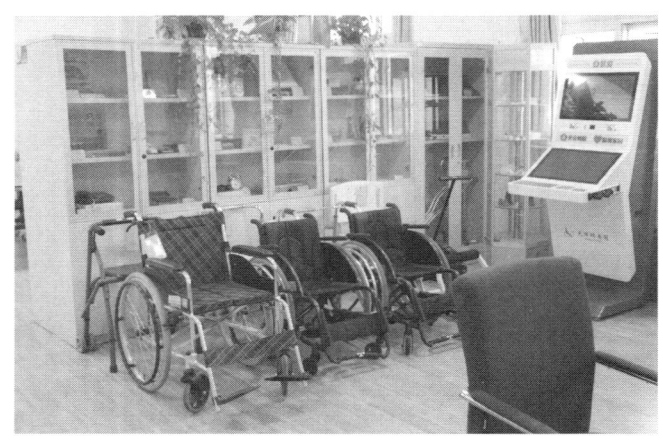

辅具服务站

法律援助咨询室

同时，对于首次前来的残障者，温馨家园会提供一份服务需求调查表（如下图），以图片形式呈现温馨家园的多项活动内容，让残障者勾选自己所需要的，这既让残障者了解温馨家园的各项服务内容，又让温馨家园把握了服务对象的需求，以便于后期更加精准地匹配服务内容。

服务需求调查表

社区活动

社区活动大多数是由残障者自发参与的,目前相对固定的有舞蹈、面塑、合唱、剪纸、书法、插花。这些文体活动承载了障碍者的娱乐精神需求,改变了原来封闭、独来独往的生活状态,让他们进入温暖愉悦、没有歧视的同类群体中。群体成员之间相互尊重、接纳、支持,为融入更广泛的社会环境进行信息和经验的积累。

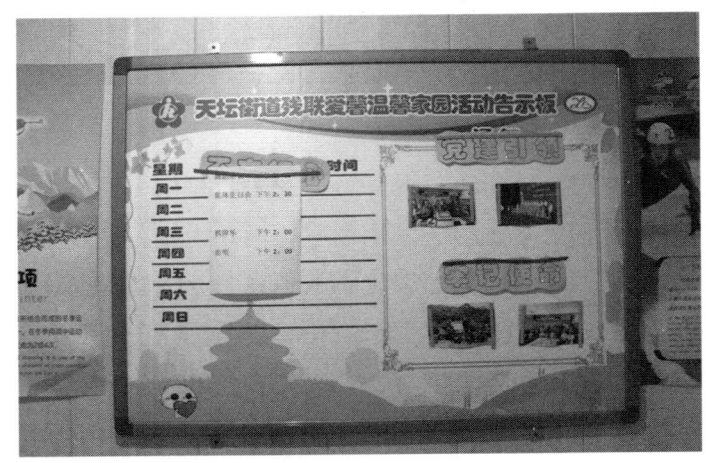

温馨家园活动告示板

常来温馨家园活动的孙姐原先在幼儿园工作,性格开朗,因为后天运动损伤办理了残疾证,退休后失落感越来越强烈,在社区中与其他人也不熟,没有什么娱乐活动可以参加,感觉生活越来越黯淡。当收到街道残联的活动邀请时,孙姐抱着试试看的想法走进了温馨家园,看着大家嘻嘻哈哈互相开着玩笑,谁也不会看不起谁,自己坐在旁边听着都觉得非常高兴,渐渐地她感觉自己又找到组织了。从最开始不敢跟身边人说自己来残联参加活动,怕别人说自己是残疾人,到现在特别自豪,每次参加完活动第一时间在朋友圈里晒图,引得原来的许多老同事和老同学纷纷留言,想来一起活动。另外,孙姐在温馨家园里还教会了不少朋友用微信跟人聊天,有的朋友说要不是因为孙老师,现在连手机都还不会用。

现在是温馨家园常客的范姐,经常参与温馨家园组织的志愿者活动,她说温馨家园改变了她。她以前都不接触插花、面塑这些活动，觉得没意思，但是来温馨家园以后觉得那股热闹劲儿很吸引人，让人觉得很温暖，所以特别愿意来。来温馨家园以前，她有很多顾虑，因为脊柱侧弯身高比较矮，总觉得周围人对自己指指点点，很自卑，担心周围的人瞧不起自己。但是来温馨家园跟残障朋友在一块，她心里就很舒服，有什么说什么，不怯场，也不怕展示自己。

温暖、包容、接纳的氛围让残障朋友走出心中的阴霾，拥抱阳光，这与温馨家园从残障者需求出发、平等地接纳每一位残障者密切相关。

烘焙技能培训

烘焙技能培训是天坛温馨家园的特色服务内容。温馨家园托管机构的赵延春老师原来是一名烘焙培训师，2015年通过偶然的机会受邀来到温馨家园给职康学员们上烘焙课。2017—2019年，赵老师团队以托管方的身份，将这里打造成为中西面点制作、饮品制作兼有的技能培训空间，定期为残障朋友提供免费的烘焙培训。制作的糕点包括蛋糕、面包、蔓越莓饼干、芝麻酥、蛋黄酥等西点，花式馒头、花卷、月饼、驴打滚等中式糕点。

残障者做西点

在赵老师的培训下，每年有八九百人次学会基础糕点制作，障碍者掌握了制作面点的技能，从过去的完全被照顾，到现在可以为家人制作点心，独立生活能力提高，家庭价值得到了认可。在所有培训学员中，一位残障者获得北京市第九届残疾人职业技能竞赛第二名，三位残障者因为这项技能谋得了就业岗位。

学员梁梅取得了面点师的三级证书，结合她自身原本的摄影专业，赵老师团队帮助其制作了美食摄影课程，在昌平职业学校实现了就业。温馨家园还帮扶学员孙静实现了自主创业，在环球国际门口成立了一个DIY工作室，实现了30万元的营收。

残障者制作的点心，也作为礼品赠送给来温馨家园参观交流的朋友们。由于培训优势突出，现在天坛温馨家园承接了东城区残障者的烘焙技能培训服务，将这一项既能提升生活能力，又能扩大就业机会的技能覆盖到更大范围。

为了迎接冬奥会，天坛温馨家园还根据冬奥会吉祥物研发出了几款面人形象，由残障朋友制作完成，用于礼品赠送，深受欢迎。

温馨家园制作的冬奥会吉祥物面人

志愿服务

天坛温馨家园把轻度残障的服务对象动员成为志愿者，到那些行动不便或者距离较远的服务对象家中进行志愿服务。一方面使得更多残障者有机会接触到外界，享受到服务；另一方面，这些志愿者通过服务实现了自我价值，获得极大的激励和鼓舞。他们完全不再是过去被服务时的状态，而是呈现出更加有能量、对生活更加积极的面貌。

志愿服务内容包括家庭生日会、上门理发、宣传生活常识、唠家常、读书报、玩棋牌等。赵老师表示志愿者对这些活动都非常支持，百分之九十的志愿者都是残障者，轻残服务重残，使他们能够既有付出又有收获。轻残的志愿者在为重残者服务的同时也得到了爱馨家园（温馨家园和爱馨残疾人服务中心的简称）的认可，获得了帮助他人的成就感。

范姐提起自己入户给重残人士过生日的事，看到重度残障者之后，她觉得自己比别人的状况强多了，人家躺在床上动不了，自己起码还能动，给了自己很大的启发，就觉得再没有什么好想不开的。以前总觉得自己倒霉，但现在更愿意好好活着。

志愿者入户给残障者过生日

融合特色

天坛温馨家园还有一项特色服务——助残与养老的融合模式。温馨家园位于一栋小楼的第三层，第二层是一个养老服务中心，可以为社区老年人提供送餐、观影、康复、体育文化休闲服务等。

首先是探索硬件空间的融合，建在二层的观影室和按摩室是老人和残障者共用的，借此开展过视力障碍者听电影、听力障碍者耳蜗检查和听力筛查等活动。其次是活动的相互融合，养老服务中心和爱馨家园各自的活动会邀请双方人员参加。比如三层举办生日会，会邀请一些老年人或养老服务中心的工作人员参加或帮助一起筹划。

有这样独特的空间布局和服务对象，天坛温馨家园一直在探索残障者和老年人的融合服务，如尝试一起建立爱心超市等。但在融合的过程中，也面临着一系列的问题，首先是残障者由于身体障碍行动不如一些身体正常的老年人自如，导致残障者产生自卑心理，不愿意与老年人一起活动；其次是因为在物品或奖品分配上易产生摩擦。目前比较和谐的是每周二的老年人小市场，残障者乐于去购买一些实惠便宜的小东西，还有就是一些讲座、课程的开展。

运作模式分析

以上五个方面的服务内容看上去是互相平行的，但实际上它们是沿着残障者需求由浅入深、由表及里、由点到面逐渐形成的一个残障者精准服务供给的谱系。

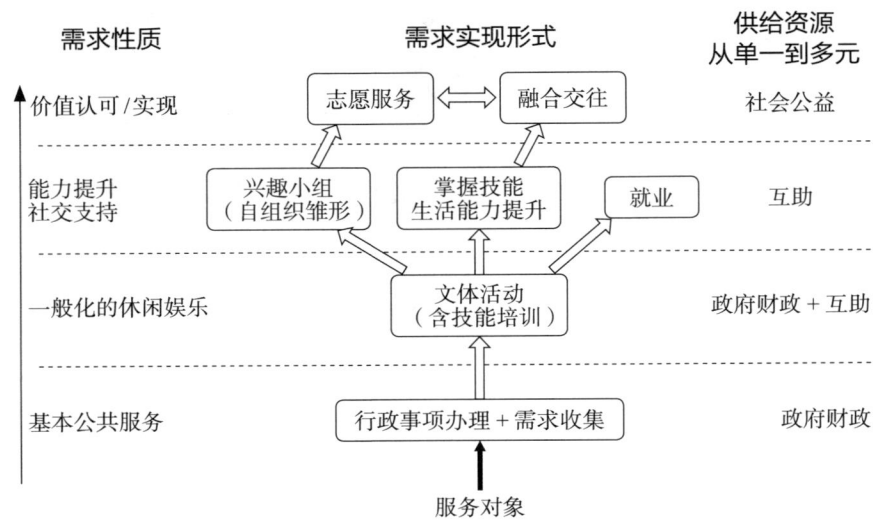

天坛温馨家园残障者精准服务模式图

最基本的是行政事项办理，如一卡通激活，这是辖区内残障者每年都需要办理的手续，也就意味着每个残障者每年都需要来温馨家园。天坛温馨家园就把这道必办事项变成了解需求的一个契机，设计出服务菜单供残障者了解和选择。

当服务对象在办理行政事项时了解了温馨家园这样一个服务阵地后，往往先吸引他们的是丰富多彩的活动。这些活动往往门槛很低，并且在别处很难获得。因此，大部分残障者都多多少少会选择参加一些自己感兴趣的活动，这样一来，温馨家园与残障者联系的纽带就形成了。残障者有了相对固定的去处，有了熟悉的圈子，有了热闹的氛围。这便是第二重服务——兴趣小组、文体活动的意义。

随着小组活动的不断开展，活动时间和成员相对固定下来，活动内容从过去由温馨家园的服务人员来设计，逐渐变成由残障者来设计和组织，小组内部逐渐出现比较活跃的骨干分子。这样，兴趣小组逐渐变成一个个共同体自组织。其中一些深度参与的残障者，会展示出增能的效果，表现出帮助他人、服务他人、实现自我价值的动机，单纯的文体活动已经满足不了他们自我实现的需求。因此，更高层次的志愿服务就被催化出来。

过去，对于障碍程度重、距离较远的服务对象，温馨家园往往服务不到位，但是当服务对象被激活成了志愿者后，此时远程的服务需求就能得到满足，由这些志愿者将服务送到重残人士家中。这便是温馨家园服务孵化出的志愿服务，它同时满足了重度残障者的居家服务需求和轻度残障者的自我价值实现。更重要的是，通过这样的纽带关系，以往比较封闭、难以触及的重度残障者也有了与外界沟通的渠道。他们的需求能第一时间传递出来，对需求的及时把握是精准服务的必要前提。

职业康复训练和就业技能培训作为温馨家园的一项重要功能，工作难点在于难以找到既符合市场需求，又能符合残障者操作能力要求的项目。天坛温馨家园的烘焙教室无疑是一个合适的选择。一方面，它与基本生活息息相关，掌握技能的残障者即使不能以此为职业，也可以大大提升其独立生活的能力。能做出一些糕点，也会得到家人的认可。另一方面，这里的烘焙课程体系由易到难，并且不断更新和完善，几乎与市场同步，能够满足不同残障者的技能发展需求。残障者不论能力高低，在这个课程体系中都能做出自己的作品，与同类型的职康项目相比有明显的专业优势。

最后，理想状态下的温馨家园应当是能够促进残健融合的，这也是整个社会发展的方向。当更高层次的融合需求呈现出来的时候，天坛温馨家园具备两项独特优势：一是空间距离上与养老服务中心在一起，在养老与助残的融合实践中先行一步；二是丰硕的有形成果（烘焙技术、烘焙产品、面人等）深受普通居民欢迎，可以作为反哺社区、反哺社会的内容，让残障者真正从服务对象成为价值创造者，让普通居民见证残障者的能力，增加残健互惠共融、共创价值的机会。

运作逻辑解读

自然状态下的需求挖掘

天坛温馨家园对残障者的需求挖掘，特色在于它是半开放性质的，主动把能够提供的服务内容呈现出来供残障者选择，同时也开放性地挖掘清单之外的服务需求，并不断创造出新的服务来完善供给；也在于它是自然而然的表达，通过残障者相互之间的交往和联系纽带，及时发现问题捕捉需求，并不用等到特定时间（需求调查时期）和特定方式（问卷）来"收集"需求。传统的需求调查方式往往导致残障者的需求表达受到极大限制，其真正的需求并不在供给清单上。即使供需在文字上是匹配的，但现实情况往往是当供给发生时，需求可能已然不存在了。

残障者发展需求是一个谱系

从最基本的生活保障出发，然后是社交娱乐，再往后是自我价值实现，基础需求满足后高端需求会呈现出来，温馨家园的服务递送正是沿此脉络展开。

从单一供给到多元供给

过去残障者服务主要由政府承担，而在天坛温馨家园，服务的来源得到了极大的扩展。除了基础设施和少量的基本服务由政府购买来实现之外，大多数互益性质的服务，如固定兴趣小组，都是由残障者自我策划，自我组织来实现的，并不需要外界过多介入。在这种互助互益模式下，矛盾纠纷也都在内部进行了化解，过去那种提供了服务还担心被投诉的顾虑不复存在。

不仅互益性质的服务由残障者自己来提供，甚至公益性质的志愿服务也都由轻度残障者来完成。这部分的内容过去要么做不到，要么需要购买市场服务来完成。当轻残帮重残的服务模式形成后，它所产生的正向作用远远大于过去任何一种单一服务的形式。

在天坛温馨家园，社会服务资源的引入也是一大特色。温馨家园引入了一批资源，鼓楼中医院的医生会不定期过来义诊，广渠门中学和中讯团委会来温馨家园开展联合活动，康达五洲医疗器械每年也会来慰问残障者，还安置辖区残障者到企业就业。

每一个层次的服务都能通向融合目标

服务是为了更好地融合，这个方向是始终需要把握的。在每一个服务层次上，都可以导向融合。在文体娱乐上，采取老年人和残障者一起的互动方式；在烘焙技能培训上，适当吸纳社区普通居民的参与；在节庆日活动中，增加反哺社区的内容，这些都会有效地促进融合环境的改善。

精准服务体系：发现并满足残障者的发展需求

天坛温馨家园呈现出的，是一个基层残障者服务需求瞄准—满足—挖掘—提升的精准服务体系。每一个残障者来这里，都能以最低的门槛进入，找到最契合自己的那个脉络点接入社交支持的通道，并在其中自如地选择和发展。一开始也许只是基本的生活保障或者休闲娱乐，但随着社交的发展和能力的提升，新的、更高的需求会被激活，在这里得到创造性的满足，进而让残障者的整个生命质量得到提升。

案例十：从服务视角走向发展视角
——以安贞温馨家园为例

在残障工作中，通常以需求为出发点，服务的第一要点就是评估残障者真正的需求并据此来行动。但在把握需求之后，常常会出现两种视角的分野，一种是服务视角，即残障者需要什么，那么我们便提供什么，加以满足即可；另一种是发展视角，即带着发展的眼光看待残障者的需求，思考这份需求是不是可以通过其自身的发展来实现，或者随着残障者的潜力被激发出来，这份需求是否会消失或者向更高层次转移。这样一来，服务的目标便不再是用资源简单满足其需求，而是通过促进残障者的潜能发展从而达到自我满足和自我实现的状态。

在温馨家园的运作中，这两个视角通常会交互出现，前一种视角对应的是基础性服务和延伸性服务，后一种视角对应的是支持性服务。就多数温馨家园而言，往往以服务视角为主，但也有不少的温馨家园运作方在支持性服务的探索中，看到并体验到了发展视角的巨大魅力。

当资源投放十分充足的时候，也许进行这样的区分对于运作方来说吸引力并不大，因为大多数需求都可以通过购买服务加以满足，残障者满意，运作方也颇有成就感。但一旦资源投放受到限制，单一服务视角的局限性就会凸显出来，在用于购买服务的经费大幅压缩的情况下，如何继续维持残障者的满意度和获得感，会成为新的问题。这时候，发展视角的切入就尤为重要，残障工作需要从靠资源驱动向专业驱动进行升级，才有可能突破这一瓶颈，使得残障工作的绩效并不完全依赖于资源投放量。不仅如此，新的模式在促进残障者状态提升方面，不存在服务100%满足的天花板，而是有着无限的空间。

北京市朝阳区安贞街道温馨家园的运作正在经历这样一个过程，其过去的运作成果体现了两种视角的融合，在各种资源较为充分的情况下，即使不做视角的拆分，也不太影响服务绩效。但随着平台的资源饱和度越来越高，可用于购买服务的资金量有可能受到限制的情况下，将不同视角下的运作思路厘清，并明确未来的投入方向和策略，才有可能创造出新的增量和绩效。

运作现状

朝阳区安贞温馨家园辐射安贞街道的10个社区、1165位残障者。温馨家园既发挥其自有功能，同时又是残障者综合服务平台，加载着各种残障服务。

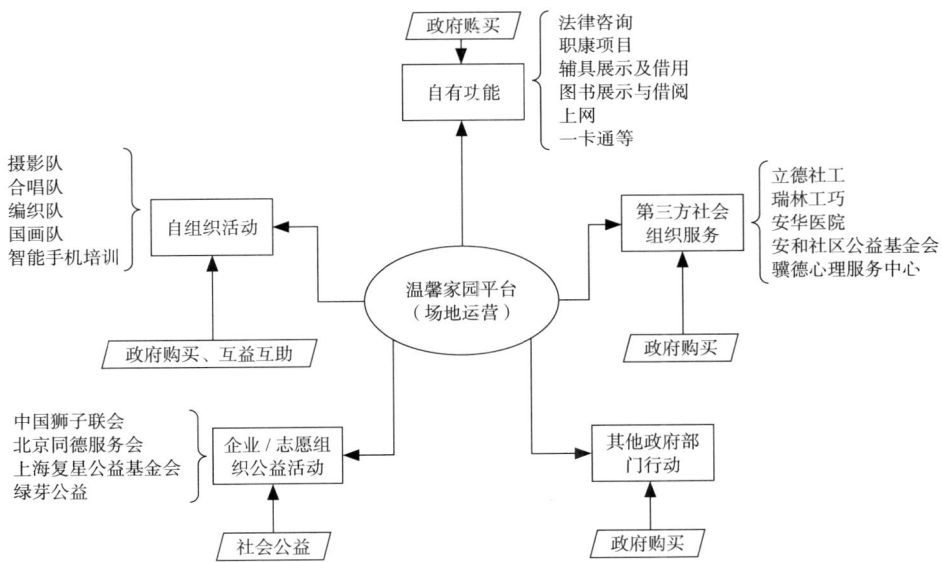

安贞温馨家园的运营模式

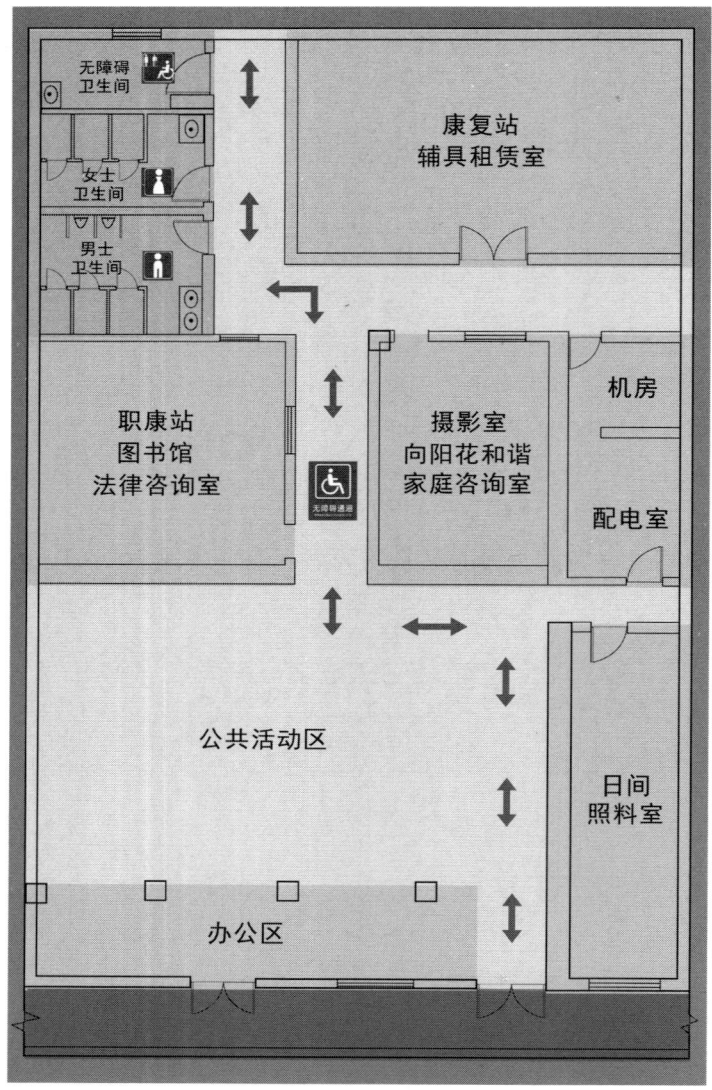

安贞温馨家园的功能室分布

自有功能发挥

温馨家园是地区的残障服务阵地，除了组织残障者活动、职业康复劳动外，也开展辅具借用、法律维权、图书借阅、信息转介、入户慰问等日常行政事项。

康复站/辅具租赁室（多功能活动室）

法律咨询室

盲文书籍专柜

第三方社会组织服务

安贞温馨家园是一个资源聚集平台，地区通过政府购买服务项目的形式引入多家专业社会组织发挥所长，依托温馨家园的场地，提供专业服务。

2020年，立德社工进驻温馨家园，开展社工驻岗服务，既为地区残障者开展专业社工服务，增能赋能，又辅助温馨家园管理，服务了2000余人次。瑞林工巧健康管理有限公司为地区残障者提供了颈肩按摩20次，服务320人次；为视力障碍者开展眼部按摩20次，共计服务400人次。安和社区公益基金会服务于地区的三个自组织，帮助自组织开展公益微创。骥德心理服务中心为辖区精神障碍者开展了20次心理咨询活动，服务300余人次；举办了16次心理讲座，服务360人次。

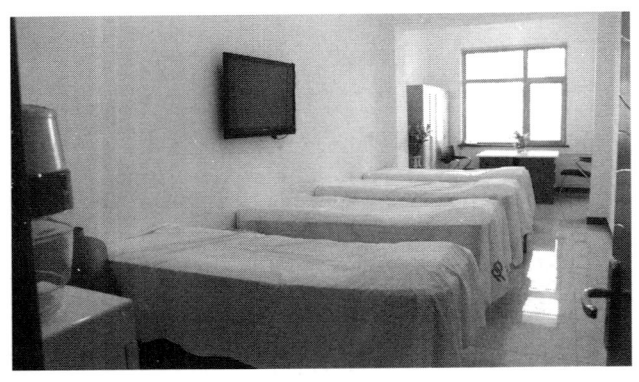

日间照料室（瑞林工巧公司的服务点）

摄影室

自组织活动

地区有几支比较活跃的自组织，平时自行组织来温馨家园开展活动。

安贞摄影队是地区连续几年活跃的一支残障者摄影队。温馨家园现有专门的摄影室，他们每周来温馨家园一次，进行摄影学习、训练和活动，比如为地区残障者家庭拍摄全家福，也为温馨家园的其他活动提供志愿摄影。

有一些残障者主动提出自己会编帽子，并且愿意教大家做帽子。在立德社工的支持下，初步形成了一支编织队。大家相互教学相互学习，把编制的成品送给社区的重残人士。

另有合唱队、国画队等，这些自组织是基于共同的爱好而凝结起来的，虽然自我管理的参与程度不一，但是都稳定地来温馨家园参加活动，有的时候也作为志愿者为地区其他残障者服务。

社会公益

中央民族大学、北京联合大学、社区青年汇、中国狮子联会、北京同德服务会等社会组织的 100 多位青年志愿者，长期稳定来温馨家园开展志愿服务活动。

2020 年，与上海复星公益基金会、绿芽公益社会组织建立联系，请他们来温馨家园开展志愿活动，他们还捐赠了防疫物资、食品等。

多部门合作

残联与计生办联合，引入安华医院来温馨家园为社区老年人和残障者开展体能训练和舞蹈干预，帮助他们改善认知和情感功能。

服务视角和发展视角

当前，温馨家园的多元服务呈现出不同的状态。

一是服务的持续性和发展活力不同。政府购买支撑的服务几乎都面临同样的困境，即不稳定的政府资金投入，有政策投入就有服务，但是没有了资金，这些活动和服务也就没有了。社会公益则依赖于温馨家园对志愿服务队伍和组织的吸引力，即温馨家园对他们可能是"可选项"，也可能是"必选项"。自组织的活力也各异，这与自组织的发展阶段相关，如果自组织能够实现成员自我管理和自我服务，持续性会更强。

二是服务中发展视角和服务视角融合。政府购买服务更多是供给什么即获得什么，是典型的服务视角，与市场服务类似。在社会公益和自助互助中，服务视角和发展视角交融。如果服务人员（自组织本身既是受益者也是服务者）具备更高的专业性，关注残障者自主意识、自我能力的发挥和公共规则的共同遵守，则更多是发展视角。但如果是有什么要求就满足什么，则是服务视角。

需要说明的是，本文中的服务视角和发展视角不是学术概念，只是为了便于说明本案例受到的启发而暂时使用的一种表达，帮助该领域的工作者理解并指导实际工作。至于更加严谨的表达方式，并不是本书的目的，因此暂不涉及。

提出服务视角和发展视角这组概念，是为了回应这样一个问题：在面对残障者的需求时，工作者要如何看待及回应？

在服务视角下，运作逻辑就是为残障者表达出来的需求匹配相应的资源。这些需求通常会从可能的供给出发，一旦表达出来就能够匹配上并加以满足。

在发展视角下，首先要做的是对残障者表达出来的或者工作人员观察到的需求进行评估。需求评估是社会工作里一项相对成体系的内容，在此不展开叙述。这里的需求评估是为了把服务对象表达出来的主观需要和专业人员判断后认为的客观需求进行区分，并且将后者作为行动依据。

不难发现，服务视角和发展视角的分野在此处就已出现，前者是依据服务对象直接表达的需求作为出发点，后者是根据专业人员评估后的需求来行动。

进入到行动阶段，两种视角的区别会更加明显。服务视角下优先考虑的是去寻找服务资源，有时候是政策供给，有时候是政府购买，有时候是社会爱心资源或者志愿服务。发展视角下，优先考虑的是服务对象自身是否存在潜力来满足自身的需求，然后考虑能否通过互益互助方式来满足，再考虑是否需要动员社会力量介入，最后考虑是否需要用政策工具进行兜底。

可见，遵循不同的行动策略，两种视角会产生出不同的结果：服务视角下优先使用行政资源；发展视角下优先重视个体发展机会，最后才是行政兜底。

两种视角下的运作模式

服务视角下的运作特征

服务视角下的运作会有以下四个特征：

一是服务绩效与资源投入度相关，依赖资源驱动。意味着政府资金充足，服务绩效就突出，反之则不然。

二是服务对象的弱势地位会被强化。

三是提供的服务对应的是个性化的需求，受益人需要特定到具体个人，正外部性①有限。尽管有时候看上去是集体活动，但其本质上也会特定到具体服务对象上，属于私益性质的服务。在我国具有显著的福利性质，这一背后的假定仍然把残障者视为需要帮扶的弱势群体。

四是在服务视角下的运作会存在天花板效应。这体现在残障者需求也是日益变化和升级的，对服务资源的增量要求会越来越高，仅仅从满足的角度会越来越被动，温馨家园发展的瓶颈会越来越明显。

---

① 正外部性是经济学中的一个概念，指一个经济主体的经济活动导致其他经济主体获得额外的积极的收益，而受益者无须付出相关代价。此处借指残障服务中，当服务针对某一或某些个体，除了这些服务对象受益以外，产生的其他正向影响。如社区摄影残障自组织的发展，除了成员受益以外，也会产生公众倡导、服务社区等其他社会效果，具有明显的正外部性。

发展视角下的运作模式

对应单一服务视角的困境,进入发展视角的运作路径能够很好地回应这些挑战。

在发展视角下,服务绩效与工作团队的专业程度挂钩。

发展视角下服务对象被视为有发展潜力的个体,因而更容易获得平等的地位以及发展机会。

发展视角下优先通过自助和互益方式来满足需求,最后才是行政资源兜底。在行动路径上体现了更明显的正外部性。

发展视角下的空间取决于对残障者发展潜力的挖掘和激活,不存在服务依赖的问题,因而是无限的。

运作模式对比

两种视角下的运作模式对比		
	发展视角	服务视角
服务绩效来源	工作团队的专业程度	资源投入度
服务对象	被视为有发展潜力的个体	弱势地位被强化
服务路径	优先通过自助和互益方式来满足需求,最后才是行政资源兜底	直接满足个体需求,福利性质明显
残障者的收获	从残障者发展潜力的挖掘和激活出发,可以逐步实现自我发展	跟随服务资源的变化不断叠加或者逐渐萎缩
正外部性	强(在各种融合环境中得到发展)	弱(残障者大多依旧是隔离的个体)

从服务视角进入发展视角的路径规划

在残障者表达出来的主观需要和客观需求之间划分出一个专业评估的空间,将残障者主观需要转化为客观需求呈现出来,并据此行动。

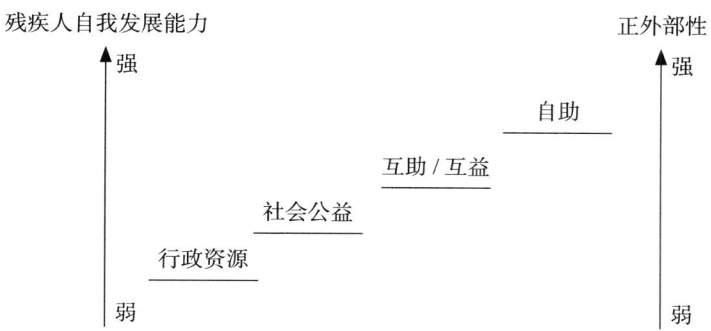

从服务视角进入发展视角的路径

在行动策略上,第一策略倾向是通过激活残障者的潜力进行自我满足。第二策略是通过互益互助方式进行服务提供。第三策略是通过社会力量动员和参与加以满足。上述路径都无法解决问题的情况下,用行政资源兜底。

附 录

个案需求评估和服务转介工具表

评估员		日期	
个案基本信息			
残障者姓名		性别	□男　□女
残疾证号		电话	
户口类型	□农业　□非农业	婚姻状况	□单身　□已婚 □离异　□丧偶
监护人姓名		家庭人口数	
受教育水平	□从未上过学　□小学 □初中　□高中（含中专） □大学专科　□大学本科 □硕士及以上	家庭主要收入来源	
健康信息			
残疾类别		残疾等级	
致残原因（遗传、与出生相关、疾病、事故等）		致残时间（年份）	
残疾特征（例如偏瘫、脑瘫、部位等）			
其他家庭成员残疾情况	□有，具体为： □没有		

续表

类别	序号	内容	个人情况/能力评估（根据案主的实际情况综合判断后选取一项并打√）				补充说明（如前列表无法呈现实际情况，请用文字补充说明）
			能够独立实现	在辅助下能够实现	不能实现	不适用	
自理	1-1	规律和充足的睡眠					
	1-2	能够表达自己的需要					
	1-3	能自己穿脱和搭配衣服					
	1-4	刷牙、洗脸、梳头、刮胡子					
	1-5	吃饭、喝水					
	1-6	上厕所					
	1-7	洗头、洗澡					
	1-8	在家里活动（下床等）					
	1-9	服药管理					
	1-10	使用辅具					
家务	2-1	做饭（洗菜、择菜、制作）					
	2-2	刷锅、洗碗					
	2-3	打扫房间					
	2-4	洗衣服					
	2-5	使用家电					

续表

类别	序号	内容	个人情况/能力评估 (根据案主的实际情况综合判断后选取一项并打√)			补充说明(如前列表无法呈现实际情况,请用文字补充说明)
			能够独立实现	在辅助下能够实现	不能实现	不适用
家务	2-6	使用手机和电脑				
	2-7	花钱买东西				
	2-8	照顾小孩/老人				
	2-9	安全(电器、煤气、水等)				
	2-10	订餐				
教育	3-1	去学校上课				
	3-2	会使用相关的教材教具				
	3-3	在校园里活动				
	3-4	与老师相处良好				
	3-5	与同学/同事相处良好				
生计	4-1	有专业技能				
	4-2	有其他形式的工作收入				
	4-3	了解相关的就业市场信息				
	4-4	了解相关的法律政策				

续表

类别	序号	内容	个人情况/能力评估（根据案主的实际情况综合判断后选取一项并打√）				补充说明（如前列表无法呈现实际情况，请用文字补充说明）
			能够独立实现	在辅助下能够实现	不能实现	不适用	
生计	4-5	和其他同学/同事互动					
	4-6	接受工作变动					
	4-7	向雇主寻求咨询和协助					
	4-8	管理工资（规划工资）					
	4-9	使用银行工具（银行卡、POS机）					
	4-10	安全地居住					
人际	5-1	定期与一位以上的朋友联系					
	5-2	经常拜访朋友、一起吃饭、聊天等社交活动					
	5-3	定期和家人、朋友面对面、用手机等聊天					
	5-4	能够获得家人重视					
	5-5	需要支持时，知道找谁帮忙（个人的支持网络）					

续表

类别	序号	内容	个人情况/能力评估（根据案主的实际情况综合判断后选取一项并打√）			补充说明（如前列表无法呈现实际情况，请用文字补充说明）
			能够独立实现	在辅助下能够实现	不能实现	不适用
社会	6-1	与邻居交谈或互相拜访				
	6-2	有一定数量能认得出、叫得出名字的邻居				
	6-3	能使用附近的公共设施（商店、理发店、银行、电影院、公交车、音乐会、体育活动等）				
	6-4	主动帮助社区里的人（打扫卫生、指路等）				
	6-5	社区里有人定期来找、串门或一起外出				
	6-6	能够参加社区的活动				
情绪	7-1	在日常环境中感觉安全可靠				
	7-2	对自己所做的事有成就感				
	7-3	常向人表达爱、喜欢等情感				
	7-4	经常感到愉快				

续表

类别	序号	内容	个人情况/能力评估（根据案主的实际情况综合判断后选取一项并打√）				补充说明（如前列表无法呈现实际情况，请用文字补充说明）
			能够独立实现	在辅助下能够实现	不能实现	不适用	
情绪	7-8	经常担心和焦虑					
	7-9	对现状感到满意					
	7-10	信任对自己重要的人					

续表

环境评估

类别	序号	内容	支持性因素/障碍性因素/无关因素（根据情况选择其中一项）	具体描述（综合评价案主所处的该项环境：支持/障碍程度，对案主的影响程度，综合判断该项环境是否需要改变以及如何改变）
本人资源及社会关系	1-1	父母、配偶/伴侣、子女		
	1-2	亲戚		
	1-3	朋友		
	1-4	同学/同事		
	1-5	个人收入		
	1-6	参与决策		
	1-7	去购买物品的可能性		
	1-8	社会支持和/或经济补偿		
	1-9	和社区居委会、街道残联、残疾人协会等的关系		
社区服务	2-1	健康及康复支持服务（便利性、可承受性等）		
	2-2	教育服务		
	2-3	辅具（可获得性、使用、维护等）		

续表

环境评估

类别	序号	内容	支持性因素/障碍性因素/无关因素（根据情况选择其中一项）	具体描述（综合评价案主所处的该项环境：支持/障碍程度，对案主的影响程度，综合判断该项环境是否需要改变以及如何改变）
	2-4	政府政策和计划、行政措施和法规		
	2-5	居住地的社会服务（社会－文化服务、法律服务、协会、宗教服务、体育和休闲服务）		
	2-6	职业培训的机会		
	2-7	获取信息的渠道（电视、广播、网络、微信等）		
公共空间与设施	3-1	工作场所（室内、户外、无障碍等）		
	3-2	家庭居住环境的无障碍程度（家、社区、周边市场等）		
其他	4-1	其他		

续表

需求评估		服务方案	
	综合评价案主在该类别的能力、资源、环境状况，是否需要调整及个人意愿	服务方式（转介/自服务/其他）	具体服务计划
自理			
家务			
教育			
生计			
人际			
社会			
情绪			
其他			

后 记

感谢北京七悦社会公益服务中心陶传进、赵小平、许馨予、范娟娟、吴怡秋、赵冉、杨亚亚、杨明明、闫建超,以及助残领域专家刘英雅、侯文龙、唐占鑫、杨超、张帆、孙鹤、方舒、孟宪红、李萌、张金明(按前三个章节顺序排序)的支持,本书凝聚了他们多年的探索和耕耘心得。汤明瑛、周滢等自始至终参加了精准助残服务能力提升课程开发及书稿的起草、修改、统稿等工作。

本书在编写过程中,得到了北京市各专门协会的大力支持,北京市盲人协会何川主席、北京市聋人协会成海主席、北京市肢残人协会李楠主席、北京市智力残疾人及亲友协会李俊峰主席、北京市精神残疾人及亲友协会王向前主席、朝阳区精神残疾人及亲友协会黄稚清副主席对书稿内容提出了宝贵的专业意见,体现了精准助残服务的精准性、专业性、科学性。杨志强、王静奎、刘莉、刘锦、史菁培、程耀武、马慧琴对全书的统编给予了悉心的指导。本书编写工作由王响平同志主持。